원효의 열반경종요

민족사학술총서 72

원효의 열반경종요

은정희 · 김용환 · 김원명

역주

민족사

본 역주서 일부는
정부(교육부) 및 한국연구재단 대학인문역량강화사업(CORE)의
지원을 받아 수행된 연구임.

역주자 서문

『열반경』은 부처님께서 쿠쉬나성 아지타바티 강변의 사라나무 숲속에서 2월 15일 열반에 들면서 하룻낮 하룻밤 동안에 말씀하신 내용이라 한다. 그 핵심적인 내용은 부처님이 항상 계신다는 '불신상주(佛身常住)', 열반은 항상하고 즐겁고 나(我)이고 깨끗하다는 '열반상락아정(涅槃常樂我淨)', 모든 중생은 다 부처성품을 가지고 있다는 '일체중생 실유불성(一切衆生 悉有佛性)'이다. '열반(nirvana)'이란 원래 '취멸(吹滅, 불어서 끈다)', 혹은 취멸의 상태를 표하는 말이다. 그 뒤 전(轉)하여 '번뇌의 불을 연소 멸진하여 보리(菩提, 悟智)를 완성하는 오계(悟界)의 경지'를 가리키게 되었다. 따라서 이 열반은 불교 최후의 실천목적이라 할 수 있다. 원효의 『열반경종요』는 이 『열반경』의 핵심을 설명한 역주서이다. 몇 사람이 모여 10여 년의 세월 묵묵히 매진한 번역의 결과물을 이제 세상에 내놓게 되었다.

그간 『열반경종요』의 번역은 여러 차례 이루어졌다. 황산덕(1982)이 처음 성과를 낸 이래, 이영무(1984, 1987), 한글대장경(1992), 가은(2002), 김호귀(2005), 이평래(2008), 조수동(2009) 등에 의해 각각의 장점을 가진 번역서가 제출되었다. 본 번역서는 이상 성과들이 가지는 장점의 바탕 위에, 섬세한 접근과 치밀한 고증을 통해 원전의 의미를 밝히려 노력한 것이다.

돌이켜 보면, 번역의 인연은 십오 년 전으로 거슬러 올라간다. 당시 여러 학교의 대학원생들이 원효사상(元曉思想)을 배우고자 찾아와 『대승기신론소기』를 읽게 되었고, 『열반경종요』의 강독으로 이어가게 되었다. 중간에 일부 멤버가 사정에 의해 도중하차 하면서 그 동력이 시들해진 적도 있었다. 그 뒤에 당시 대학원생이던 김원명 교수가 박사학위 논문 주제를 『열반경종요』로 정하고 이 책을 꼼꼼히 읽고 싶다는 희망을 피력하면서, 강독의 분위기가 일신되었다. 점차 이해가 깊어지고 흥미가 더해지면서 번역서로 결과를 내자는 의견이 제기되었고, 번역서로서의 출간을 의식할 무렵 김용환 선생이 합류하게 되었다. 세 사람은 6년 동안 매주 화요일이면 어김없이 모여 역주 작업을 하였고, 처음부터 끝까지 다섯 차례 이상을 반복했다. 인용문마다 출처를 찾아 대조하였고, 도표와 전체 구조표를 만들어 가며 읽고 또 읽었다. 특히 김용환 선생의 치밀한 사고와 철두철미한 탐구정신은 번역의 충실성을 더하는 데에 일조하였다.

이 책을 처음 펼친 지 10년이 다 되어 간다. 그 사이에 내용에 대한 이해가 점점 깊어졌고 번역의 완성도를 높여 갈 수 있었다. 개인적으로는 원효 사상에 천착한 이래 『대승기신론소기』, 『금강삼매경론』, 『이장의(二障義)』에 이어 네 번째로 내놓는 결과물이다.

이 책의 출간이 원효 사상에 대한 이해를 심화하며, 또 원효 사상 공부를 마음 먹고 있는 후학들에게 하나의 표본이 되기를 감히 소망해 본다. 부족한 내용에 대해서는 제현(諸賢)의 아낌없는 질정을 바라마지 않는다.

2017년 7월 3일

殷貞姫 合掌

목 차

『열반경종요』 해제

1. 원효의 생애와 저술

원효의 출생과 가계 그리고 그의 이름들

원효(元曉)는 신라 제26대 왕인 진평왕(眞平王) 39년(A.D.617)에 태어나, 제31대 왕인 신문왕(神文王) 6년(A.D.686)에 입멸하였다. 그가 태어난 해는 신라에 불교가 공인되는 계기가 되었던 이차돈(異次頓, A.D.505-527)의 순교(殉敎) 후 90년 되던 해였다. 그의 가계는 신라의 개국공신이자 박혁거세를 추대한 사로 6촌 촌장 중의 한 사람인 설거백 또는 설호진으로 거슬러 올라간다. 그는 잉피공(仍皮公 또는 赤大公)의 손자이자, 내말(乃末) 설담날(薛談捺)과 조씨(趙氏) 부인 사이의 둘째 아들로서, 현재 경북 경산시 자인면에 해당하는, 당시 압량군(押梁郡) 불지촌(佛地村)의 밤나무골 사라수(裟羅樹) 아래에서 태어났다. 『삼국유사(三國遺事)』에 의하면, 그의 어머니가 그를 잉태할 때 유성이 품으로 들어오는 꿈을 꾸었다. 그의 어머니가 만삭이었을 때, 마을 근처 밤나무 밑을 지나다가 갑자기 해산하게 되었다. 이때 아버지의 털옷을 밤나무에 걸고 그 밑에서 그를 낳았다. 어머니가 그를 낳을 때 오색구름이 땅을 덮었다고 한다.

원효(元曉)는 법명(法名)이고, 속성(俗姓)은 설(薛), 속명은 사(思)이다. 그가 어렸을 때에 서당(誓幢) 또는 신당(新幢)이라고 불렸다. 1915년 경주 월성군(月城郡)에서 발견된 깨진 비석(碑石) 조각에서도 그를 '서당화상(誓幢和尙)'이라 칭했다. '당(幢)'이란 속어로 '털'이라는 뜻이고, 그래서 '서당'과 '신당'은 모두 '새털'이란 뜻의 다른 표기다. 이 이름은 출생과 연관이 있다. 그가 태어날 때, 밤나무에 걸었던 아버지 털옷 때문에 얻은 이름이다. 또 '새벽'이라는 뜻의 '사부'라고 불렸다. 호는 화정(和淨)이라고 하며, 별명에 아명(兒名)과 관련 있는 모(毛)도 있고, 요석공주와의 합궁 이후 스스로 칭한 소성거사(小姓居士)도 있다. 이외에도 후에 서곡사미(西谷沙彌), 백부논주(百部論主), 해동법사(海東法師), 해동종주(海東宗主)라는 여러 이름으로 불렸다. 고려시대에는 원효보살, 원효성사(元曉聖師)라 존칭되고, 화쟁국사(和諍國師)라는 시호가 내려지기도 하였다.

『송고승전(宋高僧傳)』 등에 따르면, 원효는 어려서부터 총명하였으며, 열 살 무렵에 황룡사에 출가하여, 선지식을 찾아 공부하였고, 불법(佛法)의 깊은 뜻을 깨달음에 있어서는 특정한 스승이 없었다고 한다. 그는 출가 후에 자신의 고향 집을 희사(喜捨)해서 초개사(初開寺)를 세웠고, 밤나무골 사라수 근처에는 사라사(沙羅寺)를 세웠다.

원효와 인연 있는 선지식들

원효가 비록 불법의 깊은 이치를 깨달음에 있어서 일정한 스승이 없었다고는 하나, 그가 어려서부터 불법을 구하기 위해 만난 많은 선지식들이 있었다. 신라에서 이차돈의 순교 이후 불교가 공인된 지 100년이 지나가던 원효의 사미 시절에, 신라와 고구려 그리고 백제에는 불교에 정통한 많은 고승들이 있었다. 그가 만난 선지식들 가운데 오늘날까지 알려진 이들은 영취산(靈鷲山)의 낭지(郎智), 흥륜사(興輪寺)의 연기(緣起), 혜공(惠空), 혜숙(惠宿), 대안(大安) 등과 고구려 반룡산(盤龍山)의 보덕(普德) 등이다. 광덕(廣德)과 엄장(嚴莊)은 그의 제자로 알려져 있다.

『삼국유사』 '낭지승운조(朗智乘雲條)'에 따르면, 그가 사미 시절 반고사에 머물며 공부할 때 영취산(靈鷲山) 혁목암(赫木庵) 낭지(朗智)의 가르침을 받았고, 그의 나이 30세인 647년(선덕여왕 원년)경 저술한 것으로 알려진 『초장관문(初章觀文)』과 『안신사심론(安身事心論)』이 낭지의 가르침을 받고 쓴 것으로 보인다. 그는 낭지의 제자 지통(智通)에게 자신의 글을 낭지에게 보내면서, 그 끝에 자신을 낮추어 서쪽 골짜기의 사미(沙彌)로 부르고 지통을 높여 동쪽 봉우리[東岳]의 상덕(上德) 고암(高岩)이라 칭했다.

한편 고려 대각국사(大覺國師) 의천(義天)이 남긴 시에 따르면, 원효는 의상과 함께 고구려 고승인 보덕(普德)으로부터 『열반경』과 『유마경(維摩經)』 등을 배웠다고 한다. 보덕은 본래 고구려 승이었는데, 연개소문(淵蓋蘇文)의 도교(道敎) 우대 정책으로, 고구려의 반룡산(盤龍山)에서 백제땅 전주의 고대산(孤大山)으로 옮겨가 말년을 보냈다.

또한 『삼국유사』의 '석혜공전(釋惠空傳)'에 따르면, 원효는 여러 불경을 해설하는 주소를 지으면서 어려운 문제를 만나면 언제나 그것에 대해 포항의 항사사(恒沙寺)에 주석하던 당대의 신승(神僧) 혜공(惠空)에게 물었다고 한다. 오어사 대웅전에 소개된 이야기에 따르면, "원효와 혜공이 수도를 하다가 어느 날 법력으로 개천의 고기를 생환토록 하는 시합을 하였다. 두 마리 중 한 마리가 살아 힘차게 헤엄을 치자 이때 살아 움직이는 고기가 서로 자신이 살린 고기라 하여 이때부터 나 '오(吾)' 고기 '어(魚)'를 써서 오어사(吾魚寺)라 불렀다"고

전한다. 혜공은 기이한 승려로 전해지고 있으며 신라 10성의 한 사람으로 일컬어지며, 『금강삼매경』의 저자로 추측되기도 한다.

또 대안(大安)은 『금강삼매경』의 해동 편집자로 전해지기도 하는데, 대안의 추천으로 원효가 『금강삼매경』 강의를 하고, 또 그 강의를 위해 『금강삼매경론』을 쓰기도 하였다. 대안은 생김새가 특이하고 구리 바리때를 들고 다니면서 시장에서 "대안(大安)! 대안!"이라고 외치며 다녔다.

원효 나이 58세(675년, 문무왕 15년)에 원왕생가(願往生歌)를 지은 광덕(廣德)과 그의 친구 엄장(嚴莊)이 원효에게 사사하였다고 한다.

유학길에서의 깨달음과 그 이후의 삶

원효는 33세(650, 성덕여왕 4년)에 현장(玄奘, A.D.602-664) 삼장과 자은사(慈恩寺) 문중을 흠모하여 신유식학을 배우기 위해 의상과 함께 당(唐)에 가려고 압록강을 건넜으나, 요동 땅에서 고구려 순라군에게 첩자로 오인을 받아 여러 날 동안 감옥에 갇혔다가 겨우 풀려나 돌아왔다. 그는 나당(羅唐) 연합군이 사비성을 함락함(660, 무열왕 7년)으로써 백제가 멸망하던 43세 혹은 44세에 의상과 함께 제2차 당나라 유학을 시도하였다. 그들은 당주계 근처에서 어둠과 비를 피해 들어간 굴에서 단잠을 자고 다음날 그곳이 무덤임을 알았다. 그렇지만 세찬 비가 가시질 않아 어쩔 수 없이 하루 더 유숙하였다. 그런데 그는 전날 밤과 다르게 귀신이 나올 것 같아 잠을 이룰 수가 없었다. 그리고 그는 잠을 이루지 못하는 자신을 발견하고는, 전날 밤과 오늘 밤이 무엇이 다른데 잠을 이루지 못하는지 의문이 들었고, 마침내 "마음이 일어나면 온갖 현상이 일어나고, 마음이 사라지면 땅막과 무덤이 둘이 아니며"(心生則種種法生, 心滅則龕墳不二) 삼계가 오직 마음일 뿐이라는 삼계유심(三界唯心)의 원리를 깨달은 것이다. 그는 유학을 갈 필요가 없었음을 알고, 신라로 되돌아왔다.

원효가 당나라로 가지 않고, 경주에 되돌아와 지내던 어느 날, 거리에 나가 "누가 자루 없는 도끼를 내게 주겠느냐, 내 하늘을 받칠 기둥을 깎으리라"(誰許 沒柯斧 我斫支天柱)라고 노래를 부르고 다녔다. 태종무열왕만이 이를 알아듣고 "이 대사가 귀부인을 얻어 슬기로운 아들을 낳고자 하는구나. 이 나라에 큰 현인이 있으면 좋은 일이 많을 것이다."(此師殆欲得貴婦産賢子之謂 爾國有大賢 利莫大焉)라고 생각하였다. 이에 무열왕은 궁리(宮吏)를 시켜 원효를 찾아오라고 하였다. 원효가 문천교(蚊川橋)를 지나다가 궁리를 만났는데, 그는 이곳에서 일부러 물에 빠져 옷이 젖은 채로 궁에 들어왔고, 무열왕은 혼자가 된 둘째 딸 요석공주에게 원효의 옷을 말리도록 명을 내려 원효와 공주를 맺어주어 설총(薛聰)을 낳게 했다.

설총은 현재 한국 유교의 문묘에 배향된 십팔유현 가운데 첫 번째로 모시는 유학자가 되었다. 그리고 원효는 이 일 이후 스스로 승복을 벗고 자신을 '근기가 작은 사내' 즉 '소성거사(小姓居士)'라 부르며 무애(無礙)의 보살행을 행한다.

원효의 저술과 학문

오늘날 우리에게 알려진 원효의 저서는 107종 231권(또는 70여 부 90여 권)이고, 이 가운데 현존하는 저서는 22부 27권이다. 그의 연구 범위는 대승과 소승, 경·율·론 등 거의 모든 영역을 망라하고 있다. 특히 그의 대표 저술들인 『대승기신론소(大乘起信論疏)』와 『금강삼매경론(金剛三昧經論)』 그리고 『판비량론(判比量論)』 등은 동아시아에서 전통적으로는 물론이고 오늘날까지도 학자들 사이에서 매우 높은 평가를 받고 있다. 이 저술들을 우선 분야별로 간단히 정리 소개하고, 현존 저술들을 간략하게 소개하겠다.

우선, 유식학 계통의 연구서들이 제일 많다. 즉,『해심밀경(解深密經)』,『유가사지론(瑜伽師地論)』,『섭대승론(攝大乘論)』,『중변분별론(中邊分別論)』,『잡집론(雜集論)』,『성유식론(成唯識論)』,『광백론(廣百論)』 등에 관한 연구서가 20부 62권이다. 또한 유식학을 연구하기 위해서는 인명론(因明論) 연구가 필수다. 인명론 관련 연구는『판비량론(判比量論)』등 5부 5권이다.

다음으로는 반야와 중관부 연구서들이 중요하다. 즉,『대혜도경(大慧度經)』,『금강경(金剛經)』,『삼론(三論)』,『중관론(中觀論)』,『장진론(掌珍論)』,『성실론(成實論)』 등의 경론에 대한 연구서가 9부 27권이다.

다음으로『대승기신론(大乘起信論)』연구서가 9부 10권이다.『기신론소(起信論疏)』에서는 현존하지 않는『일도의(一道義)』와『일도장(一道章)』과『이장장(二障章)(혹은 이장의)』이 언급되고 있다. 이를 통해『일도의』와『일도장』그리고『이장장』이『기신론해동소』이전에 성립된 것으로 생각할 수 있다.

또한『금강삼매경론(金剛三昧經論)』을 비롯해『대승관행(大乘觀行)』등의 선(禪) 관련 연구서가 4부 15권이다.『금강삼매경』은 그 산스크리트 본이 없고, 원효의『금강삼매경론』을 통해서만 전해지는 책이다. 원효가『금강삼매경론』을 지을 때 스스로 소(疏)라 불렀는데, 당나라로 전해져서 논(論)으로 그 이름이 격상되었다. 논으로 불리는 책이름은 보살이 지은 것이 아니고서는 얻을 수 없는 이름이다. 이 책은 일본으로도 전해져 일본 불교에도 많은 영향을 미쳤다.

다음으로는 계율사상 관련 연구서다. 즉『사분률(四分律)』,『범망경(梵網經)』,『보살영락본업경(菩薩瓔珞本業經)』,『발심수행장(發心修行章)』등에 대한 것이 11부 34권이다.

또한 정토사상 관련 연구서로,『무량수경(無量壽經)』,『아미타경(阿彌陀經)』,

『미륵상생경(彌勒上生經)』, 『반주삼매경(般舟三昧經)』 등에 대한 것이 16부 18권이 있다. 정토사상과 관련된 것으로 분류되는 『유심안락도(遊心安樂道)』는 원효가 저술한 것으로 알려졌었다. 그러나 현재 이 책은 원효가 저술한 것이 아니라고 밝혀졌다. 그럼에도 불구하고 원효의 사상과 동일하거나 유사한 내용이 많기 때문에 원효의 정토사상을 이해하는 데 유익하다.

이외에 화엄계(華嚴系) 5부 15권, 법화계(法華系) 4부 4권, 열반계(涅槃系) 2부 7권, 『유마경(維摩經)』에 관한 것이 2부 4권, 『승만경(勝鬘經)』에 관한 것이 1부 3권, 『금광명경(金光明經)』에 관한 것이 2부 9권, 『보성론(寶性論)』에 관한 것이 1부 1권, 『방광경(方廣經)』에 관한 것이 1부 1권, 『십문화쟁론(十門和諍論)』 1부 2권, 『대승육정참회(大乘六情懺悔)』 1부 1권, 기타 12부 12권 등이다.

이 가운데 현존본은 22부 27권이다. 완본은 『기신론소(起信論疏)』, 『대승기신론별기(大乘起信論別記)』, 『금강삼매경론(金剛三昧經論)』, 『이장의(二障義)』, 『열반경종요(涅槃經宗要)』, 『보살계본지범요기(菩薩戒本持犯要記)』, 『미륵상생경종요(彌勒上生經宗要)』, 『무량수경종요(無量壽經宗要)』, 『발심수행장(發心修行章)』, 「증도가(證道歌)」, 「무애가(無碍歌)」, 「대승육정참회(大乘六情懺悔)」, 「미타증성게(彌陀證性偈)」 3게송 그리고 소론(小論) 내지는 짧은 게송 등이 있다. 그 밖에 『대혜도경종요』와 『법화경종요』는 각각 경문의 뜻을 밝히는 제6문인 소문(消文)에는 제목만 있고, 그 내용이 없다. 『발심수행장(發心修行章)』(1권)은 지눌(知訥)의 『계초심학인문(誡初心學人文)』, 야운(野雲)의 『자경문(自警文)』과 함께 『초발심자경문(初發心自警文)』이라는 이름으로 많이 보급되어 있다. 그 밖에 단편으로 남아 있는 『십문화쟁론(十門和諍論)』, 『판비량론(判比量論)』, 『중변분별론소(中邊分別論疏)』, 제3권 『화엄경소(華嚴經疏)』 서(序) 및 제3권 등은 아주 중요하다.

이외에 원효의 저술에 나타나는 관용적인 표현들과 인용문들을 통해 불교학 이외에 『논어』와 같은 유가류 책들과 『노자』·『장자』와 같은 도가류 책들을 두루 읽었음을 알 수 있다. 그러나 원효의 저술 가운데 유가나 도가 관련 저술이 있는 것은 아니다.

원효는 저술에 전념하던 중 682년(신문왕 2년), 즉 원효 나이 66세 이후에 『화엄경』「십회향품」에서 붓을 꺾고 궁을 떠나 굴(穴寺)로 거처를 옮겨 유유자적하였다. 원효 나이 70세인 686년 3월 30일에 굴에서 입적하였는데, 생을 마칠 때는 굴에서 조용히 마쳤다는 기록뿐이다.

원효 사후 10년인 696년 7월에는 문아(文雅) 원측(圓測, 613: 진평왕 35년~696: 효소왕 5년)이 당나라 불수기사에서 입적하였다. 의상(義湘, 625: 진평왕 47년~702: 성덕왕 1년)은 원효 사후 16년인 702년에 입적하였다.

그는 당시 당 나라의 국력이 신장되고 문화강국이 되어 가며 세계에서 가장 강력한 제국을 형성하던 시기에 한반도 신라에서 살았다. 고구려·백제가 나·당 연합군에 의해 멸망한 후 당 제국은 한반도 전체를 당 제국의 지배 아래 두려고 하였으나, 신라는 백제·고구려 유민들을 규합해 함께 당의 세력을 축출하였다. 이와 같은 정치적 혼란기에 그는 당 제국으로부터 유입되는 거의 모든 대·소승의 불교 문헌을 연구하였고, 그 결과물들로 많은 업적을 남겼다.

2. 열반과 『열반경』의 이해

열반(涅槃, nirvānṇa)

'열반(涅槃)'이란 범어 '니르바나(nirvānṇa)'의 음사이다. '반열반(般涅槃)'은 '파리니르바나(parinirvāṇa)'의 음사이다. '니르바나'는 원래 '불어서 끈다'는 '취멸(吹滅)'의 뜻이며, 번뇌의 불을 태워 없애어 오지(悟智)(보리)를 완성하는 경지를 가리킨다. '깨달음'의 뜻으로 '멸도(滅度)'라고 한역(漢譯)한다. '반열반'의 '반(般, pari)'은 '완전한'이란 뜻으로 '반열반'은 '완전한 깨달음'이다. 이를 '대멸도(大滅度)'라고 한역(漢譯)한다.

열반에 대한 해석은 대승·소승에 따라 여러 설명들이 있다.

부파불교에서는 열반은 번뇌를 없애 버린 상태이며 이에는 유여의열반(有餘依涅槃)과 무여의열반(無餘依涅槃)이 있다. 전자는 번뇌를 끊었지만, 육체가 남아 있으며, 후자는 회신멸지(灰身滅智)의 상태로서 일체가 다 없어져 멸무(滅無)에 돌아가는 상태이다. 유부(有部) 등의 주장은 열반이 곧 한 존재의 실체라고 한다. 경량부 등은 열반을 번뇌가 멸진한 상태의 가명으로 보며, 결국 실체가 없다는 것이다. 중론(中論)은 실상을 열반이라 하며, 실상 또한 인연소생법 상의 공성(空性)이기 때문에 생사의 세간과 구별이 없다.

원효가 저본으로 하는 남본열반경 권3에서는 열반은 상(常)·항(恒)·안(安)·청정(淸淨)·불노(不老)·불사(不死)·무구(無垢)·쾌락(快樂) 등의 열반 8미(味)를 구족하고 있다고 한다. 이를 열반 사덕(四德)에 배대하면, 상항은 상(常), 안과 쾌락은 낙(樂), 불노불사는 아(我), 청정무구는 정(淨)이다.

유식종에서는 열반에는 본래자성청정열반(本來自性淸淨涅槃)·유여의열반(有餘依涅槃)·무여의열반(無餘依涅槃)·무주처열반(無住處涅槃)의 네 가지를 둔다. 이중에 본래자성청정열반은 일체 사물의 본래상(本來相), 즉 진여적멸의 이체이니, 곧 진여이다. 무주처열반은 지혜에 의하여 번뇌(煩惱), 소지(所知) 이장(二障)을 멀리 여의어 생사의 미계(迷界)에 머물지 않는다. 또한 대비로 중생을 구제하기 때문에 미계 중에서 활동하여 열반의 경지에 머물지 않는다. 대승불교의 열반 교설은 이를 특색으로 한다.

지론종, 섭론종에서는 열반을 성정열반과 방편정열반(方便淨涅槃: 수도에 의해 번뇌를 제거하여 얻는 열반)의 둘로 나눈다. 천태종에서는 성정열반과 원정열반

(圓淨涅槃, 지론종 등의 방편정열반에 해당)과 방편정열반(부처가 중생 구제를 위하여 빌린 몸을 시현하다가 연이 다하면 열반에 드는 것, 응화열반이라고도 함) 등 세 열반을 든다.

소승의 성문, 연각은 무여열반에 들어서 다시 대승불교로 회심전향하니, 이를 무여환생이라 한다. 동시에 열반은 일체의 차별상, 곧 유위의 상을 떠난 것이므로 이상(離相)이라고도 한다. 정토종에서는 미타정토(彌陀淨土)를 열반의 성(城)이라 하며 무위열반계라 칭한다. 이번 세상에 출현한 석존은 그 육체의 죽음을 열반·반열반·대열반이라 한다.

『열반경』의 성립과 한역

범본 『열반경』은 어느 한 시기에 이루어진 것이 아니라, 기원 전후에서 시작해 4세기 중반까지 약 400~500년 동안의 기간에 걸쳐 성립되었으며, 『열반경』의 한역본들은 대정장 12권에 실려 있다. 북량(北涼) 담무참 역의 『대반열반경』(Mahā ParinirvāṇaSūtra)(40권)은 여래상주(如來常住), 중생실유불성(衆生悉有佛性), 천제성불(闡提成佛) 등의 교의를 담고 있으며, 대승열반경에 속한다.

본 경은 북량(北涼) 현시(玄始)10년(421) 하서(何西) 왕 저거몽손(沮渠蒙遜)의 청에 의하여 쿠짜(姑臧)에서 역출되었다. 『대당서역구법고승전(大唐西域求法高僧傳)』 권상 회녕전(會寧傳)과 서장역본의 경(經) 끝에 기재된 바에 의하면, 이 경의 범본은 원래 2만 5천의 게송이 있었다. 서장역본에는 두 가지가 있는데, 양 본 다 『대반열반경』(藏 Yoṅs-su mya-ñan-las-ḥdus-pa chen-poḥi mdo)이라고 하였다. 첫째 본은 총 40권으로 범본에서 바로 번역하여 본 경의 초분 5품에 해당하며, 다른 한 본은 한역본에서 다시 번역하여 본경 및 『대반열반경』 후분(後分)에 해당한다. 또 본 경은 담무참(曇無讖)에 의하여 역출된 후에 남방 송

(宋)나라 땅에 전해져 혜엄(慧嚴) 혜관(慧觀) 사령운(謝靈運) 등이 법현(法顯)이 번역한 6권『니원경(泥洹經)』을 대조하여 품이름을 고치고 품수를 늘려서 총 25품 36권으로 만들었다(대정장 12冊에 수록되어 있다). 이를 예부터『남본열반경』이라 하고, 담무참(曇無讖) 역본을『북본열반경』이라 부른다.

이 경은 수명품(壽命品), 금강신품(金剛身品) 등 모두 십삼품(十三品)으로 되어 있다. 본 경은 대승불교 시기에 이전의 경전들의 영향 하에 성립되었다.『아함경(阿含經)』,『법구경(法句經)』을 위시하여『수능엄경(首楞嚴經)』은 제4권,『구사라경(瞿師羅經)』은 제6권,『마하반야바라밀경(摩訶般若波羅蜜經)』은 제8권,『법화경(法華經)』은 제9권,『성경(城經)』은 제15권,『화엄경(華嚴經)』은 제18권, 제20권, 제21권의 영향을 받았다. 특히, 제14권 성행품(聖行品)에는 반야바라밀에서 대열반을 냈다고 하고, 제16권 범행품(梵行品)에는 내공(內空), 외공(外空) 등 제11공(空)을 설하고, 제27권 사자후보살품(獅子吼菩薩品)에서 불성(佛性)은 제일의공(第一義空)이라고 한 것 등이『반야경』에서 영향 받은 바가 적지 않음을 알 수 있다.

이 밖에 1871년 영국 학자 S. Beal(比爾)이 본 경의 권12와 권39를 번역하여 영문으로 출판하였다.

『열반경』의 주소(註疏)는 매우 많으나, 비교적 중요한 것으로는『열반론(涅槃論)』(1권)(원위(元魏) 달마보리(達磨菩提) 역),『열반경본유금무게론(涅槃經本有今無偈論)』(1권)(진(陳) 진제(眞諦) 역),『대반열반경집해(大般涅槃經集解)』(71권)(양대(梁代) 보량(寶亮) 등 집(集)),『열반경의기(涅槃經義記)』(10권)(수대(隋代) 혜원(慧遠)),『열반경현의(涅槃經玄義)』(2권)(관정(灌頂)),『열반경소(涅槃經疏)』(33권)(관정(灌頂)),『열반경유의(涅槃經遊意)』(1권)(길장(吉藏)),『열반경소(涅槃經疏)』(15권)(당대(唐代) 법보(法寶)),『열반경종요(涅槃經宗要)』(1권)(신라 원효) 등이 있다.

이외에『소승열반경』에 속하는 것으로, 동진(東晉) 법현(法顯) 역의『방등니원경(方等泥洹經)』(범 3권)이 있다. 대정장(大正藏) 제1권에 실려 있다. 내용은 부처님 입멸 전후의 정황을 서술하였다. 『소승열반경』은 『대승열반경』에서 말한 '불신상주(佛身常住)', '중생실유불성(衆生悉有佛性)', '천제성불(闡提成佛)' 등의 논지가 빠져 있다. 이 경의 이역본에 세 가지가 있다: ①서진(西晉) 백법조(白法祖)가 번역한 『불반니원경(佛般泥洹經)』 2권이 있고, ②동진(東晉)에서 번역되었지만 역자 미상의 『반니원경(般泥洹經)』 2권이 있고, ③요진(姚秦) 불타야사(佛陀耶舍), 축불념(竺佛念)이 공역한 『장아함유행경(長阿含遊行經)』 3권이 있다. 이외에 현대에 파주(巴宙)가 역출한 『대반열반경(大般涅槃經)』이 있는데, 남전(南傳) 빨리어 경전에서 역출한 것이다.

『열반경』의 내용

원효의 『열반경종요』는 『남본열반경』 36권본을 저본으로 하였다. 『남본열반경』은 25품으로 되어 있다. 우선 25품의 내용과 이 경의 전체적인 사상적 특징을 요약해 설명하겠다.

제1 서품(序品)에서는 부처님께서 구시나가라 국의 사라쌍수 사이에서 열반에 들 것이라는 소식을 듣고 모여 온 중생들이 울부짖는다. 그중 가전연 등을 비롯하여 성문·연각·우바새·우바이들 52대중이 마지막 공양을 받들려 하였으나, 부처님은 한결같이 허락하지 않는다.

제2 순타품(純陀品)에서는 부처님께서 우바새 순타의 마지막 공양을 받으시고, 목숨·색신·힘·안락·걸림 없는 변재를 갖추리라 수기하였다. 그리고 문수보살이 와서 순타와 문답한다.

제3 애탄품(哀歎品)에서는 순타가 떠난 뒤에 땅이 진동하였다. 여기서는 부처님께서 법신(法身)·반야(般若)·해탈(解脫)의 삼덕(三德)을 내용으로 하는 비밀장을 말씀하였다. 그리고 부처님께서 열반에 들려고 하시자, 대중이 수심하면서 열반에 들지 말라고 애원한다. 예전 의사와 새 의사의 우유를 쓰는 비유가 여기에 있다.

제4 장수품(長壽品)에서는 부처님께서 가섭보살에게 장수하는 원인을 말하고, 이타행(利他行), 평등심(平等心), 여래상주(如來常住), 세출세법(世出世法)의 차별, 법성(法性), 귀의할 대상으로 항상 머무는 불법승(佛法僧) 삼보(三寶)의 차이 없음을 말한다.

제5 금강신품(金剛身品)에서는 여래의 법신은 상주신, 불가괴신, 금강신, 비잡식신으로서 불생불멸 등의 무량한 공덕을 성취하였으면서도, 중생을 조복시키기 위해서 병고를 나타내 보이셨음을 밝혔다. 또 이 금강신을 성취하는 것은 바른 법을 보호하는 인연에 말미암은 것이라고 하였다.

제6 명자공덕품(名字功德品)에서는 대반열반경의 이름과 뜻의 공덕을 말한다. 여래께서 말씀하신 여러 가지 묘법은 모두 다 이 경에 들어 있다고 말하고, 또 이 경에는 항상한 것(常恒) 등의 여덟 가지 맛(八味)을 갖추고 있음을 말하였다.

제7 사상품(四相品)에서는 여래의 몸과 말과 마음의 세 가지 비밀을 설명하면서, 여래는 늘 있다(如來常住)고 말하고, 네 가지 모양(自淨, 正他, 能隨問答, 善解因緣義)과 팔상성도(八相成道)의 모든 방편은 바른 법을 말하기 위한 것이라하였다. 또한 어육(魚肉)을 끊어야 한다는 말과 온갖 해탈(解脫)을 말한다.

제8 사의품(四依品)에서는 처음에는 법을 옹호하는 네 가지 사람(범부를 가장한 보살(번뇌의 성품을 구족한 이), 수다원(須陀洹)을 얻은 이와 사다함(斯多含)을 얻은 이, 아나함(阿那含)을 얻은 이, 아라한(阿羅漢)을 얻은 이)을 말하고, 다음에 법에 의지하고 사람에게 의지하지 말라, 이치에 의지하고 말에 의지하지 말라, 지혜에 의지하고 식에 의지하지 말라, 요의경(了義經)에 의지하고 불료의경(不了義經)에 의지하지 말라는 등 네 가지에 의지할 것을 말한다.

제9 사정품(邪定品)에서는 부처님께서 말씀하신 경(經)·율(律)과 마구니가 말한 경·율을 분별하는 조건을 말한다.

제10 사제품(四諦品)에서는 고집멸도(苦集滅道)의 사성제(四聖諦)를 설명한다.

제11 사도품(四倒品)에서는 괴로움을 즐겁다 하고, 즐거움을 괴롭다고 생각하는 것, 항상함을 항상하지 않다고 하고, 항상하지 않음을 항상하다고 생각하는 것, 나가 없는데 나라 생각하고, 나의 나가 없다고 생각하는 것, 깨끗한데 깨끗하지 않다고 하고, 깨끗하지 않은데 깨끗하다고 생각하는 것 등의 네 가지 뒤바뀐 소견을 말한다.

제12 여래성품(如來性品)에서는 부처 성품이 항상 있고 없어지지 않는다는 것을 몇 가지 비유를 들어 말한다. 그 비유에는 가난한 집의 숨은 보배 비유, 쓴 약을 젖꼭지에 바르는 비유, 기운 센 장사의 이마에 있던 구슬 비유 등이 있다.

제13 문자품(文字品)에서는 실담자(悉曇字) 42자의 뜻을 말하여, 여래의 항상함과 무상함, 법보승보와 계율과 잘못된 계율, 경전과 잘못된 경전, 부처님 말씀과 마구니의 말을 분별함 등을 말한다.

제14 조유품(鳥喩品)에서는 괴로움과 무상함과 내가 없는 것이 서로 떠나지 않는 것을 원앙과 가린제 새가 각기 함께 다니면서 서로 떨어지지 않는 것으로 비유하여, 이 모든 것은 무상하여 괴로우나 깨달으면 항상하고 즐거운 것임을 말한다.

제15 월유품(月喩品)에서는 달이 보이지 않을 때 달이 없어졌다고 하지만, 실상은 가리워져서 나타나지 못하는 것이지 없어진 것은 아닌 것에 비유하여, 여래의 성품은 나고 없어짐이 없는 것임을 말한다.

제16 보살품(菩薩品)에서는 이 『대반열반경』이 모든 중생으로 하여금 보리심을 내게 하지만, 이찬티카(일천제)는 제외한다고 한다. 뒷부분에서는 이 경은 여래의 밀어(密語)로서 오직 보살만이 그 진실한 뜻을 알며, 세간의 범부들은 이해할 수 없다는 것을 나타낸다.

제17 일체대중소문품(一切大衆所問品)에서는 부처님께서 순타의 공양을 받은 뒤에 이 경의 공덕을 말하고, 문수사리보살과 가섭보살과 순타에게 수기하시고, 병을 나타내신다.

제18 현병품(現病品)에서는 부처님이 방편 비밀의 교를 말씀하시고, 대열반은 부처님들의 깊은 선정임을 말하며, 사과(四果)와 연각은 다섯 가지 병난 사람의 행이라 한다.

제19 성행품(聖行品)에서는 계행을 잘 지키라 권하고 이 경을 찬탄하면서, 우유의 다섯 가지 맛 즉, 우유(牛乳), 타락(酡酪), 생소(生酥), 숙소(熟酥), 제호(醍醐) 비유 중 우유의 최고인 제호에 비유하였다. 또 부처님의 전신인 동자가 설산에서 수행하는데, 제석천왕이 나찰로 변신하여 "제행무상(諸行無常), 시생멸법(是生滅法)"의 반구 게송을 말하자, 나머지 반구의 게송인 "생멸멸이(生滅滅已), 적멸위락(寂滅爲樂)"을 듣기 위해 나무 아래로 몸을 던졌다. 설산동자가 진리의 말씀인 한 게송을 위하여 이와 같이 몸을 초개와 같이 버렸으나, 제석천왕과 하늘 대중들이 설산동자에게 예배하고 하직하여 다시는 나타나지 않았다.

제20 범행품(梵行品)에서는 대열반의 경지에 이르는 청정한 행으로 일곱 가지 선한 일과 네 가지 한량없는 마음인 자비희사(慈悲喜捨)와 계행을 가질 것을 말하고, 아사세 왕이 부처님께 귀의한 인연을 말한다. 일곱 가지 선한 일은 다음과 같다: 첫째, 믿는 것(信). 둘째, 믿으며 항상 절에까지 가는 것(常往僧坊). 셋째, 절에 가서 예배하는 것(禮拜). 넷째, 예배하며 법을 듣는 것(聽法).

다섯째, 법을 듣되 지극한 마음으로 듣는 것(至心聽). 여섯째, 지극한 마음으로 듣되 뜻을 생각하는 것(思義). 일곱째, 뜻을 생각하면서도 말한 대로 행동하는 것(如說行)이다.

제21 영아행품(嬰兒行品)에서는 여래의 가고 오는 일과 말이 없는 행동을 천진한 어린 아기의 다섯 가지로 비유하였다. 그 비유는 다음과 같다: 첫째, 여래가 끝내 모든 법의 모양을 일으키지 않는 것(終不起諸法相)을 어린 아기가 일어나지 못함에 비유. 둘째, 여래가 모든 법에 집착하지 않는 것(不著一切諸法)을 어린 아기가 머물지 못함에 비유. 셋째, 여래의 몸과 행동이 동요하지 않는 것(身行無有動搖)을 어린 아기가 오지 못함에 비유. 넷째, 여래가 이미 대반열반에 다다른 것(已到大般涅槃)을 어린 아기가 가지 못함에 비유. 다섯째, 여래가 비록 모든 중생을 위하여 제법을 연설하더라도, 실로 말하는 것이 없는 것(雖為一切眾生演說諸法, 實無所說, 則是祕密之言)을 어린 아기가 말하지 못함에 비유한다.

제22 광명변조고귀덕왕보살품(光明遍照高貴德王菩薩品)에서는 부처님이 덕왕보살과의 문답을 통하여 보살마하살이 『대반열반경』을 수행하는 사람이 얻게 되는 열 가지 공덕을 자세히 설한다. 첫 번째 공덕은 듣지 못한 것을 들음이고, 듣고는 이익이 됨이며, 의혹하는 마음을 끊음이고, 지혜의 마음이 곧고 굽지 아니함이며, 능히 여래의 비밀한 법장을 아는 것이다. 그리고 두 번째에서 아홉 번째 공덕을 설한 후, 열 번째로 『대반열반경』을 닦아서 대열반에 들어가는 공덕을 설하는 것으로 마무리되어 있다.

제23 사자후보살품(獅子吼菩薩品)에서는 부처님과 사자후보살이 불성의 여러 주요 문제에 대해 문답하며 설한다. 사자후보살의 질문은 다음과 같다. 어떤 것을 불성이라 하는가? 무슨 뜻으로 불성이라 하는가? 무슨 까닭으로 상락아정(常樂我淨)이라 하는가? 모든 중생에게 불성이 있다면 왜 보지 못하는가? 십주보살(十住菩薩)과 부처님이 불성을 분명하게 보는 정도가 다른 것은 무슨 까닭인가? 이와 관련하여 부처님은 불성의 개념, 일천제의 불성문제, 견성에 있어서 안견과 문견, 수행에 있어서 생인과 요인, 정인과 연인 등 인과 문제와 선정과 지혜와 우필차(捨) 등을 닦는 방법을 포함한 여러 중요한 문제를 자세히 설한다.

제24 가섭보살품(迦葉菩薩品)은 부처님과 가섭보살이 불성 관련 주요 문제에 대해 문답한 내용으로 이루어져 있다. 가섭보살의 질문은 다음과 같다. 선성비구(善星比丘)(부처가 보살일 때의 아들)가 선근을 끊은 일천제로서 성불할 수 없다고 한 것에 대한 가섭보살의 의문과 이에 대해 여래의 답으로 시작한다. 이후 일천제의 성불(成佛)과 불성불(不成佛)의 문제, 불성의 시간성 문제, 업(業)의 문제, 열반의 이름 문제, 자기 동일성(我와 我所)의 문제, 법신(法身)과 생신(生身)의 문제 등을 자세히 설한다.

제25 교진여품(憍陳如品)에서는 교진여에게 색(色)을 멸함으로써 해탈의 상주(常住)하는 색을 얻는다고 가지가지 관행을 들어 말하고, 열 가지 외도를 굴복하고, 마지막으로 아난의 말을 한다.

3. 『열반경종요』의 내용 이해

『열반경종요(涅槃經宗要)』는 『동문선』 제83권에 「열반경종요서(涅槃經宗要序)」가 전해 오고, 일본 린노지(輪王寺)의 보물전(寶物殿)에 완본 1책이 전해 오고 있다. 린노지본은 1124년 5월 24일 누군가에 의해 필사된 필사본으로 대체로 완벽하게 보존되었으나, 79~80쪽 윗부분에 손상이 있어 몇 글자들은 전해지지 않고 있다.

이 책의 내용은 크게 두 부분으로 나뉘는데, 대의를 간략히 설명하는 부분〔略述大意〕과 자세히 분별하여 설명하는 부분〔廣開分別〕이다. 자세히 분별하여 설명하는 부분은 다시 네 부분으로 나눈다. 네 부분은 경을 설한 이유〔說經因緣〕, 가르침의 종지를 분명히 함〔辨敎宗〕, 가르침의 체를 밝힘〔明敎體〕, 가르침의 자취를 밝힘〔明敎跡〕이다. 이 가운데 가르침의 종지를 분명히 하는 부분은 총문(總門)과 별문(別門)으로 나뉘고, 별문은 다시 열반문과 불성문으로 나뉘는데 가장 많은 분량을 차지한다. 이들을 차례대로 간략히 설명하겠다.

1) 대의(大義)

우선 "열반의 도를 궁구해 보면 도가 없으면서 도 아님이 없고 머무름이 없으면서 머물지 않음이 없다." 따라서 "그 도는 지극히 가까우면서도 지극히 멀다. 이 도를 증득하면 더욱 고요하면서 더욱 시끄럽다. 더욱 시끄럽기 때문에 온갖 소리를 널리 울리어, 허공에 두루하면서 그치지 않는다. 더욱 고요하기 때문에 온갖 모양을 멀리 여의어 참 성품과 같이 깊고 고요하다. 지극히 멀기 때문에, 가르침을 따라가매 천겁을 계속해 지나도록 이르지 못한다. 지극히 가깝기 때문에, 말을 잊고 그 도를 찾으니 한 생각도 지나지 않아 절로 깨닫는다."

"이 『열반경』은 부처님 법의 큰 바다요, 방등(方等)의 비밀스런 창고다. 그 가르침은 헤아리기 어려우니, 진실로 그 때문에 넓게 트이어 가이 없고, 매우 깊어 바닥이 없다. 바닥이 없기 때문에 다하지 않음이 없고, 가이 없기 때문에 갖추지 않음이 없다. 부분적인 것들을 나타내는 경전들을 통합하여, 온갖 강물의 흐름이 바다의 한 맛으로 돌아가게 하며, 부처님 뜻의 지극히 공변됨을 열어, 모든 학설들의 각기 다른 주장들을 어우러지게 한다. 마침내 온갖 중생들로 하여금 모두 둘이 없는 참 성품에 돌아가게 하고, 어두운 긴 잠에서 모두 큰 깨달음의 극과(極果)에 도달케 한다. 극과의 큰 깨달음에서는 진실된 성품을 체달하여, 망심(妄心)과 실성(實性)이 둘이 없으니 진망이 섞이어 하나가 된다. 이미 둘이 없으니 어찌 하나가 있게 되며, 진망이 섞여 있으니 어느 것이 진실한 것이 되는가? 바로 이치와 지혜를 모두 잊어서, 이름과 뜻이 곧 끊어지니, 바로 열반의 현묘한 뜻이다. 다만 모든 부처가 증득하고도 거기에 머물지 않아, 응하지 않음이 없고 말하지 않음이 없으니, 이것을 열반의 지극한 가르침이라 한다. 현묘한 뜻이면서도 고요한 적이 없었고, 지극한 가르침의 말이면서도 말해 본 적이 없으니, 이치와 가르침의 일미(一味)이다." "오역의 죄〔逆罪〕를 지은 이는 이 경을 믿고 그 죄를 다 멸할 수 있고, 자기 마음속의 착한 씨앗〔善種〕을 끊은 이는 이 가르침에 의해 도리어 착한 씨앗이 살아날 것이다."

2) 자세히 분별함

(1) 경을 설한 이유

원효는 부처님께서 열반에 즈음하여, 이 경을 설한 인연이 있다는 것과 경을 설한 인연이 없다는 것의 두 가지로 설명한다. 먼저 인연이 없이 설하신다는 주장에도 두 가지가 있으니 첫째, 아무런 이유가 없으나 말씀하신 바가 있다는 것이다. 말씀하신 종지는 언어문자를 끊은 것이어서 인연(이유)과는 상관이 없기 때문이다. 둘째는 이유가 없기 때문에 말씀하신 바가 없다는 것이다. "만일 여래가 항상 법을 설하지 않는 줄 안다면 또한 보살은 다문을 두루 갖춘 것"이며, "부처님께서 처음 도를 얻은 밤으로부터 열반하신 밤에 이르기까지 이 두 밤 사이에 한 말씀도 하지 않으셨기 때문이다." 다음으로 설한 이

유도 있고 설한 것도 있는데, 이에 또 두 가지가 있다. 첫째, 개별적으로 말하자면 대인(大人)이 말씀할 때에는 쓸데없이 말하지 않음으로 한 게송 한 구(句)에도 각각 인연이 있어서 이 『열반경』의 2만 5천 게송에 2만 5천의 인연이 있고, 나아가 한량없는 인연이 있다는 것이다. 둘째, 전체적으로 말하면 일대사인연(一大事因緣)이 있어서 이 경을 설했다는 것이다. 즉 부처님이 성도한 뒤로부터 중생의 근기를 따라 말씀하신 일체의 가르침은 다 일미(一味)의 도를 보이기 위한 것으로 널리 둘 없는 성품으로 두루 돌아가게 한다는 것이다. 이상 인연이 없이 말씀하셨다, 인연이 있어서 말씀하셨다는 두 가지 주장은 다 경전에 의해 주장한 것이어서 서로 어긋나지 않는다고 본다.

(2) 가르침의 종지

이것은 자세하게 설명하는 부분의 두 번째에 해당하는 변교종(辨敎宗)의 총문이다. 먼저 여섯 논사의 주장들을 소개한다. 그리고 여섯 논사의 주장 가운데 어느 것이 참인지를 묻고, 이에 대해 두 논사를 들어 두 가지 대답을 설정한다. 하나는 "여러 주장이 다 참"이라고 하고, 다른 하나는 앞 주장을 모두 수용하고 있어 "맨 뒤의 주장이 참"이라고 한다. 마지막에 "두 논사의 설명이 서로 어긋나지 않는다"고 하면서 끝을 맺는다.

여섯 논사의 주장은 다음과 같다. 1. 이 경의 처음부터 끝까지 설명된 여러 가지의 뜻이 모두 종지가 된다. 즉 맨 처음 장수(長壽)의 인과에서 마지막 제음(諸陰)에 이르기까지의 36가지 뜻이 모두 종지이다. 2. 열반의 삼사(三事)와 사덕(四德)·중생의 불성·삼보(三寶)의 불성·일천제와 이승(二乘)의 성불, 이 네 가지의 큰 뜻으로 종지를 삼은 것이다. 3. 출세간(出世間)의 인과(因:불성과 수행, 果:보리와 열반)로써 종지를 삼은 것이다. 4. 앞으로 얻을 당상(當常)과 지금의 현상(現常)의 두 과위로써 종지를 삼은 것이다. 5. 원만하고 지극한 하나의 과위, 즉 모든 부처님의 대반열반으로써 종지를 삼은 것이다. 6. 모든 부처님께서 비밀스럽게 간직하신 둘이 없는 참 성품, 즉 대열반으로써 종지를 삼은 것이다.

열반론

다음으로 교종을 밝힘에 크게 열반론과 불성론의 두 부분으로 나뉜다. 먼저 열반의 뜻은 여섯 부분으로 나누어 설명한다. 첫째는 명의문(名義門), 둘째는 출체문(出體門), 셋째는 통국문(通局門), 넷째는 이멸문(二滅門), 다섯째는 삼사문(三事門), 마지막으로 여섯째는 사덕문(四德門)이다.

① 명의문(名義門)

여기서는 열반이라는 이름을 풀이하고, 그 뜻을 풀이한다.

우선 '열반'을 '멸도(滅度)'라고 바로 번역할 수 있다는 입장과 '열반'에는 열 가지의 뜻〔不滅, 不覆, 不去不來, 不取, 無不定, 無新故, 無障礙, 不有, 無和合, 不苦〕이 있어 한 가지로 번역할 수 없다는 입장으로 나뉜다. 원효는 이 두 논사 각각의 주장에 대해 바로 '멸도'라고 번역할 수 있는 것은 '열반'의 현료어(顯了語) 측면 때문이고, '열반'이 여러 뜻을 가지고 있어 바로 번역할 수 없다는 것은 열반의 밀어(密語) 측면 때문이라고 한다. 모든 '번뇌의 불이 멸한 것이므로 멸도라 함'은 현료어의 멸도이고, '각관을 벗어났으므로 열반이라 함'은 밀어의 뜻으로 고통이 없다는 것이다. 결국 무여열반에 들어갔을 때, 고뇌의 과보가 다 없어져야 각관의 분별심을 여의는 것이니 두 논사의 반대되는 "두 주장이 모두 옳다(二說俱是)"고 하며, 두 주장이 장애(障礙)되는 것이 아니라 잘 통한다

〔善通〕고 설명한다.

다음, '열반'의 뜻풀이에서는, 현료어에 의해 '열반'을 '대멸도(大滅度)'라는 뜻으로 풀이하고, '대'와 '멸'과 '도'에 대한 각각의 뜻을 상세히 풀이한다. '열반'과 '대열반'의 차이에 대해서는 불성을 보지 못해도 번뇌를 끊으면 열반이라 하고 불성을 보고서 번뇌를 끊는 것을 대대열반이라 한다는 것이다. 그리고 부처와 보살의 번뇌를 끊음에 다름이 있으니 즉, 보살은 번뇌를 끊을 때 다 끊지 못해 남은 번뇌가 있기 때문에 열반이라고 하지 않으며, 반면에 부처가 번뇌를 끊을 때에는 끝내 번뇌가 다시 생겨나지 않기 때문에 열반이라고 한다. 요컨대 번뇌를 끊은 것은 열반이라 하지 않고, 번뇌가 생기지 않는 것을 열반이라 한다는 것이다.

② 출체문(出體門)

원효는 먼저 열반의 체성을 나타내고 다음으로 허실을 간별한다. 우선 열반의 체는 무구진여(無垢眞如)라는 것, 또는 과지만덕(果地萬德)이라는 두 설이 있다. 무구진여는 모든 부처의 법성으로서 비로소 공덕을 일으키는 것이 아니라 열반을 증득하는 지혜, 즉 보리이다. 또한 번뇌를 끊어 없앰으로써 나타나는 진여라는 점에서 이는 곧 수멸(數滅)이다. 과지만덕은 본각과 시각을 따져 묻지 않고 모두 묶어 하나의 대열반의 체이니, 법신·반야·해탈의 삼사, 여덟 가지 자재대아(自在大我), 여래의 대보리 증득으로 만족하는 일체지혜, 삼신으로 나타나는 무상보리가 다 열반의 체이다. 열반의 체가 무구진여라는 것, 또는 과지만덕이라는 두 설은 열반과 보리가 구별되는 점에서는 보리는 그 과가 증득하는 덕에 있으므로 도제에 속하며, 열반의 과는 진여가 증득된 법이며 멸제에 속한다. 공통되는 점에서는 보리의 과지는 도제로서 이 또한 열반이며, 증득된 진여도 그 또한 보리이다. 또 비로소 있는 공덕도 열반이라면 이는 열반에 생인(生因)이 있는 것이다. 그러나 열반의 뜻은 적멸에 있으니 열반에는 요인(了因)만이 있다고 할 수 있다. 보리는 생인으로 낳은 것이지만, 또 요인으로 깨달은 것이라고도 한다면 열반은 요인으로 나타난 것이지만 또한 생인으로 일으킨 것이기도 하다.

다음엔 허·실을 간별함에 있어 생사법이 허망하고 공함에 비해 열반의 과는 진여를 체로 삼으므로 허한가 실한가, 공한가 공하지 않은가의 문제이다. 일체생사는 공하나 열반의 체성은 공하지 않다, 생사와 열반이 모두 허망하고 공하다는 두 가지 주장에서 열반이 불공이라는 주장은 방편으로 말한 것이고 열반이 공하다는 주장은 허망한 마음으로 취하는 상을 버리는 것이다. 열반의 체성이 공하다, 공하지 않다는 두 가지 설은 말 그대로 취한다면 둘 다 잘못이나, 결정적인 고집이 아니라면 두 설명 모두 옳다고 할 수 있다. 덕환(德患:공덕과 번뇌)을 상대하는 점에서는 생사는 공이요 열반은 불공이다. 서로 상대하기 때문에 무자상이라는 점에서는 생사와 열반 둘 다 자성이 없기 때문이다.

다음, 열반의 과인 진여의 체가 비었는지 비어 있지 않은지에 대한 두 주장을 소개하고, 두 주장을 말 그대로 취하면 두 주장이 모두 잃는 바가 있고, 두 주장에 대해 결정코 고집하지 않으면 두 주장이 모두 얻는 바가 있다고 한다. 결국 대열반은 성·상(性相)과 공·불공(空不空) 그리고 아·무아(我無我)를 떠나 있다는 것이다.

③ 통국문(通局門)

원효는 여기서는 열반의 공통적인 면과 부분적인 면을 밝히는데, 이를 소승과 대승의 두 부분으로 나누어 설명한다.

우선, 소승에 의하면 열반이 범인과 성인에 모두 공통된다는 독자부(犢子部, Vātsiputrīya)에서는 학(學)·무학(無學)·비학비무학(非學非無學)이 각기 다른 열반을 얻는다고 한다. 그러나 살바다부(薩婆多部, Sarvāstivāda)에서는 학·무학·비학비무학 중 열반은 오직 무학에게만 있다고 한다.

다음, 대승에서는 네 가지 있다. 첫째는 지극히 공통되는 문(極通門)으로, 범부·이승·보살 및 부처 모두에게 열반이 있다는 것이다. 둘째는 범부와 성인을 구별하는 문(簡凡聖門)으로, 열반이 성인에게는 있고 범부에게는 없다는 것이다. 셋째는 대승과 소승을 구별하는 문(簡大小門)으로, 열반이 대승에게는 있고 소승에게는 없다는 것이다. 넷째는 인위(因位)와 과위(果位)를 구별하는 문(簡因果門)으로, 열반이 인위(因位)에는 없고 과위(果位)에만 있다는 것이다.

④ 이멸문(二滅門)

원효는 열반을 성정·방편괴열반, 유여·무여열반의 두 가지로 나누어 설명한다.

우선, 성정열반과 방편괴열반에서 성정열반이란 진여(眞如)의 법성(法性)이 본래 물듦이 없기 때문에 성정(性淨) 또는 본래청정열반(本來淸淨涅槃)이라고 하며, 또 여여(如如)한 이치는 범부와 성인이 한 맛(一味)이기 때문에 동상열반(同相涅槃)이라고도 한다. 방편괴열반이란 지혜와 자비의 선교(善巧)로써 상견(常見)과 단견(斷見)의 두 변견에 대한 집착을 무너트려서 진여가 나타나게 되는데, 인(因)이라는 관점에서 이름을 세우므로 방편괴라 하고, 둘이라는 집착을 전변하여 두 변견에 머무르지 않기 때문에 무주처열반(無住處涅槃)이라고도 한다. 또 방편괴열반은 범부의 지위에서는 통하지 않기 때문에 부동상열반(不同相涅槃)이라고도 한다. 이 두 열반은 동일한 진여지만, 다만 뜻에 의해 두 가지로 세웠을 뿐이다.

다음, 유여열반과 무여열반은 다시 세 가지로 나누어 설명한다. 첫째, 살바다종(유부종)에서는 두 열반의 체는 하나지만, 몸에 의하여 유여열반·무여열반의 두 가지 열반을 말한다. 즉 생신(生身)에 의해 증득하는 열반은 유여신열반이며, 이미 일체번뇌를 다 끊고 열반에 들어가 모든 감관의 작용이 없어지면 무여신열반이다. 또 택멸무위는 열반이고, 비택멸무위와 무상멸무위는 열반이 아니다. 이 무여열반은 열반이지만 무기(無記)이므로 수멸(택멸)은 아니다. 둘째, 성실론종(成實論宗)에서는 가명심(假名心)과 법심(法心, 즉 實法心)의 두 가지 마음이 없는 것이 유여열반이고, 아공·법공의 2공에 집착하는 마음이 멸하면 무여열반이다. 셋째, 대승의 입장에서 네 가지로 자세히 설명한다. ①열반은 화현(化現)과 같다고 한다. 화현에 의한다는 것은 유여·무여를 소승에서는 실재로 보고, 대승에서는 화현과 같다고 보는 것이다. ②두 열반은 실의(實義)에 의한다고 한다. 유여·무여 두 열반이 똑같이 전의진여(轉依眞如)를 체로 삼는 것이지만, 인(因:번뇌의 업)을 끊고 나타난다는 점에서 유여, 과보가 다 멸하여 과가 이미 나타났다고 보는 점에서 무여라 한다. ③열반은 대승과 소승에 의한 것으로 이승의 열반은 유여열반이니, 유위의 생사가 다 없어진 곳에서 얻는 열반이고, 여래의 증득을 무여열반이라 하니 무위의 생사가 다 없어진 곳에서 얻는 열반이다. ④열반은 삼신(三身)에 의한 것이다. 응·화 2신은 몸과 지혜가 아직 있으므로 유여이고, 법신은 몸과 지혜가 평등하므로 무여이다. 또 무구진여(無垢眞如) 즉 청정진여가 바로 열반이니, 2신의 입장에서는 이 진여를 유여라 하고, 법신에 의해서는 이 진여를 무여라 한다. 또 전의진여의 열반은 3신의 입장에서는 무주처열반이다. 2신은 생멸하여 진여와 같지 않으니 열반에 머무르지 않으며, 법신은 진여와 둘이 아니므로 반열반에 머무르지 않는다.

⑤ 삼사문(三事門)
원효는 삼사를 네 가지로 나누어 설명한다.

첫째, 삼사(三事) 즉 법신(法身)·반야(般若)·해탈(解脫)의 체상을 설명한다. 법신의 체는 부처의 자리에서 가지는 모든 공덕으로 그 체가 둘이 없는 오직 하나의 법계이다. 일체의 모든 청정한 선법(善法)이 원만하여 그 자체에 쌓여 있으므로 법신이라 한다. 반야의 체는 바로 이 법신이니 그 성품이 스스로 환하게 통달하여 비추지 않는 데가 없으므로 반야라 한다. 해탈의 체는 곧 이 법신이니 모든 얽매임을 벗어나 아무 장애됨이 없으므로 해탈이라 한다. 이 삼덕은 다 달라서 하나라고 할 수 없으나, 일미(一味)로 모양 지을 수 있어 다르다고도 할 수 없다. 이를 삼사(삼법·삼덕)의 체상이라 한다.

둘째, 삼사를 건립한 이유를 세 가지 밝힌다. 삼법은 생사의 세 가지 근심[오음·번뇌·업장]을 대치하기 위하여 세운 것이다. 즉 오음의 몸을 대치하기 위하여 법신을, 번뇌의 미혹을 대치하기 위하여 반야를, 모든 업장에 얽매이는 원인을 여의기 위하여 해탈을 각각 건립한 것이다. 또 소승은 몸과 알음알이가 있는 한, 괴로움의 과보와 습기의 계박에서 벗어나지 못하므로 법신과 지혜의 참 해탈을 건립한다.

셋째, 삼사의 총(總)과 별(別)을 밝힌다. 하나의 성[一性]으로 말하면 열반은 총체적인 것이고, 이자(伊字) 삼점(三點)에 비유하면 법신·반야·해탈의 삼법이 각각 개별적인 것이다. 삼점으로 비유하여 대치하면 총별을 이루는 데 네 가지 뜻이 있다. ① 삼법을 갖추어야 열반을 이룬다. 삼법 중 하나하나를 따로 들면 열반을 이루지 못한다. ② 삼법이 똑같이 원만하여야 열반을 이룬다. 삼법을 갖추어서도 어느 하나가 수승하거나 하열한 것이 있으면 열반을 이루지 못한다. ③ 삼법이 동시에 있어야 열반을 이룬다. 수승한 것과 하열한 것이 없더라도 시간적으로 앞뒤가 있으면 열반을 이루지 못하기 때문이다. ④ 삼법이 동체이어야 열반을 이룬다. 삼법이 비록 전후가 없더라도 각각 체를 달리한다면 전체적으로 이루어지지 않는다. 이상의 네 가지 뜻을 갖추어야 열반을 이루니 법신·반야·해탈의 셋은 개별적이요, 열반은 전체적인 것이다. 더 나아가 법신·반야·해탈·열반의 네 가지 공덕이 다 전체적이기도 하고, 다 개별적이기도 하다. 네 가지가 다 개별적이라는 뜻은 열반은 적멸의 뜻, 법신은 공덕을 쌓는다는 뜻, 반야는 비추어 안다는 뜻, 해탈은 계박에서 벗어난다는 뜻이다. 네 가지가 다 전체적이라는 뜻은 법신이 없으면 고(苦)의 과보가 다함이 없어 열반을 이루지 못하고, 반야가 없으면 미혹을 없애지 못하니 열반을 이루지 못하고, 해탈이 없으면 업의 계박됨을 면하지 못하니 열반을 이루지 못한다는 것이다.

넷째, 열반의 삼사에 대하여 문답을 통해 결택한다. 〔문〕 여래의 실덕인 법신은 색(色)이 있는가, 없는가? 〔답〕 ① 법신은 영구히 색이 없으며, 다만 기연(機緣)을 따라 색상으로 화현한다. 그러므로 법신은 색이 없다. ② 삼사문에서 말하는 법신은 비로소 만덕으로 체를 이루었음을 전체적으로 취한 것이므로, 법신은 색이 있는 것이다. ①②의 두 논사의 설은 ①은 상을 버리고 일심으로 돌아오는 점에서는 일체의 덕상이 모두 법계와 같으며, 오직 제일의신이어서 색상의 차별된 경계가 없다는 것, ②는 자성에 의해 온갖 공덕을 이루는 점에서는 색과 심의 공덕을 갖추지 않은 것이 없어 한량없는 상호가 장엄되어 있다는 것이다.

⑥ 사덕문

원효는 열반의 상·락·아·정(常樂我淨) 사덕을 다시 네 가지로 나누어 설명한다.

먼저 사덕의 모양을 나타내는 면에서 사덕의 뜻을 공통되는 점과 구별되는 점으로 나누어 설명한다. 구별되는 점에서는 상은 색신의 무상함을 대치하는 법신(法身), 낙은 생사의 고해를 대치하는 열반(涅槃), 아는 중생의 자재하지 못함을 대치하는 부처, 정은 물들고 탁한 비법을 대치하는 법(法)의 뜻이다. 공통되는 점에서는 사덕은 법신의 뜻이고, 열반의 뜻이고, 부처의 뜻이고, 법의 뜻이므로 사덕을 대열반이라 한다.

공통되는 점에서 전체적으로는 그러하나 다시 분별한다면 사덕의 상에 각각 두 가지 뜻이 있다. 상덕의 두 뜻은 ① 유위생사(有爲生死)를 버리지 않으므로 생사는 열반과 같다. ② 무위열반도 취하지 않으므로 열반이 생사와 같다. ①②에 의하여 단견과 상견을 여의지 않는 것이 법신상덕의 뜻이다. 낙덕의 두 뜻은 일체 의생신고(意生身苦)를 여의어 적정의 낙을 얻고, 일체의 번뇌습기(煩惱習氣)를 없애어 지(智)의 낙을 얻는다. 아덕의 두 뜻은 아견과 무아견 각각의 치우침을 여의는 것이니, 이 아·무아를 떠나서 대아를 얻기 때문이다. 정덕의 두 뜻은 분별성을 떠나서 자성정을 나타내며, 의타성을 없애어 방편정을 나타내는 것이다.

두 번째, 사덕을 세운 뜻을 네 가지 이유로 밝힌다. ① 일천제·외도·성문·연각이 각각 정덕·아덕·낙덕·상덕에 장애되는 것을 밝힌다. 일천제는 생사를 탐착하여 그것을 정법으로 삼기 때문에 부처님의 법을 비방하므로 정덕에 장애가 된다. 외도는 진아를 알지 못하고 허망한 아(我)에 집착하므로 아덕에 장애가 된다. 성문은 고(苦)가 대락(大樂)임을 알지 못하고, 고를 두려워하므로 낙덕에 장애가 된다. 연각은 상(常:본 마음)의 이익을 버리고 단멸을 취하므로 상덕에 장애가 된다. 보살은 신심과 반야와 삼매와 대비의 행을 닦아 정·아·낙상의 덕을 증득한다. ② 무상(無常)·고(苦)·무아(無我)·부정(不淨:공)의 네 가지 근심을 뒤집기 위해 사덕을 세운다. ③ 성문의 무위사도(無爲四倒)를 대치하기 때문에 사덕을 세운다. 성문의 무위사도는 범부의 유위사도(有爲四倒)는 대치하였으나, 성문은 오음이 곧 법신인 줄 알지 못하기 때문에 법신의 사덕에는 반대되므로 사덕을 세우는 것이다. ④ 변역생사의 연상(緣相)·인상(因

相)·생상(生相)·괴상(壞相) 네 가지 모양을 벗어나기 위하여 사덕을 세운다. 연상인 무명을 여의므로 정덕을, 인상인 업소계(業所繫)를 여의므로 아덕을, 생상인 미세고를 낙덕을, 괴상인 무상멸(無常滅)을 여의므로 상덕을 세운다.

세 번째, 사덕의 차별을 밝히는 부분이다. 상(常)에는 생멸이 없는 상신(常身)의 뜻인 법상(法常)과 노사가 없는 상수(常壽)의 뜻인 불상(佛常)의 두 가지 뜻이 있다. 상신은 세간법에 물들지 않기 때문에, 사마(死魔)를 멀리 여의기 때문에, 본래 나지 않기 때문에 상주한다. 상수는 인연이 가이 없기 때문에, 중생이 가이 없기 때문에, 대비(大悲)가 한량없기 때문에, 사여의(四如意)가 한량없기 때문에, 무분별혜(無分別慧)가 한량없기 때문에, 항상 선정에 있기 때문에, 안락하고 청량하기 때문에 상주한다. 낙에는 단수락(斷受樂)·적정락(寂靜樂)·각지락(覺知樂)·불괴락(不壞樂)의 네 가지 뜻이 있다. 고·락·사(苦樂捨)로 분별하는 느낌을 끊는 단수락, 제행의 유전행고를 멀리하는 적정락, 무지로 받는 고고(苦苦)를 멀리하여 무소부지(無所不知)하는 각지락, 무상한 쇠·노·괴·고(衰老壞苦)를 멀리하는 불괴락의 사락을 대열반이라 한다. 단수락·적정락은 열반락, 각지락·불괴락은 보리락으로 구별할 수 있으나, 총체적으로는 이 네 가지 즐거움은 다 대열반이다. 아에는 체실(體實:진실)의 법아와 자재의 인아 두 가지가 있다. 이 자재는 여래의 몸이 수량에 자재함, 크기에 자재함, 무게에 자재함, 같고 다름에 자재함, 대경(對境)에 자재함, 득법(得法)에 자재함, 연설(演說)에 자재함, 보현(普現)에 자재함이다. 구분하면 진실아는 열반아, 자재아는 보리아이다. 그러나 전체적으로는 둘 다 대열반이다. 정에는 25유(有)의 과를 여읜 과정(果淨), 범부의 업인(業因)을 여읜 업정(業淨) 또는 인정(因淨), 불신은 상주하므로 신정(身淨), 불심(佛心)은 번뇌가 없으므로 심정(心淨)의 네 가지가 있다. 과정·업정은 이덕(離德), 신정·심정은 수덕(修德)이다. 이덕과 수덕은 모두 순정(純淨)으로써 대열반을 말한다.

전체적인 면에서 말하면 사덕은 삼사를 벗어나지 않으니, 삼사는 곧 열반아·보리아의 두 가지 아에 들어가고, 이 두 가지 아는 하나의 대열반이어서 하나가 곧 일체이고, 일체가 곧 하나이다.

네 번째, 서로 다른 쟁론을 화회하는 부분(和諍)이다. 법신은 상주하고 화신은 생멸하는데, 이 법신·화신에 대한 여러 설이 같지 않다. 보신에 대해서는 상주설과 무상설이 있다. 상주설은 유생무멸(有生無滅)이니 이치를 끝내 증득하기 때문에 상주한다는 설, 생인(生因)으로 보불공덕을 얻었으나 생상(生相)을 여의었고 금유(今有)도 후무(後無)도 아니므로 삼제(三際)도 여의어 상주불변한다는 설이다. 무상설은 보신불이 생인으로 생긴 것이어서 생멸유위이나 보신은 법신을 의지하여 계속 존재하므로 상주한다고 한다. 또 상주설은 성문의 무위에 대한 네 가지 전도를 대치하기 위해 법신의 무위상주를 말한 것이다.

그렇다면 상주설과 무상설은 어느 것이 맞고 어느 것이 그른가? 무상설에서는 법신이 상주한다면, 법을 짓지 않으므로 응화 2신의 두 몸을 만들지 못할 것이다. 법신은 응화 2신을 만들기 때문에 무위가 아니다. 상주설에서는 금강신(金剛身) 이전에는 공덕이 두루 하지 못하여 법계의 증득이 안 되고 법성도 두루 하지 못하지만, 여래가 성도 이후의 색신·음성·무애심에 평등하지 않음이 없고 두루 하지 않음이 없으므로 금강신 이전에서도 두루 하지 않음이 없는 것이다.

상주와 무상의 2설은 어느 한쪽만 고집하지 않는다면 모두 도리가 있는 것이다.

불성론

다음은 별문 뒷부분의 불성론이다. 여기서는 여섯 부문으로 나누어서 불성을 논의하고 있다. 첫째로 불성의 체를 밝히는 출체문, 둘째로 인과를 밝히는 인과문, 셋째는 지위별로 불성을 보는 견성문, 넷째는 지위별로 불성의 유무를 논의하는 유무문, 다섯째는 불성의 삼세에 대한 뜻을 밝히는 삼세문, 여섯째는 불성과 관련한 다양한 이견들을 회통하는 회통문이다.

① 출체문

원효는 불성의 체에 대한 기존의 모든 이론을 여섯 가지로 요약한다. 즉 ① 불성의 체가 미래의 불과이며, 곧 미래의 불과는 정인(正因)의 체라는 설, ② 불성의 체는 현재의 중생이며 중생은 불성의 정인, 육바라밀은 연인(緣因)이라는 설, ③중생의 마음이 정인의 체라는 설, ④마음의 신령함이 정인의 체라는 설, ⑤아뢰야식의 법이종자(法爾種子), 즉 모든 부처의 아뇩다라샴막삼보리의 중도종자(中道種子)가 불성의 체라는 설, ⑥아말라식 진여의 신해한 성품이 불성의 체라는 설 등이다.

원효는 이 여섯 가지 이론이 옳은지 그른지에 대해 불성이 그러하다면, 다 맞고 그러하지 않다면 다 틀리다고 한다. 여섯 논사 중 제1의 논사는 미래의 부처의 과위를 말한 것이고, 뒤의 다섯 논사는 모두 현재의 인(因)을 근거로 말한 것이다. 또 이 다섯 논사 중 제6설은 진제(眞諦), 제2에서 제5설은 속제(俗諦)를 따른 것이다. 또 속제를 따른 것 중 제2는 인(人), 제3에서 5는 법을 근거로 논한 것이다. 또 이 중 제5사는 복(伏), 즉 종자를 들어 말했고, 제3과 제4는 기(起), 즉 상심(上心) 안에서 뜻을 따라 말한 것이다.

총체적으로 설명하자면 원효는 결국 불성의 체를 일심이라고 결론짓는다. 일심의 성품은 상견, 단견 등 모든 극단적인 견해를 벗어난 것이므로 여섯 가지 이론 중 해당되는 것이 없는 것이다. 하지만 해당되는 것이 없으므로 해당되지 않는 것 또한 없으니 여섯 가지 학설이 다 그르기도 하고 다 맞기도 한 것이다.

분별해서 논한다면 일심법에 물들지 않되 물드는 수염문(隨染門), 물들되 물들지 않는 일미·적정의 두 가지 뜻이 있다. 후자의 입장에서 제6사의 설이 성립되며, 전자의 입장에서 전 5사의 설이 성립된다.

② 인과문

원효는 불성의 체가 인도 아니고 과도 아니지만, 인과성을 벗어난 것도 아니어서 전체가 인이 되고 전체가 과가 된다고 한다. 불성을 인과의 측면에서 보자면 과의 불성이란 부처의 체성으로 여래의 십력(十力)과 사무외(四無畏) 등 한량없는 모든 법을 말한다. 과의 불성에도 소생과(所生果)와 소료과(所了果)의 두 가지가 있는데, 소료과란 성정문의 열반과이며, 소생과란 수염문의 보리과이다. 열반과는 법신불이고 보리과는 보신불이다.

인의 불성은 부처를 이루는 성품으로 인이며 과는 아니다. 그것은 곧 중생의 불성인데, 여기에 모든 중생은 정인(正因), 육바라밀은 연인(緣因)의 두 가지 인이 있다. 성정·수염의 두 문을 총체적으로 논한다면 성정본각도 법신과 생신 2신의 성품이 되고, 수염문의 신해한 성품도 법신의 인이 된다. 즉 주자성성(住自性性)에 의해 법신을, 인출불성(引出佛性)에 의해 보신·응신을 말한다.

③ 견성문

견성문에서는 어느 지위에 이르러야 불성을 보게 되는가를 논한다. 초지보살이 법계를 증득한다면 불성을 이미 증득하여 본 것이고, 제10지에서도 불성을 보지 못했다면 이 10지에서 아직 법계를 보지 못한 것이다. 이는 다음의 세 가지 방법에 의해 분별할 수 있다.

첫째, 견성이 궁극적인가 궁극적이지 않은가를 분별하는 문에 의하면, 오직 부처의 지위에서만 궁극적으로 일심의 근원에 돌아와서 불성의 온전한 체를 증득하여 보기 때문에 이때에 불성을 눈으로 본다고 한다. 금강위 이전에서는 아직 눈으로 보지 못하고 우러러 믿을 뿐이니, 다만 귀로 들어서 알뿐이다.

둘째, 견성이 두루한가 두루하지 않은가를 분별하는 문에 의하면, 초지 이상에서는 일체의 변계소집을 두루 다 버리기 때문에 불성을 눈으로 보지만, 초지 이전의 범부나 이승의 성인들은 불성을 믿는 이도 있고 믿지 않는 이도 있어, 다 똑같이 불성을 보지는 못한다. 또 초지보살의 여실수행·정체지는 진여불성의 실체를 증득하고 변수행(遍修行)·후득지는 모든 중생이 다 불성이 있음을 본다.

셋째, 불성을 증득하는가 증득하지 못하는가를 분별하는 문에 의하면, 이승의 성인들은 불성의 전체를 다 보는 것은 아니지만 인공문(人空門)에 의지해 진여를 증득하므로 불성을 본다. 반면에 일체 범부들은 아직 불성을 보지 못한다.

④ 유무문

유무문에서는 먼저 성인의 지위에 따라 불성의 십사(十事:常·我·樂·淨·眞·實·善·可見·少見·善不善)의 유무를 밝히는데, 여기에서는 성인의 지위와 범부의 지위에 따른 차별로 나누어 논하고 있다.

먼저 성인의 지위에 따른 불성의 유무는 5단계로 나누어 볼 수 있다. 제1위는 보살 계위의 1-5지로 이를 십바라밀행으로 십지문(十地門)에 배대하면 아직 반야를 얻지 못하여 범부의 지위와 같다. 제2위는 6-8지로 출입·무출입의 차이는 있으나 모두 속제에 공용이 있다. 제3위는 9지로 진제·속제 모두에 공용이 없다. 제4위는 10지로 십바라밀을 구족하여 인행이 다 이루어졌다. 제5

위는 여래지로서 이 여래지에서 비로소 상·락·아·정·진·실·선의 일곱 가지 일(七事)이 모두 갖추어지게 되고, 그 이전 지위로 내려갈수록 일의 종류와 가짓수에 차이가 난다. 다음은 범부의 지위에 따라 불성의 유무를 말한다. 즉 일천제와 선근인에 대하여 불성의 유무를 유무·무유·유유·무무 등의 4구로 나타낸다. 원효는 이러한 4구는 보신의 불성을 나타낸 것이지, 법신의 진여불성에 대한 것이 아님을 밝힌다.

나아가 4구에는 사의(四義)가 있다. 제1의는 의지·연기 2문을 나타내기 위해 4구를 설한 것이다. 4구 중 앞의 2구는 의지문에 의해 다섯 가지 종성을 말하고, 뒤의 2구는 연기문에 의해 인위로서의 불성과 과위로서의 불성을 나타낸다. 제2의는 연기문에 의해 앞의 3구는 인위에서의 불성의 차별을 밝히고, 뒤의 1구는 과위에서 불성이 일천제와 선근인 둘에게 다 없음을 나타낸다. 제3의는 네 가지 뜻(意)을 위하여 4구를 말한다. 즉 제1구에서 억인의(抑引意), 제2구에서 권청의(勸請意), 제3구에서 생보경의(生普敬意), 제4구에서 기광도의(起廣度意)를 나타낸다. 또 제1구는 사견(邪見)에 대해, 제2구는 신심에 대해, 제3-4구는 똑같이 장차 부처가 되는 과보를 기대한 것이다. 제4의는 이변(二邊)에서 벗어나게 하기 위해 4구를 설한다. 전2구는 변견에서 벗어남을 각각 나타냈고, 후2구는 변견에서 벗어남을 전체적으로 나타냈다.

⑤ 삼세문

삼세문에서는 불성이 과거·현재·미래의 삼세를 포섭하는지 그렇지 않은지를 밝히며, 이에 대하여 법신불의 불성과 보신불의 불성의 두 가지로 나누어 논하고 있다. 먼저 법신불의 불성은 응득인(應得因)과 지득과(至得果)의 체가 평등하여 생멸이 없다. 따라서 한결같이 삼세를 포섭하지 않는다. 그 다음 보신불의 불성은 보신불의 인위와 과위의 성품에 대하여 세 가지로 나누어 볼 수 있다.

첫째, 여래의 원만한 과위와 보살의 원만한 인위라는 관점에서 볼 때 여래의 불성은 이치의 근원을 다하여 일법계와 평등하므로 삼세가 아니며, 후신보살의 불성은 아직 이치의 근원에 이르지 못하여 인위는 원만하나 극과에는 이르지 못했으므로 현재이고 미래이다.

둘째, 여래의 인위와 과위라는 관점에서 볼 때, 과위의 입장에서는 아직 인위가 생멸을 여의지 않으므로 삼세를 따른다. 그러나 인위에 의하여 과위를 말하면, 삼세이기도 하고 삼세가 아니기도 하다고 본다.

셋째, 보살의 인위와 과위라는 관점에서 보면, 보살의 불성은 아직 생사를 면치 못해 인위와 과위가 모두 삼세를 따른 것일 뿐 이치의 근원에는 이르지 못하여 삼세 아닌 것이 없다.

⑥ 회통문

회통문에서는 불성에 대한 글이 다른 것들을 통하게 하는 통문이(通文異)와 뜻이 같음을 융합하는 회의동(會義同)의 두 가지 방법으로 논한다.

통문이에서는 첫째, 인과문에서 일체의 선·불선·무기가·모두 불성이라는 것과 불성은 정인이고, 보리심 등의 수행은 연인이라고 하는 문제에서 불성으로는 포섭할 수 있으나 수행으로는 포섭할 수 없으므로 일체가 다 불성이라고 보았다. 또 불성의 이의(二義:因義·非作義)에서 인의로는 일체가 다 불성이지만, 비작의에서는 수행은 불성이 아니라고 보므로 두 입장이 회통된다. 둘째, 무정물은 불성이 아니라고 보는 입장과 내육입(內六入)과 외육입(外六入)이 합쳐진 것을 불성이라고 보는 중도의 입장을 회통하여 무정물도 식소변(識所變)이라는 점에서는 불성이라고 본다. 앞은 보신불의 불성이고 뒤의 중도설은 법신불의 불성이다. 셋째, 『보성론』의 초지보살은 지혜의 눈으로 불성을 본다는 견해와 『열반경』의 초지보살은 볼 수 없고 십지보살이라야 불성을 보되 명료하지 못하고 여래만이 명료하게 본다는 견해이다. 이를 회통하여 통상으로 말하면 구경과 구경 아님의 다름을 드러내기 위해 십지보살도 불성을 명료히 보지 못한다고 한다. 그러나 단계적으로 증득해 보는 경우에는 초지보살도 불성을 볼 수 있다.

회의동에서는 불성의 뜻에 헤아릴 수 없는 많은 문이 있지만 비슷한 종류로 서로 묶으면 다섯 가지를 벗어나지 않는다. 첫째, 인불성(因佛性)으로 성정문의 상주 불성이니, 아견·여래장·제일의공·지혜·일승·진해탈(眞解脫) 등의 진여불성이다. 둘째, 인불성으로 수염문의 무상 불성이니, 대신심·자비희사의 사무량심·사무애지·정삼매(頂三昧) 등 보신의 불성이다. 셋째, 현재의 과위로서 모든 부처님께서 얻으신 것이니, 색법의 금강신, 비색법의 십팔불공, 상법(相法)의 32상 80종호·십력·사무외·무량삼매, 무법(無法)의 여래의 과거 모든 선불선무기·오음·십이인연 등이다. 넷째, 미래의 과위로서 모든 중생이 가지고 있는 것이니, 일체중생의 불성, 여래의 불성, 후신보살의 불성 등이다. 다섯째, 인위도 아니고 과위도 아니며 상주성도 아니고 무상성도 아닌 일심이니, 십이인연·지혜·무상아뇩보리·대반열반 등이다.

앞의 네 문 중 수염과 성정의 두 가지 인불성과 미래·현재의 두 가지 과불성은 그 자성이 둘이 없고 오직 일심일 뿐이다. 이 일심의 성품은 오직 부처만이 체득할 수 있고 그래서 이 마음을 일미·불성이라 한다.

교체(敎體)

교체에 대하여 원효는 크게 대승 이전의 논장과 대승의 논장으로 나누어 설명한다.

먼저 대승 이전의 논장으로, 첫째 『가전연론』은 명(名)·구(句)·미(味)로써 경의 체를 삼는다. 둘째, 『잡심론』에 의하면 색음(色陰)에 포섭시키는 팔만 가지 법음과 행음에 포섭시키는 이름(名)이 다 경의 체이다. 셋째, 『바사론』에서는 음성이 교의 체가 된다는 것은 불타제바 존자의 뜻이고, 명·구·미가 교의 체가 된다는 것은 화수밀 존자의 뜻이라고 한다. 넷째, 『구사론』에도 두 가지가 있는데, 부처님의 가르침은 색음에 포함시키는 언음을 자성으로 삼는다는 설과 행음에 포함시키는 문(文)·구(句)를 자성으로 삼는다는 설이 그것이다. 다섯째, 『성실론』에 의하면 가성(假聲)이 교체가 되는데 이 상속하는 소리의 본성은 색음에 포섭되고, 설명하는 작용은 의식에 의해 얻어지는 것으로 법입(法入)에 포섭된다.

다음, 대승의 논장으로 『유가론』에서 계경(契經)의 체에 소의(所依)인 문(文)과 능의(能依)인 의(義)의 두 가지를 든다. 여기서 문은 명신(名身)·구신(句身)·자신(字身)·어(語)·행상(行相)·기청(機請)의 여섯 가지이다. 그런데 『유가론』의 의도는 교체에 별다른 자성이 없고, 여러 연이 합하여서 사물에 대한 이해를 낼 수 있다는 것이다. 그러므로 여러 가지 인연들이 교체가 된다고 한다.

교상판석

가르침의 자취를 밝히는 교상판석은 크게 남방과 북방의 논사에 따라 그 입장이 다르다. 먼저, 남방의 논사들은 대체로 여래의 일대교화의 말씀은 『화엄경』의 돈교와 그 나머지의 점교로 나누어지고, 점교 가운데에는 오시(五時)가 있다고 한다. 첫째는 부처님이 처음 성도하시고 오개(五蓋)와 십선(十善) 등 인천교(人天敎)를 말씀하셨다. 둘째는 부처님께서 성도하신 이후 12년 중에 삼승의 차별교문을 말씀하시고, 아직 공의 이치를 말씀하지 않았다. 셋째는 부처님이 성도하신 이후 30년 중에, 공하여 상이 없는 『반야경』과 『유마경』·『사익경』 등을 말씀하셨다. 삼승이 똑같이 공을 관하는 것이라고 하였으나 셋을 깨뜨려 하나로 돌아가는 일승은 아직 말하지 않았고 또 중생이 똑같이 불성이 있다는 것을 아직 말하지 않았다. 넷째는 부처님께서 성도하시고 40년이 지나서 8년 동안 일승의 『법화경』을 말씀하셨으나 중생들에게 똑같이 불성이 있음은 아직 말씀하지 않았다. 또 부처님이 상주함을 밝히지 않았으니 이는 불요의의 가르침이다. 다섯째는 부처님께서 열반에 임하시어 대열반을 말씀하시고 모든 중생이 다 불성이 있으며 법신이 상주함을 밝히셨으니 이것은 요의경이다.

북방의 논사들은 『반야경』 등이 모두 요의의 가르침이지만, 다만 그 종지가 각기 같지 않을 뿐이라고 한다. 『반야경』 등은 지혜로써 종지를 삼고, 『유마경』 등은 해탈로써 종지를 삼고, 『법화경』은 일승으로써 종지를 삼고, 『대열반경』은 묘과로써 종지를 삼는다. 이 모두가 크게 연기를 깨달아 행덕이 구경한 대승 요의의 말씀이니, 이는 남방의 5시교의 주장을 부정한 것이다. 이러한 교상판석에 대하여, 원효는 부처님의 뜻이 심원하여 한량없는 까닭에 북방의 4종으로써 경의 요지를 나누거나 또한 남방의 5시로써 부처님의 뜻을 한정하는 것은 마치 대롱으로 하늘을 엿보는 것과 같다고 한다. 그러나 두 가지 주장 모두 각기 한쪽만을 고집하지 않는다면 둘 다 타당하다고 본다.

● 일러두기

1. 이 역주서는 대정신수대장경(大正新修大藏經)(이후 '대정장'으로 약칭) 제38권에 실린 『열반종요(涅槃宗要)』 원문(pp.239a10~255c09), 동문선(東文選) 제83권에 실린 열반경종요서(涅槃經宗要序) 원문(『국역 동문선』Ⅶ, 민족문화추진회, 1969, pp.601~602), 한국불교전서(韓國佛教全書)(이후 '한불전'으로 약칭함) 제1권에 실린 『열반경종요』 원문(pp.524a01~547a23)을 저본으로 함.

2. 위 원전들에서 『열반종요』 또는 『열반경종요』라고 한다. 필사본에는 표제를 '열반종요(涅槃宗要)'라 하고, 말미에는 '열반경종요(涅槃經宗要)'라고 하였다. 일반적인 열반 사상에 대한 종요라면 『열반종요』라 해야 할 것이며, 『열반경』의 사상에 대한 종요라 하면 『열반경종요』라 해야 할 것이다. 일반적인 열반 사상에 대한 종요라 하더라도 『열반경』이 중요한 저본이 되므로 『열반경』의 사상이 중요하게 된다. 따라서 어느 이름을 택해도 크게 어긋나지 않는다.

3. 구두점은 대정신수대장경의 표점을 참조하되, 우리말 번역 표현과 글의 맥락을 고려하여 마침표와 쉼표 등을 사용하였다. 원문의 표점은 인용부호, 쉼표, 마침표, 느낌표, 물음표만 사용하였고, 서명 등은 번역문에서만 『 』안에 넣어 표기하였다.

4. 번역문의 표기는 한글을 원칙으로 하되, 필요한 경우 ( ), 〔 〕안에 한자를 병기하였다.

5. 이미 익숙해진 학술용어는 번역하지 않고 그대로 표기하였다.

6. 각주는 모두 역주이다. 본문의 용어를 주석하였고, 원문의 출전을 각주에 밝혔으며, 원문과 출전 사이에 차이가 날 경우 대부분 출전의 글로 교감하였다.

7. 원문을 교감할 때에, { }는 빼고, 〔 〕는 { }에서 뺀 자리에 넣고, 〈 〉는 새로 넣는다는 표시로 사용하였다.

열반경종요(涅槃經宗要)

是經有其二門, 一者略述大意, 二者廣開分別.

이 경에는 두 문이 있으니, 첫째는 대의를 간략히 서술하는 것이고, 둘째는
널리 열어 분별하는 것이다.

I.『열반경(涅槃經)』의 대의를 간략히 서술함

述大意者. 原夫涅槃之爲道也, 無道而無非道, 無住而無非[1]住. 是
知其道至近至遠. 證斯道者, 彌寂彌喧[2]. 彌喧之故, 普震八{聲}
〔音〕[3], {通}〔遍〕[4]虛空而不息. 彌寂之故, 遠離十相, 同眞際而湛然.
由至遠故, 隨敎逝之, 綿[5]歷千劫而不臻. 由至近故, 忘言尋之, 不過
一念, 而自會也. 今是經者, 斯乃佛法之大海, 方等之秘藏. 其爲敎

---

1 대정장, 한불전, 필사본에는 '非', 동문선에는 '不'로 되어 있음. 가은 역주(2004), 이영무 역
  (1984), 울만 영역(1997)에서는 '不'로 고침. 여기서는 '非'로 씀.
2 대정장, 한불전, 필사본에 '喧'(온화하다)으로 되어 있고, 이영무 역(1984)에는 아무 설명이나
  주석 없이 '喧'(시끄럽다)으로 되어 있다. 동문선에 '喧'으로 되어 있음. 여기서는 내용상 '喧'
  (시끄럽다)을 써야 할 것 같다. 황산덕 역(1982), 한글대장경(김달진 옮김)(1992)도 '시끄럽
  다'로 해석함.
3 '聲'을 빼고 '音'을 넣음. 대정장, 한불전, 필사본에는 '聲', 동문선에는 '音'으로 되어 있음.
4 '通'을 빼고 '遍'을 넣음. 대정장, 한불전, 필사본에는 '通', 동문선에는 '遍'으로 되어 있음.
5 대정장, 한불전, 필사본에는 '綿', 동문선에는 '縣'으로 되어 있음. 여기서는 '綿'으로 씀.

也, 難可測量, {由良}〔良由〕⁶{廣}〔曠〕⁷蕩無崖⁸, 甚深無底. 以無底故, 無所不窮, 以無崖故, 無所不該.

대의를 말한다. 열반의 도를 궁구해 보면 도가 없으면서 도 아님이 없고, 머무름이 없으면서 머무르지 않음이 없다. 이에 그 도가 지극히 가까우면서 지극히 멂을 알겠다. 이 도를 증득하면 더욱 고요하면서 더욱 시끄럽다. 더욱 시끄럽기 때문에 팔음(八音)⁹을 널리 울리어, 허공에 두루하면서 그치지 않는다. 더욱 고요하기 때문에 십상(十相)¹⁰을 멀리 여의어 진제(眞際)¹¹와 같이 깊고 고요하다. 지극히 멀기 때문에, 가르침을 따라가매 천겁을 계속해 지나도록 이르지 못한다. 지극히 가깝기 때문에, 말을 잊고 그 도를 찾으니 한 생각도 지나지 않아 절로 깨닫는다. 이제 이 경은 부처님 법(佛法)의 큰 바다요, 방등(方等)¹²의 비밀스런 창고다. 그 가르침은 헤아리기 어려우니, 진실로 그 때

---

6 '由良'을 빼고 '良由'를 넣음. 대정장, 한불전, 필사본에는 '由良', 동문선, 이영무 역(1984), 가은 역주(2004)에는 '良由'로 되어 있음.

7 '廣'을 빼고 '曠'을 넣음. 대정장, 한불전, 필사본에는 '廣', 동문선에는 '曠'으로 되어 있음. 이 영무 역(1984), 가은 역주(2004)는 '曠'으로 되어 있음.

8 대정장, 한불전, 필사본에는 '崖'로 되어 있고, 동문선, 이영무 역(1984), 가은 역주(2004)는 '涯'로 되어 있음. 여기서는 '崖'로 씀.

9 팔음(八音): 금(金), 석(石), 사(絲), 죽(竹), 포(匏:박, 바가지), 토(土), 혁(革), 목(木)의 8가지 악기에서 나오는 소리.

10 십상(十相): 『열반경』에 생(生)·노(老)·병(病)·사(死)·색(色)·성(聲)·향(香)·미(味)·촉(觸)·무상(無常)의 열 가지 상을 말함. 이 열 가지 상을 멀리 여의면 대열반임. 『대반열반경』(36권본), 대정장12, p.772a24~6, "十相者. 謂生老病死色聲香味觸無常. 遠離十相者名大涅槃" 참조.

11 진제(眞際): 범어(이후 '범'으로 약칭함) bhūta-koṭi. 진여실제(眞如實際)의 약칭. 상대적이고 차별적인 상을 단절한 것. 평등일여의 진여법성을 나타내는 이체(理體).

12 방등(方等): 범 vaipulya, 빨리어(이후 '빨'로 약칭함) vedalla. 음역하여 비불략(毘佛略)·비

문에 넓게 트이어 가이 없고, 매우 깊어 바닥이 없다. 바닥이 없기 때문에 다하지 않음이 없고, 가이 없기 때문에 갖추지 않음이 없다.

統衆典之部分, 歸萬流之一味, 開佛意之至公, 和百家之異諍. 遂使擾擾四生, 僉歸無二之實性, {夢夢}〔曹曹〕[13]長睡, 並到大覺之極果. 極果之大覺也, 體實性而{忘}〔妄〕[14]心實性之無二[15], 混眞{忘}〔妄〕[16]而爲一. 旣無二也, 何得有一, 眞妄混也, 孰[17]爲其實? 斯卽理智都忘[18], 名義斯絶, 是謂涅槃之玄旨也.

부라(毘富羅)·비불략(鞞佛略)·비비라(斐肥儸)·위두리(爲頭離). 번역하여 방광(方廣)·광파(廣破)·광대(廣大)·광박(廣博)·광해(廣解)·광(廣)·무비(無比) 등. 또 대방광(大方廣)·대방등(大方等)이라 함. 구부경(九部經)의 하나, 십이부경(十二部經)의 하나. 대승경전을 가리킴. 곧 널리 말하고 광대하고 깊고 깊다는 뜻. 대승불교 가운데서 주로 대승경전을 가리키고, 후세의 소승삼장(불교성전) 가운데 아직 말하지 않은 것도 아울러 방등에 포함되어, 방등의 뜻은 그 양의 방대함만을 가리키는 것은 아니다. 주로 내용상 광대평등한 이치를 가리킴.

13 '夢夢'을 빼고 '曹曹'을 넣음. 대정장, 한불전에 '夢夢'으로 되어 있고, 동문선, 필사본에 '曹曹'으로 되어 있음. 이영무 역(1984), 가은 역주(2004)는 '曹曹'으로 되어 있음.

14 '忘'을 빼고 '妄'을 넣음. 대정장, 한불전, 필사본에는 '忘'으로 되어 있고, 동문선에는 '亡', 이영무 역(1984)은 '亡'으로 함.

15 대정장, 한불전, 필사본에는 '也'가 없는데, 동문선에는 '也', 이영무 역(1984)은 '也'를 넣음. 여기서는 필사본을 따름.

16 '忘'을 빼고 '妄'을 넣음. 대정장, 한불전, 필사본에는 '忘'으로 되어 있고, 동문선에는 '妄'으로 되어 있다. 이영무 역(1984)은 '妄'으로 함.

17 대정장, 필사본에 '孰'으로 되어 있고, 한불전에 '熟'로 되어 있다. 이영무 역(1984)은 '孰'으로 되어 있음. 여기서는 '孰'을 씀.

18 대정장, 한불전, 필사본에 '忘'으로, 동문선에 '亡'으로 되어 있음. 이영무 역(1984)에 '亡'으로 되어 있음. 여기서는 '忘'을 씀.

19 '位'를 빼고 '住'를 넣음. 대정장, 한불전, 필사본에는 '位'라 하고, 동문선, 이영무 역(1984), 가은 역주(2004) '住'로 되어 있음.

但以諸佛證而不{位}〔住〕[19], 無所不應, 無所不說, 是謂涅槃之至敎
也. 玄旨已[20]而{不}〔未〕[21]嘗寂, 至敎說而未嘗言, 是謂理敎之一味
也. 爾乃聽滿字者, 咸蒙毛孔之益, 求半偈者, 不{傾}〔顧〕[22]骨髓之
摧. 造逆罪者, 信是經而能滅, {燋}〔斷〕[23]善種[24]者, 依玆敎而還生
之矣.

부분적인 것들을 나타내는 경전들을 통합하여, 온갖 강물의 흐름이 바다의
한 맛으로 돌아가게 하며, 부처님 뜻의 지극히 공변됨을 열어, 모든 학설들의
각기 다른 주장들을 어우러지게 한다. 마침내 온갖 사생(四生)[25]으로 하여금
모두 둘이 없는 참 성품에 돌아가게 하고, 어두운 긴 잠에서 모두 큰 깨달음의
극과(極果)[26]에 도달케 한다. 극과의 큰 깨달음에서는 진실된 성품을 체달하

---

20 대정장, 한불전에는 '己'로 되어 있고, 필사본에는 '已'로 되어 있음. 동문선, 이영무 역
(1984)은 '亡'으로 함. 가은 역주(2004)는 '己'로 함. 여기서는 '已'로 씀.

21 '不'를 빼고 '未'을 넣음. 대정장, 한불전, 필사본에는 '不'로 되어 있고, 동문선에는 '未'로 되
어 있음. 이영무 역(1984), 가은 역주(2004) '未'로 함.

22 '傾'을 빼고 '顧'을 넣음. 대정장, 한불전, 필사본에는 '傾'으로 되어 있고, 동문선에는 '顧'로
되어 있음. 이영무 역(1984), 가은 역주(2004)에는 '顧'로 함.

23 '燋'을 빼고 '斷'을 넣음. 대정장, 한불전, 필사본에는 '燋'로 되어 있고, 동문선에는 '斷'으로
되어 있음. 이영무 역(1984), 가은 역주(2004)에는 '斷'으로 함.

24 대정장, 한불전, 필사본에는 '種'으로 되어 있고, 동문선에는 '根'으로 되어 있음. 이영무 역
(1984), 가은 역주(2004)에는 '根'으로 함. 여기서는 '種'으로 씀.

25 사생(四生): 범 catasro-yonayaḥ, 빨 catasso yoniyo. 육취(六趣)의 유정들이 출생하는 모습
을 네 가지로 분류한 것을 사생(四生)이라 한다. ①태생(胎生): 어미의 배를 빌어서 태(胎)
로 출생하는 유정들. 사람, 소 등이다. ②난생(卵生): 껍질로 된 알을 깨고 출생하는 유정들.
닭, 오리 등이다. ③습생(濕生): 어둡고 물기 있는 땅에서 화합(化合)되어 형체를 낳는 유정
들. 모기, 파리 등의 곤충류이다. ④화생(化生): 이곳의 유정들은 종족을 번식치 않고 부모
의 인연(因緣)도 받지 않으며 의탁되는 바도 없이 자연 변화되어 출생한다. 제천(諸天), 지
옥(地獄)의 유정들임.

여, 망심(妄心)과 실성(實性)이 둘이 없으니, 진망이 섞이어 하나가 된다. 이미 둘이 없으니 어찌 하나가 있게 되며, 진망이 섞여 있으니 어느 것이 진실한 것이 되는가? 이에 곧 이치와 지혜를 모두 잊어서, 이름과 뜻이 곧 끊어지니, 이를 열반의 현묘한 뜻이라 한다.

다만 모든 부처가 증득하고도 거기에 머물지 않아, 응하지 않음이 없고 말하지 않음이 없으니, 이것을 열반의 지극한 가르침이라 한다. 현묘한 뜻이면서도 고요한 적이 없었고, 지극한 가르침의 말이면서도 말해 본 적이 없다. 이를 이치와 가르침의 일미(一味)²⁷라고 한다. 이에 만자(滿字)²⁸를 들은 이는 모두 털구멍의 이익²⁹을 입었고, 반구의 게송(半偈)³⁰을 구한 이는 골수가 부서지

---

26 극과(極果): 불생불멸(不生不滅)의 진리를 깨친 성인의 지위를 말한다. 소승에서는 무학(無學)의 지위인 아라한과(阿羅漢果)를 말하고, 대승에서는 부처의 과위(果位)를 일컫는다. 여기서는 부처의 과위를 가리킴.

27 일미(一味): 범 eka-rasa, 혹 vimukty-eka-rasatā. 모든 현상과 본질이 모두 평등하여 차별이 없는 것. 보통 부처님의 교법을 가리켜 말함. 『보성론』 권3에는 여래법신의 무루계는 일미 일의(一義)이어서 서로 여의지 않는다고 함. 부처님의 교설을 외면적으로 관하면 다종다양한 듯 하나 그 뜻은 하나라는 뜻.

28 만자(滿字): 교리가 원만하고 구족(具足)한 대승의 경전을 만자(滿字)라 하고, 교리가 원만치 못한 소승의 경전을 반자(半字)라 함.

29 대열반 광명이 중생의 모든 털구멍에 들어가면 중생이 비록 보리심이 없더라도 보리 인연을 지을 수 있다고 하는 뜻. 『열반경』(36), 대정장12, p.658b28~c04, "復次善男子. 如日月光諸明中最一切光明所不能及. 大涅槃光亦復如是. 於諸契經三昧光明最爲殊勝. 諸經三昧所有光明所不能及. 何以故. 大涅槃光能入衆生諸毛孔故. 衆生雖無菩提之心. 而能爲作菩提因緣. 是故復名大般涅槃." 참조.

30 반게(半偈): 반구(半句)의 게송(偈頌)인데, 석가모니가 설산에서 고행 수도할 때에 무서운 나찰귀(羅刹鬼)가 그의 앞을 지나가면서 "제행무상(諸行無常), 시생멸법(是生滅法)"이라 하는 게송을 읊는 것을 듣고는, 나머지 반구의 게송을 마저 듣기 위해 자신의 몸을 버려 나찰귀에게 주기를 약속한 뒤 나머지 반구의 게송인 "생멸멸이(生滅滅已), 적멸위락(寂滅爲樂)"을 듣고서 약속대로 몸을 나찰귀(羅刹鬼)에게 던졌다는 고사에서 나온 것임. 이를 사신게(捨身偈) 또는 설산반게(雪山半偈)·설산팔자게(雪山八字偈)라고도 함. 『대반열반경』(40

는 것을 돌아보지 않았다. 오역의 죄(逆罪)[31]를 지은 이가 이 경을 믿으면 그 죄를 다 멸할 수 있고, 자기 마음속의 착한 씨앗(善種)을 끊은 이는 이 가르침에 의해 도리어 착한 씨앗이 살아날 것이다.

所言大般涅槃{經}[32]者, 若其[33]具存西域之音, 應謂摩訶般涅槃那, 此土譯之云[34]大滅度. 欲明如來所證〈之〉[35]道, 體周無外, 用[36]遍有情, 廣苞[37]遠濟, 莫是爲先. 依莫先義, 故名爲大. 〈大〉[38]體大用, 無二無別. 旣無彼岸[39]可到, 何有此岸可離! 無所離故, 無所不離, 乃

권본) 권지14, 대정장12, pp.450a16~1a01 참조.

31 역죄(逆罪): 불교에서 말하는 다섯 가지의 중한 죄가 있는데, 이것을 오역(五逆)이라 한다. 소승에서 말하는 오역(五逆)은 아버지를 죽임 · 어머니를 죽임 · 아라한을 죽임 · 화합승(和合僧)을 부숨 · 부처님 몸에 피를 나게 함이고, 대승에서 말하는 오역은 소승의 오역죄 외에 탑과 절을 파괴함 · 삼보(三寶)를 비방함 · 승려를 욕(辱) 보임 · 인과(因果)를 믿지 않음 · 십악업(十惡業)을 범함을 더하여 말함.

32 내용상 '經'을 뺌. 대정장, 한불전, 필사본에는 '經'이 있고, 동문선에는 없음. 이영무 역(1984)에는 없음.

33 대정장에는 '也', 동문선에는 '其'로 되어 있음. 한불전에는 '也'로 되어 있고, 이영무 역(1984)에는 '其'로 함. 여기서는 '其'로 함.

34 대정장, 한불전에는 '言'으로 되어 있고, 동문선에는 '云'으로 되어 있음. 이영무 역(1984)에는 '云'으로 함. 여기서는 '云'으로 함.

35 '之'를 넣음. 대정장에는 '證' 아래 '之'가 없고, 한불전, 동문선에는 '證' 아래 '之'가 있음. 이영무 역(1984)에는 '之'가 있음.

36 대정장, 한불전에는 '用'으로 되어 있고, 동문선에는 '周'로 되어 있음. 이영무 역(1984)에는 '用'으로 되어 있음. 여기서는 '用'으로 함.

37 대정장, 한불전에는 '苞'로 되어 있고, 동문선에는 '包'로 되어 있음. 이영무 역(1984)은 '包'로 함. 여기서는 '苞'로 함.

38 내용상 '大'를 넣음. 대정장, 한불전에는 '大'가 없고, 동문선에는 '大'가 있음.

39 '崖'를 빼고 '岸'을 넣음. 대정장, 한불전에는 '崖'로 되어 있고, 동문선에는 '岸'으로 되어 있음. 이영무 역(1984)에는 '岸'으로 함.

爲大滅, 無所到故, 無所不到, 方是大度. 以是義故, 名大滅度. 所言經者, 大聖格言, 貫十[40]方而一揆, 歷千代而莫二法, 而且常故, 名爲經. 正說之前, 先{序}〔敍〕[41]時[42]事. 以之故, 言序品, 第一故, {導}〔道〕[43]大般涅槃經序品第一.

대반열반이란, 서역의 음으로 갖추어 말하면 마하반열반나(mahā-parinirvāṇa)라고 해야 하는데 이 땅의 말로 번역하여 대멸도(大滅度)라 한다. 여래께서 증득한 도를 밝혀 보면, 그 체(體)가 두루하여 밖이 없고 그 용(用)이 중생들에 두루하여, 널리 감싸고 멀리 제도하는 데에는 이보다 앞서는 것이 없다. 이렇게 앞서는 것이 없다[44]는 뜻에 의하므로 대(大)라고 한다.

대체(大體)와 대용(大用)은 둘이 아니고 다른 것도 없다. 이미 건너갈 저 언덕이 없는데, 어찌 떠날 이 언덕이 있겠는가! 떠날 곳이 없기 때문에 떠나지 아니할 곳도 없어, 이에 대멸(大滅)이 된다. 이를 곳이 없기 때문에 이르지 않을 곳도 없으니, 이야말로 곧 대도(大度)이다. 이런 뜻에서 대멸도라 한 것이다.

경(經)이란, 위대한 성인의 진리의 말씀이니 시방(十方)을 꿰뚫으면서도 하

---

40 대정장, 한불전에는 '十'으로 되어 있고, 동문선에는 '千'으로 되어 있음. 이영무 역(1984)은 '十'으로 함. 여기서는 '十'으로 함.

41 대정장에는 '序'로 되어 있고, 동문선에는 '敍'로 되어 있음. 이영무 역(1984)은 '敍'로 함.

42 '時'는 '是'와 통용되기도 함, 여기서는 '是'로 함.

43 이영무 역(1984), 글의 흐름상 '導'를 '道'로 바꿈. 여기서는 이를 따름.

44 여기서 '대'의 뜻이 '이보다 앞서는 것이 없다[莫先]'고 하는 것을 축도생(竺道生, ?~434)도 사용함. 『열반경집해(涅槃經集解)』, 대정장37, p.377b10~16, "道生曰. 夫眞理自然. …… 非照今有. 有不在今. 則是莫先爲大. 旣云大矣. 所以爲常. 常必滅累. 復曰般泥洹也." 참조.

나의 법도이며, 천대(千代)를 지내면서도 두 가지 법이 없으면서 (또한) 항상하기 때문에 경이라 한다. 정설(正說) 앞에 먼저 이 일을 썼다. 그렇기 때문에 서품이라 하며, 첫 번째이기 때문에 대반열반경서품제일이라 한다.

II. 자세히 분별함〔廣開分別〕

二者廣開之內, 有其四門, 初說因緣, 次明敎宗, 三出經體, 四辨
敎迹.

두 번째는, 자세히 열어 밝히는 가운데 네 개의 문이 있으니, 첫째는 『열반
경』을 설한 인연을 말하고, 둘째는 가르침의 종지(宗旨)를 밝히고, 셋째는 경
(經)의 체(體)를 말하고, 넷째는 교적(敎迹)[1]을 분별한다.

1. 『열반경』을 설한 인연〔說因緣〕

第一說經因緣門者. 問. 佛臨涅槃而說是經, 爲有因緣爲無因緣?
若無因緣亦應無說, 若有因緣{有爲}〔爲有〕[2]幾種?

첫 번째로 경을 설한 인연의 문이다. 물음. 부처님께서 열반하실 때에 이 경
을 말씀하시니, 말씀하게 된 인연(因緣)이 있었는가, 없었는가? 만일 인연이 없

---

1 교적(敎迹): 교상(敎相)을 판석(判釋)하는 것.
2 대정장에는 '有爲'로 되어 있는데, 이영무 역(1984)에서는 '爲有'로 바꿈. 여기서는 '爲有'로 함.

었다면 또한 마땅히 말씀이 없었을 것이요, 만약에 인연이 있었다면 몇 가지
가 있는 것인가?

答. 佛說是經, 無因無緣. 所以然者, 所說之旨, 絶於名言, 不{開}
〔關〕³因緣故. 能說之人, 離諸分別, 不思因緣故. 無因强說是經, 如
此下文言⁴, "如{拉}〔坻〕⁵羅婆夷名爲食油, 實不食油, 强爲立名,
{字}〔名〕⁶爲食油, 〈是名無因强立名字. 善男子!〉⁷ 是大涅槃亦復
如是, 無有因緣强〈爲〉⁸立名." 又攝論〈釋〉⁹云¹⁰, "若佛果是無分別
智所顯, 離分別衆生, 云何得作衆生利益事? 如理{無}〔不〕¹¹倒, 爲
顯無功用作事." 故重說偈{言}〔論曰〕¹² ¹³, "譬摩尼天鼓, 無思成自
事如{是}〔此〕¹⁴不分別, 種種佛事成." 解云, 若依是義, 無因緣而

---

3 '開'를 빼고 '關'을 넣음. 대정장에는 '開'로 되어 있고, 이영무 역(1984)에서는 '關'으로 바꿈.
4 『대반열반경』(36권본), 대정장12, p.747b17~9 ; 『대반열반경』(40권본), 대정장12,
　p.503c03~5, "如坻羅婆夷名爲食油. 實不食油. 强爲立名. 名爲食油. 是名無因强立名字.
　善男子. 是大涅槃亦復如是. 無有因緣强爲立名."
5 원문에 따라 '拉'을 '坻'로 바꿈.
6 원문에 따라 '字'를 '名'으로 바꿈.
7 원문에 따라 '是名無因强立名字. 善男子'를 넣음.
8 원문에 따라 '爲'를 넣음.
9 다음 인용이 섭론(攝論)이 아니라 섭론석(攝論釋)에서 인용하는 것이므로 내용에 따라 '釋'
　을 넣음.
10 『섭대승론석(攝大乘論釋)』(15권본), 세친 석, 진제 역, 대정장31, p.243a02~7. "若佛果是
　無分別智所顯. 離分別衆生 云何得作衆生利益事. 如理不倒. 爲顯無功用作事. 故重說偈
　論曰. 譬摩尼天鼓 無思成自事如此不分別 種種佛事成."
11 원문에 따라 '無'를 '不'로 바꿈.
12 원문에 따라 '言'을 '論曰'로 바꿈.
13 『섭대승론(攝大乘論)』(3권본), 대정장31, p.128c02~3에 "譬摩尼天鼓 無思成自事 如此不
　分別 種種佛事成"이라 하였고, 2권본의 『섭대승론(攝大乘論)』에는 보이지 않음.

有所說.

대답. 부처님께서 이 『대반열반경』을 말씀하실 때 아무 인연도 없었다. 왜냐하면 말씀하신 종지는 언어 문자를 끊은 것이어서, 인연과는 아무런 상관이 없기 때문이다. 또한 말하는 사람 즉 부처님은 모든 분별을 여의어 인연을 생각하지 않기 때문이다. 인연이 없이 구태여 이 경을 말씀하신 것이니, 이 아래의 글에서 다음과 같이 말하는 것과 같다.

"이는 마치 지라바이(坻羅婆夷)¹⁵를 먹는 기름(식용유)이라고 하지만, 실제로 그 이름으로는 기름을 먹지 못하는 것과 같다. 그러나 억지로 이름을 붙여 식용유라고 한 것이다. 이러한 이름에는 이름일 뿐 원인이 없지만 식용유라는 이름을 붙인 것이다.¹⁶ 선남자여! 이 『대반열반경』도 그와 같아서 인연이 없지만 억지로 이름을 붙인 것이다."

또 『섭론석(攝論釋)』¹⁷에 "만일 불과(佛果)가 무분별지(無分別智)¹⁸에서 나타난

---

14 원문에 따라 '是'를 빼고 '此'로 바꿈.

15 지라바이(坻羅婆夷): 범 tailapaka. 소유(穌油)를 말함. 소유에는 두 가지 뜻이 있다. ①소·양의 젖을 바짝 졸여서 만든 기름. ②비스켓이나 빵을 만들 때 사용하는 일종의 식용(食用) 유지(油脂). 『열반경』 36권본이나 40권본이나 '지라바이(坻羅婆夷)'라고 되어 있다. 따라서 '지라바이(坻羅婆夷)'로 고쳐야 한다. 한편 지라바이(坻羅婆夷)는 범 jiirabali를 음사한 것으로 추측된다. jiira는 영어로 cumin이며 애기회향(미나리과 식물)으로 이 식물의 작은 씨앗이 인도에서 향신료 및 의약품 등으로 쓰인다. 이 씨앗은 2.5~4.5%의 정유(精油)를 함유하는데, 이 씨앗에서 짜낸 기름을 향신료 공양으로 사용된 것으로 추측됨. 임근동 교수(한국외대 인도학과) 도움.

16 이는 마치 불이라는 이름에는 타는 작용이 없지만 불이라고 이름을 붙이는 것과 같음.

17 『섭대승론석』: 무착이 지은 『섭대승론(攝大乘論, Mahāyāna-saṃparigraha-śāstra)』의 주석. 세친(世親)이 짓고, 진제(眞諦)가 번역함.

18 무분별지(無分別智): 범 nir-vikalpa-jñāna. 또 무분별심(無分別心)이라고도 함. 올바르게 진여를 체득하는 지혜. 진여의 모양은 우리들의 언어나 문자로서는 어떻게 형용할 수도 분별

것이라면, 중생을 분별하지 않고서 어떻게 중생에게 이익되는 일을 할 수 있겠는가? 진여의 이치 그대로여서 전도되지 않았으니 공용(功用)이 없이 중생을 이익되게 하는 일을 짓는 것을 나타내기 때문이다."라고 하였다.

그러므로 거듭 게송에서 말하였으니, 논에서 "비유하면 저 마니(摩尼)〔如意珠〕[19]와 하늘 북[20]이 생각 없이 제 일을 이루는 것처럼, 이것도 분별이 없이 갖가지 불사(佛事)를 이루는 것과 같네."라고 하였다. 풀이하여 말하면, 만일 이 뜻에 의한다면 부처님께서 아무런 인연이 없어도 스스로 말씀하는 바가 있는 것이다.

又復得言, '無因緣故, 亦無所說.' 如是經下文言[21], "若知如來常不說法, {是}〔亦〕[22] 名菩薩具足多聞." "二夜經云, '從初得道夜, 乃至涅槃夜, 是二夜中間, 不說一言字.'"[23] 以是證知無因無說.

할 수도 없으므로 분별심을 가지고는 그 체성에 계합할 수 없다. 그리하여 모든 생각과 분별을 여읜, 모양 없는 참 지혜로만 알 수 있다. 이런 지혜를 무분별지라 함.

19 마니(摩尼): 범 Mani. 이는 구슬〔珠〕, 보배〔寶〕, 때 없음〔無垢〕, 뜻대로〔如意〕 등등을 일컫는데, 즉 여의주(如意珠)를 일컫는다. 여의주는 신타마니(cintamani) 또는 여의보주라고도 하는데, 이 구슬은 뜻대로 여러 욕구하는 것을 내므로 여의주라 한다. 여의륜관음은 두 손에 이 보주를 가졌고 사갈라 용왕의 궁전에도 있다고 함.

20 천고(天鼓): 도리천 선법당(善法堂)에 있는 큰 북. 치지 않아도 저절로 묘음을 내서 방일한 하늘 무리들을 각성시킴. 듣는 사람이 모두 악을 삼가고 선을 좋아하는 마음을 냄.

21 『대반열반경』(36권본), 대정장12, p.764c03~4; 『대반열반경』(40권본), 대정장12, p.520b08~9, "若知如來常不說法. 亦名菩薩具足多聞."

22 원문에 따라 '是'를 '亦'으로 바꿈.

23 『능가아발다라보경(楞伽阿跋多羅寶經)』, 대정장16, p.498c17~9, "我從某夜得最正覺. 乃至某夜入般涅槃. 於其中間乃至不說一字." 참조; 『대지도론(大智度論)』(100권), 대정장25, p.059c04~7, "凡人不聞法. 凡人著於我. 又佛二夜經中說. 佛初得道夜至般涅槃夜. 是二夜中間所說經教. 一切皆實不顚倒." 참조. 이 부분을 원효는 그의 『대혜도경종요』(한불전1, p.545c01~4)에서도 인용함. 즉 "又佛二夜經中說 佛從初得道夜至般涅槃夜是二

或有說者, '有大因緣, 佛說是經. 所以然者, 如愚癡人, 都無因緣,
{有無}〔無有〕²⁴所作, 智者不爾, 有深所以, 乃有所作.'如智度論
云²⁵, "譬如須彌山王, 不以無{因緣}〔事〕²⁶及小因緣而{自}²⁷動
{作}²⁸." 諸佛亦爾, 不無因緣而有所說. 依是文意有因有說. 若依
是意說此經因, 有總有別.

또 말하기를, '인연이 없기 때문에 또한 말씀한 바가 없다'고 할 수 있으니,
이 『열반경』의 아래 글에, "만일 여래가 항상 법을 설하지 않은 줄 안다면, 또
한 보살은 다문(多聞)을 두루 갖춘 것이라고 한다."²⁹고 한 것과 같다. "두 밤(처
음 부처님이 득도한 밤에서 마지막 열반하신 밤)을 지나면서³⁰ 말하기를, '부처님께서

夜中間 所說經敎一切皆實而不顚倒." 『대지도론』에서는 뭇사람들이 실상의 법(法)을 알아
듣지 못하고, 나의 상에 집착하니, 부처님께서 두 밤 가운데 설한 경의 가르침 일체가 다 참
된 것이어서 뒤바뀌거나 변화된 적이 없는 실상의 법(法)이라고 하는 것임.
24 이영무 역(1984), 글의 흐름에 따라 '有無'를 '無有'로 바꿈. 여기서는 이를 따름.
25 『대지도론(大智度論)』(100권), 대정장25, p.057c24~7, "諸佛法不以無事及小因緣而自發
言. 譬如須彌山王不以無事及小因緣而動. 今有何等大因緣故. 佛說摩訶般若波羅蜜經."
참조.
26 원문에 따라 '因緣'을 빼고 '事'를 넣음.
27 원문에 따라 '自'를 뺌.
28 원문에 따라 '作'을 뺌.
29 보살이 다문을 두루 갖춘 것에는 여섯 단계가 있다. 첫째, 십이부경을 쓰고 읽고 분별 해설
함으로써 다문을 두루 갖추는 것. 둘째, 십일부경을 제외하고 방등경만을 수지 독송 서사 해
설함으로써 다문을 두루 갖추는 것. 셋째, 십이부경 전체를 제외하고 『대반열반경』만을 수
지 서사 독송 분별 해설함으로써 다문을 두루 갖추는 것. 넷째, 이 경전 전체를 다 제외하고
오직 하나의 사구게만을 수지함으로써 다문을 두루 갖추는 것. 다섯째, 이 하나의 사구게도
제외하고 여래의 상주성 무변역을 수지함으로써 다문을 두루 갖추는 것. 여섯째, 상주성 무
변역을 제외하고 여래가 항상 설하지 않음을 앎으로써 다문을 두루 갖추는 것. 『대반열반
경』, 대정장12, p.764b24~c6 참조.
30 이영무 역(1984), 한글대장경(김달진 옮김)(1992), 황산덕 역(1982)은 『이야경(二夜經)』으로 봄.

처음 도를 얻은 밤으로부터 열반하신 밤에 이르기까지 이 두 밤 사이에 한 말씀도 하지 않으셨다"고 하였으니, 이로써 인연도 없고 설함도 없음을 충분히 알 수 있다.

어떤 이는 말하기를, '큰 인연이 있어서 부처님은 이 경을 말씀하셨다. 그것은 어리석은 사람은 모두 일을 할 만한 인연이 없기에 하는 일도 없지만, 지혜로운 사람은 그렇지 않아 깊은 까닭이 있어야 하는 일이 있는 것과 같기 때문이다'라고 하였다.

이는 『지도론』에 "비유하면 대수미산왕이 어떤 일이나 어떤 작은 인연이 없이는 움직이지도 않는 것과 같다."라고 한 것과 같으니, 모든 부처님도 이와 같아서 아무 인연도 없이 설하지는 않는다. 이 글의 뜻에 의한다면, 경을 말씀할 만한 인(因)이 있어서 말씀도 있는 것이다. 만일 이 뜻에 의해 이 경의 인(연)을 말한다면, 이에는 총문(總門)과 별문(別門)이 있다.

別而論之, 因緣無量. 所以然者, 大人發言, 必不徒說, 一偈一句, 各有因緣, 一言之內, 亦有衆緣. 此經梵本有二萬五千偈, 則有二萬五千因緣, 隨其一偈, 皆有四句, 則十萬句有爾許因緣, 又一一句各有諸緣, 由是言之, 有無量緣. 別緣如是不可具陳.

별문으로 말하면 인연은 한량이 없다. 왜냐하면 대인은 말을 할 때에는 반드시 쓸데없이 말하지 않으므로, 한 게송 한 구(句)에도 각각 인연이 있고, 한 마디 말 속에도 온갖 인연이 있기 때문이다. 이 경의 범본에는 2만 5천 개의 게송이 있으니, 곧 거기에는 2만 5천의 인연이 있고, 그 한 게송에는 다 네 구(句)가 있으니, 곧 10만 구(句)에는 또 그만큼의 인연이 있게 되며, 또 하나하나의 구(句)도 각각의 여러 연(緣)이 있으니, 이로써 말하면 한량없는 연(緣)이 있다. 각각의 인연은 이와 같이 이루 다 나열할 수가 없다.

總因緣者, 如來宜以大因緣而說是經, 所謂欲顯諸佛出世之大意故.
如法花經言[31], "諸佛{如來}〔世尊〕[32], 唯以一〈大〉[33]事因緣故, 出現
於世." 乃至廣說. 又此經菩薩品云[34], "若有人能供養恭敬無量諸佛,
方乃得聞大涅槃經, 〈薄福之人則不得聞.〉[35] 所以者何? 大德之人
乃能得聞如是大事. 〈凡夫下劣則不得聞.〉[36] 何等爲大? 所謂諸佛
甚深祕藏如來{之}[37]性〈是〉[38]. 以是義故, 名爲大事." 解云: 今說是
經之時, 正臨一化之終日, 究{意}〔竟〕[39]顯示諸佛大意. 所謂總括,
成道以來, 隨機所說一切言敎, 悉爲示一味之道, 普{今}〔令〕[40]歸趣
無二之性. 十方〈三〉世[41]一切諸佛悉同, 是意無二無別, 是謂諸佛出

---

31 『묘법연화경(妙法蓮華經)』(7권), 대정장8, 07a21~8, "諸佛世尊. 唯以一大事因緣故出現於
世. 舍利弗. 云何名諸佛世尊唯以一大事因緣故出現於世. 諸佛世尊. 欲令衆生開佛知見
使得淸淨故出現於世. 欲示衆生佛之知見故出現於世. 欲令衆生悟佛知見故出現於世. 欲
令衆生入佛知見道故出現於世. 舍利弗. 是爲諸佛以一大事因緣故出現於世." 참조.
32 원문에 따라 '如來'를 '世尊'으로 바꿈.
33 원문에 따라 '大'를 넣음.
34 『대반열반경』(36권본), 대정장12, p.658c17~22, "若有人能供養恭敬無量諸佛. 方乃得聞
大涅槃經. 薄福之人則不得聞. 所以者何. 大德之人乃能得聞如是大事. 凡夫下劣則不得
聞. 何等爲大. 所謂諸佛甚深祕藏如來性是. 以是義故名爲大事." 북본(40권본)과 남본
(36권본)이 거의 차이가 없고, 밑줄 친 부분(廝下小人)만 차이가 남. 36권본(남본)에 따라
교정함.
35 원문에 따라 '薄福之人則不得聞'을 넣음.
36 원문에 따라 '凡夫下劣則不得聞'을 넣음.
37 원문에 따라 '之'를 뺌.
38 원문에 따라 '是'를 넣음.
39 이영무 역(1984), '究意'에서 '意'를 '竟'으로 바꿈. 여기서는 이를 따름.
40 문맥상 '今'을 '令'으로 바꿈.
41 '十方世'인데, 이영무 역(1984), 가은 역주(2004)에서 문맥상 '三'을 넣어 '十方三世'로 바꿈.

世大意, 是名如來甚深祕藏. 由有如是一大因緣, 是故如來說是大

經. 如是總門一大因緣, 卽攝別門無量因緣. 以其衆緣不出一意.

총문의 인연으로는, 여래는 큰 인연으로써 이 경을 말씀하셨을 것이니, 이른바 모든 부처님이 세상에 나오신 큰 뜻을 나타내려 하셨기 때문이다.

이는 마치 『법화경(法花經)』에서 "모든 부처 세존은 오직 일대사인연(一大事因緣)[42] 때문에 이 세상에 나오셨다."라고 하시고 내지 자세히 말씀한 것과 같다.

또 이 『열반경』의 '보살품'에는, "만약 어떤 사람이 한량없는 여러 부처님을 잘 공양하고 공경한다면, 이제 『대열반경』을 들을 수 있을 것이고, 박복한 사람이라면 듣지 못할 것이다. 그 까닭은 무엇인가? 크게 덕 있는 사람이라야 이런 큰 일을 들을 수 있기 때문이다. 범부의 열등한 사람이라면 듣지 못할 것이다. 무엇이 큰 일인가? 모든 부처님의 매우 깊은 비장(祕藏)의 여래 성품이 이것이니, 이런 뜻으로 큰 일이라 한다."라고 하였다.

이를 풀이하면, 지금 이 경을 말씀하시는 때가 바로 일생의 교화를 마치는 날이어서, 모든 부처님의 큰 뜻을 궁극적으로 나타내 보인 것이다. 총괄하면 성도한 뒤로부터 중생의 근기를 따라 말씀하신 일체의 가르침은 다 일미의 도를 보이기 위한 것이며, 널리 둘이 없는 성품에 돌아가게 하는 것이다. 이것은

---

42 일대사인연(一大事因緣): 일대사는 부처가 세간에 출현한 유일의 가장 큰 목적으로 인생의 진실상을 열어 밝히기 위한 것이다. 『법화경』 방편품에서는 부처가 중생으로 하여금 불지견을 열어 보여 깨닫게 하기 위해 세간에 출현하였다고 한다. 첫째, 중생으로 하여금 불지견을 열어서〔開〕 청정함을 얻도록 하기 위하여 세상에 출현하셨다. 둘째, 중생에게 불지견을 보이기〔示〕 위하여 세상에 출현하셨다. 셋째, 중생에게 불지견을 깨닫게〔悟〕 하기 위하여 세상에 출현하셨다. 넷째, 중생에게 불지견도에 들어가게〔入〕 하기 위하여 세상에 출현하셨다. 이것이 모든 부처가 일대사인연 때문에 이 세상에 출현하신 뜻임.

시방 삼세 모든 부처님이 다 같은 것으로서, 이 뜻은 둘도 없고 다름도 없으니, 이를 일러 '모든 부처님이 세상에 나오신 큰 뜻'이라고 말하는 것이요, '여래의 매우 깊은 비장(秘藏)'이라고 이름하는 것이다. 이와 같은 큰 일의 인연이 있음으로 말미암아, 여래께서 『대열반경』을 말씀하신 것이다. 이와 같이 총문(總門)의 한 큰 인연은, 곧 별문(別門)의 한량없는 인연을 포섭한다. 왜냐하면 그 여러 연(緣)은 한 뜻에서 벗어나지 않기 때문이다.

問. 彼初師義無因無說, 此後師意有因有說. 如是二說何得何失?
或有說者, 二說悉得, 皆依經典, 不相妨故. 雖非不然, 故說有無{無}[43]而非定然. 故不相違. 說經因緣應如是知.

물음. 저 앞 논사의 주장은 '이 경을 말씀할 아무 인연(因)이 없으므로 아무 말씀도 없다'이고, 이 뒷 논사의 주장은 '이 경을 말씀하게 된 인연이 있으므로 말씀도 있다'이다. 이와 같은 두 말은 어느 것이 맞고 어느 것이 그른가?

대답. 어떤 이는 말하기를, "두 사람의 말이 다 맞다. 모두 경전에 의한 것이어서 서로 방해가 되지 않기 때문이다"라고 하였다. 비록 그렇지 않은 것은 아니기 때문에 (이 경을 말씀한 인연이) 있느니 없느니 말하였지만, 반드시 그런 것은 아니다. 따라서 서로 어긋나는 것은 아니다. 경을 설한 인연이 마땅히 이와 같음을 알아야 한다.

---

43 문맥에 따라 '無'를 뺌. 이영무 역(1984)에서 '無'를 뺌. 대정장과 한불전에는 있음.

2. 가르침의 종지를 분명히 함〔辨敎宗〕

第二辨敎宗者, 此經宗旨, 說者不同.

두 번째로, 가르침의 종지를 분별해 보면, 이 경의 종지는 말하는 사람에 따라 같지 않다.

1) 총문(總門) : 여섯 논사의 주장과 그에 대한 이해

有師說言, 經文始終, 所詮衆義, 以爲經宗. 對問而言, 卽有 六六三十六義. 所謂第一長壽因果乃至最後諸陰法門.

어떤 논사는 '경의 글에서 처음부터 끝까지 설명된 여러 가지의 뜻이 모두 이 경의 종지가 되는 것이다. 이 경은 물음에 대하여 말한 것[44]으로, 곧 서른여섯 가지[45]의 뜻이 있다'고 하였으니, 말하자면 맨 처음 장수(長壽)의 인과로부터 마지막의 제음(諸陰)[46]에 대한 법문[47]에 이르기까지이다.

---

44 이에 대한 대는 우다나(優陀那, udāna)임, 즉 '무문자설(無問自說)'로서 부처가 물음 없이 스스로 설한 법문임. 『아미타경』이 여기에 해당함.

45 서른여섯 가지(六六三十六) : 제일 장수로부터 마지막 제음까지의 서른여섯(혹은 서른다섯 혹은 서른네) 가지를 말함. 『대반열반경』(36), 대정장12, p.619b22~20a09 참조.

46 제음(諸陰): 오음(五陰)을 말함. 온(蘊)은 범 skhanda의 의역. 온(蘊)은 모아 쌓은 것. 곧 화합하여 모인 것이란 뜻. 구역에서는 음(陰), 중(衆)이라 함. 오온(五蘊), 오중(五衆), 오취(五聚), 오취온(五取蘊)이라고도 한다. 무릇 생멸하고 변화하는 것을 종류에 따라 다섯 가지로 나눔. ①색음(色陰): 스스로 변화하고 또 다른 것을 장애하는 물체. ②수음(受陰): 고(苦)·락(樂)·불고불락(不苦不樂)을 느끼는 마음의 작용. ③상음(想陰): 외계의 사물을 마음 속

或有說者, 四種大義, 爲此經宗, 何等爲四? 一者大〈槃〉⁴⁸涅槃圓極
妙果, 具足三事及與四德, 二者一切衆生悉有佛性, 煩惱覆故不能
〈得〉⁴⁹見, 三者三寶佛性同體無二, 四者闡提謗法, 執性二乘悉當
作佛. 如是四義以爲其宗.

어떤 이는 말하기를, '네 가지의 큰 뜻으로 이 경의 종지를 삼은 것이다'라
고 하였으니, '어떤 것을 네 가지 큰 뜻이라고 하는가? 첫째는 대반열반의 원
만하고 극진한 묘과는 삼사(三事)⁵⁰와 사덕(四德)⁵¹을 함께 갖춘 것이요, 둘째는
모든 중생은 다 부처의 성품이 있지만, 번뇌로 덮여 있기 때문에 나타내지 못
하는 것이요, 셋째는 삼보(三寶)⁵²의 불성(佛性)은 같은 몸이어서 둘이 없는 것

에 받아들이고 그것을 상상하여 보는 마음의 작용. ④행음(行陰): 인연으로 생겨나서 시간
적으로 변천함. ⑤식음(識陰): 의식하고 분별함.
47 『대반열반경』에서 부처님이 열반하실 때, 제자들의 물음에 대해 답한 것들이 제일 장수로
부터 마지막 제음까지 주제별로 서른여섯 가지 설과 서른다섯 가지 설, 서른네 가지 설이
있음. 명준설은 제1 약8문, 제2 광16문, 제3 권신12문의 총 36문이고, 승량(僧亮), 보량의
34문설, 담재의 35문설이 있음. 『대반열반경집해』, 대정장37, p.411c23이하; p.412a23이
하 참조.
48 문맥상 '槃'을 넣음.
49 필사본에 따라 '得'을 넣음. 필사본, p.90a7*16. ; 『열반경』 본문에 똑같은 구절과 비슷한 뜻
의 구절이 여러 번 나온다. 『대반열반경』(36권), 대정장12, p.769b19~20, pp.820c29~1a01,
"一切衆生悉有佛性. 煩惱覆故不能得見."; p.646a19~20, "一切衆生悉有佛性. 煩惱覆故
不知不見."; p.769a26~8, "我說一切衆生悉有佛性. 一切衆生悉有一乘. 以無明覆故不能
得見."
50 삼사(三事): 이 책 열반문(涅槃門)의 육문분별(六門分別) 가운데 삼사문(三事門)을 말함.
법신(法身)·반야(般若)·해탈(解脫)을 말함.
51 사덕(四德): 이 책 열반문(涅槃門)의 육문분별(六門分別) 가운데 사덕문(四德門)에 나온
상(常)·락(樂)·아(我)·정(淨)을 가리킴.
52 삼보(三寶): 불보(佛寶)·법보(法寶)·승보(僧寶)를 가리킴.

이요, 넷째는 부처님의 법을 비방하는 일천제(一闡提)[53]이거나 성품에 집착하는 이승(二乘)[54]들까지도 모두 미래에 부처를 이루는 것이다. 이와 같이 네 가지 큰 뜻으로써 이 경의 종지를 삼는다'는 것이다.

> 或有說者, 出世因果, 以{其爲}〔爲其〕[55]宗. 果卽菩提涅槃, 因卽佛性聖行, 如{能陀章}〔純陀品〕[56]開菩提果, {實歎章}〔哀歎品〕[57]中開涅槃果. 如來性品顯佛性因, 聖行品中說行德因, 其餘諸品重顯因果. 故知無上因果爲宗.

어떤 이는 말하기를, '출세간(出世間)의 인과(因果)로써 이 경의 종지(宗旨)를 삼으니, 과(果)는 곧 보리와 열반이고, 인(因)은 곧 불성(佛性)과 거룩한 수행이다. 이 경의 순타품(純陀品)에서는 보리과(菩提果)를 열었고 애탄품(哀歎品) 가운데에서는 열반과(涅槃果)를 열었다. 그리고 여래성품에서는 불성(佛性)의 인(因)을 나타냈으며, 성행품에서는 수행공덕의 인을 말하였으며, 그 나머지 여러 품에서는 인과 과를 거듭 나타냈다. 그러므로 이 경은 위없는 인과로 종지를

---

53 일천제(一闡提): 범 icchantika의 음역. 단선근(斷善根: 선근이 끊어짐), 신불구족(信不具足: 믿음이 갖추어지지 않음) 등으로 번역되는데, 근본 성품이 부처를 이룰 수 없는 자를 '단선근일천제(斷善根一闡提)'라 하나, 보살이 중생을 제도하기 위하여 중생 속으로 들어가 동화하는 이를 '대비일천제(大悲一闡提)'라 일컬음.

54 이승(二乘): 성문승(聲聞僧)과 연각승(緣覺僧)을 말함. 이들은 자기만의 깨달음을 구한다고 하여 소승(小乘)이라 부름.

55 이영무 역(1984), 가은 역주(2004)에 문맥상 '爲其'로 정정함. 기(其)는 『열반경』을 가리킴. 여기서도 이를 따름.

56 원문에 따라 '能陀章'을 '純陀品'으로 바꿈. 이영무 역(1984), '純陀品'으로 씀. 가은 역주(2004), 필사본에 따라 '能'을 '純'으로 바꿈. 필사본, p.09b3*13.

57 원문에 따라 '實歎章'을 '哀歎品'으로 바꿈. 이영무 역(1984), '哀歎品'으로 씀. 가은 역주(2004), 필사본에 따라 '實'을 '哀'로 바꿈. 필사본, p.09b4*01.

삼은 것임을 알겠다'고 하였다.

或有說者, 當常現常二果爲宗, 所謂一切衆生悉有佛性, 是顯當常,
如來所證, 大般涅槃, 是明現常. 聖行等因, 卽助顯於果, 非爲正宗.
若據佛意, 欲使衆生, 各證當果. 但當果未{非}〔備〕[58], 恐難取信.
是故, 自說所證, 將成物信. 以是義故二果爲宗, 但從現立題, 故名
涅槃也.

어떤 이는 말하기를, '(이 경은) 앞으로 얻을 당상(當常)[59]과 지금의 현상(現
常)[60]의 두 과위로써 종지를 삼았다. 모든 중생들이 다 불성(佛性)이 있다는 것
은 앞으로 얻을 당상(當常)을 나타낸 것이요, 여래께서 증득하신 대반열반은
지금의 현상(現常)을 밝힌 것이다. 거룩한 수행[61] 등의 인(因)은 곧 과위를 드러

---

58 문맥상, '非'를 '備'로 바꿈.

59 당상(當常): 당(當)은 당래(當來) 즉 미래를 말함이요, 상(常)은 상(常)·락(樂)·아(我)·정
(淨)인 부처님의 과위를 말함이니, 이는 모든 중생이 미래에는 반드시 부처를 이룬다는, 즉
당래에 얻을 부처의 과위를 말한 것임. 이영무 역(1984)에서 인용.

60 현상(現常): 현(現)은 현세를 말하고, 상(常)은 위에서 설명한 뜻과 같으니, 즉 부처님이 현
세에 얻으신 과위를 말한 것임. 이영무 역(1984)에서 인용.

61 거룩한 수행[聖行]: 불보살들이 닦는 행. 북본『대반열반경』권11「성행품」에 "성행이란 부
처와 보살이 행하기 때문에 성행이라 한다(聖行者, 佛及菩薩之所行處故, 故名聖行.)"라
고 하였다. 광의로 말하면,『대반열반경』을 믿어 속세를 버리고 출가하여 성중계(性重戒)*
와 식세기혐계(息世譏嫌戒)**를 호지(護持)하여 부동지(不動地)에 머물고, 또 자기 몸이
무아임을 관하여 사념처(四念處)***를 얻어서 감인지(堪忍地)****에 머물며, 또한 사성
제를 관하여 상락아정(常樂我淨)의 이치에 요달하여 무소외지(無所畏地)에 머무는 것. 혜
원(慧遠)의『대반열반경의기(大般涅槃經義記)』제오와 관정(灌頂)의『대반열반경소(大般
涅槃經疏)』제십사에서 각각 계(戒)·정(定)·혜(慧)를 성행의 삼행으로 봄. * 성중계(性重
戒): 살(殺)·도(盜)·음(婬)·망(妄)의 네 가지는 자성에 있어서 극히 무거운 죄이므로 성중
계라 함. ** 식세기혐계(息世譏嫌戒): 음주 이하 모든 계율은 부처님이 대자비로써 세인의

냄을 돕는 것이기에, 바른 종지[正宗]⁶²가 되지 않는다. 만약 부처님의 뜻에 의한다면 중생들로 하여금 각기 장차 얻을 부처의 과위[當果]를 증득하게 하는 것이다. 그런데 장차 얻을 부처의 과위가 아직은 갖추어지지 않았기 때문에 중생들의 믿음을 얻기가 어렵다. 이 때문에 여래께서 스스로 증득하여 얻은 것[대반열반의 과위]을 말씀하시어, 장차 중생들의 믿음을 이루게 하려고 하였던 것이다.⁶³ 이러한 뜻 때문에 당과와 현과의 두 과위로 이 경의 종지를 삼지만, 다만 현과를 좇아 제목을 세웠다. 그러므로 열반이라 이름한다'고 하였다.

或有說者, 圓極一果爲是經宗, 所謂諸佛大般涅槃. 所以從宗而立
題名. 瓔珞經六種瓔珞爲宗, 大般若經三種般若爲宗, 當知是涅槃
經一大涅槃爲宗.

어떤 이는 말하기를, '원만하고 지극한 하나의 과위로써『열반경』의 종지를 삼으니, 이른바 모든 부처님의 대반열반이다. 그러므로 종지를 따라 제목을 세운 것이다. 이는『영락경』⁶⁴은 여섯 가지의 영락(瓔珞)⁶⁵으로써 종지로 삼았

기혐을 막는 것으로, 특히 내중(內衆: 僧衆)을 위하여 마련한 것을 식세기혐계라 함. *** 사념처(四念處): 사념주(四念住)라고도 함. 소승의 수행자가 삼현위에서 오정심관 다음에 닦는 관. 신념처(身念處)·수념처(受念處)·심념처(心念處)·법념처(法念處). **** 감인지(堪忍地): 환희지. 보살은 이 위에서 심신의 괴로움을 능히 참고 견디므로 감인지라 함.

62 정종(正宗): 석존 이후 대대로 바르게 전해진 불법.

63 이영무 역(1984): 그러나「當常의 果」는 아직 이루어진 것이 아니기에 중생들이 이 사실을 믿기 어려울까 염려하여 그 때문에 자신이 證得하신「大般涅槃의 現常」을 말씀하시어 중생들에게 信憑을 주려는 것이다. ; 가은 역주(2004): 만약 부처님의 뜻에 의하면 중생들로 하여금 미래의 불과를 각기 증득하게 하는 데 있지만 단지 미래의 불과가 아직은 증득된 것이 아니기에 믿지 않을 것을 걱정하셨으니, 그러한 까닭에 증득하신 바를 스스로 설하시고는 믿음의 증표로 삼게 하셨으니.

64『영락경(瓔珞經)』:『보살영락본업경(菩薩瓔珞本業經)』(대정장24)을 말함. 여기서의 보살은

고, 『대반야경』[66]은 세 가지의 반야[67]로써 종지를 삼은 것과 같으니, 이 『열반경』은 하나의 큰 열반으로써 종지를 삼았음을 알아야 할 것이다'라고 하였다.

或有說者, 諸佛秘藏, 無二實性, 以爲經宗. 如是實性, 離相離性故, 於諸門無障無礙. 〈以〉[68]離相故, 不垢不淨, 非因非果, 不一不異,

---

성도하기 이전의 부처님이다. 앞부분에서는 부처와 보살의 차이를 나타내고 뒷부분은 불도와 보살도가 하나인 것을 말하여 부처와 보살을 동격으로 생각한다. 영락(瓔珞)이란 바로 부처의 말씀과 행적이 장엄된 영락과 같이 가치 있고 보배로운 것이라는 의미에서 표현된 말임. (원효가 이에 대해 소를 씀.)

65 영락(瓔珞): 범 Keyūra 혹은 muktāhāra의 의역이다. 음역으로는 지유라(枳由羅), 길유라(吉由羅), 지유라(枳由邏), 시유라(翅由邏)가 있다. 구슬, 옥을 꿰어 몸에 달아 장엄하는 기구. 인도에서 왕공이나 귀한 사람은 모두 영락으로 장식한다. 또 보살이나 천상의 사람의 상(像)도 이것으로 단장한다. 후세에는 불상이나 불상을 모시는 궁전을 장엄할 적에 꽃 모양으로 만든 금붙이와 주옥을 섞어 쓰는 것을 영락이라 한다. 이때 머리에 있는 것이 영(瓔)이고 몸에 거는 것이 락(珞)이다. 법영락(法瓔珞), 의식영락(意識瓔珞), 육법청정영락(六法淸淨瓔珞), 이십칠영락(二十七瓔珞) 등은 부처님의 말씀과 행적의 가치를 상징적으로 표현한 말임.

66 『대반야경(大般若經)』: 범 Mahā-prajñāpāramitā-sūtra. 『대반야바라밀다경(大般若波羅密多經)』(대정장5~7)을 줄인 말. 반야부 계통의 경전을 집대성한 일종의 반야경 전서(全書)이다. 당나라 현장(玄奘)법사(602~664)가 이미 3세기경부터 한역되어 유포되는 것들을 모아 번역되어 있지 않은 것들을 번역하고 집성(集成)하여 모두 16회(會)로 구성되는 600권짜리 『대반야경』을 완성함.

67 반야(般若): 범 Prajñā의 음역으로 반야(班若), 바야(波若), 발야(鉢若), 반라야(般羅若), 발랄야(鉢剌若), 발라지양(鉢羅枳孃)이라고도 쓴다. 뜻으로 혜(慧), 명(明), 지혜(智慧)라 번역한다. 법의 실다운 이치에 계합한 최상의 지혜. 이 반야를 얻어야만 성불하며, 반야를 얻은 이는 부처님이므로 반야는 모든 부처님의 스승, 또는 어머니라 일컬으며, 또 이는 법의 여실한 이치에 계합한 평등·절대·무념·무분별일 뿐만 아니라, 반드시 상대·차별을 관조하여 중생을 교화하는 힘을 가지고 있는 것이 특색. 이를 보통 2종, 3종, 5종 등으로 나눈다. 여기서 '세 가지 반야'는, 문자로 된 반야와 관조하는 반야와 실상이 구현되는 반야임.

68 이영무 역(1984), '以'를 넣음. 여기서는 이를 따름.

非有非無. 以離性故, 亦染亦淨, 爲因爲果, 亦一亦異, 爲有爲無.
爲染淨故, 或名衆生, 或名生死, 亦名如來, 亦名法身. 爲因果故,
或名佛性, 〈或〉[69]名如來藏, 或名菩提, 〈或〉[70]名大涅槃. 乃至, 爲
有無故, 名爲二諦. 非有無故, 名爲中道. 由非一故, 能當諸門, 由
非異故, 諸門一味. 如是無二秘藏, 以爲是經宗旨. 但其題目之中,
不能並{偏}〔遍〕[71]存諸名, 且隨時事, 立涅槃名.

어떤 이는 말하기를, '모든 부처님께서 비밀스럽게 간직하신 둘이 없는 참
성품으로써 경의 종지를 삼았다. 이와 같은 참 성품은 모양(相)을 여의고 성품
(性)을 여읜 것이기 때문에, 모든 문(門)에 장애됨이 없다. 모양을 여의었기 때
문에 더럽지도 않고 깨끗하지도 않으며, 원인도 아니요 결과도 아니며, 같지
도 않고 다르지도 않으며, 있음도 아니고 없음도 아니다. 성품을 여의었기 때
문에, 물들기도 하고 깨끗하기도 하며, 원인도 되고 결과도 되며, 같기도 하고
다르기도 하며, 있음도 되고 없음도 된다. 물들기도 하고 깨끗하기도 하기 때
문에, 중생이라거나 생사라고 하며, 여래라거나 법신이라고 한다. 원인도 되
고 결과도 되기 때문에 불성이라고 하고 여래장이라고도 하며, 혹은 보리라고
하고 대열반이라고 한다. 나아가 있음도 되고 없음도 되기 때문에, 진제와 속
제의 이제(二諦)라고 하며, 있음도 아니고 없음도 아니기 때문에 중도라고 한
다. 같지 않기 때문에 여러 문에 잘 해당되지만, 다른 것도 아니기 때문에 모
든 문이 한 맛인 것이다. 이와 같이 둘이 없고 비밀히 간직한 것으로써, 이 경
의 종지를 삼는다. 그러나 다만 그 제목 가운데 여러 가지 이름을 함께 다 둘

---

69 이영무 역(1984), '或'을 넣음. 여기서는 이를 따름.

70 이영무 역(1984), '或'을 넣음. 여기서는 이를 따름.

71 이영무 역(1984), '偏'을 '遍'으로 바꿈. 여기서는 이를 따름.

수는 없어서 우선 부처님이 열반하시는 그때의 일을 따라서 열반이란 이름을 세운 것이다'라고 하였다.

問. 六師所說, 何者爲實?
答. 或有說者, 諸說悉實. 佛意無方無不當故. 或有說者, 後說爲實, 能得如來無方意故, 並容前說諸師義故. 當知是二說亦不相違也. 總說雖然, 於中分別, 且依二門, 以示其相, 謂涅槃門, 及佛性門.

물음. 여섯 논사가 말한 것 중에 어느 것이 참인가?
대답. 어떤 사람이 말하기를, '모든 논사의 설이 다 참이다. 부처님의 뜻은 방소가 따로 없고 해당하지 않는 데도 없기 때문이다'라고 하였다. 또 어떤 사람이 말하기를, '맨 나중 사람의 말이 참이다. 여래의 특별히 정한 방소가 없는 뜻에 잘 맞기 때문이며, 앞에 말한 여러 논사들의 뜻을 아울러 받아들였기 때문이다'라고 하였다. 두 논사의 말이 서로 어긋나지 않음을 마땅히 알아야 한다. 총체적으로 말하면 그러하나, 그 가운데서 분별하면 우선 두 문으로 그 모습을 보이니, 이른바 열반문과 불성문이다.

2) 별문(別門): 열반문과 불성문

(1) 열반문(涅槃門)

涅槃之義, 六門分別, 一名義門, 二體相門, 三通局門, 四二滅門,五三事門, 六四德門.

열반의 뜻을 여섯 문으로 분별하니, 첫 번째는 명의문이요, 두 번째는 체상문이요, 세 번째는 통국문이요, 네 번째는 이멸문이요, 다섯 번째는 삼사문이요, 여섯 번째는 사덕문이다.

가. 명의문(名義門)

ㄱ. 이름을 번역함

名義門內, 翻名釋義. 初翻名者, 諸說不同, 或說無翻, 或說有翻. 有翻之說, 雖有諸宗, 今出一義, 翻爲滅度. 其文證者, 如法花經長行言[72], "如來於今日中夜, {入}當〔入〕[73]無餘涅槃." 下偈頌曰[74], "佛此夜滅度, 如薪盡火滅." 又此大經第一卷云[75], "隨其類音, 普告衆生, 今日如來將欲涅槃." 六卷泥洹此處文言[76], "恬[77]{惔}〔淡〕[78]

---

72 『묘법연화경(妙法蓮華經)』, 대정장9, p.04b01~2, "**如來於今日中夜 當入無餘涅槃.**"
73 원문에 따라 '當' 앞의 '入'을 '當' 뒤에 넣음.
74 『묘법연화경』, 대정장9, p.05a21, "**佛此夜滅度, 如薪盡火滅.**"
75 『대반열반경』(36권), 대정장12, p.605a10~4, "…**隨其類音普告衆生. 今日如來應供正遍知. … 大覺世尊將欲涅槃.**" ; 『대반열반경』(40권), 대정장12, p.365c09~13, "… **隨其類音普告衆生. 今日如來應正遍知. … 大覺世尊將欲涅槃.**" 참조. 『한글대장경 열반경1』, 동국대학교 부설 동국역경원, 1985, p.1, "… 곳에 따라 여러 가지 음성으로 중생들에게 널리 외치는 것이었다. … 대각(大覺) 세존이 곧 열반에 들려 하노니,…"
76 『대반니원경(大般泥洹經)』, 대정장12, p.853a12~3, "**恬淡寂滅大牟尼尊. 告諸衆生今當滅度.**"
77 이영무 역(1984)과 한불전에 『대반니원경』(대장장12)의 원문의 념(恬)이 오(悟)로 주석 없이 바뀌어 있음. 가은 역주(2004)에는 주석 달고 바꿈.
78 원문에 따라 '惔'을 '淡'으로 바꿈. 필사본 p.11b8의 '惔'은 '淡'의 잘못임.

寂滅, 大牟尼尊, 告諸衆生, 今當滅度." 以是等文, 當知滅度正翻涅
槃也.

명의문(名義門) 내에서 이름을 번역하여 그 뜻을 풀이한다. 처음 이름을 번
역하는데 여러 설이 같지 않으니, 혹은 번역할 수 없다고 하고, 혹은 번역할
수 있다고 한다. 번역할 수 있다는 말에는 여러 가지 주장이 있지만 이제 한
뜻을 골라내어 '멸도'라고 번역한다. '멸도'라는 말의 근거는 마치『법화경』장
항(長行)[79]에 "여래께서 금일 한밤중에 무여열반[80]에 드실 것이다."라고 하고,
아래 게송에 이르기를, "부처님이 오늘 밤 멸도하시리니, 섶이 다 타 불이 스
러지는 것처럼"이라고 한 것과 같다. 또 이『대반열반경』제1권에 이르기를,
"그 부류의 음(音)에 따라 중생에게 널리 알리니, 금일 여래께서 장차 열반하려
한다."라고 하였고,『대반니원경』(6권본)의 이곳에 해당하는 글에는 "마음이 편
안하고 담박하며 적멸하신[81] 대모니존(大牟尼尊)께서 모든 중생들에게 말씀하
시기를 '이제 장차 멸도할 것이다'"라고 하였다. 이와 같은 글에서 멸도는 바로
열반을 번역한 것임을 알아야 할 것이다.

無翻之說, 亦有諸宗, 且出一義. 彼師說言, '外國語, 容含多名訓,

---

79 장항(長行): 운문체의 게송에 대하여, 산문체의 경문(經文)을 말함.
80 무여열반(無餘涅槃): 범 nirupadhiśeṣa-nirvāṇa. 유여열반(有餘涅般)의 대칭. 네 가지의 열반
가운데 하나이고 구제(九諦) 가운데 하나이다. 신역에서는 무여의열반(無餘依涅槃)이라고
한다. 의(依)는 몸에 의지함을 가리킨다. 소승불교의 일반적인 견해에 따르면 신체의 유무
(有無)로써 열반을 무여열반(無餘涅槃)과 유여열반(有餘涅般)이 있다고 믿어진다. 무여열
반과 유여열반은 관점에 따라 다르게 해석되는데 이 책의 열반문 중 이멸문에서 자세히 논
하고 있음.
81 가은 역주(2004)에는 "초연히 적멸하신"으로 했고, 이영무 역(1984)에는 "悟淡寂滅"이라
했음.

此土語, 偏不能相當. 是故, 不可一名而翻.' 其文證者, 如德王品
第七功德文言[82], "涅者〈言〉[83]不, 槃者〈言〉[84]{識}〔滅〕[85], 不{識}
〔滅〕[86]之義名爲涅槃. 槃〈又〉[87]言覆, 不覆之義乃名涅槃. 槃言去來,
不去不來乃名涅槃. 槃者言取, 不取之義乃名涅槃. 槃{者}〔言〕[88]不
定, {定}[89]無不定{義}[90]乃名涅槃. 槃言新故. 無新故義乃名涅槃.
槃言障礙, 無障礙義乃名涅槃." 又下文言[91], "善男子, 槃者言有, 無
有之義乃名涅槃. 槃者名爲和合, 無和合義乃名涅槃. 槃者言苦, 無
苦之義乃名涅槃." 此處略出是十種訓. 上下諸文乃衆多, 故知不可
一語而翻.

열반을 번역할 수 없다는 설명에도 여러 주장이 있지만, 우선 한 뜻을 나타
내 보기로 한다. 그 논사의 설명은, '외국어는 다양한 뜻으로 해석할 수 있으
니, 이 땅(唐)의 말로는 치우쳐서 맞지 않는다. 이 때문에 하나의 말로 번역해

---

82 『대반열반경』(36권), 대정장12, p.758c18~23, "涅者言不. 槃者言滅. 不滅之義名爲涅槃.
　　槃又言覆. 不覆之義乃名涅槃. 槃言去來. 不去不來乃名涅槃. 槃者言取. 不取之義乃名涅
　　槃. 槃言不定. 定無不定乃名涅槃. 槃言新故. 無新故義乃名涅槃. 槃言障礙. 無障礙義乃
　　名涅槃."
83 원문에 따라 '言'을 넣음.
84 원문에 따라 '言'을 넣음.
85 원문에 따라 '識'을 '滅'로 바꿈.
86 원문에 따라 '識'을 '滅'로 바꿈.
87 원문에 따라 '又'를 넣음.
88 원문에 따라 '者'를 빼고 '言'을 넣음.
89 원문에 따라 '定'이 있으나, 원효는 '定'을 뺌.
90 원문에 따라 '義'를 뺌.
91 『대반열반경』(36권), 대정장12, p.758c25~7, "善男子. 槃者言有. 無有之義乃名涅槃. 槃名
　　和合. 無和合義乃名涅槃. 槃者言苦. 無苦之義乃名涅槃."

서는 안 된다'고 한다. 그 글의 증거로는 이 경 덕왕품의 제7공덕문에 "열(涅)
은 불(不)을 말하고, 반(槃)은 사라짐(滅)을 말하니, 사라지지 않는다(不滅)는 뜻
을 열반이라 한다. 반은 또 전도됨(覆)을 말하니, 전도되지 않는다(不覆)는 뜻을
열반이라 한다. 반은 가고 옴(去來)을 말하니, 감도 없고 옴도 없는 것(不去不來)
을 열반이라 한다. 반은 집착함(取)을 말하니, 집착함(取)이 없다(不取)는 뜻을
열반이라 한다. 반은 결정적이지 않음(不定)을 말하니, 결정적이지 않음이 없
음(無不定)을 열반이라 한다. 반은 새로운 것과 옛 것(新故)을 말하니, 새로운 것
도 옛 것도 없는(無新故) 뜻을 열반이라 한다. 반은 장애를 말하니, 장애가 없는
(無障礙) 뜻을 열반이라 한다."라고 하였다. 또 아래 글에서 다시 "선남자야, 반
은 있다(有)는 말이므로 있지 않음(不有)의 뜻이 열반이다. 반은 화합함(和合)의
뜻이니 화합함이 없다(無和合)는 뜻이 열반이다. 반은 괴로움(苦)의 뜻이므로
괴롭지 않다(無苦)는 뜻이 열반이다."라고 하여 이곳에서 대략 열 가지의 뜻을
나타냈다. (이 밖에도) 위아래로 여러 경문들이 많다. 그러므로 열반은 한 가
지 말로 번역할 수 없음을 알아야 한다.

問. 若立後師義, 是難云何通? 謂有難曰, 經說有翻, {耶}〔豈〕[92] 得無
翻? 如言[93]"隨其類音, 普告衆生, 今日如來, 將欲涅槃." 豈隨蜂蟻
六道之音, 得翻涅槃之名, 而獨不得此國語翻? 又當此處經文[94], 既
翻云之滅度. 豈可得云不能翻耶?

---

92 문맥상 '耶'를 '豈'로 바꿈.
93 『대반열반경』(36권), 대정장12, p.605a11~4에는 "隨其類音普告衆生. 今日如來應供正遍
    知. 憐愍衆生覆護衆生. 等視衆生. 如羅睺羅. 爲作歸依爲世間舍. 大覺世尊將欲涅槃."
    참조.
94 차처경문(此處經文)은 다음을 말함. 『대반니원경(大般泥洹經)』, 대정장12, p.853a12~3,
    "恬淡寂滅大牟尼尊.告諸衆生今當滅度."

물음. 만약 뒤의 논사의 주장을 세우면, 다음과 같은 힐난을 어떻게 회통할 수 있는가? 즉 경의 말씀에 (열반의 뜻을) 번역한 것이 있는데, 어째서 번역할 수 없겠는가? 예를 들어, "그 부류의 소리를 따라 널리 중생에게 알리기를 오늘밤에 여래께서 장차 열반하실 것이다."라고 하였다. 그런데 벌과 개미 등 육도(중생들)의 소리를 따라서 열반의 이름을 번역하면서, 어째서 유독 이 나라의 말로는 번역할 수 없는 것인가? 또 이 대목에 해당하는 『대반니원경』의 글에는 이미 번역하여 멸도라고 하였는데, 어째서 번역할 수 없다고 하는가?

彼師通曰, 涅槃之名, 多訓之內, 且取一義. 翻爲滅度, 卽依此訓, 普告衆生, 非謂其名只翻滅度, 以是義故, 彼難善通.

저 논사가 회통하여 말하기를, 열반이라는 이름의 여러 가지 뜻 가운데 한 가지의 뜻만을 취하여 멸도라고 번역한 것이다. 곧 멸도라는 뜻에 의하여 널리 중생들에게 일러 준 것이며, 그 이름이 단지 멸도로만 번역된다는 것은 아니다. 이러한 뜻 때문에 그 문제가 잘 해결되었다.

問. 若立初師義, 是文云何通? 如德王品[95], "菩薩難言, 若使滅度非涅槃者, 何故, 如來自期, 三月當般涅槃." 師子{孔}〔吼〕[96]品云[97], "諸結火滅, 故名滅度. 離覺觀故, 故名涅槃." 以是文證, 明知滅度非正翻於涅槃名也.

---

95 『대반열반경』(36권), 대정장12, p.757c06~7, "菩薩難言, 若使滅度非涅槃者, 何故, 如來自期, 三月當般涅槃."

96 『열반경』 원문에 따라 '孔'을 '吼'로 정정함.

97 『대반열반경』(36권), 대정장12, p.794b27~8, "諸結火滅. 故名滅度. 離覺觀故. 故名涅槃."

물음. 만일 첫 번째 논사의 뜻에 의한다면 다음의 경문들을 어떻게 회통할 것인가? 즉 이 경의 덕왕품(德王品)[98]에서 "보살이 묻기를, '만일 멸도가 열반이 아니라면 어째서 여래께서 스스로 석달을 기약하여 장차 반열반[99]에 들 것이라고 하였습니까?'라고 하였고", 또 사자후품[100]에서 이르기를, "모든 번뇌의 불이 꺼졌으므로 멸도라 이름하는 것이고, 각관(覺觀)[101]을 여의었기 때문에 열반이라고 이름하는 것이다."라고 한 것과 같으니, 이러한 글을 증거로 해서, 멸도가 바로 열반을 번역한 이름이 아님을 분명히 알 수 있다.

彼師通曰, 此等經文, 是翻譯家, 故[102]漢{互}〔圧〕[103]擧, 綺飾其文, 若使令存外國語者, 旣言[104]"若使涅槃非涅槃者", 又[105]"諸結火滅, 故名涅槃. 離覺觀故, 故名涅槃", 如其令存此土語者, 旣云'若使滅度非滅度者.'下文例爾. 由是義故, 不相違也.

---

98 덕왕품은 제22품 광명변조고귀덕왕보살품(光明遍照高貴德王菩薩品)을 말함.
99 반열반(般涅槃): 범 parinirvāṇa. pari는 '완전'의 뜻. nirvāṇa는 열반. 반열반은 '완전한 열반'이란 뜻으로 열반과 같은 뜻임. 입멸(入滅)·멸도(滅度)·원적(圓寂)이라 번역. 번뇌의 속박에서 해탈하고 진리를 궁구하여 적멸무위(寂滅無爲)한 법의 성품을 깨달아 불생불멸하는 법신의 진제(眞際)에 돌아가는 것. 곧 부처님이 깨달으신 것.
100 사자후품은 제23품 사자후보살품(獅子吼菩薩品)을 말함.
101 각관(覺觀): 신역(新譯)에서는 심사(尋伺)라 하는데, 각(覺)은 사물의 이치에 대해 거칠게 대략 사고하는 것이고, 관(觀)은 여러 법의 이름과 뜻 등을 세심히 사유하는 정신작용이다. 이 둘은 모두 제이선(第二禪) 이상의 정심(定心)에 방애(妨礙)가 된다. 이 각관의 유무에 따라 정심(定心)의 얕고 깊음이 판별될 수 있음.
102 이영무 역(1984)은 '故'를 '梵'으로 정정함. 가은 역주(2004), 황산덕 역(1982)은 정정하지 않음. 필사본에는 '故'로 되어 있음. 필사본 p.13a6*13 참조. 여기서는 '故'로 함.
103 필사본에 따라 '互'를 '圧'로 바꿈. 뜻에는 변화가 없음. 필사본 p.13a6*15 참조.
104 『대반열반경』(36권), 대정장12, p.757c06~7, "菩薩難言, 若使滅度非涅槃者, 何故, 如來自期, 三月當般涅槃."
105 『대반열반경』(36권), 대정장12, p.794b27~8.

저 논사가 회통하여 말하기를, 이러한 경문들은 번역가가 일부러 한어(漢語)를 함께 써서 그 문장을 꾸민 것이다. 만일 외국어(범어)를 그대로 둔다면, 덕왕품에서 "만일 열반이 열반이 아니라면…"이라고 말했어야 되고, 또 사자후품에서 "모든 번뇌의 불이 꺼졌으므로 열반이라 이름하고, 각관을 여의었으므로 열반이라 이름한다"라고 말했어야 될 것이다. 만약 이것을 이 땅의 말로만 썼다면, 덕왕품에서 '만일 멸도(滅度)가 멸도가 아니라면…'이라고 말했어야 될 것이다. 그 아래의 경문의 예도 이와 같다.[106] 이러한 뜻 때문에 서로 어긋나는 것이 아니다.

問. 二師所說, 何是何非?

물음. "두 논사의 말씀이 어느 것이 옳고 어느 것이 그른가?"

答. 或有說者, 二說俱是. 悉依經文, 而成立故. 是義云何? 涅槃之名, 卽含二義, 所謂密語, 及顯了語. 依顯了語, 正翻滅度. 如初師說. 若依密語, 卽含多訓. 如後師訓[107], 由是道理, 二說悉得.

대답. 어떤 이는 말하기를, '두 논사 말이 다 옳으니 모두 경문을 근거로 하여 성립되었기 때문이다.'라고 하였다. 이것은 무엇을 뜻하는가? 열반이란 이름에는 곧 두 가지 뜻이 포함되어 있으니, 이른바 은밀어(隱密語)와 현료어(顯了語)[108]이다. 현료어에 의하면 열반을 멸도라고 바로 번역하게 되니, 이는 처

---

106 모든 번뇌의 불이 꺼졌으므로 멸도라 이름하는 것이고, 각관(覺觀)을 여의었기 때문에 멸도라고 이름하는 것임.
107 이영무 역(1984)은 '訓'을 '說'로 정정함. 여기서는 정정하지 않음.

음 논사의 말과 같다. 만일 은밀어(隱密語)에 의하면 곧 여러 가지 해석이 포함되어 있으니, 이는 뒷 논사의 해석과 같다. 이러한 도리로 두 말씀이 모두 맞다.[109]

若依是意, 通彼難者, 就顯了義, 有正翻故, 隨其類音, 普告衆生. 就其密語, 含多義訓 是故, 後文亦得善通, 說言"若使滅度"[110]者, 擧顯了語, 死滅度也. "非涅槃"[111]者, 取密語內, 不識[112]義也. 難意正言, "若使死滅之滅度義, 非不識[113]之涅槃義"者, 何故以是不識[114]之名, "自期三月, 當般涅槃."[115] 以先樹下, 成道之時, 已得不識[116]之涅槃故.

---

108 은밀어(隱密語)와 현료어(顯了語): 여래의 설법에 현료(顯了)와 은밀(隱密) 두 가지 뜻이 있는데, 현료는 언어 문자로 분명히 드러내는 것이고, 은밀은 글 안에 은밀하게 숨어 있는 것. 밀의(密意)란 부처의 진실하고 비밀스러운 뜻을 말하는데, 부처가 밀의(密意)로 말한 언어와 교시(敎示)를 은밀어(隱密語)라 함.

109 이를 도표로 정리하면 다음과 같음.

앞 논사	번역할 수 있음	현료어
뒤 논사	번역할 수 없음	은밀어

110 『대반열반경』(36권), 대정장12, p.757c06~7, "菩薩難言, 若使滅度非涅槃者, 何故, 如來自期三月當般涅槃."

111 같은 책, 같은 곳.

112 이영무 역(1984)은 '識'을 '滅'로 정정함. 여기서는 필사본을 따라 '識'으로 봄. 필사본 p.14a 참조.

113 이영무 역(1984)은 '識'을 '滅'로 정정함. 여기서는 필사본을 따라 '識'으로 봄. 필사본 같은 곳 참조.

114 이영무 역(1984)은 '識'을 '滅'로 정정함. 여기서는 필사본을 따라 '識'으로 봄. 필사본 같은 곳 참조.

115 『대반열반경』(36권), 대정장12, p.757c06~7, "菩薩難言, 若使滅度非涅槃者, 何故, 如來自期三月當般涅槃."

116 이영무 역(1984)은 '識'을 '滅'로 정정함. 여기서는 필사본을 따라 '識'으로 봄. 필사본 같은 곳 참조.

要有煩惱, 乃識[117]生死故, 師子吼〈品〉[118]言[119], "諸結火滅, 〈故〉[120]名滅度"者, 亦是顯了語之滅度, "離覺觀故名涅槃"者, 取密語內無苦之義. 入無餘時, 苦報滅已, 方離覺觀分別心故. 由是道理, 諸{善}說〈善〉[121]通也.

만일 이러한 뜻으로 저 질문들을 회통해 보면, 현료의(顯了義)로는 바로 뜻을 번역함이 있기 때문에 그 중생들 부류의 소리에 맞게 중생들에게 널리 알리며, 은밀어(隱密語)로는 열반의 여러 가지 뜻을 새기고 있으니, 이 때문에 뒤의 경문들도 또한 잘 통(通)하게 된다. 위 경문에서 '만일 멸도가 열반이 아니라면…'이라고 할 때 그 '멸도'는 현료어로서 죽어 멸도한다는 것이며, 그 '열반'은 은밀어의 뜻으로서 (분별심을 여의어) 생사를 알지 못한다는 뜻이다. 쟁점을 분명히 하자면, "만약 사멸(死滅)인 멸도의 뜻이 (생사를) 알지 못하는[122] 열반의 뜻이 아니라면"[123], 무엇 때문에 (새삼스럽게) 이 (생사를) 알지 못하는 열반이란 이름으로써 "스스로 석 달을 기한 잡아 장차 반열반하리라."고 하였겠는가? 앞서 보리수 아래에서 성도(成道)하였을 때에 이미 생사를 알지 못하는 열반을 얻었으니, 번뇌가 있어야 이에 생사를 알게 되기 때문이다. 사자후

---

117 이영무 역(1984)은 '識'을 '滅'로 정정함. 여기서는 필사본을 따라 '識'으로 봄. 필사본 같은 곳 참조.
118 이영무 역(1984)은 '獅子吼'에 '品'을 넣어 '獅子吼品'이라 정정함
119 『대반열반경』(36권), 대정장12, p.794b27~8, "諸結火滅. 故名滅度. 離覺觀故. 故名涅槃"
120 원문에 따라 '故'를 넣음.
121 이영무 역(1984)은 선설(善說)을 설선(說善)으로 바꾸어 제설선통(諸說善通)이라 정정함. 이를 따름.
122 불식(不識): 고뇌의 과보가 다 없어졌기 때문에 각관의 분별심을 여의었으므로 곧 생사를 알지 못함을 뜻함.
123 이 경의 덕왕보살품에 보살의 질문.

품에서 말한 "모든 번뇌의 불이 멸한 것이므로 멸도라 한다."라고 한 것은 또한 현료어(顯了語)의 멸도(滅度)이고, "각관을 벗어났으므로 열반이라 이름한다."라고 한 것은 은밀어의 뜻으로서 고통이 없다는 뜻을 취한 것이다. 그것은 무여열반에 들어갔을 때에 고뇌의 과보가 다 없어져서야 각관(覺觀)의 분별심을 여의기 때문이다. 이러한 도리로 여러 주장들이 잘 통하는 것이다.

ㄴ. 뜻을 풀이함

次釋義者, 且依顯了之語, 以釋有翻之義, 此土釋之, 言大滅度.

다음으로 뜻을 해석하면, 우선 현료어에 의해서 열반을 번역할 수 있다는 뜻을 해석하였으니, 그것을 이 땅의 말[124]로 해석하여 대멸도(大滅度)라고 한 것이다.

所言大者, 古人釋云, "莫先爲義, 謂釋勝之時, 莫是爲先, 非約時前後, 言無先也." 依下經文, 大有六義.

'크다'(大)고 하는 것은 옛 사람[125]이 해석하기를, "'이보다 앞서는 것이 없다'

---

124 원효는 범어에 대한 상대어로 한자어를 이땅말[此土語]이라고 함.
125 가은은 관정(灌頂, 561~632)이 지은 『대반열반경현의(大般涅槃經玄義)』(대정장38, p.01c15~9)를 들어, '옛 사람'이 대량(大亮)이고, 그가 곧 승량(僧亮)이라고 한다. 한편 동진의 축도생(竺道生, 355~434)도 '막선(莫先)'을 '대(大)'의 뜻으로 썼기 때문에, 옛 사람을 축도생으로도 볼 수 있다.(『대반열반경집해(大槃涅槃經集解)』, 대정장37, p.377b15 참조) 가은 역주(2004), 『교정국역 열반경종요』, 혜봉상영 감수, 원효사상실천승가회, 불기2548년 (2004), p.48 각주 109) 참조.

〔莫先〕는 뜻이니, 뛰어남을 해석할 때에 이보다 앞서는 것이 없다는 것이지, 때의 앞뒤를 말한 것이 아니다. 이에 '앞섬이 없다'〔無先〕"고 하는 것이다. 아래 경의 글에 의하면 '크다'〔大〕에는 여섯 가지 뜻이 있다.

一者, 廣之莫先, 故名爲大. 如經言[126], "大者, 其性廣博, 猶如虛空, 無所不至, 涅槃如是, 故名爲大." 二者, 長之莫先, 故名爲大. 如經言[127], "所言大者, 名之爲長. 譬如'有人壽命無量, 名大歲[128]夫.'" 三者, 深之莫先, 故名爲大. 如經言[129], "大者, 名爲不可思議, 一切世間聲聞緣覺, 不能測量涅槃之義, 故名爲大." 四者, 高之莫先, 故〈名〉[130]爲大. 如經言[131], "譬如大山, 一切世人, 不能得上, 故名爲大. 涅槃如是, 凡夫二乘, 及諸菩薩, 不能窮到, 故名爲大." 五者, 多之莫先, 故名爲大. 如經言[132], "譬如大藏, 多諸{珍}〔珠〕[133]{實}

---

126 『대승의장』, 대정장44, p.813c18~22, "大義有六. 一者常義. 故涅槃云. 所言大者名之爲常. 譬如有人壽命無量名大丈夫. 二者廣義. 故涅槃云. 所言**大者其性廣博. 猶如虛空無所不至. 涅槃如是. 故名爲廣.**" 참조; 『대반열반경현의』(2권), 대정장38, p.01b04~6, "故此經云. 所言**大者其性廣博猶若虛空. 其性卽法性法性卽法身也.**" 참조; 『대반열반경』, 대정장12, p.631c13~5, "所言**大者其性廣博猶**如有人壽命無量名大丈夫." 참조.

127 『대승의장』, 대정장44, p.813c18~20, "大義有六. ⋯⋯ **譬如有人壽命無量名大丈夫.**"; 『대반열반경』, 대정장12, p.631c13~5, "所言**大者其性廣博猶**如有人壽命無量名大丈夫."; 『대반니원경』, 대정장12, p.872c09~10, "所謂大者有爲數名. 若有一人壽命無量. 名爲大人." 참조.

128 원문에는 '歲'를 '丈'이라 함. 필사본, p.15a1*13에는 '歲'의 초서임.

129 『대승의장』, 대정장44, p.813c25~7, "故涅槃云. **大者名爲不可思議. 一切世間聲聞緣覺不能測量涅槃之義. 故名爲大.**"; 『대반열반경』, 대정장12, p.747b21~3, "善男子. 譬如有法不可稱量不可思議. 故名爲大. 涅槃亦爾. 不可稱量不可思議. 故得名爲大般涅槃."

130 이영무 역(1984)에 '名'자를 넣어 '故名爲大'로 정정함. 이를 따라 정정함.

131 『대반니원경』, 『대반열반경』에 원효가 인용한 구절이 없음. 『대승의장』, 대정장44, p.813c27~4a01, "故涅槃云. **譬如大山一切世人不能得上. 故名爲大. 涅槃如是. 凡夫二乘及諸菩薩不能窮到. 故名爲大.**" 참조.

〔寶〕¹³⁴, 涅槃如是, 多有種種妙法{珍}〔珠〕¹³⁵{實}〔寶〕¹³⁶, 故名〈爲〉¹³⁷
大." 六者, 勝之莫先, 故名爲大. 如經言¹³⁸, "如世間中, 勝上{主}〔之〕¹³⁹
人, 名爲大人. 涅槃如是, 諸法中勝, 故名爲大." 大義如是.

첫째는 넓이가 이보다 앞서는 것이 없으므로 대(大)라고 한다. 이는 경에서,
"대는 그 성품이 넓고 커서, 마치 허공이 이르지 않는 바가 없는 것과 같다. 열
반도 이와 같아서 대라고 한다."라고 말한 것과 같다. 둘째는 길이가 이보다
앞서는 것이 없으므로 대라고 한다. 이는 경에서, "대라는 것은 긴 것을 말하
는 것이다. 비유하면 '마치 사람의 수명이 한량없는 것을 이름하여 대세부(大
歲夫)라 하는 것'과 같다."라고 한 것과 같다. 셋째는 깊이가 이보다 앞서는 것
이 없으므로 대라고 한다. 이는 경에서 "대는 생각할 수도 논의할 수도 없는
것(不可思議)을 이름하니 일체 세간과 성문과 연각들은 열반의 뜻을 헤아려 알

---

132 『대승의장』, 대정장44, p.813c23~4, "故涅槃云. **譬如大藏多諸珍異. 涅槃如是. 多有種種
妙法珍寶. 故名爲大.**" 『대반니원경』이나 『대반열반경』 어디에도 원효 인용 그대로의 구절
은 없음. 다만, 다음 구절이 비슷한 부분임. 『대반열반경』, 대정장12, p.747a06~7, "譬如寶
藏多諸珍異百種具足故名大藏." 참조.
133 필사본에 따라 '珍'을 '珠'로 바꿈. 필사본, p.15a6*20.
134 필사본에 따라 '實'을 '寶'로 바꿈. 이영무 역(1984)에 '實'자를 '寶'자로 주석 없이 정정함.
필사본, p.15a7*1.
135 필사본에 따라 '珍'을 '珠'로 바꿈. 필사본, p.15a7*12.
136 필사본에 따라 '實'을 '寶'로 바꿈. 이영무 역(1984)에 '實'자를 '寶'자로 주석 없이 정정함.
필사본, p.15a7*13.
137 원문에 따라 '爲'를 넣음. 이영무 역(1984)에 '爲'자를 넣어 '故名爲大'로 정정함.
138 『대승의장』, 대정장44, p.814a01~2, "**如世間中勝上之人名爲大人. 涅槃如是. 諸法中勝.
故名爲大.**" 참조; 『대반열반경』 어디에도 이와 같은 구절은 보이지 않음. 다만 게송 가운
데, "人中最勝尊 今當入涅槃"(『대반열반경』, 대정장12, p.612a26) 부분이 이 구절을 연상
할 수 있음.
139 원문에 따라 '主'를 '之'로 바꿈.

지 못하므로 대라고 이름한다."라고 한 것과 같다. 넷째는 높이가 이보다 앞서
는 것이 없으므로 대라고 한다. 이는 경에서, "비유하면 큰 산에는 모든 세상
사람들이 잘 올라가지 못하므로 대라고 한다. 열반도 이와 같아서 범부와 이
승과 모든 보살들이 끝까지 잘 도달하지 못하므로 대라고 한다."라고 한 것과
같다. 다섯째는 많기가 이보다 앞서는 것이 없으므로 대라고 한다. 이는 경에
서, "비유하면 큰 창고에는 여러 가지 구슬과 보배가 많듯이, 열반도 이와 같
아서 갖가지 구슬과 보배와 같은 오묘한 법을 많이 가지고 있으므로 대라고
한다."라고 한 것과 같다. 여섯째는 뛰어남이 이보다 앞서는 것이 없으므로 대
라고 한다. 이는 경에서, "마치 세간에서 수승하게 뛰어난 사람을 대인이라 이
름하는 것과 같다. 열반도 이와 같아서 모든 법 가운데서 뛰어나므로 대라고
이름한다."라고 한 것과 같다. 대의 뜻은 이와 같다.

　　所言滅者, 略有四義, 事滅理滅德滅擇滅.

　　멸이라는 것에는 대략 네 가지 뜻이 있으니, 사멸[140] · 이멸[141] · 덕멸[142] ·

---

140 사멸(事滅): 사(事, artha)는 인연으로 생긴 일체 유위법으로 즉 우주간 천차만별의 현상을
　　가리킴. 평등문의 이(理)와 상대됨. 멸은 열반의 뜻 번역. 사멸이란 사상(事相)을 통하여
　　열반임을 나타내는 것. 즉 석가모니가 사라쌍수 사이에서 열반에 드셨던 사상(事相)이 열
　　반인 것임. 이러한 사멸은 화신불(化身佛)의 열반을 말함.『대승의장』(대정장44, p.1851c5)
　　에서는 "생사의 인을 끊고 생사의 과를 멸함을 열반이라 한다(斷生死因滅生死果. 名爲涅
　　槃.)"라고 함.
141 이멸(理滅): 불교에서 증득하는 이치는 생멸과 변화하는 모습이 없는 부동(不動)의 이치
　　로, 이 이멸은 법신불(法身佛)의 열반을 일컬음.
142 덕멸(德滅): 불과(佛果) 위에서 구족한 세 가지 덕상에 지덕(智德) · 단덕(斷德) · 은덕(恩德)
　　이 있는데, 부처의 입장에서 일체 제법을 관찰하는 지혜를 갖춘 덕을 지덕이라 하고, 중생을
　　제도하고 구제하는 원력으로 말미암아 중생에게 은혜를 베푸는 덕을 은덕(恩德)이라 하고,

택멸[143]이다.

言事滅者, 還無爲義, 義當應化身[144], 正智亦亡, 故名爲滅. 如經
言[145], "佛此夜滅度, 如薪盡火滅." 如是事滅, 當體立名.

사멸(事滅)이란 무(無)로 돌아감을 뜻하니, 이 뜻은 응화신(應化身)에 해당하
며, 정지(正智)[146] 또한 없어지므로[147] 멸이라 이름한다.[148] 이는 『법화경』에서,

일체 번뇌 혹업을 끊어 없애는 덕을 단덕(斷德)이라 함. 이 세 덕(德)이 완성된 것을 열반이
라 함. 지·단·은덕은 법·보·응 삼신불에 대응됨.

143 택멸(擇滅): 범 pratisaṃkhyā-nirodha, 빨 paṭisaṅkhā-nirodha. 택은 지혜로써 간택(簡擇)하
고 판정하는 힘에 의하여 번뇌를 끊는 것을 말한다. 이리 하여야 열반을 이루므로 이를 택
멸이라 함. 『대승의장』(대정장44, p.1851)의 사멸(四滅) 설명에서는 택멸이 나오지 않고 응
멸이 나옴.

144 응화신(應化身): 부처님이나 보살들이 중생을 교화하기 위하여 중생들의 근기에 따라 그
에 알맞은 몸을 나타냄을 말하니, 이를 응화신이라고도 한다. 부처님의 삼신 가운데 한 몸
을 일컬음.

145 『묘법연화경』, 대정장9, p.05a21, "佛此夜滅度, 如薪盡火滅.";『대반열반경』, 대정장12,
p.647c26, "入於涅槃如薪盡火滅." 참조.

146 정지(正智): 범 samyag-jñāna, 빨 sammā-ñāṇa. 정리(正理)에 계합한 지혜. 사지(邪智)의 대
칭. 염연(染緣)을 여의어 열반에 도달하는 지혜. 삼승인이 닦는 무루근본지와 후득지를 말함.

147 땔나무는 번뇌(煩惱), 불은 지혜(智慧)로 비유된 것으로, 번뇌가 다하면 지혜도 멸함.

148 한글대장경(김달진 옮김)(1992): 사멸이라는 것은 작용이 없는 데로 돌아간다는 뜻이니
이는 응신(應身)·화신(化身)에 해당한다. 여기에서는 바른 지혜(正智)라는 것마저 없어
졌으므로 멸이라 하는데….; 이영무 역(1984): '事滅'이라는 것은 '無'로 돌아간다는 뜻이
니, 이는 應身 化身에 해당한다. 여기에는 正智마저 없어졌다, 그러기에 『滅』이라 이름한
다.; 황산덕 역(1982): 사물이 멸한다는 것은 무위(無爲)로 돌아간다는 뜻으로서, 응화신
(應化身)에 해당하는 것이며, 바른 지혜까지가 없어지기 때문에 멸이라 한다.; 김호귀 역
(2005): 사멸이란 (형상이 멸하여) 무위열반으로 돌아간다는 뜻이다. 왜냐하면 (형상의 몸
은) 응화신이기 때문이다. (형상의 육신만이 아니라) 正智까지도 또한 없어지므로 滅이라
이름한다.

"부처님이 이날 밤에 멸도하실 것이니, 마치 땔나무가 다 타서 불이 꺼지는 것과 같다."고 한 것과 같다. 이와 같은 사멸은 생신(體)을 두고 세운 이름이다.

言理滅者, 寂漠[149]爲義, 謂從本來, 無動無起, 故名爲滅. 如經言[150], "一切諸法, 不生不滅, 本來寂靜, 自性涅槃." 如是理滅, 寄全音[151].

이멸이란 적막함을 뜻하니, 본래부터 움직임도 없고 일어남도 없으므로 멸이라고 하는 것이다. 이는 『입능가경』에서, "모든 법은 생겨나는 것도 아니요 없어지는 것도 아니라서 본래부터 적정하여 그 자성이 열반이다."라고 한 것과 같다. 이와 같이 이멸은 전음(全音)[152]에 부쳐서 말한 것이다.[153]

言德滅者, 永離爲義, 謂諸功德, 離相離性, 不守自性, 互[154]相一味,

---

149 적막(寂漠): 고요하여[寂] 마음이 편안한 모양[漠].
150 『입능가경』, 대정장16, p.544a01~2, "一切諸法不生不滅. 自性本來入於涅槃"; 『대반열반경』, 대정장12, p.754a20, "一切諸法本無相故"; p.760a17, "一切諸法無自性故."; p.765a13, "一切諸法性自空耶."; p.765a28, "一切諸法性本自空."; p.787c03~4, "一切諸法無常無我. 涅槃寂靜離諸過患." 참조.
151 이영무 역(1984)에 '音'자를 '名'자로 정정함. 가은 역주(2004)에, '音'자를 '立名'으로 정정함.
152 전음(全音): 『대승기신론』에 나오는 원음(圓音) 곧 일음(一音)을 가리키는 말로 보임. 원음은 원묘(圓妙)한 부처님 말씀으로 불생불멸·본래적정·자성열반한 것인데(『능엄경』 권2, 『대승기신론』, 『석마하연론』 권1 참조), 중생들이 자신들의 여러 근기에 따라서 각각 다르게 들음.
153 조수동 역(2009): 이와 같은 이멸은 전체에 의뢰하여 세운 이름이다.; 김호귀 역(2005): 이와 같은 이멸은 완전히 고요한 소리에 의거한 것이다.; 가은 역주(2004): 이러한 '이멸'은 전체에 의지해 이름을 세운 것이다.; 황산덕 역(1982): 이와 같은 이멸은 전음(全音) (圓音. 부처님의 말소리)에 의한 것이다.; 한글대장경(김달진 옮김)(1992): 이와 같은 이멸은 전체를 붙여 세운 이름이다.; 이영무 역(1984): 이와 같은 이름은 전체를 붙여서 세운 이름이다.

故名爲滅. 如下文言[155], "受安樂者卽〈眞〉[156]解脫, 眞解脫者卽是如
來, 如來〈者〉[157]卽〈是〉[158]涅槃." 乃至廣說. 如是德滅, 從義受名.

덕멸이란 영원히 여읜다는 뜻이니, 모든 공덕은 모양을 여의고 성품을 여
의어 제 성품을 지키지 않고 서로 한 맛이 되는 것이니, 그러므로 멸이라 한
다. 이는 『열반경』 아래 글에, "안락을 누리는 것이 곧 참 해탈이고, 참 해탈이
란 곧 여래이며, 여래란 곧 열반이다."라고 하며 내지 널리 설한 것과 같다. 이
와 같은 덕멸은 뜻에 따라 이름을 받은 것이다.

言擇滅者, 斷除爲義, 佛智能斷一切煩惱, 故名爲滅. 若依是義, 涅
槃非滅, 而受名者, 略有三義.

택멸이란 끊어 없앤다는 뜻이니, 부처님의 지혜는 모든 번뇌를 잘 끊기 때
문에 멸이라고 이름한다. 이 뜻에 의한다면 열반은 택멸이 아니지만[159] 열반
이라는 이름을 붙였으니, 이에는 대략 세 가지 뜻이 있다.

---

154 필사본에는 '牙'로 되어 있음. 필사본, p.16a2*03 필사자의 오류로 추측됨. 대정장38에서
'互'로 교정하고 한불전1에서는 그대로 따른 것으로 보임.
155 『대반열반경』(36권본), 대정장12, p.636a12~5, "受安樂者卽眞解脫. 眞解脫者卽是如來.
如來者卽是涅槃. 涅槃者卽是無盡. 無盡者卽是佛性. 佛性者卽是決定. 決定者卽是阿耨
多羅三藐三菩提" 참조.
156 원문에 따라 '眞'을 넣음.
157 원문에 따라 '者'를 넣음.
158 원문에 따라 '是'를 넣음.
159 여기서 열반은 성정(性淨)·유여(有餘)·무여(無餘)·무주처(無住處) 네 가지 열반 가운데
성정열반을 뜻함. 성정열반은 일체법의 실성(實性), 즉 진여의 리(理)임. 여기서 멸은 택멸
을 말함. 성정열반 즉 진여는 택멸에 포섭되지 않고 그 나머지 세 가지는 택멸에 총섭됨.

一者, 從處得名, 謂佛窮到無住之原. 是處能斷一切煩惱, 斷煩惱處, 故名爲滅. 如經言[160], "涅槃{亦爾}〔之體亦復如是〕[161], 無有住處, {宜}〔直〕[162]是諸佛, 斷煩惱處, 故名涅槃."

첫 번째는 곳에 따라 이름을 얻었으니, 부처님이 끝내 머무름이 없는 근원에 이른 것을 말한다. 이곳에서는 모든 번뇌를 잘 끊으니, 번뇌를 끊은 곳이므로 멸이라고 한 것이다. 이는 마치 『열반경』에서 "열반의 체도 또한 이와 같아서, 머무르는 곳이 없으니, 다만 모든 부처가 번뇌를 끊은 곳이므로 열반이라 하는 것이다."라고 한 것과 같다.

二者, 從因受名, 謂智滅{或}〔惑〕[163]能顯於理. 理顯是果, 智滅爲因. 從因立名, 名{理}〔智〕[164]爲滅. 如此經言[165], "煩惱爲薪, 智{惠}〔慧〕[166]爲火, 以是因緣, 成涅槃食, 〈謂常樂〉[167]我, 令諸弟子, {皆悉}〔悉皆〕[168]甘嗜."

---

160 『대반열반경』(36권본), 대정장12, p.757b13~4, "**涅槃**之體亦復如是. **無有住處. 直是諸佛斷煩惱處. 故名涅槃.**"; 『대반열반경』(40권본), 대정장12, p.513b10~2, "涅槃之體亦復如是無有住處. 直是諸佛斷煩惱處故名涅槃." 참조.

161 원문에 따라 '涅槃亦爾'를 '涅槃之體亦復如是'로 정정함.

162 원문에 따라 '宜'를 '直'으로 정정함.

163 가은 역주(2004)는 '或'을 '惑'으로 고침. 여기서도 이를 따름.

164 문맥상 '理'를 '智'로 바꿈. 이영무 역(1984)은 '理'를 '智'로 바꿈. 가은 역주(2004)는 '名理'를 '故名'으로 고침.

165 『대반열반경』(36권본), 대정장12, p.625c09~11, "**煩惱爲薪智慧爲火. 以是因緣成涅槃食. 謂常樂我. 令諸弟子悉皆甘嗜**"

166 원문에 따라 '惠'를 '慧'로 바꿈. 고래로 '惠'는 '慧'와 통해서 씀.

167 원문에 따라 '謂常樂'을 넣음.

168 원문에 따라 '皆悉'을 '悉皆'로 바꿈.

두 번째는 원인에 따라 이름을 붙였으니, 지혜로 번뇌를 멸하여 이치를 드러내는 것을 말한다. 이치가 드러나는 것은 결과이고, 지혜로 번뇌를 멸하는 것이 원인이다. 원인을 따라 이름을 세우니 지혜를 멸(滅)이라 하는 것이다. 이는『열반경』에 "번뇌는 섶이 되고 지혜는 불이 되어, 이 인연으로 열반이라는 밥을 지으니, 이를 상락아(정)이라 하여, 여러 제자들로 하여금 모두 달고 맛있게 먹게 한다."라고 한 것과 같다.

三者, 從果受名, 謂智依理, 能滅煩惱. 理爲滅因, 智是滅果. 從果立名, 名{理}〔智〕[169]爲滅, 如佛性論云[170], "道依涅槃, 能使煩惱, 未來不生, 現在{不}〔者〕[171]滅, 因中說果, 故名涅槃, 爲無生滅〈盡〉[172]." 滅義如是.

세 번째는 결과에 따라 이름을 붙였으니, 지혜란 이치에 의해서 번뇌를 멸하는 것을 말한다. 이치는 멸의 원인이고 지혜는 멸의 결과이다. 결과를 따라 이름을 세워 지혜를 번뇌의 멸이라고 하는 것이다. 이는『불성론(佛性論)』에 "팔성도[173]는 열반에 의해 미래의 번뇌가 생겨나지 않게 하고, 현재의 번뇌는 멸하게 하니, 원인 가운데 결과를 말하기 때문에 열반을 일러서 생멸이 완전히 없어진 것이다."[174]라고 하는 것과 같다. 멸(滅)의 뜻은 이와 같다.

---

169 내용상 '理'를 '智'로 바꿈. 가은 역주(2004)에는 '名理'를 '故名'으로 고침.
170『불성론(佛性論)』(4권), 대정장31, p.805a27~9, **"道依涅槃能使煩惱未來不生現在者滅. 因中說果故. 名涅槃爲無生滅盡."**
171 원문에 따라 '不'을 '者'로 바꿈.
172 원문에 따라 '盡'을 넣음.
173 도(道)는 팔성도(八聖道)를 말함.『불성론(佛性論)』(4권), 대정장31, p.804b18 전후 참조.
174 조수동 역(2009): 도는 열반에 의해서 번뇌로 하여금 미래에 생겨나지 않도록 하고, <u>현재</u>

所言度者, 略有二義. 謂究竟義, 及到岸[175]義. 到岸義者, 顯顯斷義.
煩惱滅者, 明非常義. 煩惱離滅, 衆生得度, 非常非斷. 故名滅度.
究竟義者, 滅德究竟, 故名滅度. 度義如是.

'건넌다'(度)는 것은 대략 두 가지 뜻이 있다. '끝까지 다한다'(究竟)의 뜻과 '언
덕에 이른다'(到岸)의 뜻이다. '언덕에 이른다'는 뜻은 번뇌를 끊는다는 뜻을 밝
히는 것이다. 번뇌가 없어진다는 것은 번뇌가 항상하지 않다는 뜻을 밝히는
것이다. 번뇌가 여의어 사라지면 중생이 제도되니, 번뇌란 항상하지도 않고
끊어지지도 않는 것이다. 그러므로 멸도(滅度)[번뇌는 사라지고 중생은 제도된다]라
고 한다. '끝까지 다한다'는 뜻은 멸(滅)의 공덕이 끝까지 다함을 멸도(滅度)라고
한다. '건넌다'(度)의 뜻은 이와 같다.

에 멸하지 않게 한다. 인 가운데서 과를 말하기 때문에 열반을 '생멸이 없다'라고 하는 것
이다.; 김호귀 역(2005): 道는 열반에 의하여 번뇌가 미래에 생하게 하지도 않고 현재에
멸하게 하지도 않는다. 이처럼 因 속에서 果를 설하므로 열반을 생멸의 다함이 없는 것이
라 이름한다.; 가은 역주(2004): 도(道)가 열반에 의지하면 번뇌들로 하여금 미래에는 생
기지 않게 할 수 있으며 현재 생긴 것은 없애버릴 수 있나니 이는 원인 가운데 결과를 말
하는 것이라 그래서 열반을 이름하여 무생멸이라 한다.; 한글대장경(김달진 역)(1992):
도는 열반에 의해 번뇌를 미래에 생기지 않게 하고, 현재에 멸하지 않게 하나니, 원인 가
운데서 결과를 말하기 때문에 열반에는 생멸이 없다고 하는 것이다.; 이영무 역(1984):
"道는 涅槃을 의지하여서 능히 煩惱로 하여금 未來에는 다시 나지 않게 하고 現在에는
더 滅할 것이 없게 한다."하였다. 이렇게 因 가운데에서 果를 말하기 때문에 涅槃을 일러
生滅이 없는 것이라 한다.; 황산덕 역(1982): 도(道)는 열반에 의해 번뇌가 미래에 생겨
나지 않도록 하고 현재에 멸하지 않도록 한다. 원인 속에서 결과를 말하기 때문에, 열반을
가리켜 '생멸이 없다'라고 하는 것이다.
175 도안(到岸): 범 '바라밀다(波羅密多, pāramitā)'의 뜻 번역. 중생들이 생과 사의 대립 속에
서 괴로움을 받는 현실 세계를 불교에서는 생사차안(生死此岸) 또는 생사고해(生死苦海)
라 말한다. 이러한 괴로움에서 벗어나는 데는 열반을 증득해야 하므로 열반피안이라 하여
가장 즐거운 세계인 '피안(彼岸)'에 도달(到達)한다'는 뜻에서 '도안(到岸)'이라 말함.

問. 若斷煩惱非涅槃者, 何故德王菩薩品云[176], "不見佛性而斷煩惱, 是名涅槃〈非〉[177]大涅槃 以見佛性故, 得名爲常樂我淨. 故〈見佛性〉[178]斷〈除〉[179]煩惱亦得稱爲大般涅槃." 若斷煩惱稱涅槃者, 何故彼品下文說言[180], "斷煩惱者, 不名涅槃, 不〈生〉[181]煩惱乃名涅槃. 善男子, 諸佛如來煩惱不起, 是名涅槃."

물음. 만일 번뇌를 끊는 것이 열반이 아니라면, 무엇 때문에 저 덕왕보살품에, "불성을 보지 못하고 번뇌를 끊으면 그것을 열반이라 하지 대열반이라 하지 않는다. 대열반은 불성을 보기 때문에, 상(常)·락(樂)·아(我)·정(淨)이라는 이름을 얻는다. 그러므로 불성을 보고 번뇌를 끊는 것 또한 대반열반이라고 할 수 있다."고 하였는가?

(또) 만일 번뇌를 끊은 것이 열반이라고 한다면 무엇 때문에 그 품의 아랫글에, "번뇌를 끊은 것을 열반이라 이름하지 않고 번뇌를 내지 않는 것을 열반이라고 이름한다. 선남자여, 모든 여래는 번뇌가 일어나지 않나니 그것을 열반이라 한다."고 하였는가?

---

176 『대반열반경』(36권본), 대정장12, p.758c12~8, "云何涅槃非大涅槃. 不見佛性而斷煩惱. 是名涅槃非大涅槃. 以不見佛性故無常無我唯有樂淨. 以是義故. 雖斷煩惱不得名爲大般涅槃也. 若見佛性能斷煩惱. 是則名爲大般涅槃. 以見佛性故得名爲常樂我淨. 以是義故. 斷除煩惱. 亦得稱爲大般涅槃."

177 원문에 따라 '非'를 넣음.

178 원문에 따라 '見佛性'을 넣음.

179 원문에 따라 '除'를 넣음.

180 『대반열반경』(36권본), 대정장12, pp.758c28~9a01, "斷煩惱者不名涅槃. 不生煩惱乃名涅槃. 善男子. 諸佛如來煩惱不起. 是名涅槃."

181 원문에 따라 '生'을 넣음. 이영무 역(1984)에도 정정함.

解云. 前所引文, 爲簡涅槃〈與〉[182]大涅槃異. 故擧二斷以顯斷處,
非約能斷名爲涅槃. 後所引文爲簡諸佛與菩薩異, 菩薩斷處, 猶有
餘惑, 故不得受涅槃之名. 諸佛斷處, 畢竟不生, 所以得立涅槃之
稱. 是答德王菩薩難意, 彼前難言,[183] "若言煩惱滅之處是涅槃者,
諸菩薩等於無量劫已斷煩惱, 何故不得稱爲涅槃? 俱是斷處, 何緣
獨稱, 諸佛有之, 菩薩無耶?" 爲答是難故, 依斷與不生簡別.

대답. 앞에서 인용한 글은 열반과 대열반의 다름을 간별하기 위한 것이다.
그러므로 두 가지 끊음[184]을 들어 번뇌를 끊는 것을 나타낸 것이지, 번뇌를 잘
끊는 것에 의해 열반이라고 이름한 것이 아니다. 뒤의 인용한 글은 여러 부처
와 보살의 다름을 간별한 것이니, 보살이 번뇌를 끊은 것에는 오히려 미혹이
남아 있으므로 열반이란 이름을 얻을 수 없는 것이다. 모든 부처의 번뇌를 끊
은 것에는 끝내 번뇌가 생기지 않으니, 열반이라는 이름을 붙이게 되는 까닭
이다. 이것은 덕왕보살의 묻는 뜻에 답한 것이니, 그(덕왕보살)가 앞에서 묻기
를, "만일 번뇌가 멸한 것을 열반이라고 한다면, 모든 보살은 한량없는 겁 동
안에 이미 번뇌를 끊었는데, 무엇 때문에 열반이라고 부를 수 없는가? 모두 함
께 끊은 것인데, 어떤 인연으로 유독 모든 부처에게만 그것이 있다 하고 보살
에게는 없다고 하는가?"라고 하였다. 이 물음에 답하기 위해서 번뇌를 끊음과
번뇌가 생기지 않음에 의해 간별한 것이다.

通而言之, 菩薩亦不生, 諸佛亦是斷. 別門而言, 斷除之稱, 遣於已

---

182 문맥상 '與'를 넣음.
183 『대반열반경』(36권본), 대정장12, p.577b26~9.
184 불성을 보고 번뇌를 끊은 것과 불성을 보지 못하고 번뇌를 끊은 것.

生之辭, 〈不生之稱〉,[185] 遮於未起. 遣已生者, 望前之義, 義在不足,
故說菩薩. 遮未起者, 望後之義, 義在究竟, 故說諸佛. 依是道理,
精別而言 斷煩惱者, 不名涅槃. 不生煩惱乃名涅槃. 以是義故, 不
相違也. 名義門竟.

통틀어 말하면, 보살도 번뇌가 생기지 않고 모든 부처도 또한 번뇌를 끊는
다. 그러나 구체적으로 말하자면 번뇌를 끊어 없앤다는 것은 이미 생긴 번뇌
를 보낸다는 말이며, 번뇌가 생기지 않는다는 것은 일어나기 전에 번뇌를 막
는다는 것이다. 이미 생긴 것을 보낸다는 것은 미래를 기준으로 하는 뜻이니,
번뇌를 끊는 뜻이 충분치 않기 때문에 보살이라 한 것이다. 일어나기 전에 막
는다는 것은 과거를 기준으로 하는 뜻이니 그 뜻이 충분히 갖추어졌기 때문에
모든 부처라 말한 것이다. 이 도리에 의하여 자세하게 분별하여 말하자면, 번
뇌를 끊은 것을 열반이라 하지 않고 번뇌가 생기지 않는 것을 열반이라 한다
는 것이다. 이런 뜻 때문에 서로 어긋나지 않는다. 명의문(名義門)을 마친다.

나. 출체문(出體門)

第二出體, 於中有二, 先出體性, 後簡虛實.

두 번째로 (열반의) 체(體)를 나타내는데, 이 가운데 두 가지가 있으니, 먼저
는 (열반의) 체성(體性)을 나타내고, 뒤는 (열반 체성의) 허(虛)와 실(實)을 구별하
였다.

---

185 문맥상 '不生之稱'을 넣음.

ㄱ. 체성(體性)을 나타냄

出體性者, 諸說不同. 或有說者, '無垢眞如, 是涅槃體, 始起功德, 非是涅槃, 卽能證智, 是菩提故.' 如經云[186], "涅槃義者, 卽是諸佛 之法性也." 又下文言[187], "涅槃之體, 本自有之, 非適今也." 大品 經云[188], "諸法{性}〔畢竟〕[189]空, 卽是涅槃." 占{密}〔察〕[190]經云[191], "煩惱生死, 畢竟無體, 求不可得, 本來不生, 實更{不}〔無〕[192]滅, 自 性寂靜, 卽是涅槃." 如是等文, 不可具陳. 故知眞如正{知}〔智〕[193], 其是涅槃. 斷滅煩惱所顯義門, 卽說眞如, 名爲數滅. 數滅卽是無垢 眞如.

체성을 나타내는 것은 여러 설이 같지 않다. 어떤 사람은 '무구진여[194]가 열 반의 체이니, 비로소 공덕을 일으키는 것[195]은 열반이 아니다. 곧 (열반을) 증

---

186 『대반열반경』(36권본), 대정장12, p. 622a28~9.

187 『대반열반경』(36권본), 대정장12, p.735b17, **"涅槃亦爾本自有之非適今也."**

188 『마하반야바라밀경』, 대정장8, p.401b10, **"諸法畢竟空卽是涅槃."**

189 원문에 따라 '性'을 '畢竟'으로 바꿈.

190 '密'을 '察'로 바꿈. 한불전, '察'로 의심. 가은 역주(2004), 이영무 역(1984) '察'로 고침. 필 사본에는 窓으로 되어 있어, 필사자의 오류가 확실하다. 이것을 대정장에서 '密'로 잘못 읽은 것임. 필사본, p.18b2*19 참조.

191 『점찰선악업보경(占察善惡業報經)』, 대정장17, p.909c17~8, **"煩惱生死畢竟無體求不可 得. 本來不生實更無滅. 自性寂靜卽是涅槃"**

192 원문에 따라 '不'를 '無'로 바꿈.

193 이영무 역(1984)에 '知'를 '智'로 정정함. 이를 따름.

194 무구진여(無垢眞如): 불과(佛果)에서 나타나는 이체(理體)로서, 청정하여 번뇌에 덮여 있 지 않는 것이니, 마치 보름달의 청정 원만함과 같다. 이는 무구진여이며 청정진여라고도 하며, 출전진여(出纏眞如) 즉 계박에서 벗어난 진여이다. 유구진여(有垢眞如)의 대칭.

195 가은 역주(2004): 비로소 생기는 공덕; 이영무 역(1984): 始起의 功德; 한글대장경: 비

득하는 지혜는 보리인 것이다'196라고 한다. 이것은『열반경』에서, "열반의 뜻은 바로 모든 부처의 법성이다."라고 한 것과 같다. 또 아래 글에서 "열반의 체는 본래 스스로 있는 것이지 지금에 이르러 있는 것이 아니다."197라고 한 것과 같다.『대품경』에서 말하기를, "모든 법이 필경에 공한 것이 곧 열반이다."라고 하였고,『점찰경』198에, "번뇌와 생사는 끝내 체가 없어 구해도 얻을 수 없고, 본래 나지도 않아 참으로 다시 멸할 것도 없으니, 그 자성이 고요한 것이 곧 열반이다."라고 하였다. 이와 같은 경문들은 다 나열할 수 없을 정도다. 그러므로 진여의 바른 지혜 그것이 곧 열반임을 알 수 있다. 번뇌를 끊어 없앰으로써 나타나는 진여, 이를 수멸(數滅)199이라고 한다. 수멸은 곧 무구진여이다.

或有說者, '果地萬德, 不問本始, 總束爲一大涅槃體.' 如此經中

로소 공덕을 일으키는 것; 황산덕 역(1982): 비로소 공덕을 일으키는 것(열반을 증득하기 위해 수행을 시작하는 것)

196 가은 역주(2004): 그것은 증득의 주체인 지(智)가 보리인 까닭이다.; 이영무 역(1984): 그것은 열반을 능히 증득하는 지혜는 보리이기 때문이다.; 한글대장경(김달진 옮김)(1992): 그것은 열반을 능히 증득하는 지혜는 보리이기 때문이다.; 황산덕 역(1982): 그것은 능히 지혜를 증득하는 것이 보리이기 때문이다.

197 이영무 역(1984): 열반의 체성은 본래부터 스스로 있었던 것이어서, 지금에 와서 있는 것이 아니라.; 한글대장경(김달진 옮김)(1992): 열반의 체성은 본래 스스로 있는 것이며 지금에 해당하는 것이 아니다.; 황산덕 역(1982): 열반의 본체는 본래부터 스스로 있는 것이며, 지금에 이르러서야 있게 되는 것은 아니다.

198『점찰경(占察經)』:『점찰선악업보경(占察善惡業報經)』,『지장보살업보경(地藏菩薩業報經)』,『지장보살경(地藏菩薩經)』,『대승실의경(大乘實義經)』,『점찰경(占利經)』이라고도 불린다. 수대(隋代)의 보리등(菩提燈)이 번역함.

199 수멸(數滅): 범 pratisaṃkhyā-nirodha, 빨 paṭisaṅkhā-nirodha. 택멸(擇滅)·지연멸(智緣滅)을 말함. 무위법 중의 하나로 열반의 다른 이름이다. 곧 지혜의 간택력〔정확한 판단력〕으로 얻는 멸제 곧 열반이다. 멸은 생사(迷의 생존)를 멸하여 마음을 평화롭게 하는 경지. 이 택멸의 경계에 이르러 번뇌의 계박을 끊어 없애 영구히 윤회하지 않게 됨.

總說[200], "三事卽{爲}〔是〕[201]涅槃." 又下文[202], "八自在"已, 總結而
言[203], "如是大我名大涅槃." 法花論云[204], "唯{佛}〔有〕[205]如來, 證
大菩提, 究竟滿足, 一切智{惠}〔慧〕[206], 名大涅槃." 攝大乘論云[207],
"〈無等者〉[208], 三身所顯, 無上菩提." 既說三身皆是菩提, 當知皆爲
大涅槃體.

어떤 이는 말하기를, '과지의 온갖 덕은 본각(本覺)과 시각(始覺)을 따져 묻
지 않고 모두 묶어 하나의 대열반의 체라고 한다'라고 하였으니, 이것은 이 경
에서 전체적으로 말해, "세 가지 일〔三事 : 법신·반야·해탈〕은 곧 열반이다."라
고 한 것과 같다. 또 아래 글에서, "여덟 가지 자재〔八自在〕[209]"라고 말하였으니,

---

200 『대반열반경』(36권본), 대정장12, p.651a02, **"三事卽是涅槃."**

201 원문에 따라 '爲'를 '是'로 바꿈.

202 『대반열반경』(36권본), 대정장12, pp.746b28~7a06.

203 『대반열반경』(36권본), 대정장12, p.747a05~6, **"如是大我名大涅槃."**

204 『묘법연화경우파제사(妙法蓮華經憂波提舍)』, 대정장26, p.7b27~8, **"唯有如來證大菩提.**
　　究竟滿足一切智慧名大涅槃."

205 원문에 따라 '佛'를 '有'로 바꿈.

206 원문에 따라 '惠'를 '慧'로 바꿈.

207 『섭대승론석(攝大乘論釋)』(15권), 대정장31, p.216b28, **"無等者 謂三身所顯無上菩提."**

208 원문에 따라 '無等者'를 넣음.

209 여덟 가지 자재〔八自在〕: 『열반경』에서 대아(大我)의 여덟 가지 대자재(大自在)를 말함. 상
　　락아정(常樂我淨)의 열반 사덕(四德) 중 아덕(我德: 妄執의 我를 여읜 眞我)에 여덟 가지
　　의 대자재한 뜻이 있다. 즉 ①한 몸이 여러 몸이 됨을 보이니, 여래의 몸은 미진과 같이 그
　　수량이 많아서 시방의 한량없는 세계에 가득 찬다. 여래의 몸은 실로 미진은 아니지만 자
　　재하기 때문에 미진의 수만큼 많은 몸을 나툰다. 이와 같이 자재하여 대아가 된다. ②한 티
　　끌의 몸이 삼천(三千) 대천(大千) 세계에 가득함을 보이나, 실로 삼천 대천 세계에 가득하
　　지는 않다. 그런데 여래의 몸은 무애하며 자재하기 때문에 삼천 대천 세계에 가득 찬다. 이
　　와 같이 자재하므로 대아라 한다. ③삼천 대천 세계에 가득한 몸으로 이십 갠지스 강의 모
　　래보다 더 많은 여러 부처님의 세계에 가볍게 날아 올라가도 장애가 없다. 여래의 몸은 실

로 가볍고 무거움이 없으나 자재하기 때문에 가볍기도 무겁기도 하다. 이와 같이 자재하기 때문에 대아라고 한다. ④자재하기 때문에 자재하게 된다. 자재란 여래의 한 마음이 편안히 머물러 동하지 않지만, 한량없는 모습으로 나투어 제각기 마음을 가지게 하며, 여래는 때로 한 일을 짓지만 중생들로 하여금 각각 일을 이루도록 하며, 여래의 몸은 언제나 한 국토에 있지만 다른 국토의 사람으로 하여금 모두 (여래를) 보게 하는 것을 말한다. 이렇게 자재함을 대아라고 한다. ⑤근(根)이 자재하기 때문이니, 여래는 하나의 근으로 대상을 보고 소리를 듣고 냄새를 맡고 맛을 보고 촉감을 느끼고 법진(法塵)을 알지, 육근(六根)으로 대상을 보고 소리를 듣고 냄새를 맡고 맛을 보고 촉감을 느껴서 법진을 아는 것이 아니다. 이와 같이 자재하기 때문에 근을 자재하게 한다. 이와 같이 자재하므로 대아라고 한다. ⑥자재하기 때문에 온갖 법을 얻는데, 여래의 마음에는 얻었다는 생각이 없다. 왜냐하면 얻은 바가 없기 때문이다. 만일 얻은 바가 있다면 얻었다 하지만 실제로 얻은 바가 없으니, 무엇을 얻었다 하겠는가? 만일 여래께서 얻었다는 생각이 있다고 생각한다면, 이는 모든 부처님들이 열반을 얻지 못한 것이다. 얻음이 없기 때문에 열반이라 하는 것이다. 자재하기 때문에 일체법을 얻었으니, 이와 같이 모든 법을 얻었기 때문에 대아라고 한다. ⑦말씀이 자재하기 때문에, 여래께서 한 게송의 뜻을 연설할 적에, 한량없는 겁을 지나도 그 뜻을 다하지 못하니, 이른바 계행이거나 선정이거나 보시거나 지혜거나이다. 그러나 이때 여래는 내가 연설하고 남이 듣는다는 생각을 조금도 내지 않는다. 또한 한 게송이라는 생각도 일으키지 않지만, 세상 사람들이 네 글귀를 한 게송이라 하므로, 세상을 따라서 게송이라 말하는 것이다. 모든 법의 성품은 말할 것이 없지만 자재함으로써 여래가 연설하는 것이며, 연설하므로 대아라 한다. ⑧여래가 모든 곳에 두루한 것이 허공과 같으니 허공의 성품은 볼 수 없으며, 여래 또한 그러하여 실로 볼 수 없다. 자재하기 때문에 모든 이들로 하여금 보게 하는 것이니, 이렇게 자재한 것을 대아라 하며, 이러한 대아를 대열반이라 한다. 이상과 같은 뜻에 의해 대열반이라 하는 것이다. 『대반열반경』(36권본), 대정장 12, pp.746b28~7a06, "有我故名大涅槃. 涅槃無我大自在故. 名爲大我. 云何名爲大自在耶. 有八自在則名爲我. 何等爲八. 一者能示一身以爲多身. 身數大小猶如微塵. 充滿十方無量世界. 如來之身實非微塵. 以自在故現微塵身. 如是自在則爲大我. 二者示一塵身滿於三千大千世界. 如來之身實不滿於三千大千世界. 何以故. 以無礙故. 直以自在故滿三千大千世界. 如是自在名爲大我. 三者能以滿此三千大千世界之身. 輕擧飛空過於二十恒河沙等諸佛世界. 而無障礙. 如來之身實無輕重. 以自在故能爲輕重如是自在名爲大我. 四者以自在故而得自在. 云何自在. 如來一心安住不動. 所可示化無量形類各令有心. 如來有時或造一事. 而令衆生各各成辦. 如來之身常住一土. 而令他土一切悉見. 如是自在名爲大我. 五者根自在故. 云何名爲根自在耶. 如來一根亦能見色聞聲嗅香別味覺觸知法. 如來六根亦不見色聞聲嗅香別味覺觸知法. 以自在故令根自在. 如是自在

총결해서 말하자면, "이와 같은 여덟 가지 대아를 대열반이라고 한다."라고 하며, 『법화론(法花論)』[210]에는, "오직 여래만이 큰 보리를 증득하여 모든 지혜를 끝까지 다 만족하였으니 대열반이라고 이름한다."라고 하였고, 『섭대승론』에는, "무등(無等)이란 삼신[211]에서 나타낸 것으로 위없는 보리다."라고 하였다.

名爲大我. 六者以自在故得一切法. 如來之心亦無得想. 何以故. 無所得故. 若是有者可名爲得. 實無所有. 云何名得. 若使如來計有得想. 是則諸佛不得涅槃. 以無得故名得涅槃. 以自在故得一切法. 得諸法故名爲大我. 七者說自在故如來演說一偈之義. 經無量劫義亦不盡. 所謂若戒若定若施若慧. 如來爾時都不生念我說彼聽. 亦復不生一偈之想. 世間之人四句爲偈. 隨世俗故說名爲偈. 一切法性亦無有說. 以自在故如來演說. 以演說故名爲大我. 八者如來遍滿一切諸處猶如虛空. 虛空之性不可得見. 如來亦爾實不可見. 以自在故令一切見. 如是自在名爲大我. 如是大我名大涅槃. 以是義故名大涅槃." 참조.

210 『법화론(法花論)』: 『묘법연화경우파제사』, 『묘법연화경론』, 『법화경론』이라고도 불린다. 인도의 대승불교 논사인 세친(世親)이 지은 것을 후위(後魏) 보리류지(菩提流支)와 담림(曇林) 등이 합하여 번역함.

211 삼신(三身): 범 trayaḥ kāyāḥ. 불신을 그 성질상으로 보아 셋으로 나눔. ① 법신(法身)·보신(報身)·응신(應身). 1.법신(범 dharma-kāya): 법은 영겁토록 변치 않는 만유의 본체, 신(身)은 적취(積聚)의 뜻으로, 본체에 인격적 의의를 붙여 법신이라 하니, 빛깔도 형상도 없는 이불(理佛). 2.보신(범 saṃdhoga-kāya): 인(因)에 따라서 나타난 불신. 아미타불과 같음. 곧 보살위(菩薩位)의 곤란한 수행을 견디고, 정진 노력한 결과로 얻은 영구성이 있는 유형(有形)의 불신. 3.응신(범 nirmāṇa-kāya): 보신불을 보지 못하는 이를 제도하기 위하여 나타나는 불신. 역사적 존재를 인정하는 석가모니와 같음. ② 자성신(自性身)·수용신(受用身)·변화신(變化身). 법상종에서 세우는 3신설. 위의 3신에 배대하면 다음과 같음.

자성신			법신
수용신	자수용신		보신
	타수용신	승응신	응신
변화신		열응신	

③ 법신·응신·화신. 『최승왕경』제2권의 말이니, 『대승의장』에서 다음과 같이 배대함.

법신	법신
	보신
응신	응신
화신	

이미 삼신이 다 보리라고 말하였으니, 이들 모두 다 대열반의 체임을 알아야
한다.

如是二說, 皆有道理. 所以然者, 涅槃菩提, 有通〈有〉[212]別. 別門而
說, 菩提是果在能證德, 道諦所攝. 涅槃果之是所證法, 滅諦所攝.
通門而言, 果地道諦, 亦是涅槃, 所證眞如, 亦是菩提. 例如生死,
有通有別, 別而言之, 內根始終, 名爲生死. 如經言[213], "生者新諸根
起, 死者{諸}〔謂〕[214]根{滅盡}〔壞〕[215]." 通而論之, 諸雜染法, 皆是生
死, 如經言[216], "空者一切生死," 廣說乃至"無我{一切}〔者卽是〕[217]生
死." 對此生死, 以說涅槃. 故知涅槃亦有通別.

이와 같은 두 설명[218]은 다 도리가 있다. 그 까닭은 다음과 같다. 열반과 보
리에는 공통되는 점이 있고 구별되는 점이 있다. 구별되는 면에서 말하면, 보
리는 그 과가 (진여를) 증득하는 덕에 있으며 도제(道諦)[219]에 속한다. 열반의

응신은 석존과 같고, 화신은 불신이 아니고, 인(人)·천(天)·귀(鬼)·축(畜) 등으로 나타나
는 것. ④ 법신·보신·금화신. ⑤ 진신·보신·응신. 『섭대승론』 상권의 말.
212 이영무 역(1984), 가은 역주(2004) 글의 흐름상 '有'를 넣음.
213 『승만사자후일승대방편방광경(勝鬘師子吼一乘大方便方廣經)』, p.222b09~10, "死者謂
根壞. 生者新諸根起"
214 원문에 따라 '諸'를 빼고 '謂'를 넣음.
215 원문에 따라 '滅盡'을 빼고 '壞'를 넣음.
216 『대반열반경』(36권본), 대정장12, p.767c21~3, "空者一切生死. 不空者謂大涅槃. 乃至無
我者卽是生死. 我者謂大涅槃" 참조.
217 원문에 따라 '一切'를 '者卽是'로 바꿈.
218 두 설명: 열반의 체가 무엇인지 설명하는 두 가지, 즉 무구진여(無垢眞如)가 열반의 체라
는 것과 과지(果地)의 만덕(萬德)이 열반의 체라는 것.
219 도제(道諦): 범 mārga-satya, 빨 magga-sacca. 불교 기본 교의인 고집멸도(苦集滅道)의 사성

과(果)는 (진여가) 증득된 법이며 멸제(滅諦)[220]에 속한다. 그러나 공통되는 면에서 말하면, (보리의) 과지(果地)는 도제로서 이 또한 열반이며, 증득된 진여도 그 또한 보리이다.

예를 들면 생사에 공통되는 점이 있고 구별되는 점이 있는 것과 같다. 구별되는 점으로 말하면, 안의 감관(內根)[221]의 시작과 끝을 생과 사라 이름하는데, 이는 『승만경』[222]에서 "태어난다는 것은 새롭게 모든 감관이 일어나는 것이요,

---

제(四聖諦) 중 하나. 고를 멸하는 수행의 팔정도(八正道)를 가리킴.

220 멸제(滅諦): 고집멸도(苦集滅道)의 사성제(四聖諦) 가운데 하나. 괴로움이 소멸한 상태가 이상경이라고 하는 진리.

221 내근(內根): 안(眼)·이(耳)·비(鼻)·설(舌)·신(身)·의(意) 6근(根)을 가리킴.

222 『승만경(勝鬘經)』: 범 Śrīmālā-siṃha-nāda-sūtra. 전1권. 남조(南朝) 유송(劉宋) 구나발타라(求那跋陀羅: 범 Guṇabhadra, 394~468) 역. 전체 이름은 『승만사자후일승대방편방광경(勝鬘師子吼一乘大方便方廣經)』이다. 또 『사자후경(師子吼經)』·『승만사자후경(勝鬘師子吼經)』·『사자후방광경(師子吼方廣經)』·『승만대방편방광경(勝鬘大方便方廣經)』이라고도 한다. 대정장(大正藏) 12에 실림. 이 경은 대승여래장(大乘如來藏)계 대표경전 가운데 대표작의 하나. 내용은 승만부인이 석존(釋尊)에 대해 10대 서원·3대원을 세우고, 아울러 대승일승 법문을 스스로 설명하였고, 성제(聖諦)·법신·여래장 등을 널리 해석하였다. 경 가운데 삼승의 가르침이 대승의 일승에 돌아가고, 일승을 얻으면 곧 여래 법신을 얻는다고 인식하고 있다. 중생이 비록 번뇌에 묶여 있으나 그 본성은 청정무구하고 여래와 같기 때문에 모두 여래의 성품(불성·여래장)을 갖추고 있으며, 또 여래장으로 기초를 삼아, 곧 생사윤회의 세계에 있으면서도 또한 열반을 얻을 가능성이 있다는 것이다. 이 경의 일승사상은 『법화경』을 계승한 것인데, 대승불교의 중요한 점을 이루었다. 또 이 경의 특색은 재가 부인의 설법이기 때문에 유마거사가 말한 『유마경』과 더불어 대승불교에서 재가불교의 대표작으로 꼽는다. 천태종이 세운 장(藏)·통(通)·별(別)·원(圓)의 4교 가운데에서, 별·원 2교에 포함되며, 화엄종에서 세운 소승(小乘)·시(始)·종(終)·돈(頓)·원(圓) 등 5교 가운데서 종(終)교에 포함된다. 이 경의 이역본은 북량(北涼) 담무참(曇無讖)이 번역한 『승만경』 1권과 보리류지(菩提流志)가 바꿔 번역한 『대보적경』 제48회 승만부인회가 있으나, 구나발타라(求那陀羅) 번역본이 가장 많이 유통되었다. 주석서는 아주 많은데, 정영사 혜원의 『승만경의기(勝鬘經義記)』(하권 결)·길장의 『승만보굴(勝鬘寶窟)』·규기(窺基)의 『승만경술기(勝鬘經述記)』가 현존한다. 이어 일본 성덕태자의 『승만경의소(勝鬘經義疏)』가 있다. 기타 돈황 출토의 주소 3부 등이 있다. 범문 원전은 이미 없어졌고, 오직 『보성론(寶性論)』·『대승집

죽는다는 것은 감관이 무너지는 것을 이른다."라고 하는 것과 같다. 공통되는
점으로 말하면 모든 잡되고 더러운 법이 다 생사이니, 『열반경』에 "공이란 일
체생사요, … 무아(無我)란 곧 생사(生死)이다."라고 하는 것과 같다. 이 생사와
상대하여 열반을 말하였다. 그러므로 열반에도 공통되는 점과 구별되는 점이
있음을 알 수 있다.

問. 若始有功德, 亦是涅槃, {是}[223]是卽涅槃, 亦有生因. 若爾, 何
故, 迦葉品云[224], "三{十七}[225]解脫門, 三十七品, 能爲{涅槃作生
因作}[一切煩惱作不生][226]生因, 亦爲涅槃而作了因, 善男子, 遠離
煩惱, {卽}[則][227]得了了, 見於涅槃, 是故, 涅槃唯有了因, 無有生
因." 上下諸文之中, 皆說唯有了因, 未曾言亦有生因.

물음. 만약 비로소 있는 공덕도 또한 열반이라면, 이는 곧 열반에도 생인(生
因)[228]이 있는 것이다. 만일 그렇다면 무엇 때문에 저 가섭품에서 "삼해탈문(三

보살학론(大乘集菩薩學論)』 가운데서 약간 볼 수 있음.

223 가은 역주(2004), '是'를 '如'로 바꿈. 한불전, '是'를 '剩'으로 의심함. 이영무 역(1984), '是'
를 뺌. 여기서는 이영무 역(1984)을 따름.

224 『대반열반경』(36권본), 대정장12, p.827b02~6, "善男子. 三解脫門三十七品. 能爲一切煩
惱作不生生因. 亦爲涅槃而作了因. 善男子. 遠離煩惱則得了了見於涅槃. 是故涅槃唯有
了因無有生因"(선남자여, 삼해탈문과 삼십칠품은 모든 번뇌에는 나지 않는 생인이 되고,
열반에는 요인이 되느니라. 선남자여, 번뇌를 멀리 여의면 분명하게 열반을 보게 되나니,
그러므로 열반에는 요인만 있고 생인은 없느니라.)(『열반경2』, 한글대장경, p.158 참조.)

225 원문에 따라 '十七'을 뺌.

226 원문에 따라 '涅槃作生因作'을 '一切煩惱作不生'으로 바꿈.

227 원문에 따라 '卽'을 '則'으로 바꿈.

228 생인(生因)과 요인(了因): 인(因)에는 생인(生因)과 요인(了因) 두 가지가 있는데, 법을
내는 것이 생인이며, 등불이 사물을 비추어 분명하게 알게 하기 때문에 요인이라 함. 『대반

解脫門)[229]과 37조도품[230]은 모든 번뇌를 나지 않게 하는 생인(生因)이 되고, 열

열반경』(36권본), 대정장12, pp.774c23~5a03 참조.

229 삼해탈문(三解脫門): 범 trini vimok=ṣa-mukhāni. 해탈하여 열반에 이르는 세 가지 법문
(法門)을 가리킨다. 약칭해서 삼해탈(三解脫), 삼탈문(三脫門), 삼문(三門)이라고도 한다.
즉, ①공문(空門)〔범 śūnyatā〕, 일체의 법이 모두 자성이 없고 인연으로 화합하여 생긴다고
관(觀)하는 것이니, 만약에 이와 같이 통달할 수 있다면 제법(諸法)에 자재함을 얻게 된
다. ②무상문(無相門)〔범 animitta〕, 무상문(無想門)이라고도 함. 일체법이 공함을 이미 알
면 남녀(男女), 일이(一異) 등의 모양을 실로 볼 수가 없으니, 만약에 이와 같이 제법이 모
양이 없다고 통달할 수 있으면, 차별상을 여의고 자재함을 얻게 된다. ③무원문(無願門)
〔범 apraṇihita〕, 무작문(無作門), 무욕문(無欲門)이라고도 함. 만약에 일체법이 모양 없음
을 알면 삼계(三界)에 원하고 구할 것이 없고, 원하고 구함이 없으면 생사의 업이 만들어
지지 아니하며, 생사의 업이 없으면 과보의 고통이 없고 자재하게 된다. 삼해탈문은 무루
(無漏)의 공(空), 무상(無相), 무원(無願) 등 세 삼매(三昧)에 의지해서 들어가니, 이 삼매
는 마치 출입문짝과 같아서 해탈에 잘 들어가므로 삼해탈문이라고 부른다. 그러나 삼매는
유루·무루에 통하나 삼해탈문은 오직 무루에만 통한다. 그런데 삼해탈문은 정(淨)과 무루
(無漏) 등의 세간(世間)·출세간(出世間)의 특별한 법을 갖추고 있어서, 그러므로 열반에
들어가는 문이 된다. 또『유가사지론(瑜伽師地論)』권74에는 삼해탈문은 삼자성(三自性)
에 의해서 세워졌는데, 변계소집성(遍計所執性)으로 공해탈문(空解脫門)이 세워지고, 의
타기성(依他起性)으로 무원해탈문(無願解脫門)이 세워지고, 원성실성(圓性實性)으로 무
상해탈문(無相解脫門)이 세워졌다고 한다. 여기서는 앞의 해설에 따름.

230 37조도품(三十七助道品): 도품(道品)은 범 bodhi-pākṣika의 의역. 삼십칠조도품(三十七
助道品)은 열반의 이상경(理想境)에 나아가기 위하여 닦는 도행(道行)의 종류. 4념처·4
정근·4여의족·5근·5력·7각분·8정도. ①사념처는 사념주(四念住)라고도 하며 신념처(身
念處), 수념처(受念處), 심념처(心念處), 법념처(法念處)가 있다. ②사정근(四正勤)은 사
정단(四正斷)이라고도 한다. 이미 악이 생겨났으면 영원히 끊도록 함, 아직 악이 생겨나
지 않았으면 생겨나지 않게 함, 아직 선이 생겨나지 않았으면 생겨나게 함, 이미 선이 생
겨났으면 더욱 자라게 함의 네 가지이다. ③사여의족(四如意足)은 사신족(四神足)이라고
도 한다. 욕여의족(欲如意足), 정진여의족(精進如意足), 염여의족(念如意足), 사유여의
족(思惟如意足)의 네 가지가 있다. ④오근(五根)에는 신근(信根), 정진근(精進根), 염근
(念根), 정근(定根), 혜근(慧根)이 있다. ⑤오력(五力)에는 신력(信力), 정진력(精進力),
염력(念力), 정력(定力), 혜력(慧力)이 있다. ⑥칠각분(七覺分)은 칠각지(七覺支)·칠각의
(七覺意)라고도 한다. 택법각분(擇法覺分), 정진각분(精進覺分), 희각분(喜覺分), 제각분
(除覺分), 사각분(捨覺分), 정각분(定覺分), 염각분(念覺分)이 있다. ⑦팔정도(八正道)는

반에는 요인(了因)[231]이 된다. 선남자여, 번뇌를 멀리 여의면 곧 분명하게 요
달하여 열반을 볼 수 있다. 그러므로 열반에는 오직 요인만이 있고 생인은 없
다."고 하였는가? 열반에는 위아래의 여러 글 가운데서 다 오직 요인만이 있
다고 하고, 생인도 또한 있다고는 아직 말하지 않았다.

答. 始有功德, 雖是涅槃, 涅槃之義, 存於寂滅, 寂滅之德, 合於所
了. 是故說言唯有了因. 如說菩提, 生因所生, 而亦有說了因所了,
卽是義准, 當知涅槃, 了因所顯, 而亦得言, 生因所起, 由是道理,
故不相違也. 體相如是.

대답. 비로소 있는 공덕이 비록 열반이라 하더라도, 열반의 뜻은 적멸에 있
으니, 적멸의 덕은 요달되는 것이다. 이 때문에 열반에는 오직 요인만이 있다
고 말하는 것이다. 만일 보리는 생인으로 낳은 것이지만 또 요인으로 깨달은
것이라고도 말한다면, 곧 이런 뜻에 비추어, 열반은 요인으로 나타난 것이지
만, 또한 생인으로 일으킨 것이라고도 말할 수 있음을 알아야 한다. 이런 도리
로 서로 어긋나지 않는다. 열반의 체상(體相)은 이와 같다.

팔성도(八聖道)·팔도제(八道諦)라고도 한다. 정견(正見), 정사유(正思惟), 정어(正語),
정업(正業), 정명(正命), 정정진(正精進), 정념(正念), 정정(正定)이 있음.

231 요인(了因): 여기서는 성정열반을 이름. 『대승의장』에서 성정열반·방편열반을 논할 때,
수생(修生)·수현(修顯)의 두 가지 열반문에서 그 인을 결정함에 있어서, 불성은 생인(生
因)이고, 육바라밀은 요인(了因)임. 여기서 법신(法身)은 정인(正因), 자심불살(慈心不殺)
등은 요인(了因)임. 혜원 찬, 『대승의장』, 대정장44, p.819c1 이하 참조.

ㄴ. 허실(虛實)을 간별함

次簡虛實.

다음으로 열반 체성의 허와 실을 간별한다.

問. 生死之法是虛妄, 虛妄故空, 是事可爾. 涅槃之果眞如爲體, 爲
虛爲實? 爲空不空?

물음. 생사의 법은 바로 허망하며, 허망하기 때문에 공하다고 할 수 있다.
그런데 열반의 과는 진여를 체(體)로 삼으니, 이는 허(虛)한가, 실(實)한가? 공
(空)한가, 공하지 않은가?

答. 或有說者, ‘涅槃之體性, 是眞決定不空.’ 如此經云[232], “眞解脫
者卽是如來, 如來者〈卽是涅槃. 涅槃者卽是無盡, 無盡者卽是佛
性, 佛性者〉[233]卽是決定.” 又下文言[234], “空者一切生死, 不空者, 謂
大涅槃.” 乃至廣說. 勝鬘經說[235], “三諦是有爲是虛妄, 一苦滅諦是

---

232 『대반열반경』(36권본), 대정장12, p.836a12~5, “**眞解脫者卽是如來. 如來者卽是涅槃. 涅**
槃者卽是無盡. 無盡者卽是佛性. 佛性者卽是決定. 決定者卽是阿耨多羅三藐三菩提.”

233 원문에 따라 ‘卽是涅槃. 涅槃者卽是無盡. 無盡者卽是佛性. 佛性者’를 넣음.

234 『대반열반경』(36권본), 대정장12, p.767c21~3, “**空者一切生死. 不空者謂大涅槃. 乃至無**
我者卽是生死. 我者謂大涅槃.”

235 『승만사자후일승대방편방광경(勝鬘師子吼一乘大方便方廣經)』, 대정장12, pp.221c25~
2a03, “世尊. 此四聖諦. 三是無常一是常. 何以故. **三諦入有爲相. 入有爲相者. 是無常.**
無常者是虛妄法. 虛妄法者. 非諦非常非依. 是故苦諦集諦道諦. 非第一義諦. 非常非依
一苦滅諦. 離有爲相. 離有爲相者是常. 常者非虛妄法. 非虛妄法者. 是諦是常是依. 是故

{實}〔非虛妄〕²³⁶." 乃至廣說. 如是等文不可具陳, 故知涅槃是實不
空. 而餘處說皆悉空者, 是遣妄心所取涅槃, 說眞智所證涅槃. 若使
涅槃亦是空者, 是卽如來佛性皆空, 十一空內, 入於何空? 旣非空
攝, 當知不空.

대답. 어떤 사람이 말하기를, '열반의 체성은 참으로 결정²³⁷적이며 공하
지 않다'라고 하였다. 이는 『열반경』에서 "참 해탈은 곧 여래이고, 여래는 바
로 열반이고, 열반이란 곧 다함 없음이고, 다함 없음은 곧 불성이니, 불성이
란 곧 결정적이다."라고 하였다. 또 다음 글에, "공이란 일체 생사이고, 불공
(不空)이란 대열반을 말한다."라고 하고 내지 자세히 설한 것과 같다. 『승만경』
에서, "삼제(三諦 : 고제·집제·도제)²³⁸는 유위(有爲)²³⁹이고 허망하며, 고멸제(苦
滅諦 : 멸제) 하나만이 허망하지 않다."라고 하고 내지 자세히 설하였다. 이러한
글들은 이루 다 나열할 수 없이 많다. 그러므로 열반은 참으로 공하지 않음(不
空)을 알아야 한다. 그런데 다른 데서 '모두 다 공하다'라고 하는 것은, 이는 허
망한 마음으로 집착한 열반을 보내고, 참 지혜로 증득한 열반을 말하는 것이

滅諦. 是第一義."
236 원문 참조하여, 문맥상 '實'을 빼고 '非虛妄'을 넣음.
237 결정(決定): 진실한 법상(法相)으로 부처가 지은 것이 아니고 부처가 있거나 없거나 그
　　성질이 스스로 그러한 것. 원효, 『금강삼매경론』 「무상법품」, 한불전1 참조.
238 삼제(三諦): 사성제(四聖諦) 가운데 고제(苦諦)·집제(集諦)·도제(道諦)를 일컫는다. 고
　　제(苦諦, 범 duḥkha-satya): 현실의 상(相)을 나타낸 것이니, 현실의 인생은 고(苦)라고 관
　　하는 것. 집제(集諦, 범 samudaya-satya): 고의 이유 근거 혹은 원인이라고도 한다. 고의 원
　　인은 번뇌인데, 특히 애욕과 업을 말함. 멸제(滅諦, 범 nirodha-satya): 깨달을 목표. 곧 이상
　　(理想)의 열반. 도제(道諦, 범 mārga-satya): 열반에 이르는 방법. 곧 실천하는 수단을 말함.
239 유위(有爲): 범 saṃskṛta. 상대어는 무위(無爲). 위는 위작·조작의 뜻. 유위는 인연으로 말
　　미암아 조작되는 모든 현상. 이런 현상에는 반드시 생주이멸(生住異滅)의 형태가 있다. 구
　　사(俱舍)의 75법 중 72법. 유식의 100법 중 94법. 생멸하는 온갖 법의 총칭.

다. 만일 열반을 또한 공하다고 한다면, 이는 곧 여래 불성이 모두 공한 것이니, 그렇다면 열한 가지 공[240] 가운데 어느 공에 들어가겠는가? (열반은) 이미 어느 공에도 포함되지 않나니, 공하지 않음을 마땅히 알아야 한다.

或有說者, '生死涅槃, 皆是虛妄空無所得, 佛法之義, 無有一法而不空者.' 如德王品云[241], "般若波羅蜜亦空, {乃至}〔禪波羅蜜亦空, 毘梨耶波羅蜜亦空, 羼提波羅蜜亦空, 尸波羅蜜亦空,〕[242] 檀波羅蜜亦空,〈色亦空, 眼亦空, 識亦空,〉[243] 如來亦空, 大般涅槃亦空. 是故菩

---

240 열한 가지 공(十一空): 내공(內空)·외공(外空)·내외공(內外空)·유위공(有爲空)·무위공(無爲空)·무시공(無始空)·성공(性空)·무소유공(無所有空)·제일의공(第一義空)·공공(空空)·대공(大空)의 열한 가지 공을 말함. 그 각각의 뜻은 다음과 같다. ①내공(內空)은 안(眼) 등의 육내처 중에서 아(我)·아소(我所) 및 안 등의 법이 없는 것. ②외공(外空)은 색 등의 육외처 중 아·아소 및 색 등의 법이 없는 것. ③내외공(內外空)은 육근·육경 내외 12처 중에 아·아소가 없고 12처의 법이 없는 것. ④유위공(有爲空)은 인연집기(因緣集起)의 법과 인연의 법상을 모두 얻을 수 없는 것. ⑤무위공(無爲空)은 열반법에 대해 결정코 취함(定取)이 없는 것. ⑥무시공(無始空)은 무한공(無限空), 무제공(無際空)이라고도 한다. 일체법이 생긴 것은 시작이 없으나 또한 이 법중에서도 상을 취하지 않는 것. ⑦성공(性空)은 본성공(本性空)·불성공(佛性空)이라고도 한다. 제법은 중연(衆緣)을 떠나서 그 체성을 얻을 수 없으므로 제법의 자성은 공한 것. ⑧무소유공(無所有空)은 불가득공(不可得空)이라고도 한다. 모든 인연법 중에서 아·법을 구하지만 얻을 수 없는 것. ⑨제일의공(第一義空)은 승의공(勝義空)·진실공(眞實空)이라고도 한다. 제법을 떠나서 따로 얻을 만한 제일의(第一義)의 실상에 자성이 없어 실상에 대해 집착함이 없는 것. ⑩공공(空空)은 내공·외공·내외공에 대하여 능관하는 마음에 집착하는 바가 없는 것. ⑪대공(大空)은 시방세계에 본래 정해진 장소와 피차의 상이 없는 것. 『대반열반경』(36권본)(대정장12, pp.703c13~4b02)과 『대승의장』 제4권 참조.

241 『대반열반경』(36권본), 대정장12, p.765c16~21, "**般若波羅蜜亦空. 禪波羅蜜亦空. 毘梨耶波羅蜜亦空. 羼提波羅蜜亦空. 尸波羅蜜亦空. 檀波羅蜜亦空. 色亦空眼亦空識亦空. 如來亦空. 大般涅槃亦空. 是故菩薩見一切法皆悉是空.**" 원효는 이 부분을 요약해 인용함.

242 원문에 따라 '乃至'를 '禪波羅蜜亦空, 毘梨耶波羅蜜亦空, 羼提波羅蜜亦空, 尸波羅蜜亦空'으로 바꿈.

薩見一切法皆悉是空." 花嚴經言[244], "生死及涅槃, {是}〔此〕[245]二悉
虛妄, 愚智亦如是, 二{皆}〔俱〕[246]無眞實." 如是等文, 不可具陳. 當
知悉空乃名平等, 而餘處說生死虛妄涅槃不空等者, 爲護淺識. 新
發意者, 生驚怖故, 作方便說.

어떤 이는 말하기를, '생사와 열반이 모두 허망하고 공하여 얻을 것이 없으
니, 불법의 뜻에는 한 법도 공하지 않은 것이 없다'고 한다. 그것은 저 덕왕품
에서, "반야바라밀[247]도 공하고, 선바라밀[248]도 공하고, 비리야바라밀[249]도 공
하고, 찬제바라밀[250]도 공하고, 시바라밀[251]도 공하고, 단바라밀[252]도 공하고,

---

243 원문에 따라 '色亦空, 眼亦空, 識亦空'을 넣음.

244 『대방광불화엄경(大方廣佛華嚴經)』, 대정장9, p.464c23~4, "生死及涅槃, 此二悉虛妄,
   愚智亦如是, 二俱無眞實."

245 원문에 따라 '是'를 '此'로 바꿈.

246 원문에 따라 '皆'를 '俱'로 바꿈.

247 반야바라밀(般若波羅蜜): 범 prajñā-pāramitā. 육바라밀의 하나. 반야바라밀다(般若波羅
   蜜多)·반라야바라밀(般羅若波羅蜜)이라 음역하고, 혜도피안(慧到彼岸)·지도(智度)·명
   도(明度)·보지도무극(普智度無極)이라고 의역하고, 혜바라밀다(慧波羅蜜多)·지혜바라
   밀(智慧波羅蜜)이라고도 번역. 반야는 실상을 비추어 보는 지혜이고, 바라밀은 도(度)·도
   피안(到彼岸)이라 번역된다. 나고 죽는 이 언덕을 건너 열반의 저 언덕에 이르는 배나 뗏
   목과 같아서 바라밀다라 한다. 지혜로 실상을 비추어 보아서 생사의 바다를 건너 열반에
   이르는 수행.

248 선바라밀(禪波羅蜜): 범 dhyāna-pāramitā. 육바라밀의 하나. 정도(定度)·정도피안(定到彼
   岸)이라 번역. 정바라밀(定波羅蜜)·선정바라밀(禪定波羅蜜)·정려바라밀(靜慮波羅蜜)이
   라고도 번역. 진리를 올바로 사유하며, 조용히 생각하여 마음을 한 곳에 모아 산란하지 않
   게 하여 열반에 이르는 수행.

249 비리야바라밀(毘梨耶波羅蜜): 범 vīrya-pāramitā. 육바라밀의 하나. 미리야반야밀다라고도
   음역하고, 정진바라밀(精進波羅蜜)·근바라밀(勤波羅蜜)이라 번역. 마음이 용맹하여 쉬지
   아니함. 곧 힘써서 게으르지 않게 하여 생사의 바다를 건너 열반에 이르는 수행.

250 찬제바라밀(羼提波羅蜜): 범 kṣānti-pāramitā. 육바라밀의 하나. 인욕바라밀(忍辱波羅蜜)·

색도 공하고, 안(眼)도 공하고, 식도 공하고, 여래도 공하고, 대반열반도 공하다. 이 때문에 보살은 모든 법이 모두 다 공하다고 본다."고 한 것과 같다. 『화엄경』에서, "생사와 열반이 둘 다 허망하며, 어리석음과 지혜도 또한 그와 같으니, 둘이 모두 진실(眞實)함이 없다."고 하였다. 이와 같은 글들은 이루 다 말할 수 없이 많다. 모두 공한 것을 평등하다 하지만, 다른 곳에서 '생사는 허망하고 열반은 공하지 않다(不空)'라는 등을 말한 것은 지식이 옅은 이를 보호하기 위한 것임을 알아야 할 것이다. 새로 발심한 사람이 놀라고 두려워하는 마음을 내기 때문에 방편으로 말을 지은 것이다.

如大品經化品言[253], "若{法}[254]有〔法〕[255]生滅相者, 皆是變化.' 〈須菩

인바라밀(忍波羅蜜)이라 번역. 여러 가지 치욕을 받고도 복수하려는 마음이 없게 하고, 마음을 안주케 하여 생사의 바다를 건너 열반에 이르는 수행.

251 시바라밀(尸波羅蜜): 범 śila-pāramitā. 육바라밀의 하나. 계바라밀(戒波羅蜜)·지계바라밀(持戒波羅蜜)이라 번역. 계도피안(戒到彼岸)이라고도 의역. 부처님이 제정한 계율을 지켜 생사의 바다를 건너 열반에 이르는 수행.

252 단바라밀(檀波羅蜜): 범 dāna-pāramitā. 육바라밀의 하나. 단(檀)은 단나(檀那)의 준말로 보시(普施)라 번역. 이에는 남에게 재물을 주는 재보시(財布施), 진리를 가르치는 법보시(法布施), 중생의 공포를 제거하여 안심하게 하는 무외시(無畏施)의 세 가지가 있다. 이 보시바라밀(布施波羅蜜)은 보시를 통해 생사의 바다를 건너 열반에 이르는 수행.

253 『마하반야바라밀경(摩訶般若波羅蜜經)』(전27권) 권26, 대정장8, p.416a02~16, "若有法生滅相者. 皆是變化. 須菩提言. 世尊. 何等法非變化. 佛言. 若法無生無滅是非變化. 須菩提言. 何等是不生不滅非變化. 佛言. 不誑相涅槃是法非變化. 世尊. 如佛自說諸法平等. 非聲聞作非辟支佛作. 非諸菩薩摩訶薩作非諸佛作. 有佛無佛諸法性常空. 性空卽是涅槃. 云何言涅槃一法非如化. 佛告須菩提. 如是如是. 諸法平等非聲聞所作. 乃至性空卽是涅槃. 若新發意菩薩聞是一切法畢竟性空. 乃至涅槃亦皆如化心則驚怖. 爲是新發意菩薩故. 分別生滅者如化不生不滅者不如化. 須菩提白佛言. 世尊. 云何敎新發意菩薩令知性空. 佛告須菩提. 諸法本有今無耶."

254 원문에 따라 '法'을 뺌.

255 원문에 따라 '法'을 넣음.

提言, ‘世尊, 何等法非變化?’ 佛言,〉²⁵⁶‘若法無生無滅是非變化.’
〈須菩提言, ‘何等是不生不滅非變化?’ 佛言,〉²⁵⁷‘{所謂}²⁵⁸{無}
〔不〕²⁵⁹誑相涅槃是法非變化.’{須菩提言}〔世尊,〕²⁶⁰如佛自說諸法
平等, 非聲聞作, {乃至}〔非辟支佛作, 非諸菩薩摩訶薩作,〕²⁶¹非諸
佛作. 有佛無佛, 諸法性常空, 性空卽是涅槃, 云何言涅槃一法{不}
〔非〕²⁶²如化?’ 佛{言}〔告須菩提,〕²⁶³‘如是如是, 諸法平等〈非聲聞
所作〉²⁶⁴, 乃至性空卽是涅槃. 若新發意菩薩聞〈是〉²⁶⁵一切〈法〉²⁶⁶
皆畢竟〈性〉²⁶⁷空, 乃至涅槃亦皆如化, 心卽驚怖. 爲是新發意菩薩
故, 分別生滅者如化, 不生〈不〉²⁶⁸滅者不如化.’ 須菩提〈白佛〉²⁶⁹
言, ‘世尊, 云何{令}〔敎〕²⁷⁰新發意菩薩〈令〉²⁷¹知是性空?’ 佛告須
菩提, ‘諸法{先}〔本〕²⁷²有今無耶?’”

---

256 원문에 따라 ‘須菩提言. 世尊. 何等法非變化. 佛言’을 넣음.
257 원문에 따라 ‘須菩提言. 何等是不生不滅非變化. 佛言’을 넣음.
258 원문에 따라 ‘所謂’를 뺌.
259 원문에 따라 ‘無’를 빼고 ‘不’를 넣음.
260 원문에 따라 ‘須菩提言’을 빼고 ‘世尊’을 넣음.
261 원문에 따라 ‘乃至’를 빼고 ‘非辟支佛作. 非諸菩薩摩訶薩作’을 넣음.
262 원문에 따라 ‘不’를 빼고 ‘非’를 넣음.
263 원문에 따라 ‘言’을 빼고 ‘告須菩提’를 넣음,
264 원문에 따라 ‘非聲聞所作’을 넣음.
265 원문에 따라 ‘是’를 넣음.
266 원문에 따라 ‘法’을 넣음.
267 원문에 따라 ‘性’을 넣음.
268 원문에 따라 ‘不’을 넣음.
269 원문에 따라 ‘白佛’을 넣음.
270 원문에 따라 ‘令’을 ‘敎’로 바꿈.
271 원문에 따라 ‘令’을 넣음.
272 원문에 따라 ‘先’을 빼고 ‘本’을 넣음.

저 『반야경』의 여화품[273]에서 "'만일 어떤 법에 생멸하는 모양이 있으면, (그 것은) 모두 변화하는 것이다'라고 하니, 수보리가 말하기를, '세존이시여, 어떤 법들이 변화하지 않습니까?'라고 물었다. 부처님께서 말씀하시기를, '만약 어떤 법이 생멸함이 없으면 이것이 변화하지 않는 것이다'라고 하시니, 수보리 가 말하기를, '어떤 것들이 생멸하지 않아 변화하지 않는 것입니까?'라고 했다. 부처님께서 말씀하시기를, '거짓되지 않은 모습의 열반이 바로 변화하지 않는 법이다'라고 하자, (수보리가) '세존이시여, 부처님이 스스로 말씀하신 것과 같 이 모든 법이 평등하니, 그것은 성문이 지은 것도 아니며, 벽지불이 지은 것도 아니며, 모든 보살 마하살이 지은 것도 아니며, 모든 부처가 지은 것도 아닙니 다. 부처가 있거나 부처가 없거나 모든 법의 성품이 항상 공하니, 성품이 공한 것이 곧 열반인데, 어떻게 열반의 한 법만이 허깨비와 같지 않다고 합니까?'라 고 하였다.

부처님께서, 수보리에게 '그래, 그래. 모든 법은 평등하다. 성문이 지은 것 도 아니고, …… 성품이 공한 것이 곧 열반이다. 만일 새로 발심한 보살이, 일 체법이 모두 끝내는 성품이 공하며, 내지 열반도 또한 모두 허깨비와 같다는 말을 들으면, 마음으로 곧 두려워할 것이다. (그러므로) 새로 발심한 보살을 위해, 생멸하는 것은 허깨비와 같고, 생기지도 않고 사라지지도 않는 것은 허 깨비와 같지 않다'고 분별하여 말하는 것이다. 수보리가 부처님께 아뢰기를, '세존이시여, 어떻게 새로 발심한 보살로 하여금, (모든 법의) 성품이 공한 것 을 알 수 있게 할 수 있습니까?'라고 하자, 부처님께서 수보리에게 일러주시기 를, '모든 법이 본래 있었는데, 지금은 없는 것이냐?'[274]라고 하였다."라고 한

273 『마하반야바라밀경(摩訶般若波羅蜜經)』 제87품 여화품(如化品)을 말함.
274 『대반열반경』(36)(대정장12, p.664a1~2)와 『대반열반경』(40)(대정장12, p.524b23~4)의
"本有今無 本無今有 三世有法 無有是處"(본래 있다가 지금 없으며 본래 없다가 지금 있

것과 같다.

依是文證, 當知餘處說不空者, 皆是方便語, 不盡道理也. 是涅槃空
及佛性空. 十一空內, 何所攝者? 空空所攝, 故說是空, 唯佛所窮.
十八空中畢竟空故, 如前所引{槃}〔般〕[275]若經說.

이 글에 의하여 증명하건대, 다른 곳에서 '공하지 않다'고 한 것은 다 방편으
로 말한 것으로 도리를 다한 것이 아님을 알아야 할 것이다. 이 열반의 공과 불
성의 공은 열한 가지 공 중에 어느 것에 속하는가? 그것은 공공(空空)에 속한
것이기 때문에 공이라 말한 것이니, 오직 부처만이 끝까지 다 아는 것이다. 열
여덟 가지 공[276] 가운데에서는 필경공이기 때문에, 앞에서 인용한 『반야경』[277]

으니 삼세에 걸쳐서 법이 있다는 것은 옳지 않다.) 참조.
275 '槃'을 '般'으로 고침. 이영무 역(1984), 가은 역주(2004), 한불전 모두 고침.
276 열여덟 가지 공[十八空]: 범 aṣṭdaa nyaṭḥ. 여러 가지 사견을 깨뜨리기 위해 설한 18가지의
　　공(空)이다. 공을 본체와 작용으로 관찰한 것. 앞 주석의 '십일공' 즉, 내공(內空)·외공(外
　　空)·내외공(內外空)·유위공(有爲空)·무위공(無爲空)·무시공(無始空)·성공(性空)·무소
　　유공(無所有空)·제일의공(第一義空)·공공(空空)·대공(大空)과 다음의 공을 말함. ⑫필
　　경공(畢竟空)은 지경공(至竟空)이라고도 한다. 유위공과 무위공으로 일체법을 깨뜨려 필
　　경 나머지가 없는 것임. ⑬산공(散空)은 산무산공(散無散空)·불사공(不捨空)이라고도 한
　　다. 제법은 다만 화합하여 임시로 있는 것이므로 필경에는 흩어져 없어지는 상으로서, 있
　　는 바가 없는 것임. ⑭자상공(自相空)은 제법의 총별 동이의 상을 얻을 수 없는 것. ⑮
　　제법공(諸法空)은 일체법공이라고도 한다. 온·처·계 등 일체법에 정해진 자상(自相)이
　　없어서 상을 취하기를 여읜 것임. ⑯무법공(無法空)은 무성공(無性空)·비유공(非有空)이
　　라고도 한다. 제법이 궤멸해 버리면 얻어볼 만한 자성이 없으니, 미래법 또한 이와 같음.
　　⑰유법공(有法空)은 자성공(自性空)이라고도 한다. 제법은 다만 인연(因緣)으로 말미암
　　아 있는 것이므로, 현재 있는 것은 실제로 있는 것이 아니다. ⑱무법유법공(無法有法空)
　　은 무성자성공(無性自性空)이라고도 한다. 삼세일체법인 생멸법(生滅法)과 무위법(無爲
　　法)은 다 얻을 수 없다는 것임. 원효 저, 은정희 역주, 『이장의』, 소명출판, 2004, 230쪽, 각

의 말과 같다.

若使諸經所說涅槃皆空是遣妄心所取相者, 是卽諸經所說生死法空
是遣遍計所執生死. 若此不爾, 彼亦不然. 又若涅槃是實有者, 卽不
能離實有之言, 其能離實有言者, 卽謂實有宜是妄語. 是故當知彼
說實有, 唯說自心妄{耶}〔取〕[278]境界耳.

여러 경에서 말한 '열반은 다 공하다'는 것이란 허망한 마음으로 취하는 상
을 버리는 것이다. 만약 이와 같다면, 이것은 곧 여러 경에서 말한 '생사의 법
이 공하다'는 것이란 변계소집[279]의 생사를 버리는 것이다. 만일 이것이 그렇
지 않다면[280] 저것도 그렇지 않을 것[281]이다. 또 만일 열반이 참으로 있는 것
이라면, 곧 참으로 있다는 말을 떠나지 못할 것이며, 그것이 참으로 있다는 말
을 떠날 수 있다면, 곧 참으로 있다는 말이 마땅히 허망한 말이 될 것이다.[282]

주 36 참조.
277 앞의 『대품경』임.
278 '耶'를 '取'로 바꿈. 이영무 역(1984), 가은 역주(2004), 한불전 모두 고침.
279 변계소집(遍計所執): 범 parikalpita-svabhāva. '변계'는 이리저리 억측한다(周遍計度)는 뜻.
　　계탁은 자기의 감정과 욕망에서 시비선악의 차별적 집착을 일으키는 것. 또 이 집착은 일
　　체 사물에 대하여 주관적 색채를 띠고 보는 것이므로 주변이라 한다. '소집'은 변계에 의하
　　여 잘못 보이는 대상. 곧 주관의 색안경을 쓰고서 대상을 올바르게 보지 못하고 언제든지
　　잘못 분별하는 것을 '변계소집'이라 함.
280 '생사의 법이 공하다'는 것이 변계소집의 생사를 버린 것이라는 것을 부인하는 것임.
281 '열반은 다 공하다'는 것이 허망한 마음으로 취하는 상을 버리는 것을 부인하는 것임.
282 조수동 역(2009): 번역문 없음; 김호귀 역(2005): 또한 만약 열반을 實有라 한다면 그것
　　은 곧 실유라는 말을 여의지 못한 것이다. 그렇다고 실유라는 말을 여읜 것을 곧 실유라
　　한다면 그 또한 망어이다.; 가은 역주(2004): 또 열반이란 그것이 실지로 있는 것이라면
　　실지로 있다는 말에서 벗어날 수 없는데 실지로 있다는 말에서 벗어날 수 있는 것을 실지

그러므로 그가 참으로 열반이 있다고 말한 것은, 오직 자기 마음이 허망하게 경계를 취한 것을 말한 것뿐임을 알아야 한다.

問. 如是二說, 何得何失?

물음. 이와 같은 두 설명은 어느 것이 옳고 어느 것이 그른가?

答. {故}[283]若如言取, 二說皆失, 互相異諍失佛意〈故〉[284]. 若非定執二說俱得, 法門無礙不相妨故.

대답. 만일 말 그대로 취한다면 두 설명이 다 잘못이니, 서로 다르다고 다툼으로써 부처의 뜻을 잃기 때문이다. 만일 꼭 그렇다고 하는 결정적인 고집이 아니라면 두 설명이 모두 옳으니, 법의 문은 걸림이 없어 서로 방해하지 않기

로 있는 것이라고 말한다면 그것은 참으로 허망한 말이 되겠다.; 한글대장경(김달진 역) (1992): 또 만일 열반이 진실로 있는 것이라면 그것은 곧 진실로 있다는 말을 떠나지 못할 것이며, 그것이 진실로 있다는 말을 떠날 수 있다면 그것은 곧 실로 있음을 말한 것이니 이것은 허망한 말이다.; 이영무 역(1984): 또는 만일 「涅槃」을 실지로 있는 것을 여긴다면, 이는 곧 「실지로 있다」는 말을 벗어나지 못할 것이다. 그런데 〈억지의 말로서〉 「실지로 있다」는 말을 벗어나는 것 그것이 「실지로 있음」이라 한다면, 이러한 말은 참으로 허망한 말이다.; 황산덕 역(1982): 또한 만일 열반이 참으로 존재한다는 것(실유)이라고 할지라도, 그것은 「참으로 존재한다」라는 말을 떠날 수는 없다. 그런데 「참으로 존재한다」라는 말을 떠날 수 있어야 참으로 존재하는 것이 된다고 말한다면, 그렇게 말하는 것은 허망한 말(妄語)이 될 것이다.

283 '故'를 뺌. 이영무 역(1984), 가은 역주(2004) '故'가 없고 아무 설명 없음. 한불전에 잘못 삽입된 것임. 『열반종요』, 한불전1, p.529a13*01에 있고; 『열반종요』, 대정장38, p.242c06*07에 없고; 필사본, p.22b2*08에도 없음.

284 '故'를 넣음. 『열반종요』, 한불전1, p.529a14*02에 없고; 『열반종요』, 대정장38, p.242c06*05에 있고; 필사본, p.22b3*03에 있음.

때문이다.

是義云何? 若就德患相對之門, 卽生死是空涅槃不空. 以妄心所取
無境當知, 故說爲空, 能取妄心不得自在, 故說無我. 眞智所證道理
稱心, 故說不空, 能證眞智無礙自在, 故名大我. 依如是門, 前師爲
得, 彼所引文是了義說.

이 뜻은 무엇인가? 만일 (열반의) 공덕과 (생사의) 번뇌가 상대하는 관점에 의
하면, 곧 생사는 공이요 열반은 공이 아니다. 이는 망심(妄心)이 취한 대상은
경계가 없는 것임을 마땅히 알기 때문에 공(空)이라 말하고, 대상을 취하는 주
체인 망심은 자재하지 못하기 때문에 무아(無我)라고 말한다.[285] 참 지혜가 증
득한 도리는 참 마음과 합치하기 때문에 불공(不空)이라 말하고, 증득하는 주
체인 참 지혜는 걸림이 없어 자재하기 때문에 대아(大我)라고 이름한다.[286] 이

---

285 조수동 역(2009): 번역문 없음; 김호귀 역(2005): 왜냐하면 망심으로 취한 대상은(所取)
  본래 경계가 없기 때문이다. 그리고 망심 그 자체는(能取) 또 자재하지 못하기 때문에 (망
  심을) 無我라 이름한다.; 가은 역주(2004): 허망한 마음으로 취착하기에 마땅히 알아야
  할 경계가 없어 그래서 공하다고 하며 취착하는 주체인 허망한 마음은 장애가 있어 자재
  로울 수 없으므로 그래서 무아라고 한다.; 한글대장경(김달진 역)(1992): 허망한 마음으
  로 취하는 것은 경계가 없음을 알기 때문에 공이라고 말한 것이요, 허망한 마음에 집착하
  여 자재하지 못하기 때문에 무아(無我)라고 말한 것이며,; 이영무 역(1984): 그것은 〈生
  이니 死니 하는 것은〉 허망한 마음에서 取한 것이어서 그러한 경계는 따로 알 수가 없다.
  그러기에 「空」이라고 말한 것이다. 그리고 〈이러한 경계를〉 취하는 허망한 마음은 自在하
  지를 못한다. 그러기에 「無我」라 말한다.; 황산덕 역(1982): 허망한 마음으로 취한 것은
  경계가 없으므로, 공이라고 말한 것임을 알아야 한다. 허망한 마음을 취하면 자재함을 얻
  을 수 없으므로 무아(無我)라고 말하는 것이고.
286 조수동 역(2009): 번역문 없음; 김호귀 역(2005): 眞智로 증득된 도리는(所證) 본래심에
  계합되므로 불공이라 말한다. 그리고 진지 그 자체는(能證)는 무애자재하므로 大我라 이
  름한다.; 가은 역주(2004): 참 지혜로 증득한 도리를 마음이라 하는데 그래서 공하지 않

와 같이 상대하는 문에 의하면, 앞 논사[287]가 옳으며, 저 인용된 글은 요의설
(了義說)이다.

若就相待無自相門, 則生死涅槃等無自性. 以不空待空我待無我,
乃至無待待於有待故. 如起信論云[288], "復次⟨究竟離妄執者, 當
知⟩[289]{一切}[290]染法淨法, 皆{是}〔悉〕[291]相待, 無有自相可說." 依
如是文, 後說爲得, 其所引文非不了說.

만일 서로 기다려 자상이 없는 문(相待無自相門)에 의하면, 생사와 열반은 똑
같이 자성(自性)이 없다. 이는 '공이 아닌 것'으로 '공'을 기다리고 '아(我)'로써
'무아(無我)'를 기다리며, 내지 '무대(無待)'로써 '유대(有待)'를 기다리기 때문이
다. 이는 저 『기신론』에서 "또 구경에 거짓된 집착을 벗어난다는 것은, 염법(染

다고 하고 증득하는 주체인 참 지혜는 장애가 없어 자재로울 수 있으므로 그래서 대아라
고 이름한다.; 한글대장경(김달진 역)(1992): 진실한 지혜로 증득한 도리가 마음에 맞기
때문에 불공이라고 말한 것이요, 능히 증득하는 진실한 지혜가 걸림이 없어 자재하기 때
문에 대아(大我)라고 말한 것이다.; 이영무 역(1984): 그렇지만 「참 지혜」로서 證得하는
것의 道理는 마음에 稱合된다. 그러기에 「空한 것이 아니라」 말하고 ⟨空하지 않은 것을⟩
능히 證得하는 참 지혜는 걸림이 없이 自在하다. 그러기에 「大我」라 말한다. ; 황산덕 역
(1982): 참된 지혜로 증득된 도리는 마음에 맞기(稱心) 때문에 공이 아니라고 하는 것이
며, 참된 지혜를 증득하면 걸림이 없이 자재하므로 대아(大我)라고 하는 것이다.

287 '열반의 체성이 불공'이라고 주장하는 앞의 논사.

288 『대승기신론(大乘起信論)』(1권, 진제 역), 대정장32, p.580b08~11, "復次究竟離妄執者.
當知染法淨法皆悉相待. 無有自相可說" 참조. ; 『대승기신론(大乘起信論)』(2권, 실차난
타 역), 대정장32, p.588c19~22, "若究竟離分別執著. 則知一切染法淨法皆相待立. 是故
當知" 참조.

289 원문에 따라 '究竟離妄執者. 當知'를 넣음.

290 원문에 따라 '一切'를 뺌.

291 원문에 따라 '是'를 빼고 '悉'을 넣음

法)과 정법(淨法)은 모두 다 서로 기다리는 것으로서, 말할 만한 자상이 없는 것임을 알아야 한다."라고 한 것과 같다. 이 글(相待無自相門)에 의하면 뒷 논사의 주장[292]이 옳고 그가 인용한 글도 불요의설(不了義說)이 아니다.

又大涅槃離相離性, 非空{不}非〔不〕[293]空, 非[294]我非無我. 何故非空. 離無性故. 何非不空. 離有性故. 又離有相故說非我, 離無相故說非無我, 非無我故得說大我, 而非我故亦說無我. 又非空故得言實有, 非不空故得說虛妄. 如來秘藏其義如是, 何{蜜}〔密〕[295]異諍於其間哉! 體門竟.

또 대열반은 모양을 떠나고 성품을 여의었으며, 공(空)도 아니요 불공(不空)도 아니며, 아(我)도 아니요 무아(無我)도 아니다. 어떤 이유로 공이 아닌가? 무성(無性)을 여의었기 때문이다. 왜 불공이 아닌가? 유성(有性)을 여의었기 때문이다. 또 유상(有相)(모양 있음)을 여의었기 때문에 아(我)가 아니라고 말하고, 무상(無相)(모양 없음)을 여의었기 때문에 무아(無我)도 아니라고 말한다. 무아가 아니기 때문에 대아(大我)라고 말하며, 아가 아니기 때문에 무아라고 말한다. 또 공이 아니기 때문에 참으로 있다고 말하고, 불공(不空)이 아니기 때문에 허망(虛妄)하다고 말한다. 여래께서 비밀스럽게 간직하신 그 뜻이 이와 같으니, 어찌하여 그 사이에서 애써 다르다고 다투겠는가! 열반의 체에 대한 설명을 마친다.

---

292 '생사열반이 다 공하다'는 주장.

293 내용상 '不非空'을 '非不空'으로 바꿈. 이영무 역(1984), 가은 역주(2004) 바꿈.

294 필사본에 '非'가 빠짐. 대정장, 한불전에 교정됨. 필사 오류임. 필사본, p.23a5*07. ; 한불전 1, p.529b02*10. ; 대정장38, p.242c18.

295 이영무 역(1984), '蜜'을 '密'로 바꿈. 가은 역주(2004), '須'로 고침. 여기서는 '密'로 바꿈.

다. 통국문(通局門)

第三明通局門者, 於中有二, 先小後大.

세 번째로 열반에서 공통적이고 부분적인 면을 밝히니, 이 가운데 둘이 있는데, 앞에는 소승 뒤에는 대승이다.

ㄱ. 소승(小乘)

小乘之內, 二部異說. 犢子部說通於凡聖. 彼說涅槃有其三稱謂學無學非學非無學. 凡夫等智斷結所得涅槃名非學非無學, 有學聖位所得無爲, 無學涅槃. 若依薩婆多部所說涅槃之名唯在無學. 無學人斷結所得無爲唯名滅等, 不名滅等不名涅槃.

소승 안 두 부파의 설이 다르다. 독자부(犢子部, Vātsīputrīya)[296]는 (열반은) 범부나 성인들에게 공통된다고 한다. 독자부에서 말하는 열반에는 세 가지가 있으니, 학(學), 무학(無學), 비학비무학(非學非無學)이다. 범부들이 지혜로 번뇌를 끊어 얻는 열반은 비학비무학(非學非無學)이라 하고, 유학(有學)은 성인의 지위에서 얻는 무위이며, 무학(無學)은 열반이다.

---

296 독자부(犢子部): 범 Vātsīputrīya 또는 바추부라부(婆麤富羅部)·발사불저리여부(跋私弗底梨與部)·가주자제자부(可住子弟子部). 불멸 3백년 경에 설일체유부에서 갈라진 학파. 만유(萬有)를 유위(有爲)의 3세(世)와 무위(無爲)와 불가설(不可說)의 5장(藏)으로 나누어 설명하고, 중생에게는 참나가 있다고 주장. 이는 불교의 진무아(眞無我)의 이치에 어긋나므로 이 학파를 불교 안의 외도(外道), 불법(佛法)에 의지하는 외도라 함.

297 살바다부(薩婆多部): 범 Sarvāstivāda 소승 이십부의 하나. 설일체유부(說一切有部)를 말

살바다부(薩婆多部, Sarvāstivāda)[297]에 의해 설명하는 열반의 이름은 오직 무학(無學)에만 있다. 무학인(無學人, 아라한)이 번뇌를 끊고 얻는 무위(無爲)는 오직 멸(滅)[298] 등이라 이름하며, 멸(滅)이라 이름하지 않는 것은 열반이라 이름하지 않는다.

如{智度}〔毘婆沙〕[299]論云[300], "離空處欲, 乃至〈離〉[301]非想{地}〔非非想處〕[302], 〈斷〉[303]八種{欲}〔結〕[304], 〈是時〉[305]彼〈斷〉[306]名斷〔名

함. 불멸(佛滅) 후 300년경에 가다연니자(迦多衍尼子)가 상좌부에서 분파한 것. 이 부에서는 논장(論藏)을 주로 하고 경장(經藏)과 율장(律藏)을 반(伴)으로 하는 학파로서 아공법유(我空法有) 삼세실유(三世實有) 법체항존(法體恒存)의 주장을 세우고 일체의 모든 법을 오위(五位)칠십오법(七十五法)으로 분류하여 설명함.

298 멸(滅): 범 vyupaśama. 멸에는 택멸(擇滅)과 비택멸(非擇滅) 두 가지 무위법(無爲法)이 있는데, 여기서는 지혜의 간택력으로 번뇌를 단멸하는 택멸을 말함. 이것이 바로 열반임.

299 내용에 따라 '智度'를 '毘婆沙'로 바꿈.

300 『아비담비바사론(阿毘曇毘婆沙論)』, 대정장28, pp.242c28~3a14, "離空處欲. 乃至離非想非非想處. 斷八種結. 是時彼斷. 名斷名無欲名滅名諦. 不名斷智不名沙門果不名有餘涅槃無餘涅槃界. 金剛喩定滅. 初盡智生. 是時九種結斷. 彼斷名斷名無欲名滅名諦名斷智. 謂一切結盡斷智. 名沙門果. 謂阿羅漢果. 名有餘涅槃界. 不名無餘涅槃界. 卽彼時三界見道所斷. 八地修道所斷. 非想非非想處修道所斷. 八種結同一味. 頓證解脫得. 是時彼斷. 名斷名無欲名滅名諦名斷智. 謂一切結盡斷智. 名沙門果謂阿羅漢果名有餘涅槃界. 不名無餘涅槃界. 若阿羅漢陰界入. 更不相續. 入無餘涅槃界. 是時彼斷. 名斷名無欲名滅名諦名斷智. 謂所得斷智. 名沙門果. 謂阿羅漢果. 不名有餘涅槃界. 名無餘涅槃界."

301 원문에 따라 '離'를 넣음.

302 원문에 따라 '地'를 '非非想處'로 바꿈.

303 원문에 따라 '斷'을 넣음.

304 원문에 따라 '欲'을 '結'로 바꿈.

305 원문에 따라 '是時'를 넣음.

306 원문에 따라 '斷'을 넣음.

307 원문에 따라 뒤의 것 '名無欲'을 앞으로 옮김.

308 원문에 따라 '名無欲'을 앞으로 옮기고 이곳에서 뺌.

無欲}[307]名滅{名無欲}[308]名諦, 不名斷智不名沙門果不名有餘涅槃
{不名}[309]無餘涅槃〈界〉[310].〈金剛喩定滅, 初盡智生〉[311], {盡無生
智非想}〔是時〕[312]九種結斷. 彼〈斷〉[313]名斷{名滅}[314]名無欲〔名滅〕[315]
名諦名斷智, 〈謂一切結盡斷智〉[316], 名沙門果.〈謂阿羅漢果〉[317],
名有餘涅槃〈界〉[318]不名無餘涅槃〈界〉[319]. … 〈若〉[320]阿羅漢陰界
入〈更〉[321]不相續, 〈入無餘涅槃界. 是時〉[322]彼斷, 〈名斷〉[323]名滅
名無欲名諦名斷智, 〈謂所得斷智〉[324], 名沙門果.〈謂阿羅漢果〉[325],
{名無餘涅槃}[326]不名有餘涅槃〈界〉[327]〔名無餘涅槃界〕[328]."

---

309 원문에 따라 '不名'을 뺌.

310 원문에 따라 '界'를 넣음.

311 원문에 따라 '金剛喩定滅　初盡智生'을 넣음.

312 원문에 따라 '盡無生智非想'을 빼고 '是時'를 넣음.

313 원문에 따라 '斷'을 넣음.

314 원문에 따라 '名滅'을 여기서 빼고 뒤로 옮김.

315 원문에 따라 '名滅'을 앞에서 빼서 여기에 넣음.

316 원문에 따라 '謂一切結盡斷智'를 넣음.

317 원문에 따라 '謂阿羅漢果'를 넣음.

318 원문에 따라 '界'를 넣음.

319 원문에 따라 '界'를 넣음.

320 원문에 따라 '若'을 넣음.

321 원문에 따라 '更'을 넣음.

322 원문에 따라 '入無餘涅槃界　是時'를 넣음.

323 원문에 따라 '名斷'을 넣음.

324 원문에 따라 '謂所得斷智'를 넣음.

325 원문에 따라 '謂阿羅漢果'를 넣음.

326 원문에 따라 '名無餘涅槃'을 빼고 뒤에 넣음.

327 원문에 따라 '界'를 넣음.

328 원문에 따라 앞에서 이곳으로 '名無餘涅槃'을 옮기고, '界'를 더 넣음.

『아비담비바사론』329에 "공처(空處)330의 욕심을 벗어나고 나아가 비상비비
상처(非想非非想處)331까지를 벗어나 여덟 번째 등급의 번뇌332를 끊으면, 이때
저 여덟 번째 등급의 번뇌를 끊음을 단(斷)이라 하고, 무욕(無欲)333이라 하고,

---

329 『대지도론』이 아니고, 『아비담비바사론(阿毘曇毘婆沙論)』임. 이영무 역(1984), 울만 영역
(1997) 모두 교정 안 함.

330 공처(空處): 공무변처(空無邊處) 또는 공무변처천(空無邊處天)이라고도 함. *공무변처:
범 Ākāsānantyāyatana, 빨 Ākāsānañcāyatana. 사무색계의 제일천이며, 삼계(三界)구지(九地)
의 하나. 형색의 몸을 싫어하고 허공무변을 좋아하여 노력에 의해 공무변처정(空無邊處
定)에 들어가는 것을 원인으로 하여 얻는 정지(定地)의 과보를 말함. 형색을 싫어하기 때
문에 색온이 없고, 수상행식(受想行識)의 사온(四蘊)만으로 이숙생(異熟生)을 이룸. 무색
계는 비록 처소는 없지만 과보의 차별은 있기 때문에 잠시 처라는 이름을 붙임.

331 비상비비상처(非想非非想處): 범 Nāi va-saṃjñānāsaṃjñāyatana, 빨 Nevasaññānāsaññāyatana.
비상비비상처천(非想非非想處天)이라고도 함. 무색계의 제사천(第四天). 이 처는 삼계의
맨 위에 있으므로 유정천(有頂天)이라고도 한다. 이 하늘에 나는 이는 하지(下地)와 같은
거친 생각이 없으므로 비상(非想) 또는 비유상(非有想), 그러나 세밀한 생각이 없지 아니
하므로 비비상(非非想) 또는 비무상(非無想)이라 한다. 비유상(非有想)이므로 외도들은
진열반처(眞涅槃處)라 하고, 비무상(非無想)이므로 불교에서는 이것도 생사하는 곳이라
함. 이 천의 정심(定心)은 지극히 정묘하여 거친 생각(麤想)이 없기 때문에 비상(非想)이
라고 하며 아직 세상(細想)은 있기 때문에 비비상(非非想)이라 한다. 또 비비상천(非非想
天)이라고도 하고, 무사상(無思想), 무무상천(無無想天)이라고도 하고, 유상무상지천(有
想無想智天)이라고도 함.

332 여덟 번째 등급의 번뇌〔八種結〕: 결(結)은 범 bandhana 혹은 saṃyojana. 결사(結社)라고
도 함. 번뇌를 가리킴. 결(結)은 계박의 뜻으로 번뇌가 중생을 미혹한 경계에 계박하여 생
사의 고통에서 벗어나지 못하게 하므로 결이라 함. 팔종결은 수혹의 제팔품을 말하는데,
여기서는 유정지(有頂地, 非想非非想處)의 팔품번뇌(八品煩惱, 下之中)를 말함. 탐진치
만(貪瞋痴慢) 등의 수혹이 그 추세(粗細)에 의하여 상중하(上中下)의 구품으로 나뉘며,
이 구품 번뇌는 삼계의 구지(九地)에 각각 9품이 있어 합하여 81품이 됨.

333 무욕(無欲): 무욕은 무욕지족(無欲知足), 소욕지족(少欲知足)과 같음. 욕망을 감소시켜
만족할 줄 안다는 뜻. 물욕을 절제하는 것. 소욕(少欲)은 아직 얻지 않은 물건에 대해 과분
한 탐욕을 일으키지 않는 것. 지족(知足)은 이미 얻은 물건에 대해 적다고 싫어하지 않고
후회하지 않는 것. 소욕지족은 도를 닦는 요체.

멸(滅)이라 하고, 제(諦)라 한다. 그러나 단지(斷智)[334]라 하지 않고, 사문과(沙門果)[335]라 하지 않으며, 유여열반이나 무여열반계라고 하지 않는다. 금강유정(金剛喩定)[336]이 멸하여 처음으로 진지(盡智)[337]가 생기며, 이때에 아홉 번째 등급의 번뇌[338]가 끊어진다. 저 아홉 번째 등급의 번뇌의 끊어짐을 단(斷)이라 하

---

334 단지(斷智): 번뇌를 끊는 지혜로서 불지(佛智)를 가리킴. 『대승의장』에 "번뇌가 다한 곳을 단이라 하니, 단은 바로 지혜의 과보이다"라고 함. 또 『아비담팔건도론』에서는 9단지(九斷智)를 다음과 같이 설명한다: "욕계에서의 고제(苦諦) 집제(集諦)에서 끊는 번뇌를 다할 때가 1단지(一斷智)고, 색 무색계에서의 고제 집제에서 끊는 번뇌를 다할 때가 2단지(二斷智)고, 욕계에서의 멸제(滅諦)에서 끊는 번뇌를 다할 때가 3단지(三斷智)고, 색 무색계에서의 멸제에서 끊는 번뇌를 다할 때가 4단지(四斷智)고, 욕계에서의 도제(道諦)에서 끊는 번뇌를 다할 때가 5단지(五斷智)고, 색 무색계에서의 도제에서 끊는 번뇌를 다할 때가 6단지(六斷智)고, 5하분결(五下分結)이 다할 때가 7단지(七斷智)고, 색애(色愛)가 다할 때가 8단지(八斷智)고, 일체의 번뇌가 다할 때가 9단지(九斷智)다. 9단지는 일체의 단지를 포섭하고, 일체의 단지는 9단지를 포섭한다."(대정장26, p.790a18~24, "欲界中苦諦習諦所斷結盡一斷智. 色無色界苦諦習諦所斷結盡二斷智. 欲界盡諦所斷結盡三斷智. 色無色界盡諦所斷結盡四斷智. 欲界道諦所斷結盡五斷智. 色無色界道諦所斷結盡六斷智. 五下分結盡七斷智·色愛盡八斷智. 一切結盡九斷智. 九斷智爲攝一切斷智. 一切斷智爲攝九斷智.")

335 사문과(沙門果): 사사문과(四沙門果)에 예류과(預流果)·일래과(一來果)·불환과(不還果)·아라한과(阿羅漢果)가 있는데, 여기서는 아라한과를 말함.

336 금강유정(金剛喩定): 범 vajropamā-samādhi. 금강처럼 견고하고 날카로운 삼매를 말함. 금강삼매(金剛三昧)·금강멸정(金剛滅定)·금강심(金剛心)·정삼매(頂三昧)라고도 함. 정(定)이란 그 체가 견고하고 그 작용이 예리하여 모든 번뇌를 깨뜨릴 수가 있기 때문에 모든 사물을 분쇄할 수 있는 금강에 비유한 것. 이것은 삼승 학인의 말후심(末後心)이며 또한 소승성문 혹은 대승보살이 수행에서 완성으로 나아가는 단계이며, 최후의 번뇌를 끊으려고 하는 데서 일어나는 삼매. 이 삼매가 생기면 가장 미세한 번뇌를 단제하여 극과(極果)를 얻는다. 성문의 최고 깨달은 경지에서 아라한과에 도달할 수 있고, 보살은 불과(佛果)를 얻을 수 있음.

337 진지(盡智): 범 Kṣaya-jñāna, 빨 Khaya-ñānLa. 무학위(無學位)에서 일어나는 지혜. 즉 이미 일체의 번뇌를 완전히 끊으면, 고(苦)·집(集)·멸(滅)·도(道)를 완전히 알아서, 번뇌를 다 끊었을 때 일어나는 자신지(自信智). 무루지에 속함.

338 아홉 번째 등급의 번뇌(九種結): 수혹 구품 중에 아홉 번째 등급의 번뇌를 말함. 다시 말

고, 무욕이라 하고, 멸이라 하고, 제(諦)라 하고, 단지(斷智)라 하니, 이는 일체의 번뇌가 다 끊어진 지혜를 말한다. 또 이를 사문과(沙門果)라 하니, 아라한과를 말한다. 또 이를 유여열반계라 하고 무여열반계라고는 하지 않는다. … 만약 아라한이 오음(五陰)과 십팔계(十八界)와 십이입(十二入)을 다시 서로 상속시키지 않으면, 무여열반계에 든 것이다. 이때 저 오음·십팔계·십이입을 끊음을 단(斷)이라 하고, 멸(滅)이라 하며, 무욕(無欲)이라 하고, 제(諦)라 이름하니, 단지(斷智)이다. 또한 사문과(沙門果)라 하니 아라한과라 말한다. 유여열반계(有餘涅槃界)라 하지는 않고, 무여열반계라고 한다."고 하였다.[339]

해, 삼계 중 무색계 유정지(有頂地) 다음에 금강유정(金剛喩定)에서 끊는 아홉 번째 등급의 번뇌.

339 원효가 인용하는 『아비담비바사론』에 설일체유부가 제시하는 열반의 증득에 이르는 단계들이 나오는 바, 그것들 전체를 아래와 같이 표로 정리함.

구분	삼계	내용	단	무욕	멸	제	단지	사문과	유여열반	무여열반
견도	욕계	고법인멸, 고법지생	o	o	o	o	x	x	x	x
	색무색계	고비인멸, 고비지생	o	o	o	o	x	x	x	x
	욕계	집법인멸, 집법지생	o	o	o	o	1단지	x	x	x
	색무색계	집비인멸, 집비지생	o	o	o	o	2단지	x	x	x
	욕계	멸법인멸, 멸법지생	o	o	o	o	3단지	x	x	x
	색무색계	멸비인멸, 멸비지생	o	o	o	o	4단지	x	x	x
	욕계	도법인멸, 도법지생	o	o	o	o	5단지	x	x	x
	색무색계	도비인멸, 도비지생	o	o	o	o	6단지	수다원	x	x
수도	욕계	단제1종결-제5종결	o	o	o	o	x	x	x	x
		제6무애도멸, 제6해탈도생	o	o	o	o	x	사다함	x	x
		단제7종결, 제8종결	o	o	o	o	x	x	x	x
		제9무애도멸, 제9해탈도생, 오하분결	o	o	o	o	7단지	아나함	x	x
	색계	초선 단제1종결-제9종결 내지 제4선 단제1종결-제8종결	o	o	o	o	x	x	x	x
		제9무애도멸, 제9해탈도생	o	o	o	o	8단지	x	x	x
무학	무색계	공처 내지 비상비비상처 단제8종결(하지중)	o	o	o	o	x	x	x	x
		금강유정멸, 진지생, 단제9종결	o	o	o	o	9단지	아라한	o	x
		음계입불상속	o	o	o	o	9단지	아라한	x	o

ㄴ. 대승(大乘)

若依大乘, 即有四句. 一極通門[340], 凡夫二乘菩薩與佛{音}〔皆〕[341]有
涅槃. 如此經言[342], "{諸凡夫人}〔若有衆生〕[343], 依世俗道{行}[344]
斷{結行}〔煩惱者〕[345], 名入涅槃." 又言[346], "〈如人飢餓〉[347]得少
{飮}〔飯〕[348]食〈名爲安樂, 如是安樂〉[349]亦名{得}[350]涅槃." 乃至廣
說. 聖人涅槃不待言論. 二簡凡聖門[351], 聖有凡無. 如地{持}[352]經
說[353], "三乘聖人定有涅槃, 名爲正定, 外凡定無, 名爲邪定. 內凡

---

340 『대승의장』, 대정장44, pp.826c27~7a05, "一極通論之. 此五種人齊有涅槃. 如涅槃說. 諸
    凡夫人依世俗道六行斷結. 名凡涅槃. 又如經說. 得少飯食名凡涅槃等. 此二是其凡夫涅
    槃. 修八聖道斷滅四住所得涅槃. 名爲聲聞緣覺涅槃. 修治斷除無明地等說之以爲菩薩
    涅槃. 證法本寂由來不生今亦不滅. 是佛涅槃." 참조.

341 내용상 '音'을 '皆'로 바꿈. 한불전, '音'을 '皆'로 의심. 이영무 역(1984), 올만 영역(1997),
    가은 역주(2004) '音'을 '皆'로 바꿈. 필사본에는 '音'으로 되어 있음. 필사본 p.24a7*03.

342 『대반열반경』(36권), 대정장12, p.756c25~6, "若有衆生. **依世俗道斷**煩惱者. 如是**涅槃**則
    有八事解脫不實."

343 원문에 따라 '諸凡夫人'을 '若有衆生'으로 바꿈.

344 원문에 따라 '行'을 뺌.

345 원문에 따라 '結行'을 '煩惱者'로 바꿈.

346 『대반열반경』(36권), 대정장12, p.746a03~4, "如人飢餓**得少飯食**名爲安樂. 如是安樂**亦名**
    涅槃." 가은 역주(2004) '飮'과 '得'만 교정하고 나머지는 교정하지 않음.

347 원문에 따라 '如人飢餓'를 넣음.

348 원문에 따라 '飮'을 '飯'으로 바꿈.

349 원문에 따라 '名爲安樂 如是安樂'을 넣음.

350 원문에 따라 '得'을 뺌.

351 『대승의장』, 대정장44, p.827a05~8, "二簡聖異凡. 聖有凡無. 如地經說. 三乘之中定有涅
    槃. 名爲正定. 外凡定無. 名爲邪定. 三乘內凡形前名有. 望後稱無. 名爲不定." 참조.

352 원문에 따라 '持'를 뺌.

353 『지지경(地持經)』에서 찾지 못함. 가은 역주(2004), 이영무 역(1984), 올만 영역(1997) 모
    두 찾지 못함. 『대승의장』, 대정장44, p.827a05~8에서 재인용한 것으로 보임.

不定, 名不定聚." 三簡大小門[354], 大有小無. 法花論云[355], "無二乘者, 謂無二乘所{謂}〔得〕[356]涅槃." 今此經云[357], "菩薩摩訶薩住大涅槃." 諸佛亦爾故. 四者[358]簡因果門[359], 因無果有. 唯佛一人證得涅槃, 是義具如德王〈品〉[360]說. 通局門竟.

대승에 의하면 열반에 대하여 곧 사구(四句)가 있다. 첫째는 지극히 공통되는 문(極通門)이니, 범부·이승·보살 및 부처 모두에게 열반이 있는 것이다. 이는 마치 『열반경』에 "만약에 어떤 중생이 세속의 도리에 의지하여 번뇌를 끊는다면, 열반에 든 것이라고 한다."라고 한 것과 같고, 또 "마치 굶주린 사람이 밥을 적게 먹고도 편안하고 즐겁다고 하는 것처럼, 이와 같은 편안하고 즐거

---

354 『대승의장』, 대정장44, p.827a08~15, "三簡大異小. 大有小無. 大乘法中實有涅槃. 小乘法中權有實無. 故勝鬘云. 阿羅漢辟支佛等得涅槃者是佛方便. 明知. 實無. 又彼經說. 阿羅漢等去涅槃遠. 明知. 實無. 又涅槃說. 世若無佛非無二乘得二涅槃. 一切世間唯一佛乘更無二乘別得涅槃. 故知. 實無. 經說. 菩薩住大涅槃諸佛亦爾. 明知. 大有." 참조.

355 『묘법연화경우파제사(妙法蓮華經憂波提舍)』(2권), 대정장26, p.07b26~7, "**無二乘者. 謂無二乘所得涅槃.**"; 『묘법연화경우파제사(妙法蓮華經憂波提舍)』(1권), 대정장26, p.17a04, "**無二乘者. 無二乘涅槃.**" 여기서는 2권본을 따름.

356 원문에 따라 '謂'를 '得'으로 바꿈.

357 『대반열반경』(36권본), 대정장12, p.628b17~22, "善男子. 是**菩薩摩訶薩住大涅槃**. 則能示現種種無量神通變化. 是故名曰大般涅槃. 是菩薩摩訶薩所可示現. 如是無量神通變化. 一切衆生無能測量. 汝今云何能知如來習近愛欲生羅睺羅." "**菩薩摩訶薩住大涅槃**." 은 『大般涅槃經』권제4 사상품(四相品)의 7곳에 보임. 보살마하살이 대열반에 머물러 가지각색으로 나타내 보이는 바를 중생들이 측량할 수 없음을 결론지어 말하는 부분임. 가은 역주(2004)는 이 앞부분을 참조하라고 하였음. 즉, 대정장12의 pp.628a20~9b15와 한글대장경49의 pp.75b~9a 참조.

358 이영무 역(1984), '者'를 뺌. 울만 영역(1997), 가은 역주(2004) 안 뺌.

359 『대승의장』, 대정장44, p.827a15~6, "四. 簡果異因. 唯佛一人獨得涅槃. 餘者悉無" 참조.

360 덕왕은 덕왕품을 말하므로 '品'을 더함.

운 것 또한 열반이라고 한다."라고 한 것과 같고 내지 자세히 말하였다. 성인
의 열반에 대해서는 더 논의할 필요도 없다.

둘째는 범부와 성인을 구별하는 문〔簡凡聖門〕이니, 열반이 성인에게는 있고
범부에게는 없다는 것이다. 이는 『지경(地經)』[361]에서 "삼승[362]의 성인에게는
결정코 열반이 있으니, 이를 정정취(正定聚)[363]라 한다. 외범[364]들에게는 결정
코 열반이 없으니, 사정취(邪定聚)[365]라 한다. 내범[366]들에게는 열반이 있고 없

---

361 『지경(地經)』:『보살지지경(菩薩地持經)』. 범 Bodhisattva-bhūmi.『보살지경(菩薩地經)』,
　　『지지경(地持經)』,『보살계경(菩薩戒經)』,『보살지지론(菩薩地持論)』,『지지론(地持論)』이
　　라고도 함. 10권 혹 8권. 북량(北涼) 담무참(曇無讖) 역. 대정장 제30권 수록.

362 삼승(三乘): ①성문(聲聞)·연각(緣覺)·보살(菩薩)에 대한 세 가지 교법. 승은 물건을 실
　　어 옮기는 것을 목표로 하니, 부처님의 교법도 중생을 실어 열반의 언덕에 이르게 하는 데
　　비유. 1.성문승: 사제(四諦)의 법문이니, 부처님이 말씀하는 소리를 듣고, 이를 관하여 해
　　탈을 얻음. 2.연각승: 12인연의 법문이니, 스승에게 가지 않고, 스스로 잎이 피고, 꽃이 지
　　는 따위의 이치를 관하여 깨닫는 것. 3.보살승: 6바라밀의 법문이니, 보살은 이 법문에 의
　　하여 스스로 해탈하고, 남을 해탈케 하여 부처를 이룸. ②3승법에 의하여 각기 수행을 마
　　치고 얻은 성문과·연각과·보살과를 말함.

363 정정취(正定聚): 3정취(定聚) 또는 3취(聚)의 하나. 사람의 성질을 세 가지로 분류하는 가
　　운데 반드시 성불하기로 결정된 기류(機類).

364 외범(外凡): 불도를 수행하는 이 중에서, 범부의 지위에 있는 이를 구별하여 내범·외범이
　　라 함. 범(凡)은 성(聖)에 대비되는 것으로, 아직 불교의 교리를 증득하지 못한 이를 말하
　　고, 그중에서 얼마쯤의 지혜를 가진 이를 내범이라 하며, 그렇지 못한 이를 외범이라 함.
　　외범은 견도위(見道位) 이전의 지위를 말하는 것으로, 소승에서는 오정심관(五停心觀)
　　및 별상념처(別相念處)와 총상념처(總相念處)의 수행위(修行位)를 말하고, 대승에서는
　　52위의 초위인 십신위(十信位)를 말함.

365 사정취(邪定聚): 삼정취(三定聚) 또는 삼취(三聚)의 하나. 성불할 만한 소질이 없어 더욱
　　타락해 가는 종류.

366 내범(內凡): 내범은 소승에서는 칠방편위(七方便位) 가운데의 사선위(四善位)인 난위(煖
　　位), 정위(頂位), 인위(忍位), 세제일위(世第一位)의 사위(四位)를 가리킴. 대승에서는 지
　　전보살(地前菩薩)의 지위인 십주(十住), 십행(十行), 십회향(十回向)의 삼위(三位: 三賢)
　　를 가리킴.

음을 결정할 수 없으니, 부정취(不定聚)[367]라 한다."고 한 것과 같다.

셋째는 대승과 소승을 구별하는 문(簡大小門)이니, 열반이 대승에게는 있고 소승에게는 없다는 것이다. 『법화론』[368]에 "이승에게는 없다는 것은 이승에게는 얻을 열반이 없다고 하는 것이다."라 하고, 이제 이 『열반경』에서, "보살마하살이 대열반에 머문다."고 하였으니, 이는 모든 부처도 또한 그러하기 때문이다.

넷째는 인위(因位)와 과위(果位)를 구별하는 문(簡因果門)이니, 열반이 인위(因位)에는 없고 과위(果位)에만 있다는 것이다. 오직 부처 한 사람만 열반을 증득하니, 이러한 뜻은 이 『열반경』 덕왕보살품(제22품)[369]에 갖추어 설명한 것과 같다. 통국문을 마친다.

라. 이멸문(二滅門)

第四明二滅門者, 亦有二種. 先明性淨及方便壞, 後顯有餘無餘涅槃.

---

367 부정취(不定聚): 삼정취(三定聚) 또는 삼취(三聚)의 하나. 연이 있으면 성불할 수 있고, 연이 없으면 헤맬 한 부류로서 향상과 타락에 결정이 없는 기류.

368 『묘법연화경우파제사(妙法蓮華經憂波提舍)』: Saddharma-puṇḍarika-śāstra, Saddharma-puṇḍarika-upadeśa. 『법화경』의 주석서. 『묘법연화경론(妙法蓮華經論)』, 『법화경론(法華經論)』, 『법화론(法華論)』이라고도 함. 인도 대승불교논사 세친(世親)이 지음. 후위(後魏)의 보리류지(菩提流支)와 담림(曇林)이 함께 번역함. 대정장 26권에 수록.

369 『대반열반경』(36권본), 대정장12, p.745c20 이하 참조; 『한글대장경 열반경1』, pp.430a 이하 참조.

370 성정열반(性淨涅槃): 만법(萬法)의 참 성품인 진여를 말하는데, 본래 나지도 않고 멸하지도 않으며(不生不滅), 더럽지도 않고 깨끗하지도 않은(不垢不淨) 것이니, 이를 자성청정열반(自性淸淨涅槃)이라 하고, 이 열반은 범부나 부처에게 평등한 것이기에 동상열반(同相涅槃)이라고도 함.

네 번째로 이멸문을 밝힘에 또한 두 가지가 있다. 먼저 성정열반[370]과 방편괴열반[371]을 밝히고, 다음으로 유여열반과 무여열반을 나타내었다.

ㄱ. 성정열반(性淨涅槃)과 방편괴열반(方便壞涅槃)

初明性淨方便壞者. 眞如法性, 本來無染, 故曰性淨, 亦名本來淸淨涅槃. 卽如如理, 凡聖一味, 是故亦名同相涅槃. 方便壞者, 智悲善巧, 壞二邊著, 由是轉依, 眞如顯現. 從因立名, 名方便壞, 由轉二著, 不住二邊, 故亦名無住處涅槃. 如攝論云[372], "諸{煩惱}〔菩薩〕[373] 惑滅, {名}〔卽是〕[374]無住處涅槃." 故卽此涅槃, 不通凡{住}〔位〕[375]. 故亦名不同相涅槃. 如地論云[376], "定者, 成同相涅槃, 自性寂滅故. 滅者, 成不同相方便壞涅槃. {爾}〔示〕[377]現智緣滅故." 是二涅槃, 同一眞如, 但依義門, 建立二種門耳.

---

371 방편괴열반(方便壞涅槃): 성정열반(性淨涅槃)은 누구라도 가지고 있지만, 범부들이 그것을 모르고, 있음과 없음, 큼과 작음, 성인과 범부 등의 두 변에 집착하는 것을 부처님과 보살이 선교방편(善巧方便)으로 부숨으로써 성정열반의 자리를 깨닫게 하므로 이를 방편괴열반이라 함. 이 열반은 오직 보신불(報身佛)만이 가지게 되므로 부동상열반(不同相涅槃)이라 함.

372 『섭대승론』(3권), 대정장31, p.129a27, "諸菩薩惑滅卽是無住處涅槃.";『섭대승론석』(15권), 대정장31, p.247a27, "論曰. 諸菩薩惑滅. 卽是無住處涅槃.";『섭대승론석론』(10권), 대정장31, p.311c13, "諸菩薩寂滅卽是無住處涅槃."

373 원문에 따라 '煩惱'를 '菩薩'로 바꿈.

374 원문에 따라 '名'을 '卽是'로 바꿈.

375 글의 흐름상 '住'를 '位'로 바꿈.

376 『십지경론』, 대정장26, p.133b16~8, "定者成同相涅槃自性寂滅故. 滅者成不同相方便壞涅槃. 示現智緣滅故."

377 원문에 따라 '爾'를 '示'로 바꿈.

처음에 성정열반(性淨涅槃)과 방편괴열반(方便壞涅槃)을 밝힌다. 진여의 법성(法性)은 본래 물듦이 없기 때문에 성정(性淨)이라 하고, 또한 본래청정열반이라 이름한다. 곧 여여한 이치[理]는 범부와 성인이 일미(一味)이니, 이 때문에 또한 동상열반(同相涅槃)이라고도 한다. 방편괴열반(方便壞涅槃)은 지혜와 자비의 선교[378]로써 두 변견[379]에 집착되는 것을 무너뜨리니, 이 때문에 전의(轉依)[380]하여 진여가 나타나게 된다. 인(因)에 의해 이름을 세우니 방편괴열반이라 이름하는 것이요, 둘이라는 집착을 전변함에 의해 두 변견에 머무르지 아니하기 때문에 무주처열반(無住處涅槃)[381]이라고도 이름한다.

---

378 선교(善巧): 선권곡교(善權曲巧)의 뜻. 선하고 공교하게 동작하는 것. 부처님이 중생을 제도할 적에 그 근기에 맞추어 수단 방법을 쓰는 것이 공교롭고 묘함. 선교방편(善巧方便)이란 선하고 공교하게 중생의 근기에 맞도록 여러 가지 수단 방법을 쓰는 것.

379 변견(邊見): 중생들이 상견(常見)과 단견(斷見), 삶과 죽음, 더러움과 깨끗함, 증가와 감소, 남과 여, 흑과 백 등에 치우쳐서 차별의 생각을 내는 것을 변견(邊見)이라 한다. 이 변견에 빠지면 제법의 참모습을 보지 못하고 중생적인 집착을 하므로 불교에서는 이를 없애는 것을 수행의 요체로 삼음.

380 전의(轉依): 범 āśraya-parivṛtti 혹은 āśraya-parāvṛtti. 전(轉)은 전사(轉捨) 즉 마음을 바꾸어 집착(번뇌장과 소지장)을 버려 마음이 편안한 상태라는 뜻과, 전득(轉得) 즉 마음을 바꾸어 편안한 마음을 얻은 상태(보리와 열반)라는 뜻이 있다. 의(依)는 소의(所依)의 뜻이 있다. 즉 제8식은 다른 것에 의존하여 일어나는 것으로서 원성실성(圓性實性)을 성품으로 하고, 그 안에 번뇌장(煩惱障)과 소지장(所知障)과 무루(無漏)의 세 가지의 종자를 함장하고 있다. 그러므로 전사(轉捨)라 함은 번뇌장과 소지장을 전사한다는 것이요, 전득이라 함은 무루인 보리와 열반을 전득하는 것이다. 제8식 가운데 있는 번뇌장을 전사함으로써 열반을 전득하고 소지장을 전사함으로써 보리를 전득함은 두 가지 전의(轉依)의 묘과(妙果)라 함.

381 무주처열반(無住處涅槃): 범 apratiṣṭhita-nirvāṇa. 생사·열반에 머물지 않는 열반이니, 이를 무주처열반이라 한다. 보살은 대비로써 유정을 연민하기 때문에 열반에 머물지 않고, 또 반야로써 유정을 제도하기 때문에 생사에 머물지 않으니 이것이 무주처열반(不住涅槃)이며, 보살의 열반을 가리켜 말한 것임. 원효는 그의 모든 저술에서 이 무주처열반을 가장 중요시하였음.

이는 『섭론(攝論)』382에 "모든 보살들의 미혹이 없어지는 것은 곧 무주처열반(無住處涅槃)이다."라고 하는 것과 같다. 그러므로 곧 이 방편괴열반은 범부의 지위에서는 통하지 아니하기 때문에 또한 부동상열반(不同相涅槃)이라고도 한다.

이는 『지론(地論)』383에서 "정(定)은 동상열반(同相涅槃)을 이루는데, 자성이 적멸하기 때문이다. 멸(滅)은 부동상열반(不同相涅槃)인 방편괴열반(方便壞涅槃)을 이루는데, 택멸384을 나타내기 때문이다.385"라고 한 것과 같다. 이 두 열반

---

382 『섭대승론(攝大乘論)』: 범 Mahāyāna-saṃparigraha-śāstra. 또 『섭론(攝論)』·『광포대의론(廣包大義論)』이라고도 한다. 인도 무착(無著)이 지음. 한역본 셋이 있다 : ①후위(後魏) 불타선다(佛陀扇多: 범 Buddhaśānta) 역, 2권. ②진대(陳代) 진제(眞諦) 역, 3권. 또 양(梁)역 『섭대승론』이라고도 함. ③당대(唐代) 현장(玄奘) 역, 3권. 이름이 『섭대승론본(攝大乘論本)』. 이상 세 가지 역본은 모두 대정장31에 실려 있다. 이외에, 또한 서장 역본이 있는데, 4권이다. 이 책은 고(古)인도 『대승아비달마경(大乘阿毘達磨經)』의 섭대승품(攝大乘品)을 해석한 것으로, 대승교의(大乘敎義)를 옮겨 기록한 것, 유가행파(瑜伽行派)의 관점이 드러나 있으며, 10장으로 나누어져 있다. 그 내용이 대승불교(大乘佛敎)의 일체 성교법문(聖敎法門)의 요의(要義)를 골고루 갖추고 있기 때문에 『섭대승론(攝大乘論)』이라한다. 섭론종(攝論宗)의 근본 요전(要典)이 된다. 이 논의 주소(注疏)는 아주 많아, 그 주소를 다 열거할 수가 없다. 그중 중요하다고 생각하는 것은 다음과 같다. 『섭대승론소(攝大乘論疏)』(8권, 진제(眞諦)·혜개(慧愷) 共撰)·『섭대승론의장(攝大乘論義章)』(10권, 도기(道基))·『섭대승론소(攝大乘論疏)』(10권, 신태(神泰))·『섭대승론초(攝大乘論抄)』(10권, 규기(窺基))·『섭대승론지귀(攝大乘論旨歸)』(법호(法護)).

383 『지론(地論)』: 『화엄경(華嚴經)』 '십지품(十地品)'을 주석한 『십지경론(十地經論)』의 준말. 세친이 지음. 북위 선무제의 명으로 북 천축 보리류지(菩提流支), 중 천축 늑나마리(勒那摩提), 북 천축 불타선다(佛陀扇多)가 함께 번역하기 시작하였으나, 중도에 서로 의견을 달리하여 마침내 세 가지 번역본이 나온다. 지론종(地論宗)의 개조(開祖)인 북위(北魏) 혜광(慧光), 율사 광통(光統)은 3본의 같고 다른 것을 비교하고, 특히 보리류지와 늑나마리의 뜻을 조화하여 하나로 만든 것이 지금 대정장 26권에 수록된 12권본임.

384 택멸(擇滅): 지연멸(智緣滅)과 같음. 즉 열반의 다른 이름.

385 일본 국역일체경에서는 "지(智)가 멸(滅)을 반연하는 것을 나타내기 때문이다"라고 번역함.

은 동일한 진여이지만, 다만 뜻에 의해 두 가지 문으로 세웠을 뿐이다.

問. 性淨涅槃, 得涅槃名, 爲在凡{住}〔位〕[386], 亦名涅槃? 爲聖所
證, 乃名涅槃? 若如後者, 方便所證, 卽同方便壞涅槃義. 若如前者,
自然所得, 諸凡夫人, 已入涅槃. 又若凡夫, 已入涅槃, 卽應聖{入}
〔人〕[387], 不入泥洹. 如是錯亂, 云何簡別?

물음. 성정열반이 열반이란 이름을 얻으니, 범부의 지위에 있으면서도 또
한 열반이라 하는가? 성인이 열반을 증득하기 때문에 이에 열반이라 하는가?
만일 후자(성인이 증득하기 때문에 열반인 것)와 같다면 이는 방편에 의해 증득하는
것이니, 곧 방편괴열반의 뜻과 같다. 만일 전자(범부로 있으면서도 얻은 열반)와 같
다면, 이는 수증(修證)을 아니하고서도 저절로 얻은 것이니, 모든 범부들이 이
미 열반에 든 것이다. 또 만일 범부들이 이미 열반에 든 것이라면, 곧 마땅히
성인이 구태여 수증을 하여 열반에 들어가지 아니할 것이다. 이와 같은 착란
을 어떻게 가려서 구분할 것인가?

答. 性淨涅槃得名有二. 別門而說, 如後問意, 在聖所證. 所證之有其
二義., 對分別性證本來淨, 望依他性證轉依淨. 由是道理, 同是所證,
二種別義, 不相雜亂. 通相而論, 如前問意, 亦在凡位, 若依是義, 得
言凡夫已入涅槃. 又得說言聖人不入. 依是義故, 淨名經言[388], "一切

---

386 글의 흐름 상 '住'를 '位'로 바꿈. 이영무 역을 따름.
387 글의 흐름 상 '入'을 '人'으로 바꿈. 이영무 역을 따름.
388 『유마힐소설경(維摩詰所說經)』(姚秦三藏鳩摩羅什譯), 대정장14, p.542b18~19, "諸佛知
一切衆生畢竟寂滅卽涅槃相不復更滅.";『유마힐경(維摩詰經)』(吳月氏優婆塞支謙譯),
대정장14에서는 찾지 못함.

衆生{同}〔畢竟寂滅卽〕³⁸⁹涅槃相, 不復更滅." 起信論言³⁹⁰, "一切
衆生, {從本已來}〔本來常住〕³⁹¹, 入於涅槃, 菩提之法, 非可修相,
非可作相." 楞伽經言³⁹², "〈佛告大慧〉³⁹³, 菩薩〈摩訶薩〉³⁹⁴一闡提
常不入涅槃, 〈何以故?〉³⁹⁵ 以能善知, 一切諸法, 本來涅槃."

대답. 성정열반이라는 이름을 얻는 데는 두 가지가 있다. 구별되는 문으로
말하면, 나중에 물은 뜻[성인이 열반을 증득하니 이에 열반이라 이름하는 것]과 같으니,
성인이 증득한 것이다. 이 증득한 것에 두 가지 뜻이 있으니, 하나는 분별성(分
別性)³⁹⁶에 대하여 본래청정(本來淨)을 증득하는 것이요, 또 하나는 의타성(依他

---

389 원문에 따라 '同'을 '畢竟寂滅卽'으로 바꿈.
390 『대승기신론(大乘起信論)』(1권), 대정장32, p.577a26~7, "一切衆生本來常住入於涅槃.
菩提之法非可修相非可作相.";『대승기신론(大乘起信論)』(2권), 대정장32, p.585c17~9,
"一切衆生無始已來常入涅槃. 菩提非可修相. 非可生相." 참조. 두 문장을 비교하면 원효
가 1권본을 읽은 것으로 보임.
391 1권본 원문에 따라 '從本已來'를 빼고, '本來常住'를 넣음.
392 『입능가경(入楞伽經)』, 대정장16, p.527b13~5, "佛告大慧 菩薩摩訶薩一闡提常不入涅
槃. 何以故. 以能善知一切諸法本來涅槃.";『능가아발다라보경(楞伽阿跋多羅寶經)』, 대
정장16, p.487b27~9, "菩薩一闡提者. 知一切法本來般涅槃已. 畢竟不般涅槃. 而非捨一
切善根一闡提也." 참조.
393 원문에 따라 '佛告大慧'를 넣음.
394 원문에 따라 '摩訶薩'을 넣음.
395 원문에 따라 '何以故'를 넣음.
396 분별성(分別性): 변계소집성(遍計所執性)을 말함. 유식(唯識) 삼성(三性)의 하나. 변계
(遍計)는 이리저리 억측한다는 뜻. 계탁(計度)은 자기의 감정과 욕망에서 시비선악(是非
善惡)의 차별적 집착을 일으키는 것. 또 이 집착은 일체 사물에 대하여 주관적 색채를 띠
고 보는 것이므로 주변(周遍)이라 한다. 소집(所執)은 변계에 의하여 잘못 보이는 대상,
곧 주관의 색안경을 쓰고서 대상을 올바르게 보지 못하고, 언제든지 잘못 분별하는 것을
변계소집이라 한다. 이 능변계(能遍計)하는 마음이 소변계(所遍計)의 현상(法)을 망령되
이 집착할 때에 그 망정(妄情) 앞에 나타나는 그림자를 변계소집성이라 한다. 곧 망정으

性)³⁹⁷에 의해서 전의청정(轉依淨)³⁹⁸을 증득하는 것이다. 이런 도리로 말미암아 똑같이 증득한 것이어서 두 가지의 구별되는 뜻(본래정과 전의정)이 서로 잡란하지 아니하다.

통상(通相)으로 말하면, 앞의 물은 뜻(범부의 지위에 있으면서도 또한 열반이라 이름하는 것)과 같아서, 또한 범부의 지위에도 열반이 있는 것이다. 만일 이런 뜻을 근거로 하여 보면, 범부들이 이미 열반에 들어갔다고 말할 수 있으며, 또 성인은 구태여 열반에 들어가지 않았다고 말할 수 있다. 이런 뜻에 의하기에, 『정명경』³⁹⁹에, "모든 중생들이 끝내는 적멸하니 곧 열반의 모습이 다시 없어지

로 내(我)가 아니며, 현상(法)이 아닌 것을 참나(實我)·참현상(實法)이라고 집착하는 것. 그러나 이것은 주관인 망정으로만 참이라 하는 것이고, 객관인 이(理)로는 없는 것이므로, 정유이무(情有理無)라 한다. 또 전혀 실재성이 없는 것이므로 체성도무(體性都無)라 한다. 또 실재가 아닐 뿐만 아니라 가유(假有)도 아니므로 망유(妄有)라 하고, 잠깐 있는 주관의 망정에만 있는 것이므로 당정현상(當情現相)이라 하고, 주관의 망정이 그 주관과 객관 사이에 잘못 그려 놓은 그림자이므로 중간존경(中間存境)이라 함. 비유하면 길에 놓여진 노끈을 소변계(所遍計), 뱀이라고 분별하는 마음은 능변계(能遍計), 그때에 눈앞에 떠오르는 뱀의 그림자는 변계소집성(遍計所執性)임.

397 의타성(依他性): 의타기성(依他起性)이라고도 함. 유식(唯識) 3성(性)의 하나. 자기의 원인만으로는 나기 어렵고 반드시 다른 연을 기다려서 나는 물(物)·심(心)의 모든 현상. 유식론에 의하면 100법 중에 94법은 여기에 딸림. 색법(色法)은 인연(因緣)과 증상연(增上緣)에 의하여 생기고, 심법(心法)은 사연(四緣)*에 의하여 생긴다고 함. *사연(四緣): 인연(因緣), 등무간연(等無間緣), 소연연(所緣緣), 증상연(增上緣).

398 전의청정(轉依淨): 전의(轉依)의 '의(依)'란 생사와 열반이 의지하는 유식진여를 가리키고, '전(轉)'이란 유식진여에 의지하는 생사를 멸제하여, 유식진여에 의지하는 열반을 증득하는 것을 가리킴. 그래서 전의정(轉依淨)은 이와 같은 전의에 의해 증득된 열반을 말함.

399 『정명경(淨名經)』: 『유마힐경(維摩詰經)』의 통칭. 유마힐(維摩詰: 범 Vimalakirti)을 의역해서 정명(淨名)이라 함. 『유마경(維摩經)』은 2권 혹은 3권으로 되어 있는데, 한역이 모두 7종류가 있다고 하나, 현존하는 것은 3종류로서, 구마라집(鳩摩羅什)이 번역한 것, 삼국시대 오(吳)의 지겸(支謙)이 번역한 것, 그리고 당대(唐代)의 현장(玄奘)이 번역한 것이 있음. 현장의 『무구칭경(無垢稱經)』이후 모두 『정명경(淨名經)』이라고 하였음. 대정장 14에 실려 있다. 『유마힐소설경(維摩詰所說經)』, 『유마힐경(維摩詰經)』, 『불가사의해탈경(不

지 아니한다."라고 말하였다. 그리고 『기신론』에, "일체중생이 본래 열반 보리의 법에 상주하여 들어가 있으니, 보리의 법은 닦을 만한 상(相)이 아니며 지을 만한 상이 아니다."라고 하였다. 또 『입능가경』⁴⁰⁰에, "부처님이 대혜에게 말하기를, 보살마하살일천제⁴⁰¹는 늘 열반에 들어가지 아니한다. 어째서인

可思議解脫經)』으로도 불린다. 길장(吉藏)이 지은 논소가 둘이 있는데, 『정명현론(淨名玄論)』과 『유마경의소(維摩經義疏)』이다. 원효가 여기서 『정명경』이라 부른 것을 보면, 현장의 번역을 본 것이 아닌가 생각됨. 대정장 14에는 구마라집(鳩摩羅什) 역과 지겸(支謙) 역 두 종류가 있음.

400 『능가경(楞伽經)』: 범 Laṇkāvatārasūtra. 4권, 전체 이름은 『능가아발다라보경(楞伽阿跋多羅寶經)』 유송(劉宋) 구나발타라(求那跋陀羅) 역(443), 대정장16에 실림. 능가(楞伽)는 산이름이고, 아발다라(阿跋多羅)는 입(入)의 뜻으로 부처님이 이 산에 들어가 설한 보경을 이르는 것. 한역본은 세 가지가 있는데, 모두 대정장16에 수록되어 있다. ①구나발타라(求那跋陀羅) 역의 『사권능가경(四卷楞伽經)』·『송역능가경(宋譯楞伽經)』. ②북위(北魏) 보리류지(菩提流支) 역(513) 『입능가경(入楞伽經)』십권(十卷). 또 『십권능가경(十卷楞伽經)』·『위역능가경(魏譯楞伽經)』이라고도 함. ③당대(唐代) 실차난타(實叉難陀) 역 (700~704)의 『대승입능가경(大乘入楞伽經)』칠권(七卷). 또 『칠권능가경(七卷楞伽經)』·당역능가경(唐譯楞伽經)이라고도 함.

401 이영무 역(1984)에는 '보살과 일천제'(1984)라 하고, 뒤에 수정하여 '보살은 일천제이어서'(1987)라 하고, 한글대장경(김달진 옮김)(1992)에도 '보살과 일천제'라 하고, 황산덕 역(1982)에도 '보살과 이챤티카'라고 하였으나, 가은 역주(2004)에서는 '보살마하살일천제'(2004)라 하였다. 일천제(一闡提, icchantica 혹은 ecchantica)는 음역(音譯)으로 일천저가(一闡底迦), 일전가(一顚迦), 일천제가(一闡提迦), 천제(闡提) 등이 있다. 이 말의 원뜻은 '욕구만 있는 사람'이어서 의역(意譯)으로 단선근(斷善根), 신불구족(信不具足), 극욕(極欲), 대탐(大貪), 무종성(無種性), 소종(燒種)이니, 곧 일체 선근이 끊어져 성불할 수 없는 사람을 가리킨다. 그러나 『능가경』이곳에서의 '일천제'는 두 부류가 있다. 일체 선근을 버린 '일천제'와 일체중생을 구하여 제도하겠다는 비원으로 일부러 열반에 들지 않는 '보살일천제'가 있다. '보살일천제'는 '일천제가 아닌 일천제'이다. 『입능가경(入楞伽經)』, 대정장16, p.527b02~20 참조; 『능가아발다라보경(楞伽阿跋多羅寶經)』, 대정장16, p.487b19~c03, "大慧. 彼一闡提非一闡提. 世間解脫誰轉. 大慧. 一闡提有二種. 一者捨一切善根. 及於無始衆生發願. 云何捨一切善根. 謂謗菩薩藏及作惡言. 此非隨順修多羅毘尼解脫之說. 捨一切善根故不般涅槃. 二者菩薩本自願方便故. 非不般涅槃. 一切衆生

가? 이는 일체의 모든 법이 본래 열반임을 잘 알기 때문이다."라고 하였다.

故當知, 諸佛法門非一, 隨其所說, 而無障礙, 而不錯亂. 所以然者, 菩薩不入, 勝於凡夫已〈入〉⁴⁰². 以其善知本來涅槃故. 凡夫已入, 不如聖人不入. 未能知自入涅槃故. 由是道理, 無雜亂也.

그러므로 모든 부처님의 법문은 하나가 아니어서 그 말씀한 바에 따라 걸림이 없고 착란(錯亂)되지 않음을 알아야 한다. 왜냐하면 보살이 열반에 들어가지 아니한 것은 범부들이 이미 열반에 들어간 것보다 더 훌륭하며, 보살은 이미 본래 열반임을 잘 알기 때문이다. 그리고 범부들이 이미 열반에 들어간 것은 성인이 열반에 들어가지 아니한 것만 못하니, 아직 스스로 열반에 들어

而般涅槃. 大慧. 彼般涅槃. 是名不般涅槃法相. 此亦到一闡提趣. 大慧白佛言. 世尊. 此中云何畢竟不般涅槃. 佛告大慧. 菩薩一闡提者. 知一切法本來般涅槃已. 畢竟不般涅槃. 而非捨一切善根一闡提也. 大慧. 捨一切善根一闡提者. 復以如來神力故. 或時善根生所以者何. 謂如來不捨一切衆生故. 以是故. 菩薩一闡提不般涅槃."(대혜야, 저 일천제는 일천제가 아니니, 세간과 해탈 어느 쪽에 전전하겠는가? 대혜야, 일천제는 두 가지가 있으니, 첫째는 일체 선근을 버리고 무시중생을 위하여 발원을 하는 것이다. 일체 선근을 버린다는 것은 무엇인가? 보살장(대승경전)을 비방하고 악언을 하는 것을 말한다. 이들은 경장 율장 해탈의 설을 따르지 아니하고, 일체 선근을 버리기 때문에 반열반하지 않는다. 둘째, 보살은 본래 스스로 방편을 원하기 때문이니, 반열반하지 않는 것은 아니라 일체 중생으로서 반열반한다. 대혜야, 저 반열반은 반열반하지 않는 법상이라고 이름한다. 이도 또한 일천제에 나아간다. 대혜가 부처님을 뵙고 말하기를, 세존이시여 이 가운데 끝내 반열반하지 않는 것은 어째서입니까? 부처님이 대혜에게 이르기를, 보살일천제란 일체법이 본래 반열반임을 알면서 끝내 반열반하지 않는 것이다. 그러나 일체 선근을 버리지 않는 일천제이다. 대혜야, 일체 선근을 버리는 일천제도 여래의 신력으로 어느 땐가는 선근이 생긴다. 왜냐하면 여래는 일체 중생을 버리지 않기 때문이다. 이 때문에 보살일천제는 반열반하지 않는다.) 참조.
402 글의 흐름상 '入'을 넣음. 가은 역주(2004), 이영무 역(1984), 울만 영역(1997) '入'을 넣음.

가 있음을 잘 알지 못하기 때문이다. 이러한 도리로 말미암아 조금도 잡란(雜亂)하지 않다.

雖無雜亂而非簡別. 所以然者, 菩薩不入, 還同凡已〈入〉[403], 凡已入不異菩薩不入. 以明與無明, 愚者謂二, 智者了達其性無二故. 雖復凡聖其性無二, 而是凡聖不爲一性. 以愚者謂二, 智者了達〈無二〉[404]. 故當知, 凡聖生死涅槃不一不異, 非有非無非入非不入, 非出非不出. 諸佛之意, 唯在於此, 但隨淺識, 顯設彼說耳.

비록 잡란됨이 없지만 구별되지도 않는다. 그 까닭은 보살들이 열반에 들어가지 아니한 것은 도리어 범부들이 이미 열반에 들어간 것과 같고, 범부들이 이미 열반에 들어간 것은 보살들이 열반에 들어가지 아니한 것과 다르지 아니하다. 명(明)과 무명(無明)을 어리석은 자는 둘이라 하지만, 지혜로운 사람은 그 성품에 둘이 없음을 분명히 알기 때문이다. 또한 범부와 성인은 그 성품에 둘이 없지만 범부와 성인이 한 성품이 되는 것도 아니다. 왜냐하면 어리석은 자는 둘이라 하고 지혜로운 사람은 둘이 아님을 분명히 알기 때문이다. 그러므로 범부와 성인, 생사와 열반은 같은 것도 아니요 다른 것도 아니며, 있는

---

403 한불전 '入' 누락을 의심. 가은 역주(2004), 이영무 역(1984), 울만 영역(1997) '入'을 넣음.
404 필사본과 대정장에 '了達' 다음에 다음 문장으로 이어지는데, 한불전에 '一'을 넣어야 된다고 의심, 가은 역주(2004), 이영무 역(1984), 울만 영역(1997)도 '一'을 넣음. 여기서는 글의 흐름상 '無二'를 넣어야 한다고 봄. 여기서는 '不一不異'를 설명하고 있기 때문이다. 한글대장경과 황산덕 역(1982)은 원문 그대로 해석하여 이 문제가 나타나지 않는다. "어리석은 사람은 둘이라고 할지라도 지혜로운 사람은 그것을 깨달아 알기 때문이다"(한글대장경, p.420) "어리석은 자는 둘이라고 하지만, 지혜로운 자는 그것을 잘 알기 때문이다"(황산덕 역(1982), p.55) 필사본, p.26b6 참조; 가은 역주(2004), p.81 주석 264) 참조; 이영무 역(1984), p.87 참조; 울만 영역(1997), p.164 참조.

것도 아니요 없는 것도 아니며, 들어간 것도 아니요 들어가지 아니한 것도 아니며, 벗어난 것도 아니요 벗어나지 아니한 것도 아님을 알아야 한다. 모든 부처님의 뜻은 오직 여기에 있지만, 다만 얕은 식견을 가진 사람에 맞추어 저러한 말씀으로 나타내신 것뿐이다.

ㄴ. 유여열반(有餘涅槃)과 무여열반(無餘涅槃)

次明有餘無餘滅者. 若依薩婆多宗義者, 涅槃體一, 約身說二. 如{智度}〔阿毘曇毘婆沙〕[405]論說[406], "云何有餘身{界}[407]涅槃〔界〕[408]? 答〈曰〉[409]. {或}〔復〕[410]有說者, 身有二種, 一{者有}[411]煩惱身, 二

---

405 내용에 따라 '智度'를 빼고 '阿毘曇毘婆沙'를 넣음.
406 『아비담비바사론(阿毘曇毘婆沙論)』, 대정장28, p.126a22~b11, "云何有餘身涅槃界. 答曰. 阿羅漢住壽. 四大未滅. 乃至廣說. 四大者卽四大是也. 諸根者造色是也. 相續心者是心心數法也. 若此四大造色. 心心數法未滅. 是有餘身涅槃界. 復有說者. 四大是四大身. 諸根卽諸根. 相續心是覺性. 若身諸根. 覺性未滅. 是有餘身涅槃界. 如是等諸有餘故. 名有餘身涅槃界. 身有二種. 一煩惱身. 二生身. 雖無煩惱身. 而有生身. 復有說者. 身有二種. 有染汚不染汚. 染汚已盡唯有不染汚. 是故說四大等. 有餘故言有餘. 四大爲生何法. 謂生造色. 依造色能生心心數法. 乃至廣說. 彼斷一切結得作證. 是名有餘身涅槃界. 云何無餘身涅槃界. 若阿羅漢. 已入涅槃四大滅. 乃至廣說. 四大者卽四大. 諸根者是造色. 相續心者是心心數法. 若此四大諸根心心數法滅. 是名無餘身涅槃界. 復有說者. 四大身. 諸根卽諸根. 相續心是覺性. 若身諸根覺性滅. 是名無餘身涅槃界." 본문은 이 부분에 대한 요약이다. 본문에서 생략된 부분은 교정하지 아니하고, 생략되지 않은 부분을 원문에 맞추어 교정함. 원효가 『대지도론』이라 하였으나, 『아비담비바사론』(60권)을 인용한 것으로 보임. 가은 역주(2004)에서는 이 부분을 찾음. 또 이 부분과 유사한 곳이 『팔건도론』(대정장26, p.777c15~22), 『발지론』(대정장26, p.0923b13~9), 『대바사론』(대정장26, pp.0167c29~0168a09)에도 있음.
407 원문에 따라 '界'를 뒤로 뺌.
408 원문에 따라 앞의 '界'를 이곳으로 넣음.
409 원문에 따라 '曰'을 넣음.

{者}⁴¹²生身. 阿羅漢無煩惱身, 而有{餘}⁴¹³生身, 依此生身 得涅
槃, 故名有餘身{界}⁴¹⁴涅槃〔界〕⁴¹⁵. 云何無餘身{界}⁴¹⁶涅槃〔界〕⁴¹⁷?
{答}⁴¹⁸, 〈若〉⁴¹⁹阿羅漢已〈入涅槃〉⁴²⁰{滅}⁴²¹四大〔滅〕⁴²², 諸根盡
而入涅槃."

다음으로 유여열반과 무여열반을 밝힌다. 만약 살바다종〔유부종〕의 뜻에 의
하면, 두 열반의 체는 하나지만, 몸에 의하여 둘임을 말한 것이다. 이는 『아비
담비바사론(阿毘曇毘婆沙論)』에 "유여신열반계(有餘身涅槃界)⁴²³란 무엇인가? 대
답: 또 어떤 사람이, 몸은 두 가지가 있으니, 하나는 번뇌신(煩惱身)이요, 다른
하나는 생신(生身)⁴²⁴이라고 한다. 아라한은 번뇌신은 없지만, 생신은 있다. 이

---

410 원문에 따라 '或'을 '復'로 바꿈.
411 원문에 따라 '者有'를 뺌.
412 원문에 따라 '者'를 뺌.
413 원문에 따라 '餘'를 뺌.
414 원문에 따라 '界'를 뒤로 옮김.
415 원문에 따라 '界'를 앞에서 옮김.
416 원문에 따라 '界'를 뒤로 뺌.
417 원문에 따라 앞의 '界'를 이곳에 넣음.
418 원문에 따라 '答'을 뺌.
419 원문에 따라 '若'을 넣음.
420 원문에 따라 '入涅槃'을 넣음.
421 원문에 따라 '滅'을 뒤로 뺌.
422 원문에 따라 앞의 '滅'을 이곳에 넣음.
423 유여신열반계(有餘身涅槃界)와 무여신열반계(無餘身涅槃界): 유여신열반계란 아라한이
    번뇌신은 없지만 생신은 있어서 이 생신에 의해 열반을 증득하는 것. 5근과 몸〔身〕과 마음
    〔心〕이 아직 다 끊어지지 않았기 때문에 유여신열반계라 한다. 이에 비해 아라한이 모든
    번뇌가 다 끊어져 열반에 들어서 사대(四大)가 멸하고 오근(五根)과 몸과 마음에 의해서
    다시는 전변하지 않기 때문에 무여신열반계라 함.
424 번뇌신(煩惱身)과 생신(生身): 번뇌신은 중생들이 번뇌의 과보에 의하여 받은 몸. 아라한

생신에 의해 열반을 증득하기 때문에 유여신열반계라 한다. 무여신열반계(無餘身涅槃界)란 무엇인가? 대답: 아라한이 이미 열반에 들어가 사대(地水火風)가 없어지고, 모든 감관의 작용이 다하면 열반에 들어간다."라고 한 것과 같다.

此文未分明, 故下卽[425]"問曰, 此文不應作是說, 身諸根覺性滅, 名無餘身{界}[426]涅槃〔界〕[427]. 應作是說, 阿羅漢斷一切結盡, 入於涅槃, 是名無餘身涅槃界. {此}〔而〕[428]不說者, 有何意耶? 答〈曰〉[429], 彼尊者依世俗言, 〈說〉[430]信經故而作是說."

이 글은 (그 뜻이) 분명하지 못하기 때문에, 아래에 곧 다음과 같이 말하였다. "묻기를, 이 글은 '몸과 모든 감관과 지각하는 성품이 없어진 것을 무여신열반계(無餘身涅槃界)이다'라고 해서는 안 되고, '아라한은 일체의 번뇌를 다 끊고 열반에 드니, 이것을 무여신열반계라 한다'라고 해야 하나, 이렇게 말하지 않는 것은 어떤 뜻이 있어서인가? 대답하기를, '저 존자는 세속의 말에 따라서 경을 믿을 것을 말하기 때문에 이렇게 말한 것이다'라고 하였다."

이 열반에 들었을 때, 번뇌신은 없으나 아직 사대(四大) 오근(五根) 심수가 멸하지 않은 생신은 있다. 생신은 부모에게서 태어난 몸으로 보통 범부나 보살의 육신을 가리킴.

425 『아비담비바사론(阿毘曇毘婆沙論)』, 대정장28, p.126b11~5, "問曰. 此文不應作是說. 身諸根覺性滅. 名無餘身涅槃界. 應作是說. 阿羅漢斷一切結盡入於涅槃. 是名無餘身涅槃界. 而不說者有何意耶. 答曰. 彼尊者依世俗言. 說信經故而作是說."

426 원문에 따라 '界'를 뒤로 뺌.

427 원문에 따라 앞의 '界'를 이곳에 넣음.

428 원문에 따라 '此'를 '而'로 바꿈.

429 원문에 따라 '曰'을 넣음.

430 원문에 따라 '說'을 넣음.

雜心論中⁴³¹, 亦同是說⁴³². "問. 身智滅處, 何故非涅槃? 答. 依此
宗明數滅無爲體是善. 故名涅槃, 身智現亡, 是無常滅有爲. 故非涅
槃. 現在斷因未來生後報法不起, 是非數滅無{記}〔爲〕⁴³³. 故非涅
槃." 以智從報, 亦同此說.

『잡심론(雜心論)』⁴³⁴ 가운데도 역시 이와 같이 말한다. "물음. 몸과 지혜〔지각
하는 성품〕가 없어진 곳이 어째서 열반이 아닌가? 대답. 이 살바다종〔유부종〕에
의하면 수멸무위(數滅無爲)의 체는 곧 선(善)이기 때문에 열반이라 하며, 몸과
지혜가 현재에 없어짐은 무상멸유위(無常滅有爲)⁴³⁵이기 때문에 열반이 아니
며, 현재의 단인(斷因)⁴³⁶으로 미래의 생보와 후보⁴³⁷의 법이 일어나지 않는 것

---

431 『잡심론(雜心論)』 중 전거미상. 『금강명최승왕경소(金光明最勝王經疏)』, 대정장39,
　　p.204a05, "二乘身智滅處名爲涅槃." 참조.
432 『대승의장』, 대정장44, p.817b20~2, "問曰身智盡無之處. 以何義故不名涅槃. 彼宗身智
　　起已謝往是無常滅故非涅槃. 由斷因故後果不起. 是非數滅故非涅槃." 참조.
433 앞뒤 문맥상 '記'를 '爲'로 바꿈. 수멸이 선(善)인 것에 비해, 비수멸(非數滅)은 무기(無記)임.
434 『잡심론(雜心論)』: 『잡아비담심론(雜阿毘曇心論)』의 약칭. 또 『잡아비담비파사(雜阿毘
　　曇毘婆沙)』, 『잡아비담파사(雜阿毘曇婆沙)』, 『잡아비담경(雜阿毘曇經)』, 『잡아비달마론
　　(雜阿毘達磨論)』으로도 불림. 범 Saṃuktābhidharma-hṛdaya-śāstra. 보통 11권. 법구(法救,
　　Dharmatrāta) 지음. 승가발마(僧伽跋摩) 등 번역. 대정장 28에 실림. 이 논은 설일체유부
　　(說一切有部)의 대표 성전 가운데 하나로 『아비담심론(阿毘曇心論)』의 주석서.
435 무상멸유위(無常滅有爲): 비택멸이 택력에 의하지 않고도 역려(疫癘: 전염병)·재횡(災
　　橫: 재앙과 뜻밖의 재난)·수뇌(愁惱: 근심 걱정) 등 여러 가지 세상에 행해지는 괴로운 법
　　에서 해탈하는 것과 달리, 무상멸이란 모든 현상이 흩어지고 무너지고 파괴되고 없어지는
　　것을 말함. 무상멸유위란 인연으로 조작되는 모든 현상은 반드시 생·주·이·멸의 형태를
　　가지는 것을 말함.(『대비바사론(大毘婆沙論)』권31, 대정장27, p.161a 참조.)
436 단인(斷因): 본래 원인이 없는 것. 지금 끊어 당장 일어나지 않는 것. 『대반열반경집해』권
　　66, 대정장37, p.548b23~4, "今斷現不起. 是則斷因." 참조.
437 생보와 후보: 생보(生報)는 이 생에 지은 업을 내세에 받는 과보. 후보(後報)는 과거의 무
　　량한 생 중에 지은 업을 미래의 한량없는 생에 받는 과보. 현보(現報)·생보(生報)·후보

은 비수멸무위(非數滅無爲)⁴³⁸이기 때문에⁴³⁹ 열반이 아님을 밝혔다." 지혜로써 과보를 따르는 것〔택멸〕도 또한 이 설명과 같다.⁴⁴⁰

若依成實論宗, 假名實法二心無處, 是有餘涅槃, {心}空〔心〕⁴⁴¹ 及身未來不起, 是無餘泥洹. 身智現滅, 亦非涅槃. 故彼論云⁴⁴², "{二}⁴⁴³空心滅⁴⁴⁴處, 滅〈盡〉⁴⁴⁵定及無餘泥洹."

(後報)를 세 가지 업보, 즉 삼보(三報)라 함. 현보는 현세에 지은 업을 현세에 받는 과보.

438 비수멸무위(非數滅無爲): 비택멸무위(非擇滅無爲)의 구역(舊譯). 약칭해서 비택멸(非擇滅)이라 함. 범 apratisaṃkhyā-nirodhāsaṃskṛta. 설일체유부의 3무위의 하나, 법상종 6무위의 하나. 구사 75법 중 하나, 유식 100법의 하나. 유부에서는 제법이 모두 인연 화합으로 인하여 미래위에서 현재위에 이르며 그 생의 찰나에 곧 멸하면 과거의 분위가 된다고 한다. 생연(生緣)이 결할 때에 그 해당되는 법이 생하는 것을 방애(妨礙)하여 그 법이 장차 미래의 분위에서 영구히 그치어 절대로 생하지 않는 것을 연결불생(緣缺不生: 인연이 결하여 나지 않음)이라 한다. 여기에서 그 법은 비택멸무위를 얻는 것이며 결국은 법을 낳지 않는 것으로 된다. 그러므로 간택력(簡擇力)에 말미암지 않고서 유위법의 자생연(自生緣)을 결하여 적멸불생의 무위법을 나타내기 때문에 비택멸무위라고 한다. 요컨대 택멸이란 성도(聖道)로 얻는 것이며, 비택멸은 연이 결하여 얻는 것임.

439 가은 역주(2004): 현재 원인을 끊어버려 미래 후생에 과보의 법이 생기지 않는 그것은 수멸이 아닌 무기이므로 그래서 열반이 아닌 것이다. 김호귀 역(2005): 현재의 因을 단제하고 미래에 태어났으나 과보의 법이 일어나지 않는 것은 비수멸(비택멸)이고 무기이므로 열반이 아니다.; 이영무 역(1984)(1987): 현재에 인을 끊어 없애어 미래의 생을 받은 뒤에 과보의 법이 생기지 않는 것은 수멸이 아니고 무기이다.; 황산덕 역(1982): 현재에 업의 속박을 끊은 것이 원인이 되어 미래에 생겨나는 후보(後報) 같은 것이 일어나지 않는 것은 수멸(지혜로써 번뇌를 끊는 것)이 아니고, 무기(無記)(선도 아니고 악도 아닌 것)이므로.

440 지혜로써 과보를 따른다는 것은 택멸무위 즉 열반을 말하는 것이다. 택멸무위는 열반이고, 비택멸무위와 무상멸유위는 열반이 아님.

441 내용상 '心空'을 '空心'으로 바꿈.

442 『성실론』, 대정장32, p.333c21~3, "問曰. 此空心於何處滅. 答曰. 二處滅. 一入無心定中滅. 二入無餘泥洹斷相續時滅所以者何. 因緣滅故此心則滅" 참조.

443 내용상 '二'를 뺌.

만약 성실론종(成實論宗)[446]에 의하면, 가명심(假名心)[447]과 법심(法心 즉 實法心)[448]의 두 가지 마음이 없는 것이 유여열반이고, 공한 마음〔아(我)·법(法) 이공(二空)에 집착하는 마음〕과 몸이 미래에 일어나지 않는 것은 무여열반이다. 그러나 몸과 지혜〔지각하는 성품〕가 현재에 멸하여 없는 것은 열반이 아니라고 한다. 그러기에 저 『성실론(成實論)』에 "아·법 이공(二空)에 집착하는 마음이 멸하는 곳은 멸진정(滅盡定)[449]이요 또한 무여열반이다."라고 하였다.

---

444 내용상 '滅'을 넣음.

445 내용상 '盡'을 넣음.

446 성실론종: 성실종. 4세기경 하리발마가 지은 『성실론(成實論)』을 근본경전으로 한다. 412년(후진 홍시 14년) 구마라집이 번역. 성실(成實)은 '4제(四諦)의 실(實)을 이룬다〔성사제지실(成四諦之實)〕는 뜻. 논 가운데 우주 각종 현상의 존재는 모두 실체가 없는 가상(假象)이니, 이와 같이 사제(四諦)의 이치를 이해하고 관하여 닦아, 팔성도(八聖道)로써 번뇌를 없애면, 열반에 도달하게 된다는 것을 설명하였다. 『성실론(成實論)』(Satyasiddhi-śāstra), 가리발마(訶梨跋摩) 지음, 구마라집(鳩摩羅什) 번역, 대정장32, p.327a08~12, "論者言. 滅三種心名爲滅諦. 謂假名心法心空心. 問曰. 云何滅此三心. 答曰. 假名心或以多聞因緣智滅. 或以思惟因緣智滅. 法心在煖等法中以空智滅. 空心入滅盡定滅. 若入無餘泥洹斷相續時滅."(논자가 말하기를, 세 가지 마음이 멸하는 것을 멸제라 하니, 가명심·법심·공심이다. 묻기를, 이 삼심을 어떻게 멸할 수 있겠는가? 답하기를, 가명심은 다문(多聞)인연의 지혜로 멸하기도 하고, 사유(思惟)인연의 지혜로 멸하기도 한다. 법심은 난·정·인·세제일(煖頂忍世第一) 중에서 공의 지혜로 멸한다. 공심은 멸진정(滅盡定)에 듦으로써 멸하며, 혹은 무여열반에 들어 상속(相續)이 끊길 때 멸한다.) 참조.

447 가명심(假名心): 성자가 반드시 단멸해야 할 가명심(假名心)·법심(法心)·공심(空心)이 있는데, 가명심(假名心)은 실아(實我)*를 집착하는 마음으로 외도의 견해, 법심(法心)은 실법(實法)**을 집착하는 마음이니 소승(小乘) 유부(有部)의 견해, 공심은 아(我)·법(法) 이공(二空)에 집착하는 마음. 이 마음들이 멸할 때에 제업의 번뇌가 영구히 일어나지 않고 열반에 들 수 있음. *실아(實我): 상일(常一) 주재하는 아체(我體)가 있다고 봄. 즉 인아(人我). **실법(實法): 잠깐 있는 존재를 가법이라 함에 대하여, 상항(常恒) 불변(不變)하는 법을 말함. 곧 법아(法我).

448 법심(法心): 실법을 집착하는 마음.

449 멸진정(滅盡定): 멸정(滅定)은 멸진정(滅盡定)과 같은 의미이다. 대승에서는 24불상응법의 하나. 소승에서는 14불상응법의 하나. 또는 이무심정(二無心定)의 하나. 성자(聖者)가

問. 此論宗無餘泥洹, 爲是數滅, 爲非數滅?

물음. 이 논종(성실론종)의 무여열반이 수멸(數滅)인가, 비수멸(非數滅)인가?

答. 彼論宗說[450] '斷集因故苦果不起亦是數滅智[451], 雖非報其[452]無常邊行苦所攝. 故其報〈不〉[453]起亦入滅諦.' 若依譬喩部說[454], '斷集因故苦報不起, 雖是涅槃而非數. 非{非}〔數〕[455]故是無記性.' 如婆{娑}〔沙〕[456]云[457], '或有說者, 有餘{身}〔依〕[458]涅槃界, 是善是

모든 심상(心想)을 죄다 없애고 적정(寂靜)하기를 바래서 닦는 선정. 소승에서 불환과(不還果)와 아라한과의 성자가 닦는 것은 유루정(有漏定)으로, 육식(六識)과 인집(人執)을 일으키는 말나(末那)만을 없애는 것. 대승의 보살이 이를 닦는 것은 무루정으로, 법집(法執)을 일으키는 말나까지 없앰.

450 전거 미상. 宋代 遵式 저, 『주조론소(註肇論疏)』, 속장경54, p.207c09 이하 참조.

451 가은 역주는 '智'를 앞에 붙여 읽음.

452 이영무 역(1984), 가은 역주(2004)는 '報其'를 '其報'로 바꾸어 교정하여 읽었음. 여기서는 이를 따르지 않음.

453 필사본에 따라 '不'를 넣음. 필사본, p.28a4*04 참조.

454 전거미상. 宋代 遵式 저, 『주조론소(註肇論疏)』, 속장경54, p.207c09 이하 참조.

455 필사본과 내용에 따라 '非'를 '數'로 바꿈. 대정장/한불전의 '非數非非'는 필사본에 '非非數數'로 되어 있음. 필사본, p.28a5 참조.

456 원 제목에 따라 '娑'를 '沙'로 바꿈. 가은 역주(2004) 바꿈. 이영무 역(1984), 울만 영역(1997) 안 바꿈.

457 『아비달마대비바사론(阿毘達磨大毘婆沙論)』, 대정장27, p.0167c01~10, "或復有執. 有餘依涅槃界是善. 無餘依涅槃界是無記. 爲遮彼執顯二種涅槃界皆是善性. 或復有執. 有餘依涅槃界是道非道. 無餘依涅槃界是道果非道. 爲遮彼執顯二種涅槃界皆是道果. 或復有執. 有餘依涅槃界是道果. 無餘依涅槃界非道果. 爲遮彼執顯二種涅槃界俱是道果. 或復有執有餘依涅槃界是諦攝. 無餘依涅槃界非諦攝. 爲遮彼執顯二種涅槃界皆是諦攝." 참조.; 『아비담비바사론』(60권), 대정장28, p.126a14~8, "復有說有餘身涅槃界是善. 無餘身涅槃界是無記. 復有說有餘身涅槃界是道果. 無餘身涅槃界非道果. 復有說有餘身涅槃界是諦所攝. 無餘身涅槃界非諦所攝." 참조.

道果是諦〈所〉[459]攝. 無餘{身}〔依〕[460]涅槃界, 是無記非道果非諦
〈所〉[461]攝.'

대답. 저 성실론종에서는 '괴로움이 생겨나는 원인[集因]을 끊기 때문에 괴
로움의 과보가 일어나지 않으니, 이 또한 수멸지(數滅智: 擇滅智)[462]이며, 이는
비록 과보는 아니지만, 무상(無常)한 행고(行苦)[463]에는 포섭된다.[464] 그러므로
그 괴로움의 과보가 일어나지 않는 것도 또한 멸제[465]에 든 것이다'라고 하였
다. 그런데 비유부(譬喩部)[466]의 설에 의하면, 괴로움이 생겨나는 원인[集因]을
끊기 때문에 괴로움의 과보가 일어나지 않으니, 이는 비록 열반이지만 수멸이
아니다. 수멸이 아니기 때문에 무기(無記)[467]의 성품이라고 하였다. 그것은 『바
사론(婆沙論)』[468]에서, '어떤 이가 유여의열반계(有餘依涅槃界)는 선(善)이요 도과

458 두 원문에 따라 '身'을 '依'로 바꾸어도 되고 안 바꾸어도 됨. 여기서는 바꿈.
459 두 원문에 따라 '所'를 넣음.
460 두 원문에 따라 '身'을 '依'로 바꾸어도 되고 안 바꾸어도 됨. 여기서는 바꿈.
461 두 원문에 따라 '所'를 넣음.
462 수멸지(數滅智): 택멸지(擇滅智)를 말함.
463 행고(行苦): 행(行)은 천류(遷流)의 뜻. 일체 유위법이 삼세에 천류함으로 인해 찰나도 상
　　주안온(常住安穩)함이 없으니 제법이 무상함을 보고 고뇌를 감득함을 행고라 함.
464 지혜는 도제(道諦)이므로 행고(行苦)에 포섭됨.(『구사론』, 대정장29, p.114b29 참조.)
465 멸제(滅諦): 고집멸도(苦集滅道)의 사성제(四聖諦) 가운데 하나. 괴로움이 소멸한 상태
　　가 이상경이라고 하는 진리.
466 비유부(譬喩部): 인도 소승 18부 가운데의 경량부(經量部). 본사(本師)인 구마라다상(鳩
　　摩邏多嘗)이 『유발론(喩髮論)』에서 비유(譬喩)를 널리 설해, 그를 세칭 비유사(譬喩師)라
　　고 한다. 그를 전승한 학파를 곧 비유부(譬喩部)라고 함.
467 무기(無記): 범 Avayakṣita. 삼성(三性)의 하나. 온갖 법의 도덕적 성질을 삼종(三種)으로
　　나눈 가운데서 선도 악도 아닌 성질로서, 선악 중의 어떤 결과도 끌어오지 않는 중간성
　　(中間性)을 말한다. 이 무기에는 다 같이 선악의 결과를 끌어올 능력이 없으면서도 수행
　　을 방해하는 유부(有覆)무기와 방해하지 않는 무부(無覆)무기가 있음.
468 『바사론(婆娑論)』: 『아비달마대비바사론(阿毘達磨大毘婆沙論)』의 약칭. 범

(道果)[469]이며 사성제에 포섭되지만, 무여의열반계(無餘依涅槃界)는 바로 무기(無記)요 도과(道果)도 아니며 사성제에 포섭되지도 않는다'라고 한 것과 같다.

若就大乘卽有四門, 一就化現, 二約實義, 三對大小, 四依三身.

대승의 입장에서 보면 곧 네 가지 문이 있으니, 첫째는 화현(化現)[470]에 의한 것이요, 둘째는 실의(實義)에 의한 것이요, 셋째는 대승과 소승에 의한 것이요, 넷째는 삼신(三身)에 의한 것이다.

化現門者, 同小乘二種涅槃, 其義同前二宗所說, 但彼謂實此似現耳.

Abhidharmamahāvibhāṣā-śāstra. 200권. 약칭해서『대비바사론(大毘婆沙論)』·『바사론(婆沙論)』·『바사(婆沙)』라고도 함. 당(唐)의 현장(玄奘)이 번역함. 대정장27에 실림. 이 논은 인도 가다연니자(迦多衍尼子)의『아비달마발지론(阿毘達磨發智論)』을 주석한 것으로, 진리〔法〕의 뜻을 널리 밝히고 여러 종류의 학설들을 갖추어 나열하여 소개하였다. 서기 100년에서 150년 사이에 북인도 가습미라(迦濕彌羅: 범 Kaśmīra, 지금은 克什米爾)가 편집하여 지은 것으로, 부파불교의 교리를 집대성한 것. 이어서 귀상왕조(貴霜王朝) 가니색가왕(迦膩色迦王)과 협존자(脅尊者: 범 Pārśva)가 500 아라한을 초대하여, 20년 동안을 지나 완성한 것이다. 즉 이것이 제4차 경전 결집이다. 본론의 내용은 그 중심 문제가 '삼세가 참으로 있으며 법체가 항상 있다'(三世實有法體恒有)는 것이다. 이『바사론』의 편집으로, 부파불교(部派佛教) 교의(教義)가 마침내 널리 선양하게 된다. 대승불교가 생기는 데 또한 지대한 영향을 미침. 이역본(異譯本)은『아비담비바사론(阿毘曇毘婆沙論)』이 있는데, 이것은 60권이고, 현장(玄奘) 역본의 권111 이전의 부분에 해당하고, 북량(北涼)의 부타발마(浮陀跋摩)·도태(道泰) 등이 함께 번역하였으며, 세칭 구바사(舊婆沙)라 한다. 대정장28에 실려 있다. 두 논은 모두 부파불교를 연구하는 데 진귀한 자료가 됨.

469 도과(道果): 도(道)는 보리(菩提)이고, 과(果)는 열반(涅槃)이다. 보리의 도로 말미암아 열반의 과를 증득하기 때문에 도과라고 한다.『법화경(法華經)』「약초유품(藥草喩品)」(대정장9, p.20b)에 "漸次修行, 皆得道果"라는 말이 있음.

470 화현(化現): 변화되어 나타난 모양을 가리키는데, 곧 부처·보살이 중생을 제도하기 위하여 변화되어 다양한 모습으로 이 세상에 나타나는 것.

첫째, 화현문이란 소승의 두 가지 열반(무여·유여)과 같으니, 그 뜻은 앞의 두 종(성실론종·비유부)에서 말한 것과 같지만, 다만 앞 소승에서는 실재(實)라 하였고, 여기 대승에서는 화현(化現)과 같다고 하는 것뿐이다.

第二約實義者, 就實言之, 是二涅槃, 同以轉依眞如爲體, 但斷因所顯義門, 名爲有餘, 果已所顯義門, 說名無餘.

둘째, 실의(實義)에 따른다는 것은, 실(實)에 근거하여 말하면 이 두 열반(유여의열반·무여의열반)은 똑같이 전의[471]진여(轉依眞如)[472]를 본체로 삼은 것인데,

---

471 전의(轉依): 범 āśraya-parivṛtti 혹 āśraya-parāvṛtti. 전의(轉依)는 소의(所依)를 전변(轉變)한다는 뜻. 전(轉)은 전사(轉捨)·전득(轉得)의 뜻이다. 의(依)는 소의(所依), 곧 제팔식. 유식종에서는 성도를 닦아서 번뇌장과 소지장을 끊어 없애어 열반(涅槃)·보리(菩提) 두 과보(果報)를 증득하는데, 이 두 과보는 전의과(轉依果) 혹은 전의묘과(轉依妙果)라고 한다. 여기서 끊어 없앤 번뇌 소지 이장은 곧 전사(轉捨)된 법이며, 증득한 보리 열반 이과는 전득(轉得)된 법이다. 『성유식론』 권9에 전의(轉依)에 대한 해석에 두 가지가 있다. 첫째, 의(依)는 염정법이 의지하는 것, 곧 의타기성이고, 전(轉)은 의타기성 중의 변계소집성을 전사(轉捨)하고, 의타기성 중의 원성실성을 전득(轉得)하는 것이니, 이 삼성(三性)에서 세간에서 출세간으로 어떻게 변화되는지를 설명한다. 즉 연기 현상에 대하여 실아(實我)니 실법(實法)이니 고집해서는 안 되고, 유식진성(唯識眞性)을 보아야 한다. 둘째, 의(依)는 생사와 열반이 의지하는 유식진여(唯識眞如)이며, 전(轉)은 유식진여에 의지하는 생사를 없애어서, 유식진여에 의지하는 열반을 증득하는 것이다. 이는 직접적으로 유식진여의 미오(迷悟)에 대해 인식할 때, 어떻게 생사의 괴로움으로부터 열반의 즐거움에 도달하는지를 설명한다. 이러한 전의는 똑같이 아뢰야식 가운데의 종자가 소장생멸(消長生滅)하는 것을 통하여 실현된 것이며, 번뇌장 종자를 전사하면 곧 열반과를 전득하고, 소지장 종자를 전사하면 곧 보리과를 전득한다. 『성유식론』 권10에 전의(轉依)의 네 가지 뜻이 또 따로 나온다. 곧 첫째, 능전도(能轉道)는 전의(轉依)를 증오(證悟)하는 지혜를 가리킨다. 둘째, 소전의(所轉依)는 전의할 때 의지하는 것을 가리킨다. 셋째, 소전사(所轉捨)는 의당 전사해야 할 대상을 가리킨다. 넷째, 소전득(所轉得)은 마땅히 전득(轉得)되어야 하는 것을 가리킨다. 이 밖에 『불지경론』 권7에 소전득의 뜻에서 전의를 해석하여 전의가 법신의 상(相)으로 본다. 『섭대승론(攝大乘論)』 본권 하에서는 전의를 여섯 가지로 나눈다.

다만 인(因)을 끊고 나타난 뜻으로는 유여열반이라 하고, 과(果)가 다하여 나타난 뜻으로는 무여열반이라 한다.

如攝〈大乘〉[473]論〈釋〉[474]云[475], "煩惱業滅故言卽無種子, 此顯有餘涅槃. 果報悉滅故言一切皆盡, 此顯無餘涅槃."

그것은 『섭대승론석(攝大乘論釋)』[476]에서 "번뇌의 업이 멸하였기 때문에 종자가 없어졌다고 말하는 것이니, 이는 유여열반을 나타낸 것이다. 과보가 다 멸했기 때문에 모든 것이 다 없어졌다고 말하는 것이니, 이것은 무여열반을 나타낸 것이다."라고 한 것과 같다.

又瑜伽論決擇分說[477], "問. 若阿羅漢〈如先所有〉[478]六處生起, 卽如

『삼무성론(三無性論)』권하에는 다섯 가지의 전의를 말하는데, 여기서 다섯 가지 전의 중 다섯 번째 구경전의는 여래의 지위에 이르러 원만구경의 과보를 얻는 것이다. 『대승아비달마잡집론(大乘阿毘達磨雜集論)』권10에 세 가지의 전의를 열거하고 있다. 『대승장엄경론(大乘莊嚴經論)』권3 보리품(菩提品)에는 여래의 전의(轉依)에 열 가지 공덕의 구별이 있음.

472 전의진여(轉依眞如): 전사(轉捨)·전득(轉得)의 체가 되는 진여.

473 내용에 따라 '大乘'을 넣음.

474 내용에 따라 '釋'을 넣음.

475 『섭대승론석(攝大乘論釋)』(15), 대정장31, p.175a04~6, "煩惱業滅故言卽無種子. 此顯有餘涅槃. 果報悉滅故言一切皆盡. 此顯無餘涅槃."

476 『섭대승론석(攝大乘論釋)』: 무착(無著)이 지은 『섭대승론(攝大乘論)』의 주석서. 인도 세친(世親)·무성(無性) 두 논사가 각각 지은 『섭대승론석(攝大乘論釋)』이 있다. 세친 『섭대승론석(攝大乘論釋)』(범 Mahāyāna-saṃgraha-bhāṣya.)의 한역본은 세 가지가 있다. ①진제(眞諦) 역, 15권. ②수대(隋代) 달마급다(達摩笈多)와 행구(行矩) 등이 함께 번역, 10권. ③현장(玄奘) 역, 10권. 무성 『섭대승론석(攝大乘論釋)』(범 Mahāyāna-saṃgrahopanibandhana.)의 한역본은 현장이 번역한 10권본 한 가지임.

是住相續不滅, 無有變異, 更有何等異轉依性, 而非六處相續而轉?
若更無有異轉依者, 何因緣故, 前後二種依止相{以}〔似〕[479]而今後
時煩惱不轉, 聖道轉耶? 答. 諸阿羅漢, 實有轉依, 而此{依}[480]轉依
〈與其六處, 異不異性俱不可說, 何以故? 由此轉依〉[481], {淸淨}[482]
眞如〔淸淨〕[483]所顯, 〈眞如種性, 眞如種子, 眞如集成.〉[484] 而彼眞如
與其六處, 異不異性, 俱不可說."

또 『유가사지론』[485]의 결택분에서, "물음. 만약에 아라한에게 전부터 가진

---

477 『유가사지론(瑜伽師地論)』, 대정장30, p.747c17~25, "問若阿羅漢如先所有六處生起. 卽
如是住相續不滅. 無有變異. 更有何等異轉依性. 而非六處相續而轉. 若更無有異轉依
者. 何因緣故. 前後二種依止相似而今後時煩惱不轉. 聖道轉耶. 答諸阿羅漢實有轉依.
而此轉依與其六處. 異不異性俱不可說. 何以故. 由此轉依眞如淸淨所顯. 眞如種性. 眞
如種子. 眞如集成. 而彼眞如與其六處. 異不異性俱不可說." 참조.

478 원문에 따라 '如先所有'를 넣음.

479 원문에 따라 '以'를 '似'로 바꿈.

480 원문에 따라 '依'를 뺌.

481 원문에 따라 '與其六處, 異不異性俱不可說, 何以故, 由此轉依'를 넣음.

482 원문에 따라 '淸淨'을 뒤로 뺌.

483 원문에 따라 앞의 '淸淨'을 이곳에 넣음.

484 원문에 따라 '眞如種性, 眞如種子, 眞如集成'을 넣음.

485 『유가사지론(瑜伽師地論)』: 범 Yogacārabūṃmi. 미륵(彌勒)이 강술(講述)하고, 무착(無著)
이 기록함. 약칭 『유가론(瑜伽論)』이라 함. 대정장30에 실림. 유가행학파(瑜伽行學派)의
기본 논서. 또한 법상종(法相宗)의 가장 중요한 전적(典籍)이며, 동아시아 불교 역사상 중
요한 논서이다. 미륵(彌勒)이 도솔천으로부터 중천축(中天竺)에 내려와 아유타국(阿踰陀
國)의 강당에 이르러 설법을 하였는데, 그 가운데 유가행(瑜伽行: 범 yogacāra)관법을 강
술하였다. 객관대상은 곧 인간의 근본 심식인 아뢰야식(阿賴耶識: 범 ālayavijñāna)이 임시
로 나타내는 현상이며, 있음과 없음, 존재와 비존재 등 대립의 관념을 멀리 여의어야 비로
소 중도를 깨달을 수 있다고 한다. 이 책은 소승과 대승불교사상을 연구하는 하나의 큰 보
물창고와도 같음.

육처(眼耳鼻舌身意)[486]가 일어나, 곧 그대로 머물러 상속하여 멸하지 않고 조금도 달라짐이 없다면, 다시 어떤 다른 전의(轉依)의 성품이 있어서 육처 상속과 함께하지 않으면서 전의하는 것인가? 만일 다시 다른 전의가 없다면, 무슨 인연 때문에 앞뒤의 두 가지 의지(依止)[487][전의 이전의 육처와 전의 이후의 육처]가 서로 비슷한데, 이제 전의한 이후에는 (육처가) 번뇌로 변하지 않고 성도(聖道)로 변하는가?

대답. 모든 아라한에게는 실로 전의가 있으니, 이 전의가 (본래의) 그 육처와 성질이 다른가 다르지 않은가는 모두 말할 수 없다. 어째서인가? 이 전의로 말미암아 진여의 청정함이 나타나는 것이니, 그것은 진여의 종성[488]이며, 진여의 종자[489]이며, 진여의 집성[490]이다. 저 진여가 육처와 그 성품이 다른가 다르지 않은가는 말할 수 없다."라고 하였다.

{問}又下言[491], "〔問〕[492]〈於〉[493]無餘依〈涅槃界〉[494]中, 般涅槃已所

---

486 육처(六處): 처(處)는 범 āyatana의 번역이다. 이는 '양육하다'·'생장시키다'의 뜻이다. 마음〔심왕〕과 마음의 작용〔심소〕을 기르고 키우는 곳. 12처 즉 '안이비설신의(眼耳鼻舌身意)(6근)·색성향미촉법(色聲香味觸法)(6경)'에서 6근을 말함.

487 의지(依止): 의존하여 머문다는 뜻. 혹은 어떤 사물이 의지함으로써 머물거나 집착하는 것.

488 종성(種性): 범 gotra. 종성(種姓)이라고도 함. 부처와 성문·연각·보살 등 삼승인이 각각 가지고 있는 보리를 증득할 수 있는 본성. 이것은 선천적으로 구족하여 변하지 않는 것과 후천적으로 수행하여 얻는 두 가지가 있는데, 전자를 본성주종성(本性住種性) 즉 성종성(性種性), 후자를 습소성종성(習所成種性) 즉 습종성(習種性)이라 함.

489 종자(種子): 범 bija, 빨리어 같음. 곡류가 종자로부터 생기는 것과 같이 색법〔물질〕과 심법〔정신〕 등이 생기게 되는 원인종자.

490 집성(集成): 집대성과 같은 말. 여럿을 모아 크게 하나로 완성함. 또는 그 완성된 것. 진여가 완성된 것.

491 『유가사지론(瑜伽師地論)』, 대정장30, p.748b10~21, "**問於無餘依涅槃界中. 般涅槃已所得轉依. 當言是有. 當言非有. 答當言是有. 問當言何相. 答無戲論相. 又善清淨法界爲相. 問何因緣故當言是有. 答於有餘依及無餘依涅槃界中. 此轉依性皆無動法. 無動法**

得轉依, 當言是常, 當言無常? 答. 當言是常, 淸淨眞如之所顯故.
非緣生〈故〉[495], 無生滅故."

또 그 아래에서 "물음. 무여의열반계 가운데에서 반열반한 뒤 얻은 전의는
상(常)이라고 해야 하는가, 무상(無常)이라고 해야 하는가? 대답. 상이라고 말
해야 하니 청정한 진여에서 나타난 것이기 때문이다. 이는 인연으로 생긴 것
이 아니기 때문이며, 생멸이 없기 때문이다."라고 하였다.

又[496] "問. 於無餘依{般}[497]涅槃〈界中, 般涅槃〉[498]者, 於色等法,
當言〈獲〉[499]得自在, 當言不得{耶}〔自在〕[500]? 〈答. 當言獲得自在.
問. 此所得自在,〉[501] 當言能現在前. {答.}[502] 當言不〈能〉[503]現在

故. 先有後無不應道理. 又此法性非衆緣生. 無生無滅. 然譬如水澄淸之性. 譬如眞金調
柔之性. 譬如虛空離雲霧性. 是故轉依當言是有. **問當言是常. 當言無常. 答當言是常.
問何因緣故當言是常. 答淸淨眞如之所顯故. 非緣生故. 無生滅故.**" 참조.

492 원문에 따라 앞의 '問'을 빼서 이곳에 넣음.

493 원문에 따라 '於'를 넣음.

494 원문에 따라 '涅槃界'를 넣음.

495 원문에 따라 '故'를 넣음.

496 『유가사지론(瑜伽師地論)』, 대정장30, p.748c21~7, "**問於無餘依涅槃界中. 般涅槃者. 於
色等法當言獲得自在. 當言不得自在. 答當言獲得自在. 問此所得自在. 當言能現在前.
當言不能現在前. 答一分能現在前. 一分不能現在前. 謂諸如來於無餘依涅槃界中. 般涅
槃已能現在前. 所餘不能令現在前.**" 참조.

497 원문에 따라 '般'을 뺌.

498 원문에 따라 '界中, 般涅槃'을 넣음.

499 원문에 따라 '獲'을 넣음.

500 원문에 따라 '耶'를 빼고 '自在'를 넣음.

501 원문에 따라 '答. 當言獲得自在. 問. 此所得自在'를 넣음.

502 원문에 따라 '答'을 뒤로 뺌.

503 원문에 따라 '能'을 넣음.

前,〔答.〕[504] {當言得}[505], 一分能現在前, 一分不〈能〉[506]現在前, 謂 諸如來於無餘〈依涅槃界中〉[507], 般涅槃已, 能現在前, 所餘不能令 現在前."乃至廣說.

또 "물음. 무여의반열반계 중에서 열반에 든 자는 색(色) 등의 법에 있어서 자재함을 얻었다고 해야 하는가, 자재함을 얻지 못했다고 해야 하는가? 대답. 자재함을 얻었다고 해야 한다. 물음. 이 얻은 자재함은 앞에 나타날 수 있다고 해야 하는가, 앞에 나타날 수 없다고 해야 하는가? 대답. 일부분은 앞에 나타날 수 있으며 일부분은 앞에 나타날 수 없다고 해야 하니, 모든 여래는 무여의 열반계 가운데에서 반열반하였으니 자재함이 앞에 나타날 수 있고, 여래 이외의 나머지는 앞에 나타나게 할 수 없다."라고 하고 내지 자세히 설하였다.

第三大小相對門者, 二乘涅槃, 名爲有餘, 如來所證, 名曰無餘. 如 勝鬘說[508], "〈有有爲生死無爲生死〉[509], 涅槃亦{二種}〔如是〕[510], 有 餘及無餘." 有爲生死盡滅之處, 所得涅槃, 名曰有餘, 無爲生死盡 滅之處, 所得涅槃, 名曰無餘故.

셋째, 대승과 소승의 상대문에서는 이승의 열반을 유여열반이라고 하고,

---

504 원문에 따라 앞의 '答'을 이곳에 넣음.

505 원문에 따라 '當言得'을 뺌.

506 원문에 따라 '能'을 넣음.

507 원문에 따라 '依涅槃界中'을 넣음.

508 『승만사자후일승대방편방광경(勝鬘師子吼一乘大方便方廣經)』, 대정장12, p.221b25~6, "有有爲生死無爲生死. **涅槃亦如是. 有餘及無餘**"

509 원문에 따라 '有有爲生死無爲生死'를 넣음.

510 원문에 따라 '二種'을 빼고 '如是'를 넣음.

여래께서 증득하신 열반을 무여열반이라고 한다. 이는 『승만경』에서 "유위생사[511]와 무위생사[512]가 있는데, 열반도 또한 이와 같아서, 유여의열반과 무여의열반이 있다"라고 한 것과 같다. 유위의 생사가 다 없어진 곳에서 얻는 열반을 유여의열반이라 하고, 무위의 생사가 다 없어진 곳에서 얻는 열반을 무여의열반이라 하는 것이다.

第四依三身說二涅槃者. 應化二身, 身智猶在, 名曰有餘, 卽離生死一切過患, 故名涅槃. 如此經言[513], "{今}[514]我〔今〕[515]此身卽是涅槃故." 於法身中, 身智平等, 名爲無餘, 離一切相, 畢竟寂滅, 故名涅槃. 如金鼓經言[516], "依此二身, 一切諸佛說有餘涅槃, 依法身者, 說無餘涅槃. 何以故? 一切餘究竟盡故."

---

511 유위생사(有爲生死): 분단생사(分段生死)를 말함. 분단생사는 변역생사(變易生死)와 대비되는 것으로, 육도(六道)로 윤회하는 중생의 삶과 죽음(生死)이다. 분단은 나누어진 한계, 즉 무한한 시간 속에 유한한 수명과 모양의 구분(分限), 무한한 공간 속에 유한한 몸(形段)이란 뜻이다. 범부는 각자의 업(業)의 원인을 따라서 신체에 크고 작으며, 가늘고 굵은 모양의 구분이 있고, 목숨에 길고 짧은 한계가 있어, 유한한 시간과 공간 속에서 나뉘어지고 구분되어 살고지고 하므로 분단생사라 함.

512 무위생사(無爲生死): 변역생사를 말함. 3계(界)에 생사하는 몸을 여읜 뒤로 성불하기 전까지의 성자(聖者)가 받는 3계 밖의 생사. 변역은 그 전 형상을 변하여 딴 모양을 받는 것이니, 이 성자들은 무루(無漏)의 비원력(悲願力)으로 말미암아 분단생사하는 추열(麤劣)한 몸을 변하여 세묘무한(細妙無限)한 몸을 받으며, 무루의 정원력(定願力)의 도움으로 묘용(妙用)이 헤아릴 수 없으므로 변역생사, 또는 부사의변역생사(不思議變易生死)라 함.

513 『대반열반경』(36권), 대정장12, p.757c01, "我今此身卽是涅槃."

514 원문에 따라 '今'을 뒤로 뺌.

515 원문에 따라 앞의 '今'을 이곳에 넣음.

516 『합부금광명경(合部金光明經)』, 대정장16, p.363b07~9, "依此二身一切諸佛說有餘涅槃. 依法身者說無餘涅槃. 何以故. 一切餘究竟盡故"; 『금광명최승왕경(金光明最勝王經)』, 대정장16, p.409a02~4, "依此二身. 一切諸佛. 說有餘涅槃. 依此法身. 說無餘涅槃. 何以故. 一切餘法. 究竟盡故."

넷째, 삼신(三身)[517]에 의해서 두 가지 열반을 말한다. 응신과 화신의 이 신은 몸과 지혜가 아직 있으니 유여라 하고, 바로 생사의 모든 근심을 여의 었기 때문에 열반이라고 하는 것이다. 그것은 이 경에서 "내 지금 이 몸이 바로 열반이다."라고 한 것과 같다.

법신 가운데에서는 몸[518]과 지혜가 평등한 것을 무여라고 하며, 모든 모 양을 떠나 끝내 적멸하기 때문에 열반이라고 하는 것이다. 이는 『금고경』[519] 에서 "이 두 몸(응신·화신)에 의하여 모든 부처님이 유여열반을 말씀하시며, 법 신에 의한다면 무여열반이라 한다. 어째서인가? 일체 남은 것이 끝내 다 없어 졌기 때문이다."라고 한 것과 같다.

若依此義, 卽取三身, 爲涅槃體. 又有一義, 無垢眞如正是涅槃, 但 望二身說, 此眞如名爲有餘, 別餘故. 若望法身說, 此眞如名曰無 餘, 無別餘故. 如攝論云[520], "如{緣}〔獨〕[521]覺不觀衆生利益事, 住 無餘涅槃, 菩薩{卽}〔則〕[522]不如是, 住{波}〔般〕[523]若波羅蜜, 不捨 衆生利益事, 般涅槃亦有餘亦無餘. 於法身是無餘, 於應〈化〉[524]身

---

517 삼신(三身): 여기서는 법신(法身)·보신(報身)·응신(應身)을 말함.
518 여기서는 육신의 몸이 아니라 지혜의 몸을 말함.
519 『금고경(金鼓經)』: 『합부금광명경(合部金光明經)』을 이름. 수(隋) 사문(沙門) 석보귀합 (釋寶貴合) 북량(北涼) 삼장(三藏) 담무참(曇無讖) 역. 대정장16에 실림.
520 『섭대승론석』(15), 대정장31, p.245b25~c01, "論曰. 五離不觀利益衆生事. 住無餘涅槃 處. 釋曰. 如獨覺不觀衆生利益事. 住無餘涅槃. 菩薩則不如是. 住般若波羅蜜. 不捨衆 生利益事. 般涅槃亦有餘亦無餘. 於法身是無餘. 於應化身是有餘故. 言離住無餘涅槃 處. 以不應彼處故." 『섭대승론』(3)(대정장31, p.129a04)의 "不觀利益衆生事住無餘涅槃 處." 풀이.
521 원문에 '獨'임. 독각이 연각임.
522 원문에 따라 '卽'을 '則'으로 바꿈.
523 원문에 따라 '波'를 '般'으로 바꿈.

是有餘故, 言離住無餘涅槃〈處〉⁵²⁵, 以不應彼處故."

만일 이 뜻에 의하면, 삼신(三身)을 취해 열반의 본체로 삼은 것이다. 또 한 가지 뜻이 있으니, 무구진여⁵²⁶가 바로 열반인데, 다만 이신(二身)의 입장에서 말한다면 이 진여를 유여라고 이름하니, 따로 남은 것이 있기 때문이다. 만일 법신(法身)에 의해 말하면, 이 진여를 무여라고 하니, 따로 남은 것이 없기 때문이다.

이는 저『섭론』에서 "독각은 중생에게 이익되는 일을 보지 않고 무여열반에 머무르지만, 보살은 이와 같지 않으니 반야바라밀에 머무르면서 중생에게 이익되는 일을 버리지 않는다. 그러므로 열반에 드는 것은 유여이기도 하고 무여이기도 하니, 법신에 있어서는 무여이고 응화신에 있어서는 유여이기 때문이다. 보살은 무여열반처에 머물지 않는다⁵²⁷고 하니, 그곳(무여열반처)에 응하지 않기 때문이다."라고 한 것과 같다.

又復卽此轉依眞如涅槃, 望於三身說無住處. 所以然者, 二身生滅

---

524 원문에 따라 '化'를 더함.

525 원문에 따라 '處'를 더함.

526 무구진여(無垢眞如): 유구진여(有垢眞如)의 대. 유구진여는 진여의 체가 번뇌에 덮여 있으나 본래 청정하여 진흙속의 연꽃과 같아 더러움에 물들지 않는 것으로, 자성진여라고도 하며, 번뇌 가운데 있는 진여이다. 이에 대해 무구진여란 불과에서 나타나는 이체(理體)로서 청정하여 번뇌에 덮여 있지 않으니 마치 보름달이 청정원만한 것과 같다. 이를 무구진여 또는 청정진여(淸淨眞如)라고도 하니, 번뇌를 벗어난 진여임.

527 머물지 않음(離住)에 다섯 가지가 있으니, 첫째, 외도아집처(外道我執處)를 떠남. 둘째, 진여(眞如)를 아직 못 본 보살(菩薩)의 분별처(分別處)를 떠남. 셋째, 생사열반(生死涅槃)의 이변처(二邊處)를 떠남. 넷째, 혹장(번뇌)이 멸하여 지족(知足)한 행을 하는 곳을 떠남. 다섯째, 이익중생사(利益衆生事)를 보지 않고 무여열반처에 머무는 것을 떠남.『섭대승론석』(15), 대정장31, p.245b 참조.

不同眞如, 是故不住於彼涅槃, 法身離相無異眞如, 故非能住於其
涅槃. 故對三身說爲無住. 如經說言[528], "依此三身, 一切諸佛, 說無
住處涅槃. 何以故? 爲二身故, 不住涅槃, 離於法身, 無有別佛. 何
故二身不住涅槃? 二身假名不實, 念念滅不住故, 數數出現, 以不
定故. 法身不爾. 是故二身不住涅槃, 法身〈者〉[529]不二, 是故不住
於般涅槃." 二滅門竟.

또한 이 전의로 얻은 진여의 열반은 삼신(三身)의 입장에서는 무주처열반이
라 한다. 왜냐하면 응화이신(應化二身)은 생멸하여 진여와 같지 않으니, 이 때
문에 저 열반에 머무르지 않으며, 법신은 모습(相)을 여의어 진여와 다름이 없
으니, 그러므로 그 열반에 머문다는 것이 없다. 그러므로 삼신(三身)에 대해 열
반에 머무름이 없다고 말하는 것이다.[530]

이것은 『금고경』에서 "이 삼신(三身)에 근거하여 모든 부처님은 무주처열반
을 말씀하신다. 어째서인가? 이신(二身: 응신과 화신)이기 때문에 열반에 머무
르지 않으며, 또한 법신을 떠나 따로 부처가 있지 않기 때문이다. 무엇 때문
에 이신(二身)은 열반에 머무르지 아니하는가? 이신(二身)은 가명(假名)이라 실
체가 없는 것이어서 찰나 찰나 멸하여 머무르지 않기 때문이며, 자주자주 나

---

528 『합부금광명경』, 대정장16, p.363b09~14, "依此三身一切諸佛說無住處涅槃. 何以故. 爲
　　二身故不住涅槃. 離於法身無有別佛. 何故二身不住涅槃. 二身假名不實念念滅不住故.
　　數數出現以不定故. 法身不爾. 是故二身不住涅槃. 法身者不二. 是故不住於般涅槃. 依
　　三身故說無住涅槃."

529 원문에 따라 '者'를 넣음.

530 황산덕, 한글대장경(김달진 옮김)(1992)은 이 부분을 인용한 것으로 잘못 이해했다. 1984,
　　1987년의 이영무 역에는 인용한 부분이 아닌 것으로 옳게 읽고 있다. 이영무 역(1984),
　　p.98 참조. 이영무 역(1987), pp.264~5 참조. 황산덕 역(1982), p.62 참조. 한글대장경(김
　　달진 옮김)(1992 초판, 1996 2쇄), p.423 참조.

타나 일정하지 않기 때문이다. 그러나 법신은 그렇지 않다. 그러므로 이신은 열반에 머무르지 않으며 법신은 진여와 둘이 아니므로 반열반에 머물지 않는다."고 한 것과 같다. 이상으로 이멸[531]문을 마친다.

마. 삼사문(三事門)

第五明三事門者. 四句分別, 初出體相, 次明建立, 三明總別, 四往復.

다섯 번째로 삼사문을 밝힌다. 네 구로 분별되니, 처음은 체상(體相)을 나타내고, 다음으로 건립을 밝히고, 세 번째로 총과 별을 밝히고, 네 번째로 왕복하면서 결택한다.

ㄱ. 삼사(三事)의 체상(體相)을 나타냄

出體相者. 法身體者, 佛地所有一切功德, 其體無二唯一法界. 法界舉體以成萬德, 萬德之相還同法界. 法界之性不異萬德, 隨舉一德無所不遍. 如是一切白[532]法圓滿自體積集, 故名法身. 其義具顯金剛身品.

먼저 삼사의 체상을 나타낸다. 법신의 체는 부처의 자리에서 가지는 모든

---

531 이멸(二滅): 두 가지 열반을 가리킴. 즉 성정열반·방편열반과 유여열반·무여열반을 가리킴.

532 가은 역주(2004)와 황산덕 역(1982)이 '白' 그대로 읽고, 이영무 역(1984)과 한글대장경에서는 '自'로 바꿔 읽고, 울만 영역(1997)에서는 '百'으로 바꿈. 여기서는 '白'을 그대로 둠.

공덕이어서, 그 체가 둘이 없는 오직 한 법계이다. 법계 전체로써 만덕(萬德: 佛果의 無量功德)을 이루니, 만덕의 모양은 또한 법계와 같다. 법계의 성품은 만덕과 다르지 않아서, 하나의 덕을 들면 두루하지 않는 데가 없다. 이와 같이 일체의 청정한 선법[533]이 원만하여 (법계의 성품) 자체에 쌓여 있으니, 그러므로 법신(法身)이라 한다.[534] 그 뜻은 금강신품(金剛身品)[535]에 온전히 나타나 있다.[536]

般若體者卽此法身, 性自明達無所不照. 故名般若. 解脫體者卽此法身, 離諸繫縛無所障礙. 故名解脫. 三德實殊不可說一, 可[537]相一味不說異. 以之故名如來秘藏, 是謂三法[538]之體相也.

반야의 체란 곧 이 법신이니, 그 성품이 스스로 환하게 통달하여 비추지 않

---

533 청정한 선법(善法): 백법(白法)을 가리킴. 흑법(黑法, 邪惡雜染의 법)의 상대(相對).

534 가은 역주(2004): 이처럼 일체의 백법(白法)이 원만하여 자체에 집적된 까닭에 그래서 법신이라 이름한다.; 이영무 역(1984): 이와 같이 一切의 自體의 法이 圓滿하고 自體가 쌓이고 모였다. 그러기에「法身」이라 이름하는 것이니,; 한글대장경: 이와 같이 자체의 법이 원만하여 그 자체에 쌓여 있기 때문에 법시('법신이'로 교정해야 함. 필자 교정)라 하나니, 황산덕 역(1982): 이와 같이 일체의 깨끗한 것(白法)이 원만하여 자체에 쌓여 있기 때문에 법신이라 하며; 울만 영역(1997): Thus all dharmas are perfect and as they are accumulated in themselves they are called the cosmic body.

535 『대반열반경』(36권본)의 품명의 하나(대정장12, pp.622c13~4c18).

536 『대반열반경』(36권본), 대정장12, pp.622c14~3b03, "如來身者是常住身. 不可壞身金剛之身. … 其心平等無有亦有. 無有去來而亦去來. 不破不壞. 不斷不絶. 不出不滅. 非主亦主. 非有非無. … 如來法身皆悉成就如是無量微妙功德. …" 참조.

537 한글대장경, 이영무 역(1984), 가은 역주(2004), '可'를 '三'으로 바꾸고, 울만 영역(1997), 황산덕 역(1982), 안 바꾸고 '可'로 번역함. 여기서는 황산덕 역(1982), 울만 영역(1997)을 따름.

538 이영무 역(1984), '法'을 '事'로 바꿈. 가은 역주(2004), 황산덕 역(1982), 울만 영역(1997), 한글대장경 안 바꿈. 원효는 법신 반야 해탈을 설명하면서 삼사(三事), 삼덕(三德), 삼법(三法)으로 바꾸어 씀. 이영무는 이 마지막의 삼법(三法)을 삼사(三事)로 읽고 있음.

는 데가 없다. 그러므로 반야라고 한다.

해탈의 체는 곧 이 법신이니, 이는 모든 얽매임을 벗어나 아무 장애되는 것이 없다. 그러므로 해탈이라고 한다. 삼덕(三德: 법신·반야·해탈)은 실로 달라서 하나라고 할 수 없으나, 일미(一味)로 모양지을 수 있어 다르다고도 말하지 않는다.[539] 그 때문에 여래의 비밀스러운 창고라 하고, 이것을 삼법(三法, 三事: 법신·반야·해탈)의 체상(體相)이라고 한다.

ㄴ. 삼사(三事)를 건립한 이유를 밝힘

次明建立三事所由. 一{體}〔切〕[540]萬德無非涅槃, 所以偏說此三法者, 以對生死三種患故. 何者, 生死萬累不出三種. 所謂〈對彼〉[541] 苦果五陰身故, 建立法身, 以除煩惱迷惑法故, 建立般若, 離諸{葉} 〔業〕[542]障繫縛因故, 建立解脫. 又復對彼小乘入涅槃時, 灰身滅智故, 說法身常存大智不滅. 對彼小乘身智存時, 未免苦報習氣繫縛故, 就身智, 立眞解脫. 建立之由, 略說如是.

다음으로 삼사(三事)를 건립한 이유를 밝힌다. 일체 만덕은 열반 아닌 것이

---

539 가은 역주(2004): 세 가지 모습은 한 맛이므로 상이하다고 말할 수도 없다.; 이영무 역 (1984): 그러나 〈三〉相이 一味이기에 서로 다르다고 말할 수도 없다. ; 한글대장경: 그 모양은 평등이어서 다름을 말할 수 없기 때문에; 황산덕 역(1982): 그 모습은 일미(一味) 여서 다른 점을 말할 수 없기 때문에; 울만 영역(1997): as their characteristic is of one taste 〔i.e., equal〕, they cannot be said to be different.
540 '體'를 '切'로 바꿈. 가은 역주(2004) 바꾸고, 이영무 역(1984), 울만 영역(1997) 안 바꿈.
541 이영무 역(1984), 가은 역주(2004), 울만 영역(1997) '對彼'를 넣음. 여기서는 이를 따름.
542 이영무 역(1984), 울만 영역(1997), 가은 역주(2004) '葉'을 '業'으로 바꿈. 여기서도 이를 따름.

없는데, 특히 이 삼법(三法)만을 말한 까닭은 생사의 세 가지 근심(오음·번뇌·업장)을 대치하기 위한 것이다. 왜냐하면, 생사의 온갖 허물은 세 가지 근심을 벗어나지 않기 때문이다. 이를 테면 저 괴로움의 과보인 오음(五陰)의 몸을 대치하기 때문에 법신을 건립하고, 번뇌의 미혹되는 법을 제거하기 때문에 반야를 건립하며, 모든 업장에 얽매이는 원인을 여의기 때문에 해탈을 건립한 것이다. 또 저 소승이 열반에 들어갔을 때, 몸을 재로 만들고 알음알이를 멸하기 때문에, 이〔무여열반에 드는 것〕를 대치하기 위하여, 법신은 영원히 존재하며 큰 지혜는 멸하지 않음을 말한 것이다. 저 소승이 몸과 알음알이가 있을 때, 괴로움의 과보와 습기의 얽매임에서 벗어나지 못하기 때문에, 이를 대치하기 위하여, 법신과 지혜에 의해 참 해탈을 세운 것이다. 건립의 이유를 대략 말하면 이와 같다.

ㄷ. 삼사(三事)의 총(總)과 별(別)을 밝힘

第三明總別者. 一性而言, 涅槃是總. 況於伊字, 三法是別. 喩對以三點, {總}〔成〕[543]別成總, 其義有四.

세 번째, 삼사의 총과 별을 밝힌다. 하나의 성〔一性〕으로 말하면, 열반은 총체적인 것이다. 이자(伊字)[544]에 비유하면 삼법이 개별적인 것이다. 세 점으로 비유하여 대치하면, 개별적으로도 되고 총체적으로도 되니, 그 뜻에 넷

---

543 이영무 역(1984), 가은 역주(2004) '總'을 '成'으로 바꿈. 울만 영역(1997) 안 바꿈.
544 이자(伊字): 실담자(悉曇字: 범어의 일종)로서 '이'(i, 伊)자는 세 점으로 이루어졌는데, 이 세 점은 종렬도 아니고 횡렬도 아니며, 하나라도 빠져서는 안 되고 역삼각형 모양을 나타낸다. 그러므로 이를 비유해서 마혜수라(摩醯首羅) 천왕의 세 눈에 비유하며, 또 『열반경』에서는 여래에게 삼덕〔법신·반야·해탈〕이 원만하게 갖추어진 것을 가리킴.

이 있다.

一者, 要具三法方成涅槃. 獨擧一一, 卽不得成, 如一一點不成伊
字. 如經言[545], "解脫之法亦非涅槃,〈如來之身亦非涅槃〉[546], 摩訶
般若亦非涅槃{故}[547]."

첫 번째는 삼법을 갖추어야 비로소 열반을 이루는 것이다. 하나하나를 따
로 들면 열반을 이루지 못하니, 이는 마치 하나하나의 점은 이자삼점을 이루
지 못하는 것과 같다. 이는 경에서, "해탈의 법 하나로는 또한 열반이 아니요,
여래의 몸 하나로도 또한 열반이 아니요, 마하반야 하나로도 또한 열반이 아
니다."라고 한 것과 같다.

二者, 三法等圓, 乃成涅槃. 雖具三數, 若有勝劣, 不得成故. 如
三點並, 必有右左. 如經說言[548], "三點若並{卽}〔則〕[549]不成伊
{故}[550]."

두 번째는 삼법이 똑같이 원만하여야 열반을 이룬다. 비록 삼수[551]를 갖추

---

545 『대반열반경』(36), 대정장12, p.616b14~5; 『대반열반경』(40), 대정장12, p.376c14~5, **"解**
脫之法亦非涅槃. 如來之身亦非涅槃. 摩訶般若亦非涅槃"
546 원문에 따라 '如來之身亦非涅槃'을 더함.
547 원문에 따라 '故'를 뺌.
548 『대반열반경』(36), 대정장12, p.616b11~2; 『대반열반경』(40), 대정장12, p.376c11~2, **"猶**
如伊字三點. 若並則 不成伊. 縱亦不成"
549 원문에 따라 '卽'을 '則'으로 바꿈.
550 원문에 따라 '故'를 뺌.
551 삼수(三數): 법신·반야·해탈을 말함.

었어도 혹 어느 것이 수승하거나 하열한 것이 있으면 열반을 이루지 못한다. 이는 세 점이 나란히 있으면 반드시 좌우가 있는 것과 같다.

　이는 경에서, "세 점을 나란히 두면 곧 이자삼점이 이루어지지 않는다."고 한 것과 같다.

> 三者, 三法一時, 乃成涅槃. 雖無勝劣, 若有前後, 不得成故. 如三點縱必有南北. 如經言[552], "縱亦不成{故}[553]."

　세 번째는 삼법이 일시에 있어야 열반을 이룬다. 비록 수승한 것과 하열한 것이 없어도 시간적으로 만일 앞뒤가 있으면 (열반을) 이루지 못하기 때문이다. 이는 세 점이 세로縱로만 있으면 반드시 남과 북이 있는 것과 같다. 경에서, "세로로만 있어도 이루지 못한다."고 한 것과 같다.

> 四者, 三法同體, 乃成涅槃. 如說虛空不動無礙. 雖非前後而各別體, 不成總故. 如彼三點, 雖非並縱, 各宜別處不成一字. 如經言[554], "三點若別亦不〈得〉[555]成{伊}[556]{故}[557]."

　네 번째는 삼법이 동체(同體)이어야 열반을 이룬다. 이는 허공은 움직이지

---

552 『대반열반경』(36), 대정장12, p.616b12; 『대반열반경』(40), 대정장12, p.376c12, "三點. 若並則不成伊. **縱亦不成**"

553 원문에 따라 '故'를 뺌.

554 『대반열반경』(36), 대정장12, p.616b13 ; 『대반열반경』(40), 대정장12, p.376c12~3, "**三點若別亦不得成**"

555 원문에 따라 '得'을 넣음.

556 원문에 따라 '伊'를 뺌.

557 원문에 따라 '故'를 뺌.

않고 막힘이 없는 것이라 하는 것과 같다. 삼법이 비록 전후가 없더라도 각각 체를 달리 한다면, 전체적으로 이루어지지 않는다. 이는 저 세 점이 비록 나란히 가로로도〔並〕 있지 않고 세로로 줄 서 있지도〔縱〕 않으나, 각각 따로 있다면 하나의 글자를 이루지 못하는 것과 같다. 이는 경에서, "세 점이 각각 따로 있으면 이자삼점을 이루지 못한다."라고 한 것과 같다.

如是三法具此四義, 乃成涅槃, 如世伊字. 故三[558]是別涅槃是總. 一性雖然, 再論未必然. 所以{足}〔然〕[559]者, 盡理而言, 四種功德, 皆總皆別.

이와 같이 삼법이 이러한 네 가지의 뜻[560]을 갖추어야 열반을 이루니, 이는 세간의 이자(伊字)와 같다. 그러므로 셋〔법신·반야·해탈〕은 개별적인 것이요, 열반은 전체적인 것이다. 하나의 성〔一性〕은 비록 그러하나 다시 따져 보면 반드시 그런 것만은 아니다. 이는 이치를 다하여 말하면, 네 가지의 공덕[561]이 다 전체적이기도 하고 다 개별적이기도 하기 때문이다.

皆別義者[562], 涅槃是寂{寂}〔滅〕[563]義, 法身是積集義, 般若是照達

---

558 이영무 역(1984), '三' 다음에 '法'을 넣음. 가은 역주(2004) 안 넣음. 올만 영역(1997) 안 넣음. 여기서는 안 넣음.

559 이영무 역(1984), 가은 역주(2004) '足'을 '然'으로 바꿈. 올만 영역(1997) 안 바꿈. 여기서는 '足'을 '然'으로 바꿈.

560 네 가지 뜻: 삼법을 갖추는 것, 삼법이 똑같이 원만함, 삼법이 동시에 있음, 삼법이 동체임.

561 네 가지 공덕: 열반·법신·반야·해탈.

562 『대승의장』, 대정장44, p.822a22~3, "涅槃寂滅義. 法身是體義. 又亦聚積義. 解脫無累義. 般若鑒照義." 참조; 『열반경』(36), 대정장12, p.747a22~3, "涅槃之性是大寂靜." 참조.

563 『대승의장』에 따라 '寂'을 '滅'로 바꿈. 이영무 역(1984), 가은 역주(2004), '寂'을 '靜'으로 바

義, 解脫是離縛義. 故知四種無非別也. 皆總義者, 如經言[564], "若無法身, 苦報不盡, 何成涅槃? 若無般若, 闇{感}[惑][565]不除, 豈得涅槃? 若無解脫, 不免業繫, 故非涅槃. 如是餘三其義同爾. 何者? 若無涅槃, 生死未滅, 何爲法身? 若無般若, 煩惱所纏, 何名法身? 若無解脫, 諸業所縛, 故非法身. 法身般若解脫具三, 乃涅槃成, 准前可解."

네 가지가 다 개별적이라는 뜻은 열반은 적멸하다는 뜻이요, 법신은 공덕을 쌓는다는 뜻이요, 반야는 비추어 안다는 뜻이요, 해탈은 계박에서 벗어난다는 뜻이다. 그러므로 네 가지는 개별 아닌 것이 없음을 알겠다.

네 가지가 다 전체적이라는 뜻은 경에서, "만일 법신이 없으면 고의 과보가 다함이 없을 것이니, 어떻게 열반을 이루겠는가? 만일 반야가 없으면 어두운 미혹을 없애지 못하니, 어찌 열반을 얻겠는가? 만일 해탈이 없으면 업에 얽매임을 면하지 못하니 그러므로 열반이 아니다. 이와 같이 나머지 세 경우(법신·반야·해탈)에도 그 뜻이 같다. 어째서인가? 만일 열반이 없으면 생사가 없어지지 않으니 어떻게 법신이 되겠는가? 만일 반야가 없으면 번뇌에 얽매이게 되니 어떻게 법신이라 하겠는가? 만일 해탈이 없으면 모든 업에 얽매이게 되니,

---

꿈. 울만 영역(1997) 안 바꿈.

564 『대승의장』, 대정장44, p.822b02~15, "若無法身苦報不盡. 何成涅槃. 若無解脫業結不除. 何成涅槃. 若無般若闇惑不滅不成涅槃. 故具一切方成涅槃. 具攝一切以成法身. 是義云何. 若無涅槃生死不滅. 何名法身. 若無解脫結縛不盡不成法身. 若無般若闇惑不除不成法身. 要具一切方成法身. 故攝諸義以成法身. 具攝諸義共成解脫. 是義云何. 若無涅槃生死不滅不成解脫. 若無法身苦報不盡不成解脫. 若無般若闇惑不除不成解脫. 故具一切方成解脫. 又攝諸義共成般若. 是義云何. 若無涅槃諸過不滅. 何成般若. 若無法身垢障爲體. 何成般若. 若無解脫纏縛不離不成般若. 故具一切方成般若." 참조. 원효가 이를 요약한 것으로 보임. 경에서는 전거를 찾지 못함. 이영무 역(1984), 가은 역주(2004) 모두 전거를 찾지 못함.

그러므로 법신이 아니다. 법신과 반야와 해탈의 삼법을 갖추어야 열반을 이루게 됨을 앞의 것에 의거하여 알 수 있다."라고 한 것과 같다.[566]

故知{總}[567]如說四種總別之義, 一切功德皆亦如是, 一卽一切, 一切卽一. 是故總別無所障礙. 不同伊字是總非別, 其中三點是別非總. 唯取小分以爲譬耳.

그러므로 네 가지의 전체적이고 개별적인 뜻을 설명한 것처럼 일체의 공덕도 모두 이와 같으니, 하나가 곧 일체이고 일체가 곧 하나임을 알 것이다. 이 때문에 전체적인 뜻과 개별적인 뜻이 아무런 장애도 없다. 이는 이(伊)자가 총(總)이지만 별(別)은 아니며, 그중에 세 점은 별(別)이지만 총(總)이 아니라는 것과는 같지 않다. 다만 약간의 비슷한 점을 취하여 비유로 삼았을 뿐이다.

ㄹ. 삼사(三事)에 대해 왕복하며 결택함

第四往復決擇門.

네 번째는 열반의 삼사(三事)에 대하여 왕복하면서 결택하는 문이다.

---

565 이영무 역(1984), 가은 역주(2004) '感'을 '惑'으로 바꿈.
566 이를 도표로 나타내면 다음과 같다.

법신× 반야× 해탈×	→	열반×	열반× 반야× 해탈×	→	법신×	반야× 열반× 법신×	→	해탈×	열반× 법신× 해탈×	→	반야×

567 이영무 역(1984), 가은 역주(2004), '總'을 뺌. 울만 영역(1997) 안 뺌. 여기서는 뺌.

問. 如是如來實德法身, 當言有色, 當言無色?

물음. 이와 같은 여래의 참 공덕(實德)인 법신(法身)은 색(色)이 있다고 해야 하는가, 색(色)이 없다고 해야 하는가?

答. 或有說者, 法身無色, 但有隨機, 化現色相. 所以然者, 色是質礙麤形之法, 顚倒分〈別〉[568]之所變作. 諸佛如來, 永離分別, 歸於理原, 法界爲身. 由是道理, 不須色〈身〉[569]. 乃至凡夫至無色界, 離色分別. 故無色身. 豈說如來還有色身?

대답. 어떤 논사가 말하기를, 법신(法身)은 색(色)이 없으며 다만 기연(機緣)을 따라 색상(色相)으로 화현(化現)한다. 왜냐하면 색(色)이란 질애(質礙)를 가진 거친 모양의 것(法)이어서 전도된 분별에 의해 변해서 만들어진 것이기 때문이다. 모든 부처 여래는 영원히 분별에서 벗어나서 진리의 근원에 돌아와 법계로 몸을 삼는다. 이러한 도리로 색신을 필요로 하지 않는다. 범부들도 무색계에 이르면 색상의 분별에서 벗어나게 된다. 그러기에 그들도 색신(色身)이 없다. 그런데 어찌 여래에게 다시 색신이 있다고 말하는가?

如金鼓經言[570], "離法如如, 離無分別智. 一切諸佛無有別法. 何以故?

---

568 이영무 역(1984), 가은 역주(2004) '別'을 넣음. 울만 영역(1997) 안 넣음.
569 글의 흐름상 '身'을 넣음. 이영무 역(1984), 가은 역주(2004), 울만 영역(1997) 넣음.
570 『합부금광명경(合部金光明經)』, 대정장16, p.363a08~11, "離法如如. 離無分別智. 一切諸佛無有別法. 何以故. 一切諸佛智慧具足故. 一切煩惱究竟滅盡故. 得淸淨佛地故. 是故法如如如智. 攝一切佛法故."; 『금광명최승왕경(金光明最勝王經)』, 대정장16, p.408c01~4, "離法如如. 離無分別智. 一切諸佛無有別法. 一切諸佛智慧具足. 一切煩惱

一切諸佛智{惠}〔慧〕[571]具足故, 一切煩惱{畢}〔究〕[572]竟滅盡〈故〉[573],
得{佛淨地}〔清淨佛地故)[574]. {以}[575]是〔故〕[576]法如如如智, 攝一切
佛法〈故〉[577]." 又言[578], "如是法如如如如智, 亦無分別. 以願自在故,
衆生有感, 故[579]應化二身, 如日月影和合出生.[580]"

이는 『금고경』에서, "법여여(法如如)[581]를 벗어나서 무분별지마저 벗어난다.
모든 부처는 별다른 법이 따로 없다. 어째서인가? 모든 부처는 지혜가 다 갖추
어져 있기 때문이고, 온갖 번뇌가 끝내 다 없어졌기 때문에, 청정한 부처님의
지위를 얻는다. 이 때문에 법여여와 여여지(如如智)[582]로 일체의 불법(佛法)을

究竟滅盡. 得淸淨佛地. 是故法如如如如智. 攝一切佛法." 참조.

571 원문에 따라 '惠'를 '慧'로 바꿈.

572 원문에 따라 '畢'을 '究'로 바꿈.

573 원문에 따라 '故'를 넣음.

574 원문에 따라 '佛淨地'를 '淸淨佛地故'로 바꿈.

575 원문에 따라 '以'를 뺌.

576 원문에 따라 '故'를 넣음.

577 원문에 따라 '故'를 넣음.

578 『합부금광명경(合部金光明經)』, 대정장16, p.363a29~b02, "如是法如如如如智. 亦無分
別. 以願自在故衆生有感. 故應化二身. 如日月影和合出生.";『금광명최승왕경(金光明
最勝王經)』, 대정장16, p.408c24~6, "如是法如如如如智. 亦無分別. 以願自在故. 衆生有
感現應化身. 如日月影和合出現." 참조.

579 '故'가 『합부금광명경(合部金光明經)』에는 있고, 『금광명최승왕경(金光明最勝王經)』에는
없음.

580 『합부금광명경(合部金光明經)』에는 '出生'이라 되어 있고, 『금광명최승왕경(金光明最勝
王經)』에는 '出現'으로 되어 있음.

581 법여여(法如如): 법여여는 정체지이며 자리(自利)임. 여여지는 후득지이며 이타(利他)임.
『합부금광명경(合部金光明經)』, 대정장16, p.363a12~3, "一切諸佛利益自他至於究竟.
自利益者是法如如. 利益他者是如如智." 참조.

582 여여지(如如智): 위 주석 참조.

다 아우른다."라고 한 것과 같다. 또 "이와 같이 법여여와 여여지도 또한 분별이 없으니, 원력(願力)이 자재하기 때문이다. 중생들이 감응하는 바가 있기 때문에 응신과 화신의 두 몸이 마치 해·달의 그림자[583]가 화합하여 생기는 것과 같다."라고 한 것과 같다.

起信論云[584], "〈謂〉[585]諸佛如來, 唯是法身智相之身, 第一義諦, 無有世諦境界, 離於施作. 但隨{施}[586]衆生見聞, 得益故說爲用. 此用有二種,〈云何爲二?〉[587] 一〈者依分別事識〉[588], 凡夫二乘心所見者,〈名〉[589]爲應身.〈以不知轉識現, 故見從外來. 取色分齊不能盡知故.〉[590] 二〈者依於業識, 謂諸菩薩從初發意, 乃至〉[591]菩薩〈究竟

---

583 일월은 법신, 일월의 그림자는 응화신.

584 『대승기신론』(1), 진제(眞諦) 역, 대장정32, p.579b17~25, "謂諸佛如來唯是法身智相之身. 第一義諦無有世諦境界. 離於施作. 但隨衆生見聞得益故說爲用. 此用有二種. 云何爲二. 一者依分別事識. 凡夫二乘心所見者. 名爲應身. 以不知轉識現故見從外來. 取色分齊不能盡知故. 二者依於業識. 謂諸菩薩從初發意. 乃至菩薩究竟地心所見者. 名爲報身." 참조; 『대승기신론』(2), 실차난타(實叉難陀) 역, 대장정32, p.587c18~25, "一切如來唯是法身. 第一義諦無有世諦境界作用. 但隨衆生見聞等故. 而有種種作用不同此用有二. 一依分別事識. 謂凡夫二乘心所見者是名化身. 此人不知轉識影現. 見從外來取色分限. 然佛化身無有限量. 二依業識. 謂諸菩薩從初我今未死已得天身. 捨於短發心乃至菩薩究竟地心所見者名受用身." 참조. ; 은정희 역주, 『원효의 대승기신론소·별기』, pp.305~9 참조.

585 원문에 따라 '謂'를 넣음.

586 원문에 따라 '施'를 뺌.

587 원문에 따라 '云何爲二?'를 넣음.

588 원문에 따라 '者依分別事識'을 넣음.

589 원문에 따라 '名'을 넣음.

590 원문에 따라 '以不知轉識現故見從外來 取色分齊不能盡知故'를 넣음.

591 원문에 따라 '者依於業識 謂諸菩薩從初發意 乃至'를 넣음.

地, 心〉[592]所見者, 名爲報身." 乃至廣說.

『기신론』에서 말하기를, "말하자면 모든 부처 여래는 오직 법신(法身)·지상(智相)의 몸이며 제일의제[593]로서, 세제(世諦)[594]의 경계가 없는 것이어서 시행하여 짓는 일을 벗어났다. 다만 중생의 보고 들음에 따라 이익되게 하기 때문에 용(用)이라고 한다. 이 용에는 두 가지가 있으니, 어떤 것이 두 가지인가?

첫째는 분별사식에 의한 것으로 범부와 이승이 마음으로 보는 것을 응신(應身)이라 이름한다. 범부와 이승은 이것이 전식(轉識)의 나타냄[595]인 줄 알지 못하기 때문에 밖에서 온 것이라 보는 것이다. 그것은 색의 분제(分齊)[596]를 취하여 다 알지 못하기 때문이다. 둘째는 업식(業識)에 의한 것[597]이니, 모든 보살이 초발의(初發意)[598]로부터 보살구경지[599]에 이르기까지 마음으로 본 것을 보

---

592 원문에 따라 '究竟地, 心'을 넣음.

593 제일의제(第一義諦): 범 paramārtha-satya, 빨 paramattha-sacca. 진제(眞諦), 성제(聖諦), 승의제(勝義諦)라고도 한다. 열반(涅槃), 진여(眞如), 실상(實相), 중도(中道), 법계(法界), 진공(眞空) 등 깊고 묘한 진리를 제일의제라 함. 이 진리는 모든 법 가운데 제일이라는 뜻. 특히 법상종에서는 유식의 실성인 진여를 제일의제라 하고 변계(遍計)의 제법을 속제라 함.

594 세제(世諦): 범 Saṃvṛt-satya. 속제(俗諦)라고도 함. 세속의 사람들이 아는 바의 도리, 곧 세간 일반에서 인정하는 도리.

595 "전식의 나타냄"은 원효에 따르면, 중생이 자기의 전식[能見識]에 의하여 색상을 나타냄을 말함. 은정희 역주, 『원효의 대승기신론소별기』, p.310 참조.

596 색분제(色分際): 색, 즉 물질세계에 대한 분위(分位) 차별.

597 "보신 중에 업식에 의한다"고 한 것은 십해[十住] 이상의 보살은 오직 마음일 뿐[唯心] 바깥의 경계가 없는 뜻을 잘 알아서 업식의 뜻을 따라 불신을 보기 때문에 업식에 의하여 본다고 말함. 은정희 역주, 『원효의 대승기신론소별기』, pp.311~2 참조.

598 초발의보살: 10신의 종가입공관(從假入空觀)의 관법이 완성되어 진무루지(眞無漏智)*를 내고 마음이 진제(眞諦)의 이치에 안주하는 지위인 초주. 즉 발심주의 보살을 말함. 은정히 역주, 『원효의 대승기신론소별기』, p.159 참조. *진무루지(眞無漏智): 이승(二乘)의 무루지(無漏智)가 아닌 불보살의 무루지를 말함.

신(報身)이라 하는 것이다."라고 하고 내지 자세히 설하였다.

依此等文, 當知實德永無色身, 唯有隨根所現色耳. 而此經說[600], "〈色者〉[601]如來解脫{是色}[602]"等者, 對惠眼根說色非實色. 如智惠 非眼而說惠眼, 雖名爲眼, 實非色根. 如是法身非色而說妙色, 雖名 爲色實非色塵. 由是道理, 當知無色. 餘處說色, 皆作是通.

이러한 경문들에 의한다면, 여래의 참 공덕[實德]은 영원히 색신이 없지만, 오직 중생의 근기에 따라 나타내는 색(色)이 있을 뿐임을 마땅히 알아야 한다. 그런데 이 경에서 "색이란 여래의 해탈이다."라고 말한 것 등은 혜안[603]의 근 [慧眼根]에 대하여 색(色)이라 말한 것이지, 실제의 색[實色]은 아니다. 이는 마치 지혜는 눈이 아니지만 지혜의 눈이라 하는 것과 같아서, 비록 눈이라 이름하 지만 실로 색근은 아닌 것이다. 이와 같이 법신(法身)은 색(色)이 아니지만 미묘 한 색이라 하니, 비록 미묘한 색이라 이름하지만 실로 물질적 색[色塵]은 아니 다. 이러한 도리로, 법신은 색이 없음을 알아야 한다. 다른 곳에서 법신을 색 이라 말한 것도 모두 이와 같이 회통된다.

或有說者, 法身實德, 有無障礙色. 雖無質礙之義說色, 而以方所

---

599 보살구경지: 보살 10지 중 제10법운지(法雲地)를 말함.
600 『대반열반경』(36), 대정장12, p.775a16~8, "如來之身復有二種. 一者是色. 二者非色. 色 者如來解脫. 非色者如來永斷諸色相故." 참조.
601 원문에 따라 '色者'를 넣음.
602 원문에 따라 '是色'을 뺌.
603 혜안(慧眼): 범 prajñā-cakṣus. 지혜의 눈을 가리킴. 이승이 증득한 눈이며, 3안의 하나, 5안 의 하나. 제법이 평등하여 본성이 공함을 확실히 아는 지혜. 그러므로 이를 혜안이라 함. 제법의 참된 모습을 비추어 알기 때문에 중생을 제도하여 피안에 이르게 함.

示現說色. 雖離分別所作麤色, 而有萬行所感而得妙色. 如說雖無
⟨於⟩[604]分別識而得有於無分別識, 如是雖無障礙之色而亦得有無
障礙色. 如此經言[605], "捨無常色獲得常色. 受想行識亦復如是." 然
色陰之色, 通有十入, 對眼之色唯是一入. 故彼不能會通此文.

어떤 논사가 말하기를, 법신(法身)의 참덕(實德)은 장애가 없는 색(色)이 있
다. 비록 질애(質礙)가 없는 뜻으로 색을 말하지만, 그 방소(方所)로써 나타내
보인 것을 색이라 한다. 비록 분별(分別)[606]로 지은 거친 색은 벗어났지만, 만
행으로 감응되어 얻은 미묘한 색은 있다. 법신의 실덕은 비록 분별식에는 없
지만 무분별식[607]에는 있다고 하는 것처럼, 비록 장애의 색은 없지만 또한 장
애 없는 색이 있게 되는 것이다.[608]

---

604 문맥상 '於'를 넣음.
605 『대반열반경』(36), 대정장12, p.728a17, "**捨無常身而得常身.**" 참조. ; 같은 책,
　　p.838b16~8, "**色是無常. 因滅是色獲得解脫常住之色. 受想行識亦是無常. 因滅是識獲
　　得解脫常住之識.**" 참조. 가은 역주(2004), p.105 각주 376) 참조.
606 분별(分別): 분별식(分別識), 분별사식(分別事識)을 가리킴. 제육의식. 이 식은 대경(對
　　境)에 향하여 여러 가지로 생각하고 식별하는 작용이 있으므로 이렇게 이름.
607 무분별식(無分別識): 무분별지(無分別智)의 식. 올바르게 진여를 체득하는 것으로, 진여
　　의 모양은 우리들의 언어나 문자로써는 어떻게 형용할 수도 분별할 수도 없으므로 분별심
　　을 가지고는 그 체성에 계합할 수가 없다. 그리하여 모든 생각과 분별을 여읜 참 지혜로만
　　비로소 알 수 있다. 이를 무분별지의 식이라 함.
608 가은 역주(2004): 이는 마치 비록 분별하는 식은 없지만 분별이 없는 곳에 식이 있다고 말
　　하는 것과 같아서 이처럼 장애가 있는 색은 없지만 장애가 없는 색은 있는 것이다.; 이영
　　무 역(1984): 이는 마치 「비록 分別의 識은 없지마는 그러나 分別이 없는 識이 있다」고 말
　　하는 것과 같아서 비록 障礙가 되는 色相은 없지만 그러나 障礙가 없는 色相은 있는 것
　　이다.; 한글대장경: 그것은 분별이 없는 의식(意識)을 말하면서도 분별이 없는 의식이 있
　　다는 것이며, 또 그것은 비록 장애가 없는 색을 말하더라도 또한 장애가 없는 색이 있다는
　　것이다.; 황산덕 역(1982): 그것은 비록 분별식(分別識)이 없다고 말하면서도 무분별식

이는 이 경에서 "무상한 색을 버려서 영원한 색을 얻는다. 수상행식[609]도
또한 이와 같다."라고 한 것과 같다. 그런데 색음[610]의 색은 통틀어서 십입[611]
이 있는데, 눈에 대한 색은 오직 일입〔안근〕밖에 없다. 그러므로 (일입의 색이
색음의 색을 회통하지 못하는 것처럼) 저 앞 논사의 장애 있는 색은 이 뒤 논
사의 장애 없는 색까지를 회통하지 못한다.

又小泥洹中, {龘}〔純〕[612]陀歎佛言[613], "妙色湛然{體}[614]常安隱[615],

(無分別識)은 있을 수 있는 것과 마찬가지로, 비록 장애가 있는 색은 없다고 할지라도 장
애가 없는 색 또한 있을 수 있는 것이다.

609 색수상행식(色受想行識): 오온(五蘊, 범 pañca-skandha, 빨 pañca khandhā.), 오음(五陰)·
　　오중(五衆)·오취(五聚)라고도 한다. 삼과(三科)의 하나. 온(蘊)은 음역하면 새건타(塞健
　　陀)라 하고, 종류별로 모아 쌓은 것으로 곧 화합하여 모인 것이다. 무릇 생멸하고 변화하
　　는 것을 다섯 가지로 구별하였다. ①색온(色蘊), 범 rūpa-skandha), 스스로 변화하고 또 다
　　른 것을 장애하는 물질. ②수온(受蘊: 범 vedanā-skandha), 고·락·불고불락을 느끼는 마음
　　의 작용. ③상온(想蘊: 범 saṃjñā-skandha), 외계의 사물을 마음 속에 받아들이고, 그것을
　　상상하여 보는 마음의 작용. ④행온(行蘊: 범 saṃskāra-skandha), 인연으로 생겨나서 시간
　　적으로 변천하는데, 색·수·상·식을 제외한 그 밖의 일체 유위법으로서 의지와 마음의 작
　　용. ⑤식온(識蘊: 범 vijñāna-skandha), 안식 등 제식이 각각 모인 것으로 의식하고 분별하
　　는 작용. 중생은 이 오온이 임시로 화합한 것을 자아로 인식함.
610 색음(色陰): 범 rūpa-skandha, 빨 rūpa-kkhandha. 색온(色蘊)과 같음. 색수음(色受陰)이라
　　고도 한다. 오온(五蘊)의 하나이다. 앞 오온 주석 참조. 5근과 5감관의 대상이 되는 색(色)·
　　성(聲)·향(香)·미(味)·촉(觸)의 오경(五境)의 열 가지를 말함.
611 십입(十入): 오근(五根)과 오경(五境). 오근은 오관 즉 보고, 듣고, 냄새 맡고, 맛보고, 접
　　촉하는 5감각 기관인 눈, 귀, 코, 혀, 몸의 다섯. 오경은 오진(五塵)·오묘욕경(五妙欲境)이
　　라고도 하는데, 오근(五根)의 대상이 되고, 오식(五識)에 의해 알게 되는 다섯 종류의 바깥
　　경계이다. 곧 빛, 소리, 냄새, 맛, 접촉하는 것 등 다섯.
612 내용상 '龘'를 '純'으로 바꿈.
613 『대반니원경(大般泥洹經)』(6), 대정장12, p.859b06~8, "妙色湛然常安隱　不爲衰老所滅
　　磨　無量疾苦不逼迫　壽命長存無終極　無邊苦海悉已度　不隨時節劫數遷."을 참조.
614 원문에 따라 '體'를 뺌.

〈不爲衰老所滅磨, 無量疾苦不逼迫, 壽命長存無終極, 無邊苦海悉已度〉[616], 不{爲}[隨][617]時節劫{所還}[數遷][618]." 大聖廣劫行慈悲, 獲得金剛不壞身.

또 『소니원경』[619] 가운데 순타[620]가 부처님을 찬탄하여 말하기를,[621] "오묘한 색(色)은 담연(湛然)하여 항상 안온하니, 쇠약하고 늙어서 없어지는 것이 아니라네. 무량한 질병의 고통으로부터 핍박받지 않으니, 수명이 오래어서 끝이 없네. 가없는 고통의 바다를 다 이미 건넜으니, 시절과 무량한 시간(劫數)을 따라 변하는 것이 아니라네."라고 했다. 이것은 위대한 성인께서 오랜 시간에 자비를 행하여서 금강같이 무너지지 않는 몸을 얻었기 때문이다.

---

615 이영무 역(1984), '隱'을 '穩'으로 바꾸었으나, 원문에 따르면 바꿀 필요가 없음. 가은 역주 (2004), 울만 영역(1997) 안 바꿈.

616 원문에 따라 '不爲衰老所滅磨 無量疾苦不逼迫 壽命長存無終極 無邊苦海悉已度'를 넣음.

617 원문에 따라 '爲'를 '隨'로 바꿈.

618 원문에 따라 '所還'을 '數遷'으로 바꿈.

619 『소니원경』은 6권본 『대반니원경』을 말한다. 대정장12 pp.803a01~899c24에 실려 있음.

620 순타(純陀): 범 Cunda, 빨 이름 같음. 준타(准陀)·순타(淳陀)·주나(周那)라고도 한다. 부처 재세시 중인도 바라성(波婆城: 범 Pāvā, 빨리어 같음)의 대장장이이다. 부처님께 마지막으로 공양한 사람이다. 『장아함』권3 『유행경』에 기록되어 있는 것을 근거로 하면, 부처님께 공양한 것이 전단수이(栴檀樹耳: 빨 sūkaramaddava)라고 하는데, 이는 돼지가 좋아하는 버섯 종류이다. 『열반경』 등의 역본에서는 좋은 음식이라 하였고, 최근 서양 학자들은 빨리어의 『대반열반경』에 기재된 것에 근거하여, 순타가 부처님께 공양한 것은 돼지고기라고도 함.

621 이 부분은 세존이 순타에게 게송을 읊어주신 것으로 되어 있다. 순타가 세존의 이 게송을 듣고 찬탄하여 "선재(善哉) 선재(善哉)"라고 한다. 그러나 이 글에서는 순타가 부처님을 위해 찬탄하는 게송을 읊은 것으로 되어 있다. 따라서 이 글은 문맥에 따라 원효 자신의 글로 변용한 것임. 『대반니원경(大般泥洹經)』(6), 대정장12, p.859a02~b14, "爾時世尊卽爲純陀. 而說偈言……." 참조; 같은 책, p.859b15, "爾時純陀白佛言. 善哉善哉." 참조.

薩遮尼揵子經言[622], "瞿曇法〈性〉[623]身, 妙色常湛然{體}[624]. 〈清淨常寂滅, 其相如虛空〉[625]. 如是法性身, 衆生等無差{別}[626]. 〈此境界甚深, 二乘不能知〉[627]."

『살차니건자경(薩遮尼揵子經)』[628]에서 "구담(瞿曇)[629]의 법성신(法性身)[630]은 오묘한 색이 늘 담연하네. 청정하고 늘 적멸하여 그 모양이 마치 허공과 같네. 이와 같은 법성신은 중생과 같아서 차별이 없네. 이 경계는 깊고 깊어 이승(二乘)은 알 수가 없네."라고 하였다.

---

622 『대살차니건자소설경(大薩遮尼乾子所說經)』, 대정장9, p.359b05~8, "瞿曇法性身　妙色常湛然　清淨常寂滅　其相如虛空　如是法性身　衆生等無差　此境界甚深　二乘不能知."

623 원문에 따라 '性'을 더함.

624 원문에 따라 '體'를 뺌.

625 원문에 따라 '淸淨常寂滅　其相如虛空'을 더함.

626 원문에 따라 '別'을 뺌.

627 원문에 따라 '此境界甚深　二乘不能知'를 더함.

628 『대살차니건자소설경(大薩遮尼乾子所說經)』: 범 Bodhisattva-gocaropā-viṣya-vikurvaṇa-nirdeśa. 10권. 원위(元魏) 보리류지(菩提留支) 역. 『대살차니건자수기경(大薩遮尼乾子受記經)』·『대살차니건자경(大薩遮尼乾子經)』·『보살경계분신법문경(菩薩境界奮迅法門經)』이라고도 불림. 대정장9에 수록. 내용은 니건자외도(尼乾子外道) 논사 대살차(大薩遮, 범 Mahāhāsatya)가 문수보살의 질문에 답하는 것을 서술하고 있다. 이는 대승의 깊고 오묘한 법을 설한 것으로 부처를 깊이 칭찬하여 받아 적은 것이다. 전체 12품이다. 경 전체의 요지를 세간과 출세간 두 방면으로 나눌 수 있는데, 세간 방면은 왕도의 의의, 치국의 방법, 또 세간의 여러 죄와 허물을 열거하였다. 출세간 방면은 보살이 닦는 법문, 여래가 가지고 있는 공덕 그리고 오직 일승(一乘)뿐임을 말하고, 불성(佛性)의 보편(普遍)과 법신(法身)의 상적(常寂)의 이치를 설하였다. 본경은 유송(劉宋) 구나발타라(求那跋陀羅)가 번역한 『보살행방편경계신통변화경(菩薩行方便境界神通變化經)』3권이 동본이역으로 있음.

629 구담(瞿曇): 고타마(Gautama). 석가종족을 이름. 여기서는 석가 세존을 가리킴.

630 법성신(法性身): 삼신(범 trayaḥ kāyāḥ, 법성신·수용신·변화신) 중의 하나로 법신(法身)·자성신(自性身)이라고도 함.

攝大乘云[631], "爲顯異人功{德}[632]〔所得〕[633]故立自性身. 依止自性身, 起福德智惠二行, 二行所得之果, 謂淨土〈淸淨〉[634]及〈大〉[635]法樂. 能受用二果故, 名受用身."

『섭대승론』에 "수승한 사람의 공덕으로 얻는 바를 나타내기 위하여 자성신(自性身)[636]을 세웠다. 이 자성신에 의지하여, 복덕과 지혜의 두 가지 행을 일으키니, 두 가지 행에서 얻는 과보를 정토의 청정 및 대법락이라 이른다. 이 두 가지 과보를 수용(受用)하기 때문에, 수용신(受用身)[637]이라 한다."라고 하였다.

依此等文, 當知二行所感實報, 有自受用身及自受用淨土. 而餘處説

---

631 『섭대승론석(攝大乘論釋)』(15권본), 대정장31, p.249c13~6, "爲顯異人功所得故立自性身. 依止自性身. 起福德智慧二行. 二行所得之果. 謂淨土淸淨及大法樂. 能受用二果故名受用身"

632 원문에 따라 '德'을 뺌.

633 원문에 따라 '所得'을 넣음.

634 원문에 따라 '淸淨'을 넣음.

635 원문에 따라 '大'를 넣음.

636 자성신(自性身): 범 svabhāva-kāya. 자성법신(自性法身)이라고도 함. 삼신의 하나. 사신의 하나임. 자성이 본래 가지고 있는 몸을 가리키니, 후천의 인위적인 것에 의하여 얻은 것이 아님. 유식가에 의하면, 이 몸은 모든 여래의 참되고 맑은 법계이며, 수용·변화·평등의 의지가 되어, 상을 떠나 적연하며 모든 희론을 끊고 한량없는 진상(眞常) 공덕을 구족하여 법신과 동체이다. 그러나 법신은 공덕법의 의지가 되는 것을 의미하지만, 자성신은 자성에서 얻는다는 뜻을 드러냈기 때문에 자성신이라 함.

637 수용신(受用身): 범 saṃbhoga-kāya. 3신의 하나, 4신의 하나. 일체의 공덕을 다 갖추어서 순정한 땅(純淨之土)에 머물며 항상 법락을 수용하는 몸. 수용신에 대한 여러 설이 있다. 유식종에서는 수용신은 곧 불신으로서 그 자신 광대한 법락을 수용하며 아울러 그 밖의 중생들로 하여금 법락을 수용하게 한다. 수용신에는 또 두 가지가 있는데, 첫째 자수용신은 부처 스스로 법락을 수용하는 몸이니, 곧 실지신이며 대원경지와 상응하는 무루의 제8식에서 변현된 것임. 두 번째 타수용신은 부처의 평등성지가 시현하여, 타인을 교화하는 미묘하고 깨끗한 공덕신임.

法身無色者, 約自性身說爲無色. 是三身門之法身義. {令}〔今〕[638]三
事門所說法身, 總取始有萬德爲體. 是故說爲法身有色.

이들 경문을 근거로 하여 보면, 두 가지 행〔二行: 복덕·지혜〕으로 감응하는 실
보(實報)[639]에는 자수용신(自受用身)과 자수용정토(自受用淨土)[640]가 있음을 알아
야 한다. 그런데 다른 곳에서 법신에 색이 없다고 말한 것은 자성신(自性身)에 의
해 색이 없다고 말한 것이다. 이는 삼신〔법신·보신·응신〕[641]문에서 말한 법신의 뜻
이다.

이제 삼사〔법신·반야·해탈〕문에서 말하는 법신은 비로소 만덕으로 체를 이루었
음을 전체적으로 취한 것이다. 이 때문에 법신은 색이 있다고 말한다.

問. 二師所{報}〔說〕[642], 何失何得?

물음. 두 논사가 설명한 바는 어느 것이 옳고 어느 것이 틀리는가?

---

638 가은 역주(2004), '令'을 '今'으로 바꿈. 여기서는 가은 역주(2004)를 따름.
639 실보(實報): 진실보토(眞實報土) 또 실보토(實報土), 실보무장애토(實報無障礙土)라고
　　한다. 수용토(受用土)와 같다. 부처님의 보신(報身)이 머무는 땅을 가리킴. 즉 부처님이
　　과거의 인위에서 원행(願行)에 의해 보답받는 정토. 이 진실보토(眞實報土)는 인위의 번
　　뇌 없는 수행의 업이 스며들어서 나타난 무량장엄의 청정토임.
640 자수용정토(自受用淨土): 유식종(唯識宗)에서 세운 네 가지 불토 중 하나. 자수용신이 의
　　지하는 것으로, 즉 대원경지가 더불어 상응하는 정식(淨識)으로 변현된 무루순정불토(無
　　漏純淨佛土)를 가리킨다. 이 땅은 두루하여 한량이 없음.
641 삼신(三身): 제가의 설이 다르다. 『불지론』과 『성유식론』 10권에서는 자성신을 법신, 자수
　　용신을 보신, 타수용신과 변화신을 응신이라 하며, 또 『금광명경』에서는 자성신과 자수용
　　신을 법신, 타수용신을 응신, 변화신을 화신이라 함.
642 이영무 역(1984), 가은 역주(2004), 울만 영역(1997)에서는 '報'를 '說'로 바꿈. 내용상 필사
　　자의 오류로 보임.

答. 或有說者, 定取一邊, 二說皆失. 若非實{報}〔執〕⁶⁴³, 二義俱
得. 是義云何? 佛地萬德, 略有二門. 若就捨相歸一心門, 一切德相
〈皆〉⁶⁴⁴同法界. 故說唯是第一義身, 無有色相差別境界. 若依從性
成萬德門, 色心功德無所不備. 故說無量相好莊嚴. 雖有二門而無異
相. 是故諸說皆無障礙. 爲顯如是無礙法門, 金剛身品廣說之言⁶⁴⁵,
"如來之身非身是身, 無識是識, 離心亦不離心, 無處亦處, 無宅亦
宅, 非像非相, 諸相莊嚴." 乃至{說}⁶⁴⁶廣〔說〕⁶⁴⁷. 當知如來祕藏法
門, 說有說無, 皆有道理. 三{身}〔事〕⁶⁴⁸門竟.

대답. 어떤 논사가 말하기를, 결정코 일변만을 취하면 두 논사의 주장이
다 틀리다. (그러나) 만일 (자기 주장만을) 참으로 고집하지 않으면, 두 뜻⁶⁴⁹이
다 맞는다. 이것은 무엇을 의미하는가? 부처 지위의 온갖 공덕은 대략 두
가지가 있다. 첫째, 상을 버리고 일심으로 돌아오는 문에 의하면, 일체의 덕

---

643 이영무 역(1984), 올만 영역(1997), 가은 역주(2004)에서는 '報'를 '執'으로 바꿈.

644 가은 역주(2004), '相' 뒤에 '皆'를 넣음. 누락으로 의심됨.

645 『대반열반경』(36), 대정장12, pp.622c21~623a09, "**如來之身非身. 是身**不生不滅不習不
修. 無量無邊無有足跡. 無知無形畢竟淸淨. 無有動搖無受無行. 不住不作無味無雜. 非
是有爲非業非果. 非行非滅非心非數. 不可思議常不可議. **無識離心亦不離心**. 其心平等
無有亦有. 無有去來而亦去來. 不破不壞. 不斷不絶. 不出不滅. 非主亦主. 非有非無. 非
覺非觀. 非字非不字. 非定非不定. 不可見了了見. **無處亦處. 無宅亦宅**. 無闇無明. 無有
寂靜而亦寂靜. 是無所有. 不受不施. 淸淨無垢無諍斷諍. 住無住處. 不取不墮. 非法非
非法. 非福田非非福田. 無盡不盡離一切盡. 是空離空. 雖不常住非念念滅無有垢濁. 無
字離字. 非聲非說. 亦非修習. 非稱非量. 非一非異. **非像非相諸相莊嚴**. 非勇非畏. 無寂
不寂. 無熱不熱. 不可睹見無有相貌." 참조. 원효가 이 부분을 요약해서 말한 것임.

646 '說'을 뒤에 넣음.

647 앞의 '說'을 이곳에 넣음.

648 이영무 역(1984), 한불전에서 '신(身)'을 '사(事)'로 바꿈.

649 '법신에 색이 있다'고 보는 것과 '법신에 색이 없다'고 보는 것.

상(德相)은 모두 법계와 같다. 그러므로 오직 제일의신(第一義身)[650]이어서 색상의 차별된 경계는 없다고 말한다. 둘째, 자성(自性)에 의해 온갖 공덕을 이루는 문에 의하면, 색과 심의 공덕을 갖추지 아니한 것이 없다. 그러므로 한량없는 상호가 장엄되었다고 말한다. 비록 두 가지 문이 있지만 다른 것은 아니다. 이 때문에 모든 말씀이 다 걸림이 없다.

이와 같이 걸림이 없는 법문을 나타내기 위하여, 금강신품에 널리 말하기를, "여래의 몸은 몸이 아니면서 곧 몸이요, 식이 없으면서 곧 식이다. 마음을 벗어났으면서도 또한 마음을 벗어나지 않고, 처함이 없으면서도 또한 처하고, 살지 않으면서 또한 사는 것이고, 형상(像)도 아니고 모습(相)도 아니지만 모든 모습(相)을 장엄하였다."라고 하고 내지 자세히 말하였다. 그러므로 여래의 비밀스레 간직한 법문이 있다고 설명하거나 없다고 설명하는 것이 모두 도리가 있음을 알아야 한다. 삼사문(三事門)을 마친다.

바. 사덕문(四德門)

第六四德分別略有四門. 一顯相門, 二立意門, 三差別門, 四和諍門.

여섯 번째로 열반의 사덕(四德)을 분별하니 대략 사문(四門)이 있다. 첫째, 사덕의 모양을 나타내는 문이다. 둘째, 사덕의 뜻을 세우는 문이다. 셋째, 사덕의 차별을 밝히는 문이다. 넷째, 서로 다른 쟁론을 화회(和會)하는 문이다.

---

650 제일의신(第一義身): 제일의제를 갖춘 몸. 제일의제(第一義諦)란 진제·승의제라고도 하는데, 열반·진여·실상·중도·법계·진공 등 깊고 묘한 진리를 말함.

ㄱ. 사덕(四德)의 모양을 나타냄

顯相門者. 問[651]. 說法身卽備四德? 四德之義有通有別. 別而言之, 常是法身之義, 對彼{完}[色][652]身是無常故, 樂是涅槃之義, 對彼生死是苦海故, 我是佛義, 以對衆生不自〈在〉[653]故, 淨是法義, 以對非法是染濁故. 如哀歎品云[654] "我者卽是佛義, 常者是法身義, 樂者是涅槃義, 淨者是法{身}[655]義." 且約一邊如是配當.

사덕의 모양을 나타내는 문이다. 물음. 법신은 곧 사덕을 갖춘 것인가? 대답. 사덕의 뜻은 공통되는 점이 있고 구별되는 점이 있다. 구별되는 점을 말하면, 상(常)은 법신이라는 뜻이니 저 색신이 무상한 것을 대치하기 때문이요, 낙(樂)은 열반이라는 뜻이니 저 생사가 고해인 것을 대치하기 때문이요, 아(我)는 부처라는 뜻이니 중생들이 자재롭지 못한 것을 대치하기 때문이요, 정(淨)은 법이라는 뜻이니 법 아닌 것(非法)이 물들고 탁한 것을 대치하기 때문이다. 이는 애탄품에, "아(我)는 곧 부처의 뜻이요, 상(常)은 법신의 뜻이요, 낙(樂)은 열반의 뜻이요, 정(淨)은 법의 뜻이다."라고 한 것과 같다. 이는 한 변을 잡아서 이와 같이 배당한 것이다.

---

651 이영무 역(1984)에서 '問'을 뺌. 여기서는 '물음'으로 해석함.

652 이영무 역(1984)에서 '完'을 '色'으로 바꿈. 한불전은 '完'을 고쳐야 할 것으로 보면서 무엇으로 고쳐야 할지를 제시하지 않음. 한글대장경(김달진 옮김)(1992)은 '完'을 그대로 살려 '완전한'으로 번역함. 여기서는 '色'으로 바꿈.

653 문맥상 '在'를 넣음.

654 『대반열반경』(36), 대정장12, p.617a22~4, "我者卽是佛義. 常者是法身義. 樂者是涅槃義. 淨者是法義."

655 원문에 따라 '身'을 뺌.

就實通論, 無所不當. 如前三事總別門說. 是卽四德是法身義, 又此四德是涅槃義, 望餘諸皆亦如是. 如德王品云[656], "以見佛性而得涅槃, 常樂我淨名大涅槃."

실제로 통틀어서 논하면 사덕이 서로 해당되지 않음이 없다. 이는 앞서 삼사에 대하여 총·별문에서 말한 것과 같다. 이것은 곧 사덕이 법신의 뜻이고, 또한 이 사덕이 열반의 뜻이니, 나머지 모두에 대해서도 또한 이와 같다(즉 사덕이 부처이고, 사덕이 법이다). 이는 덕왕품에, "불성을 봄으로써 열반을 얻으니, 상락아정을 대열반이라 이름한다."라고 한 것과 같다.

總說雖然, 於中分別者, 四德之相, 各有二義. 常德二義者, 如來通達無二之性. 不捨有爲生死, 以不見生死異涅槃故. 不取無爲涅槃, 以不見涅槃異生死故. 依是二義離斷常, 乃法身常德義也.

전체적으로 말하면 비록 그렇더라도, 그 가운데 분별하면, 사덕의 모양은 각각 두 가지의 뜻이 있다. 상덕(常德)의 두 가지 뜻[657]이란 여래의 둘이 없는 성품을 통달한 것이다. 첫째, 유위의 생사를 버리지 않으니, 생사는 열반과 다르다고 보지 않기 때문이다. 둘째, 무위의 열반도 취하지 않으니, 열반이 생사와 다르다고 보지 않기 때문이다. 이 두 가지 뜻에 의하여 단견과 상견을 여의는 것이 곧 법신 상덕(常德)의 뜻이다.

---

656 『대반열반경』(36), 대정장12, p.758c15~8, "若見佛性能斷煩惱. 是則名爲大般涅槃. 以見佛性故得名爲常樂我淨. 以是義故. 斷除煩惱. 亦得稱爲大般涅槃." 참조. 원효가 이 글을 줄여서 인용하는 것으로 보임.
657 유위생사를 버리지 않음과 무위열반을 취하지 않음.

實性論云[658], "依二種法, 如來法身, 有常波羅蜜應知. 何等爲二? 一
者不滅一切諸有爲行, 以離斷見邊故. 二者不取無爲涅槃, 〈以〉[659]
離常見邊故. 以是義故, 聖者勝鬘經〈中〉[660]說言[661], '世尊! 見諸行
無常, 是斷見非正見, 見涅槃常{住}[662], 是常見非正見{故}[663].'"

『보성론』[664]에서 "이 두 가지 법에 의해 여래의 법신에 상바라밀(常波羅
蜜)[665]이 있음을 알아야 한다.[666] 무엇이 두 가지인가? 첫째는 일체의 모든 유

---

658 『구경일승보성론(究竟一乘寶性論)』, 대정장31, p.830c24~9, "依此二法如來法身有常波
羅蜜應知. 何等爲二. 一者不滅一切諸有爲行. 以離斷見邊故. 二者不取無爲涅槃. 以離
常見邊故. 以是義故. 聖者勝鬘經中說言. 世尊. 見諸行無常. 是斷見非正見見涅槃常.
是常見非正見."

659 원문에 따라 '以'를 더함.

660 원문에 따라 '中'을 더함.

661 『승만사자후일승대방편방광경(勝鬘師子吼一乘大方便方廣經)』, 대정장12, p.222a11~3,
"所謂常見斷見. 見諸行無常. 是斷見非正見. 見涅槃常. 是常見非正見." 참조; 이영무 역
(1984), 한글대장경(김달진 옮김)(1992), 황산덕 역(1982) 등 기존의 모든 번역서가 『승만
경』에서 인용한 것으로 보고 있으나, 오히려 원효는 『보성론』에서 『승만경』을 인용하는 것
을 그대로 재인용한 것으로 봄.

662 원문에 따라 '住'를 뺌.

663 원문에 따라 '故'를 뺌.

664 『구경일승보성론(究竟一乘寶性論)』: 범 Rātnagotra-vibhāgo Mahāyānottaratantra-śāstra(分別
寶性之大乘最勝要義論). 4권. 미륵 저, 후위(後魏) 늑라마리(勒那摩提) 역. 또 『보성분별
일승증상론(寶性分別一乘增上論)』이라고도 한다. 약칭해서 『보성론(寶性論)』이라 함. 대
정장31에 수록됨. 십일품(十一品)으로 되어 있음. 1950년, H. Johnston과 T. Chowdhury가
이 『보성론』의 산스크리트 원전을 공동으로 출판하였음. 이 논은 여래장이 자성청정하다
는 교의를 논술하고 있음.

665 상바라밀(常波羅蜜): 사덕(四德) 바라밀의 하나. 사덕은 여래 법신이 갖춘 상·락·아·정
의 사덕을 말하며, 바라밀은 도피안의 뜻으로 사(事)의 구경을 나타낸다. 사덕 바라밀은
여래 법신이 사덕의 구경처가 된다는 뜻.

666 이영무 역(1984), 한글대장경(김달진 옮김)(1992), 황산덕 역(1982)에서 '應知'(마땅히 알

위의 현상을 없애지 않으니, 단견(斷見)의 치우침을 여의기 때문이다. 둘째는 무위의 열반을 취하지 않으니, 상견(常見)의 치우침을 여의기 때문이다. 이러한 뜻 때문에 성스러운 『승만경』667 가운데, '세존이시어! 모든 현상이 무상하다고 보는 것은 단견이지 정견(正見)은 아니며, 열반이 항상하다(常)고 보는 것은 상견이지 정견이 아닙니다.'"라고 하였다.

樂德二義者, 謂離一切意生身苦, 及滅一切煩惱習氣. 離意生身苦顯寂靜樂, 滅煩惱習氣顯智樂. 如論說云668, "依二種法, 如來法身, 有樂波羅蜜〈應知〉669. 何等爲二? 一者遠離一切苦,〈以滅一切種苦故〉670, 以滅一切意生身故. 二者遠離一切煩惱習氣,〈以〉671證一切法故."

낙덕(樂德)의 두 가지 뜻은, 말하자면 모든 의생신(意生身)672의 괴로움을 여

아야 한다)를 번역하지 않음.

667 '성자승만경'은 『승만경』을 가리킴. 『보성론』에서 『승만경』을 '성자승만경'이라 하였고, 원효가 이를 따라 쓴 것으로 보임.

668 『구경일승보성론(究竟一乘寶性論)』, 대정장31, p.830c19~24, "**依此二法如來法身有樂波羅蜜應知. 何等爲二. 一者遠離一切苦. 二者遠離一切煩惱習氣. 此以何義. 云何遠離一切苦. 以滅一切種苦故. 以滅一切意生身故. 云何遠離煩惱習氣. 以證一切法故.**" 참조.

669 원문에 따라 '應知'를 더함.

670 원문에 따라 '以滅一切種苦故'를 더함.

671 원문에 따라 '以'를 더함.

672 의생신(意生身): 범 mano-maya-kāya. 또 의성신(意成身)·의성색신(意成色身)·마누화신(摩㝹化身)·마노말야신(摩奴末耶身)이라고도 한다. 부모님이 낳아 주신 신체가 아니라, 초지(혹은 8지라고도 함) 이상의 보살이 중생을 제도하기 위하여 뜻에 의해 화생한 몸. 이외에, 중유(中有)의 몸·겁초(劫初)의 사람·색계(色界)·무색계(無色界)·변화신(變化身)·계외(界外)의 변역신(變易身) 등이 똑같이 의생신에 속함.

의고 모든 번뇌습기를 없애는 것을 말한다. 의생신의 괴로움을 벗어남은 적정
(寂靜)의 낙(樂)을 나타냄이요, 번뇌습기를 없앰은 지(智)의 낙(樂)을 나타냄이
다.

이는 『보성론』에, "이 두 가지 법에 의하여 여래 법신에 낙바라밀(樂波羅
蜜)[673]이 있음을 알아야 한다. 무엇이 둘인가? 첫째는 모든 종류의 괴로움을
멀리 여의는 것이니, 모든 종류의 괴로움을 멸하기 때문이며, 모든 의생신을
멸하기 때문이다. 둘째는 모든 번뇌습기를 멀리 여의는 것이니, 일체법을 증
득하기 때문이다."라고 한 것과 같다

我德二義{是}〔者〕[674], 謂離我見邊及無我見邊, 非我非無我乃得大
我故. 如論說云[675], "依二種法, 〈如來法〉[676]身有我波羅蜜〈應知〉[677].
何等爲二? 一者遠離諸外道邊, 〈以〉[678]離虛妄我戲論故. 二者遠離
諸聲聞邊, 以離無我戲論故." 以是義故, 楞伽經云[679], "離諸外道
{邊}〔過〕[680], {禁}〔焚〕[681]燒無我見. 令我見熾{燃}〔然〕[682], 如劫盡

673 낙바라밀(樂波羅蜜): 사덕 바라밀의 하나. 앞의 상바라밀 주석 참조.
674 필사본 p.38a6*04에 따라 '是'를 '者'로 바꿈. 대정장38, p.245c22*05와 한불전1, p.533b20
　　에 '是'로 잘못되어 있음.
675 『구경일승보성론(究竟一乘寶性論)』, 대정장31, p.830c16~9, "有二種法. 依此二法如來法
　　**身有我波羅蜜應知. 何等爲二. 一者遠離諸外道邊. 以離虛妄我戲論故. 二者遠離諸聲聞
　　邊. 以離無我戲論故.**" 참조.
676 원문에 따라 '如來法'을 더함.
677 원문에 따라 '應知'를 더함.
678 원문에 따라 '以'를 더함.
679 『입능가경(入楞伽經)』, 대정장16, p.583b25~6, "**離諸外道過. 焚燒無我見. 令我見熾然.
　　如劫盡火炎.**"
680 원문에 따라 '邊'을 '過'로 바꿈.
681 원문에 따라 '禁'을 '焚'으로 바꿈.

火 { 燃 }〔炎〕683."

아덕(我德)의 두 가지 뜻은, 아견(我見)684의 치우침 및 무아견(無我見)685의
치우침을 여의는 것이니, 아(我)도 아니고 무아(無我)도 아니어야 대아(大我)를
얻기 때문이다.

이는 『보성론』에서, "두 가지 법에 의하여 여래 법신에는 아바라밀(我波羅
蜜)686이 있음을 알아야 한다. 무엇이 둘인가? 첫째는 여러 외도의 치우침을
멀리 여의는 것이니, 헛된 아의 희론〔즉 아견〕을 여의기 때문이다. 둘째는 모든
성문의 치우침을 멀리 여의니, 무아의 희론〔즉 무아견〕을 여의기 때문이다."라고
한 것과 같다.

이러한 뜻 때문에 『능가경』에서, "모든 외도(外道)의 잘못된 허물을 여의고,
성문의 무아견까지도 태워 버리네. 세차게 타오르는 아견을, 겁진화(劫盡火)687
가 태워 버리는 것처럼."이라고 하였다.

淨德二義者, 通達分別性, 除滅依他性故. 通達分別顯自性淨, 滅依他

---

682 원문에 따라 '燃'을 '然'으로 바꿈.

683 원문에 따라 '燃'을 '炎'으로 바꿈.

684 아견(我見): 범 ātma-dṛṣṭi. 아견은 실아(實我)가 있다고 집착하는 망견으로 비아(非我)의
　　존재에 대해 아(我)라고 망집하는 것. 이에는 인아견(人我見)과 법아견(法我見)이 있음.

685 무아견(無我見): 범 anātma-dṛṣṭi. 상일주재(常一主宰)하는 아가 없다〔곧 무아〕를 주장하
　　는 견해.

686 아바라밀(我波羅蜜): 사덕 바라밀의 하나. 앞의 상바라밀 주석 참조.

687 겁진화(劫盡火): 겁화(劫火). 범 kalpāgni, 빨 kappaggi. 세계의 성립은 성(成)·주(住)·괴
　　(壞)·공(空) 4겁으로 나누어 이루어지는데, 괴겁의 말에는 반드시 화재·수재·풍재가 일
　　어난다. 화재가 일어날 때, 하늘에는 일곱 해가 나타나 초선천(初禪天) 이하를 모두 태워
　　없앤다고 함.

性顯方便淨. 如論言[688], "依二種法, 如來法身, 有淨波羅蜜〈應知〉[689].
何等爲二? 一者本來自性淸淨, 以{同}〔因〕[690]相故. 二者離垢淸淨,
以勝相故."

정덕(淨德)의 두 가지 뜻은, 분별성[691]을 통달하고 의타성[692]을 없애는 것이

---

688 『구경일승보성론(究竟一乘寶性論)』, 대정장31, p.830c13~6, "又復略說有二種法. 依此二
　　法如來法身有淨波羅蜜應知. 何等爲二. 一者本來自性淸淨. 以因相故. 二者離垢淸淨.
　　以勝相故."

689 원문에 따라 '應知'를 더함.

690 원문에 따라 '同'을 '因'으로 바꿈.

691 분별성(分別性): 변계소집성(遍計所執性)의 다른 이름. 설일체유부에서의 염오분(染汚
　　分)을 『섭대승론』에서 분별성이라 풀이함.(『섭대승론(攝大乘論)』, 대정장31, p.121a03~7,
　　"阿毘達磨修多羅中佛世尊說法有三種. 一染汚分. 二淸淨分. 三染汚淸淨分. 依何義說
　　此三分. 於依他性中分別性爲染汚分. 眞實性爲淸淨分. 依他性爲染汚淸淨分" 참조.) 변
　　계소집성(遍計所執性). 범 parikalpita-svabhāva. 유식종(唯識宗)에서 세운 삼성 가운데 하
　　나. 또 다음과 같은 명칭들이 있다. 변계소집상(遍計所執相), 분별성(分別性), 분별상(分
　　別相), 망계자성(妄計自性), 망분별성(妄分別性). 약칭해서 변계소집(遍計所執), 계소집
　　(計所執), 소집성(所執性)이라고도 한다. 범부가 의타기성의 법을 집착하여 일체 사물에
　　대하여 주관적 색채를 띠고 잘못 분별하는 것. 이 능변계(能遍計)하는 마음이 소변계(所
　　遍計)의 법을 망령되게 집착할 적에 그 망정(妄情) 앞에 나타나는 그림자를 변계소집성이
　　라 함.

692 의타성(依他性): 의타기성(依他起性)의 다른 이름. 자기의 원인만으로는 나기 어렵고 반
　　드시 다른 연을 기다려서 나는 물(物)·심(心)의 모든 현상. 즉 인연으로 나는 모든 법. 의
　　타기성(依他起性): 범 para-tantra-svabhāva. 의타기상(依他起相)·연기자성(緣起自性)·인
　　연법체자상상(因緣法體自相相)이라고도 함. 약칭해서 의타기(依他起)·의타(依他)라고
　　도 함. 유식종에서 세운 삼성(三性)의 하나. 다른 연(緣)에 의해서 일체의 환상이나 임시
　　로 있는 것 등의 현상을 나게 하는 모든 법을 가리킴. 이 의타기성은 유위법에 속하고 유
　　식 100법 가운데 6무위법[허공(虛空)·택멸(擇滅)·비택멸(非擇滅)·부동(不動)·상수멸
　　(想受滅)·진여(眞如)]을 제외한 나머지 94법 모두 이 의타기성에 포함된다. 인연(因緣)·
　　소연연(所緣緣)·등무간연(等無間緣)·증상연(增上緣) 등 4연에서, 만약 이 4연을 구족한
　　다면 심법(心法)을 낼 수 있고, 만약 인연(因緣)·증상연(增上緣)을 구족한다면 색법(色

다. 분별성을 통달해서 자성정[693]을 나타내며, 의타성을 없애어 방편정[694]을 나타낸다. 이는『보성론』에 "두 가지 법에 의해 여래 법신은 정바라밀(淨波羅蜜)이 있음을 알아야 한다. 무엇이 둘인가? 첫째는 본래 자성이 청정〔本來自性淸淨〕[695]하니, 이는 인상(因相)[696]이기 때문이다. 둘째는 때를 여의고 청정〔離垢淸淨〕[697]하니, 이는 승상(勝相)[698]이기 때문이다."라고 한 것과 같다.

問. 何故常與我, 對二邊顯一, 而於樂淨德, 遣一邊說二? 答. 是顯略門, 及影論門, 其作論者, 以巧便術也.

물음. 어찌하여 상(常)과 아(我)에는 두 가지 치우침을 대치하여 하나를 나타

法)을 낼 수 있다. 이에 일체 유위의 현상은 인연이 화합하여 생기고, 인연이 떨어져 흩어지면 모든 법이 다하여 없어진다는 것을 알게 된다. 이것은 곧 일체의 모든 법이 있으면서 있지 않고, 없으면서 없지도 않은 뜻이다. 그러므로 경 가운데 '허깨비와 같아 임시로 있고〔如幻假有〕, 있지 않으나 있음과 비슷하며〔非有似有〕, 임시로 있으나 실제로는 없네〔假有無實〕' 등의 설법이 늘 있는 것이다. 의타기성은 또 염분(染分)·정분(淨分) 두 가지로 나눌 수 있다: 첫째, 염분의타(染分依他)는 허망분별의 연에 의하여 생기는 유루 잡념의 모든 법을 가리킴. 둘째, 정분의타(淨分依他)는 성지(聖智)의 연에 의하여 생기는 무루 순정(純淨)의 법을 가리킴.

693 자성정(自性淨): 정유이무(情有理無)의 분별성〔변계소집성〕을 확실히 알면 자성의 본래 깨끗함이 나타남. 본래자성청정열반과 같음.

694 방편정(方便淨): 지혜와 자비의 선교방편으로 의타기성의 유위법이 없어짐. 방편괴열반과 같음.

695 자성청정(自性淸淨): 중생의 진여의 심체로서 본래 청정하여 물들고 막힘이 없으므로 자성청정이라 함.

696 인상(因相): 중생의 진여 심체는 본래 청정하여 만법의 근원이 되므로 인상이라 함.

697 이구청정(離垢淸淨): 자성청정의 심체는 일체 번뇌의 때를 멀리 여의었기 때문에 이구청정이라 함.

698 승상(勝相): 수승한 상. 자성 청정의 심체는 일체 번뇌를 멀리 여의었기 때문에 수승한 상이라 함.

내고 낙덕과 정덕에는 하나의 치우침을 보내고 둘을 말하는가? 대답. 이는 현
략문(顯略門)과 •영론문(影論門)⁶⁹⁹이니, 『보성론』을 지은이가 선교(善巧)의 방편
술을 쓴 것이다.

ㄴ. 사덕(四德)을 건립한 뜻을 밝힘

第二明其立四意者. 萬德既圓, 何獨立四? 立四之由, 略有四義, 除
四障故, 翻四患故, 對四倒故, 離四{於}〔相〕⁷⁰⁰故.

두 번째로 사덕을 건립한 뜻을 밝힌다. 열반에 온갖 공덕이 이미 두루한데,
어째서 유독 네 가지만 세우는가? 네 가지를 세운 이유에는 대략 네 가지 뜻
이 있으니, 이는 네 가지 장애를 없애기 때문이요, 네 가지 근심을 뒤집기 때
문이요, 네 가지 전도를 대치하기 때문이요, 네 가지 모양을 여의기 때문이다.

除四障者. 凡聖四人各有一障. 一者闡提謗法, 障於淨德. 貪〈著〉⁷⁰¹

---

699 현략문(顯略門)과 영론문(影論門): 관련 있는 두 가지 사건을 설명할 때에는 한쪽에서 생
    략한 사유가 다른 쪽에서 나타나고, 다른 쪽에서 생략한 사유가 이쪽에서 설명된다. 이처
    럼 상호 보충하여 완전한 설명방식을 이루는 것을 영략호현(影略互顯)이라 함. 이를테면
    『유마경』 제자품에 "단번뇌입열반(斷煩惱入涅槃)"의 일구에서 "단번뇌(斷煩惱)" 다음에
    "득보리(得菩提)"가 생략되고, "입열반(入涅槃)" 전에 "이생사(離生死)"가 생략된 것과 같
    다. 여기서 현략문은 두 변에 대하여 하나를 나타내는 것이니, 즉 단견과 상견을 버리고
    정견을 말하며〔상덕〕 아견과 무아견을 버리고 대아를 말함〔아덕〕. 영론문은 한 변을 버리
    고 둘을 설명하는 것이니, 즉 낙덕에서 적정락과 지락을 말하고, 정덕에서 자성정과 방편
    정을 말하여 한쪽만 말하지 않는 것.
700 가은 역주(2004), 이영무 역(1984), 한글대장경(김달진 옮김)(1992), 황산덕 역(1982)에서
    '於'를 '相'으로 바꿈.
701 가은 역주(2004), '著'을 넣음.

生死爲淨法故. 二者外道著我, 障於我德. 不了眞我執虛妄〈我〉⁷⁰²
故. 三者聲聞畏苦, 障於樂德. 不知彼苦卽是大樂故. 四者緣覺捨
心, 障於常德. 捨於常利而取斷滅故. 爲除如是四種障故, 菩薩修習
四種勝因. 所謂信心般若三昧大悲, 次第得證淨我樂常.

① 네 가지 장애를 없앰. 범부와 성인 네 부류의 사람에게 각각 한 가지씩
의 장애가 있다. 첫째, 일천제(一闡提)는 부처님의 법을 비방하므로 정덕(淨德)
에 장애가 된다. 이는 생사를 탐착하여 그것을 정법(淨法)으로 삼기 때문이다.
둘째, 외도(外道)는 아(我)에 집착하므로 아덕(我德)에 장애가 된다. 이는 진아
(眞我)를 알지 못하고 거짓된 아(我)에 집착하기 때문이다. 셋째, 성문(聲聞)은
고(苦)를 두려워하므로 낙덕(樂德)에 장애가 된다. 이는 저 고(苦)가 곧 대락(大
樂)⁷⁰³임을 알지 못하기 때문이다. 넷째, 연각(緣覺)이 본 마음을 버리므로 상덕
(常德)에 장애가 된다. 이것은 상(常)의 이익을 버리고, 단멸(斷滅)을 취하기 때
문이다. 이러한 네 가지 장애를 없애기 위하여, 보살은 네 가지 수승한 인행을
닦아 익힌다. 말하자면, 신심과 반야와 삼매와 대비의 행이니, 차례로 정(淨)·
아(我)·낙(樂)·상(常)을 증득하게 된다.

如寶性論偈云⁷⁰⁴, "有四種障礙, 謗法及著我, 怖畏世間苦, 捨離諸
衆生.〈此偈明何義? 偈言〉⁷⁰⁵, 闡提及外道, 聲聞及緣⁷⁰⁶覺, 信等四

---

702 가은 역주(2004), 이영무 역(1984), 글의 흐름에 따라 '我'를 넣음.
703 대락(大樂): 열반의 네 가지 즐거움 즉, 단수락(斷受樂)·적정락(寂靜樂)·각지락(覺知
　　樂)·불괴락(不壞樂)을 말함. 본문 아래 글 참조.
704 『구경일승보성론(究竟一乘寶性論)』, 대정장31, p.828c02~6, "有四種障礙 謗法及著我 怖畏
　　世間苦 捨離諸衆生 此偈明何義 偈言 闡提及外道 聲聞及自覺 信等四種法 淸淨因應知."
705 원문에 따라 '此偈明何義 偈言'을 넣음.

種法淸淨因應知."

이는 『보성론』의 게송에서, "네 가지의 장애가 있나니, 부처님의 법을 비방하고 아(我)에 집착하며, 세간의 괴로움을 두려워하고, 모든 중생을 버리는 것이라네. 이 게송은 어떤 뜻을 밝히는가? 게송으로, '천제와 외도, 성문과 연각은, 신심(信心)·반야(般若)·삼매(三昧)·대비(大悲)의 네 가지 법이 청정한 인(因)인 줄을 마땅히 알지니.'라고 하였다."라고 하는 것과 같다.

翻四患者. 分段生死有四種患. 謂無常苦無我不淨. 爲翻如是四種
患法故, 於涅槃建立四德. 此義可見, 不勞引文. 然何故四[707]門開空
無我此中廢空立不淨者? 四諦道理是正觀境, 以理爲勝所以開空.
今四患門是念處境, 爲對四倒故立不淨也.

② 네 가지 근심을 뒤집음. 분단생사[708]에는 네 가지 근심이 있으니, 무상(無常)과 고(苦)와 무아(無我)와 부정(不淨)이다. 이와 같은 네 가지 근심을 뒤집기 위하여 열반에 네 가지 덕을 건립한 것이다. 이 뜻은 알 수 있기 때문에 애써 경문을 인용하지 않는다. 그런데 무엇 때문에 무상·고·무아·공 네 가지문(四門)[709]에는 공(空)·무아(無我)를 내세웠는데, 여기서는 공(空)을 없애고 부

---

706 원문에 '自'로 되어 있으나, 여기서는 '緣'으로 되어 있음. 자각(自覺)은 독각(獨覺), 즉 연각(緣覺)을 말함.

707 가은 역주(2004), 이영무 역(1984)에 '四' 다음에 '諦'를 넣었으나 여기서는 넣지 않음.

708 분단생사(分段生死): 앞 유위생사 주석 참조.

709 사문(四門): 유부(有部)의 수증론(修證論)에서는 4선근위(四善根位)에서 4제(四諦)를 관할 때, 매 일제에 4가지 행상이 있어서 총 16행상이 있다. 이 가운데 고제(苦諦)의 비상(非常)·고(苦)·공(空)·비아(非我)의 4행상(四行相)을 말함.

정(不淨)을 내세웠는가? 사제(四諦)[710]의 도리는 정관(正觀)[711]의 경계이니 이치를 으뜸으로 삼기에 공(空)을 넣은 것이다. 그리고 지금 이 네 가지 근심의 문〔무상·고·무아·부정〕(四患門)은 바로 염처(念處)[712]의 경계이니, 네 가지 전도〔유위의 상·락·아·정〕를 대치하기 위하여 부정(不淨)을 세운 것이다.

對四倒者. 謂聲聞四無〈爲顚〉[713]倒行, 雖對治凡夫有爲四倒, 而翻法身無爲四德. 以不了五陰卽是法身故. 爲對治此無爲四倒, 是故建立法身四德.

③ 네 가지 전도[714]를 대치함. 성문이 갖는 네 가지 무위의 전도행〔無常·無

---

710 사제(四諦): 네 가지 제(諦)로, 고(苦)·집(集)·멸(滅)·도(道)를 말함.
711 정관(正觀): 바른 지혜로써 진여를 바르게 아는 것. 사관(邪觀)의 대(對). 바로 관상하려는 경계를 여실하게 관하는 것. 정견(正見)과 같음. 곧 지(止)와 관(觀)이 쌍으로 작용할 때가 정관이 됨.
712 염처(念處): 범 smṛty-upasthāna. 염처는 사념처 곧 사념주(四念住)를 말함. 소승의 수행자가 삼현위(三賢位)에서 오정심관(五停心觀: 부정관·자비관·연기관·계분별관·수식관) 다음에 닦는 관(觀). 신념처(身念處)·수념처(受念處)·심념처(心念處)·법념처(法念處). ①신념처(身念處): 부모에게 받은 육신이 부정(不淨)하다고 관하는 것. ②수념처(受念處): 우리의 마음에 낙이라고 하는 음행·자녀·재물 등을 보고 낙이라 하는 것은 참 낙이 아니고 모두 고통이라고 관하는 것. ③심념처(心念處): 우리의 마음은 항상 그대로 있는 것이 아니고 늘 변화 생멸하는 무상(無常)한 것이라고 관하는 것. ④법념처(法念處): 위의 셋을 제하고 다른 만유에 대하여 실로 자아(自我)인 실체(實體)가 없으며 또 나에게 속한 모든 물건을 나의 소유물이라고 하는 데 대해서도 모두 일정한 소유자가 없다〔無我〕고 관하는 것. 이 사념처관을 신(身)·수(受)·심(心)·법(法)의 순서로 따로 따로 관하는 것을 별상념처관(別相念處觀), 총합하여 관하는 것을 총상념처관(總相念處觀)이라 함.
713 글의 흐름상 '爲顚'을 넣음. 가은 역주(2004), '無' 뒤에 '爲顚'을 넣음; 이영무 역(1984), '爲'를 넣음. 성문이 갖는 무위의 사전도를 말하기 때문에 이렇게 교정함.
714 사전도(四顚倒): 네 가지의 전도된 망견을 가리킨다. 약칭해서 사도(四倒)라고도 한다. 두 가지로 나눌 수 있다: ①유위의 사전도(四顚倒). 범부가 생사 유위법에 대하여 집착하여

樂·無我·不淨[715]이 비록 범부가 갖는 유위(有爲)의 네 가지 전도[무상을 상으로, 고를 낙으로, 무아를 아로, 부정(不淨)을 정(淨)으로 집착함]는 대치하였으나, 법신의 무위의 네 가지 덕[상·락·아·정]에는 반대된다. 그것은 오음이 곧 법신인 줄을 알지 못하기 때문이다. 이러한 성문의 무위의 네 가지 전도를 대치하기 위하여 법신의 네 가지 덕[상·락·아·정]을 세운 것이다.

如寶性論云[716], "如是四種顚倒對治, {若}[717]依如來法身, 復是顚倒應知. 偈言, '於法身中倒故.' 對治此{例}〔倒〕[718], 說有四種〈如來〉[719] 法身功德〈波羅蜜果〉[720]." 乃至廣說.

나오는 네 가지의 잘못된 견해, 즉 상전도(常顚倒, 범 nitya-viparyāsa)·낙전도(樂顚倒, 범 sukha-viparyāsa)·아전도(我顚倒, 범 ātma-viparyāsa)·정전도(淨顚倒, 범 śuci-viparyāsa)를 말함. 곧 범부가 이 미혹한 세계의 참된 모습을 모르고 세간의 무상(無常)을 상(常)으로, 모든 고통을 낙(樂)으로, 무아(無我)를 아(我)로, 부정(不淨)을 정(淨)으로 집착하는 것. ② 무위의 사전도(四顚倒). 성문 연각의 이승(二乘) 사람들이 유위의 4전도에 대하여 정견(正見)을 갖추었지만, 도리어 깨달음의 경계[열반]를 멸무(滅無)의 세계로 잘못 인식하여, 열반 무위법에서 네 가지의 망령된 견해를 일으키니, 곧 열반의 상(常)·락(樂)·아(我)·정(淨)을 무상(無常)·무락(無樂)·무아(無我)·부정(不淨)으로 망령되게 집착을 하는 것. 앞에서 말하는 가운데, 유위의 사전도를 끊으면 이승(二乘)이 되고, 유위(有爲)·무위(無爲) 등 팔전도를 끊으면 곧 보살이 됨.

715 이영무 역(1984): "四가지 無爲에 顚倒되는 行〈無常, 苦, 無我, 不淨〉"; 한글대장경(김달진 옮김)(1992): "성문의 뒤바뀜이 없는 네 가지 행"; 황산덕 역(1982): "성문의 전도 없는 네 가지 행(四無倒行)." 이영무는 무위의 4전도에서 '무락(無樂)'을 '고(苦)'로 씀.

716 『구경일승보성론(究竟一乘寶性論)』, 대정장31, p.829b24~7, "如是四種顚倒對治. 依如來法身. 復是顚倒應知. 偈言於法身中倒故. 對治此倒說有四種如來法身功德波羅蜜果."

717 원문에 따라 '若'을 뺌.

718 가은 역주(2004), 이영무 역(1984), '例'를 '倒'로 바꿈. 원문에 따라 바꾼 것임.

719 원문에 따라 '如來'를 넣음.

720 원문에 따라 '波羅蜜果'를 더함.

이는『보성론』에서 "성문들이 이와 같은 범부의 네 가지 전도를 대치하였으나, 여래의 법신에 의하여, 성문들 또한 전도되었음을 마땅히 알아야 한다. 이것을 게송으로, '이와 같이 법신의 사덕이라는 점에서는 전도되었으니'라고 한 것이다. 이 전도를 대치하기 위하여 네 가지 여래 법신 공덕의 바라밀(波羅蜜) 과보(果報)[721]가 있음을 설하였다."라고 한 것과 같으며 내지 자세히 설하였다.

離四相者. 變易生死有四種相, 所謂緣相乃至壞相. 離此四相故, 建立四德. 何者? 以離〈緣〉[722]相無明染故, 立於淨德, 以離因相業所繫故, 立於我德, 離於生相微細苦故, 立其樂德, 離於壞相無常滅故, 立其常德.

④ 네 가지 상을 벗어남. 변역생사(變易生死)[723]에는 네 가지 모양[724]이 있으니, 이른바 연상(緣相)부터 내지 괴상(壞相)까지이다. 이러한 네 가지 모양을 벗어나기 위하여 네 가지 덕을 건립한 것이다. 그것이 무엇인가? 연상(緣相)인 무명의 더러움을 벗어났기 때문에 정덕(淨德)을 세우고, 인상(因相)인 업의 얽매임을 벗어났기 때문에 아덕(我德)을 세우고, 생상(生相)인 미세한 고를 벗어났기 때문에 낙덕(樂德)을 세우고, 괴상(壞相)인 무상의 멸함을 벗어났기 때문에 상덕(常德)을 세운 것이다.

如論說言[725], "〈又此四種波羅蜜等〉[726]住無漏界中, 聲聞辟支佛得

---

721 여래 법신이 이루는 네 가지 바라밀인 과보: 상바라밀·낙바라밀·아바라밀·정바라밀
722 가은 역주(2004), 이영무 역(1984), '緣'을 넣음.
723 변역생사(變易生死): 앞 무위생사 주석 참조.
724 사상(四相): 연상(緣相)·인상(因相)·생상(生相)·괴상(壞相)을 말함.
725『구경일승보성론(究竟一乘寶性論)』, 대정장31, p.830a28~b12, "又此四種波羅蜜等住無

大力自在, 菩薩爲證如來功德法身〈第一彼岸〉[727], 有四種障. 何等
爲四?

一者緣相, 二者因相, 三者生相, 四者壞相. 緣相者, 謂無明住地,〈卽
此無明住地〉[728]與行作緣. 如無明緣行, 無明{倒}[住][729]地緣亦如
是故. 因相者, 謂無明住地緣行,〈卽〉[730]此{以}[無明住地緣行][731]
爲因. 如行緣識, 無漏業緣亦如是故. 生相者, 謂無明住地緣〈依〉[732]
無漏業因, 生〈三種意生身. 如四種取緣依有漏業因, 而生三界.〉[733]
三種意生身亦如是故. 壞相者, 謂三種意生身緣不可思議變易
{生}[734]死, 如依生緣故有老死, {此}[三種意生身緣不可思議變易
死][735]亦如是故." 乃至廣說.

이는 『보성론』에서, "또 이 네 가지의 바라밀[736]은 무루계(無漏界)[737] 가운데

漏界中. 聲聞辟支佛得大力自在. 菩薩爲證如來功德法身第一彼岸有四種障. 何等爲四.
一者緣相. 二者因相. 三者生相. 四者壞相. 緣相者. 謂無明住地. 卽此無明住地與行作
緣. 如無明緣行. 無明住地緣亦如是故. 因相者. 謂無明住地緣行. 卽此無明住地緣行爲
因. 如行緣識. 無漏業緣亦如是故. 生相者謂無明住地緣依無漏業因生三種意生身. 如
四種取. 緣依有漏業因而生三界. 三種意生身生亦如是故. 壞相者謂三種意生身緣不可
思議變易死如依生緣故有老死. 三種意生身緣不可思議變易死亦如是故."
726 원문에 따라 '又此四種波羅蜜等'을 넣음.
727 원문에 따라 '第一彼岸'을 넣음.
728 원문에 따라 '卽此無明住地'를 넣음.
729 원문에 따라 '倒'를 '住'로 바꿈.
730 원문에 따라 '卽'을 넣음.
731 원문에 따라 '以'를 '無明住地緣行'으로 바꿈.
732 원문에 따라 '依'를 넣음.
733 원문에 따라 '三種意生身 如四種取 緣依有漏業因而生三界'를 넣음.
734 원문에 따라 '生'을 뺌. '변역사'는 '변역생사'의 약자임.
735 원문에 따라 '此'를 '三種意生身緣不可思議變易死'로 바꿈.
736 사종바라밀(四種波羅蜜): 사덕바라밀(四德波羅蜜)을 가리킴. 사덕, 여래의 법신이 갖춘

머무니, 성문·벽지불이 대력의 자재함[738]을 얻고, 보살이 여래공덕법신의 제일피안[739]을 증득함에 있어 네 가지의 장애가 있다. 무엇이 네 가지인가?

첫째는 연상(緣相)이요, 둘째는 인상(因相)이요, 셋째는 생상(生相)이요, 넷째는 괴상(壞相)이다. 연상(緣相)이란 무명주지(無明住地: 근본무명)[740]를 말하니, 이 무명주지(無明住地)가 행(行)과 더불어 연(緣)이 되는 것이다. 무명이 행을 반연하는 것과 같이 무명주지의 연도 이와 같다. 인상(因相)이란 무명주지가 행을 반연하는 것을 말하니, 곧 이 무명주지가 행을 반연하는 것을 인(因)으로 삼는

상(常)·락(樂)·아(我)·정(淨)을 가리킨다. 바라밀은, 도피안(到彼岸)의 뜻이니 일(事)의 구경(究竟)을 나타낸다. 여래법신은 사덕의 구경처(究竟處)이니, 그러므로 사덕바라밀(四德波羅蜜)이라고 함.

737 무루(無漏): 범 anāsravaḥ. 유루(有漏)의 대칭. 루(漏)는 샌다는 뜻이니, 번뇌(煩惱)의 다른 이름이다. 탐(貪)·진(瞋) 등의 번뇌가 밤낮으로 눈·귀 등의 6근의 문으로부터 새어 그치지 않으니, 그러므로 샌다고 말하는 것이다. 또 루(漏)는 새어 떨어진다는 뜻이니, 번뇌는 사람으로 하여금 삼악도(三惡道)에 떨어져 들어가게 하니, 그러므로 샌다고 하는 것이다. 그래서 번뇌가 있는 법을 유루라 하며, 번뇌, 때, 물듦을 여의는 청정법(淸淨法)을 무루(無漏)라고 한다. 예를 들어 열반(涅槃)·보리(菩提)는 일체 삼계번뇌의 법을 능히 끊어 없앨 수 있으니, 같이 무루에 속한다. 이러한 무루의 경계를 무루계(無漏界)라 함.

738 대력의 자재함(大力自在): 부처가 갖는 대력(大力)이 자재(自在)한 것. 제 보살이 청정행을 닦아 얻는 대력에 지력(志力)·의력(意力) … 홍법력(弘法力)·항마력(降魔力) 등 16가지가 있다. 『구화엄경(舊華嚴經)』권39(卷三十九) 「이세간품(離世間品)」의 10종 자재 가운데 역자재(力自在) 참조.

739 제일피안(第一彼岸): 제일적멸(第一寂滅)과 같음. 제일적멸은 실상의 묘리(妙理)·열반적정을 말함. 실상의 묘리는 모든 법 가운데 제일의(第一義)이므로 제일이라 하고, 일체 언사를 멀리 여의었으므로 적멸이라 한다. 최상의 적정(寂靜)한 경지. 또 피안(彼岸)은 차안(此岸)의 대칭. 미혹한 경계를 이쪽의 언덕이라 하여 차안이라 부르고, 깨달음의 경계를 저쪽 언덕이라 하여 피안(彼岸)이라 한다. 곧 업과 번뇌를 중류(中流)로 하여 생사의 경계를 차안, 열반을 피안으로 삼음.

740 무명주지(無明住地): 범 avidyāvāsabhūmi. 일체 무지의 근원을 가리킴. 오주지혹(五住地惑)의 다섯 번째. 무명주지는 근본·지말번뇌 가운데 근본무명에 속하며, 아·법 이집 가운데 법집이다. 일체 번뇌의 소의(所依), 변역생사의 인이기 때문에 무명주지라 함.

것이다. 행이 식을 반연하는 것과 같이 무루업(無漏業)⁷⁴¹의 연도 이와 같다. 생상(生相)이란 무명주지의 연이 무루업인(無漏業因)⁷⁴²에 의지하여 세 가지 의생신(意生身)⁷⁴³을 내는 것을 말한다. 네 가지 취(四取)⁷⁴⁴의 연이 유루업인(有漏業

---

741 무루업(無漏業): 유루업(有漏業)의 대칭. 비흑비백업(非黑非白業)을 가리킨다. 사업(四業)의 하나. 무루업의 성질은 물들거나 더럽혀지지가 않으니, 그러므로 검지 않다(非黑)고 하고, 또한 유루(有漏)의 선과(善果)를 부르지 않으니, 그러므로 희지 않다(非白)고 함.

742 무루업인(無漏業因): 무명주지가 무루업을 반연하는 것을 인으로 삼는 것.

743 세 가지 의생신(三種意生身):『능가아발다라보경』제3권의「일체불어심품(一切佛語心品)」(대정장16, p.497c17~ 참조)에 의하면 보살에 세 가지 의생신이 있다. ①삼매락정수의생신(三昧樂正受意生身). 제삼, 제사, 제오지 보살이 삼매(三昧)를 닦을 때, 진공(眞空) 적멸의 즐거움(낙(樂))을 증득하여, 모든 부처님 세계에 널리 들어가매, 마음대로 해도 아무 장애가 없다. ②각법자성성의생신(覺法自性性意生身). 제팔지 보살이 일체 제법의 자성의 성품이 마치 환화(幻化)와 같아 모두 실재하지 않음을 완전히 깨달으니, 한량없는 신력(神力)으로 일체의 부처님 세계에 널리 들어가매, 마음대로 빨리 들어가도 자재하여 아무 걸림이 없다. ③종류구생무행작의생신(種類俱生無行作意生身). 제구지, 제십지 보살이 일체법이 모두 불법(佛法)임을 깨달아, 한 몸을 얻으면 한량없는 몸을 한꺼번에 두루 나타내니, 마치 거울에 비치는 모습이 여러 종류에 따라 함께 나타나는 것처럼, 비록 여러 모습으로 나타나지만 작위하는 바는 없는 것임.

744 네 가지 취(四取): 범 catvāry upādānāni, 빨 cattāri upādānāni. 삼계의 108번뇌를 네 가지로 나눈 것. 욕취(欲取)·견취(見取)·계금취(戒禁取)·아어취(我語取)를 말함. 이것은 12 인연 중의 취지(取支)를 자세히 구별한 것이니, 취는 집취(執取) 집지(執持)의 뜻으로, 삼계의 허망한 상에 집착하여 육취(六趣)의 생을 취하므로, 번뇌를 취라 한다. ①욕취(범, 빨 kāmopādāna). 욕계의 오욕(재물욕·색욕·음식욕·명예욕·수면욕)의 대상에 대하여 일으키는 탐집. 욕계의 번뇌 중 근본번뇌의 20에 수혹의 넷을 보탠 24혹과 지말혹의 10을 합하여 34혹을 총칭함. ②견취(범 dṛṣṭy-upādāna, 빨 ditthi-upādāna). 사심(邪心)으로 분별하는 견해를 진실이라 집착하는 것. 삼계의 사제(四諦) 아래 일어나는 아견·변견·사견·견취견 등 모든 견혹을 말한다. 이에 30혹이 있다. 삼계에 각각 고제(苦諦) 아래에 신견·변견·사견·견취견의 사견과 집제·멸제·도제 아래에 각기 사견·견취견의 이견(二見)이 있으므로 30혹이 됨. ③계금취(범 śīla-vratopādāna, 빨 sīla-bbata-upādāna). 오견(五見)의 하나. 십수면(十隨眠)의 하나. 계금(戒禁)에 대하여 생기는 그릇된 소견. 곧 인(因) 아닌 것을 인이라 하고 도(道) 아닌 것을 도라 하는 아득한 소견. 삼계의 고제(苦諦)와 도제(道諦)에도 각기 이 견해가 있어 모두 육혹이 있음. ④아어취(범 āema-vādopādāna, 빨 atta-vādupādāna). 색계

因)⁷⁴⁵에 의지하여 삼계⁷⁴⁶를 내는 것과 같이 세 가지 의생신을 내는 것도 또한 이와 같다. 괴상(壞相)이란 세 가지 의생신이 불가사의 변역사(變易死)⁷⁴⁷를 반연하는 것을 말한다. 생의 연에 의하여 늙고 죽음이 있는 것과 같이 세 가지의 의생신이 불가사의 변역사(變易死)를 반연하는 것 또한 이와 같다."라고 말한 것과 같으며 내지 자세히 설하였다.

問. 諸聲聞起四顚倒, 爲在正觀時, 爲在出觀時?
答. 正入觀時, 正證人空, 遠離一切名言分別. 故於彼時, 不起四倒. 觀
後起此四倒.
四倒之相, 有總有別. 別起相者, 彼計樹下成道之身, 實是惑業所感之
報, 故謂無常苦無我等, 不了是化卽眞, 是卽倒於法身四德. 總起相
者, 總觀五陰苦無常等. 不達五陰卽是法身, 是卽倒於法身四德. 建立
門竟.

(色界), 무색계(無色界) 각각의 견혹(見惑) 16과 수혹(修惑) 3을 모두 합해 38혹을 말함. 아어(我語)라 함은 내 몸의 말이란 뜻. 색계, 무색계의 혹(惑)은 외계의 대상에 의하지 않고 나의 말에서 생기는 것이므로 아어취라 함.

745 유루업인(有漏業因): 무명주지가 유루업*을 반연하는 것을 인으로 삼는 것. *유루업(有漏業): 무루업(無漏業)의 대칭. 번뇌의 허물을 여의지 않은 모든 선악업을 가리킴. 흑백 등의 사업(四業) 가운데, 욕계 악과(惡果)를 초래하는 흑흑업(黑黑業), 색계 선과를 초래하는 백백업(白白業) 및 욕계 선과를 초래하는 흑백업(黑白業) 등 삼업을 유루업이라 한다. 흑도 아니고 백도 아닌 업인 비흑비백업(非黑非白業)이 앞의 삼업(三業)을 끊어 없애니, 이를 무루업이라 한다. 『구사론』 제16권 참조.

746 삼계(三界): 범 trayo dhātavaḥ, 빨 tisso dhātuyo. 생사 유전(流轉)이 쉴 새 없는 미계(迷界)를 셋으로 분리한 것. 욕계, 색계, 무색계. ①욕계. 욕은 탐욕이니 특히 식욕, 음욕, 수면욕이 치성한 세계. ②색계. 욕계와 같은 탐욕은 없으나 미묘한 형체가 있는 세계. ③무색계. 색계와 같은 미묘한 몸도 없고, 순 정신적 존재의 세계. 이 삼계를 육도(六道)·이십오유(二十五有)·구지(九地)로 나누기도 함.

747 불가사의변역사(不可思議變易死): 변역생사(變易生死)를 이름. 앞 무위생사 주석 참조.

물음. 모든 성문들이 네 가지 전도(顚倒)를 일으키는 것은 정관(正觀)에 있을 때인가, 정관을 벗어났을 때인가?

대답. 성문들이 바로 정관에 들어 있을 때에는 인공(人空)[748]을 바로 증득하여서 일체의 명언분별[749]을 멀리 여읜다. 그러므로 그때에는 네 가지 전도를 일으키지 아니한다. 정관에서 나온 뒤에 네 가지 전도를 일으킨다.

네 가지 전도의 모양에는 총상과 별상이 있다. 별상을 일으킨다는 것이란 성문들이 보리수 아래에서 성도(成道)한 몸은 실제로는 번뇌와 업[惑業]에서 감득된 과보이며, (이 과보가) 무상(無常)·고(苦)·무아(無我) 등이라고 생각하는 것이다. 이는 화신이 곧 진신임을 (성문들은) 알지 못한 것이니, 곧 법신의 네 가지 덕을 전도한 것이다. 총상을 일으킨다는 것이란 오음(五陰)을 고(苦)·무상(無常) 등으로 총체적으로 관하는 것이다. 이는 오음이 곧 법신임을 알지 못한 것이니, 곧 법신의 네 가지 덕을 전도한 것이다. 사덕을 건립한 이유를 밝히는 부분을 마친다.

---

748 인공(人空): 또는 아공(我空)이라 함. 오음(五陰)이 화합하여 이루어진 몸을 마치 실아(實我)가 있는 듯이 생각하는 아집(我執)을 공(空)한 것이라고 하는 것. 이렇게 관하는 것이 인공관(人空觀)임.

749 명언분별(名言分別): 이는 언어적 표상으로 분별하는 것이다. 명언종자는 온갖 법을 낳는 직접 인연이 되는 종자로서, '명언'에 따라 훈습하여 이루어지는 것이므로 명언종자라 한다. 명언에 표의명언(表義名言)과 현경명언(顯境名言)이 있다. 표의명언은 모든 법을 말하여 표시하는 명(名)·구(句)·문(文)으로, 제육식은 이 명언에 의하여 모든 법을 전변해 내고 다시 그 종자를 제팔식에 훈부한다. 현경명언은 전칠식의 견분 등 심(心)이 직접적으로 대상경계를 반연하여 지금 있는 모든 법의 종자를 제팔식에 훈성(薰成)하는 것이다. 이것을 명언이라 함은 심과 심소가 경계를 반연하여 나타내는 것이 마치 이름이 법을 나타내는 것과 같으므로 비유하여 명언이라 함. 원효 저, 은정희 역주, 『이장의(二障義)』, 소명출판, 2004, p.86 각주 80) 참조.

ㄷ. 사덕(四德) 각각의 뜻을 밝힘

次第三明差別門者. 四德差別乃有衆多, 且依一〈門〉⁷⁵⁰, 略顯二四.
謂於常我, 各說二種, 樂淨之中, 各開四別.

다음으로 세 번째 사덕의 차별을 밝히는 문이다. 사덕의 차별은 많지만, 우
선 그중 하나의 문에 의해 간략하게 두 가지와 네 가지로 나타낸다. 말하자면
상(常)과 아(我)에서는 각각 두 가지를 말하고, 낙(樂)과 정(淨)에서는 각각 넷으
로 나누어 열어 보이겠다.

二種常者, 法常佛常. 法常義者, 無生無滅, 是常身義. 佛常義者,
不老不死, 是常壽義.

① 두 가지 상(常)은 법상(法常)과 불상(佛常)이다. 법상(法常)의 뜻은 생함도
없고 멸함도 없음이니, 이는 상신(常身)의 뜻이다. 불상(佛常)의 뜻은 늙지도 않
고 죽지도 않음이니, 이는 상수(常壽)의 뜻이다.

如下文言⁷⁵¹, "如來長壽, 於諸壽中, 最上最勝. 所得常法, 於諸
{法}〔常〕⁷⁵²中, 最爲第一."

---

750 이영무 역(1984), '門'을 더함. 여기서도 '門'을 넣음.
751 『대반열반경』(36), 대정장12, p.621b06~7, **"如來長壽於諸壽中. 最上最勝. 所得常法於諸
常中最爲第一."**; 『대반열반경』(40), 대정장12, p.381b23~4.
752 원문에 따라 '法'을 '常'으로 바꿈.

이는 아래의 글에서 "여래의 장수는 모든 수명 가운데 가장 높고 가장 수승한 것이다. 여래가 얻은 상법(常法)은 모든 상법(常法) 가운데서 가장 첫째이다."라고 말하는 것과 같다.

此言常法, 卽是法〈身〉[753]法, 言長壽者, 是報身壽. 又言[754] "以法常故, 諸佛亦常." 法卽法身, 佛是報佛. 又諸佛者, 亦是化佛. 依是義故, 攝大乘〈論釋〉[755]說[756] "法身爲二身本, 本{覺}〔旣〕[757]常住, {未來}〔末〕[758]依於本, 相續恒在, 〈故末亦常住.〉[759] …… 如恒受樂, 如恒施食, 二身常住, 應如{是}〔此〕[760]知."

---

753 이영무 역(1984), '身'을 넣음. 가은 역주(2004), '身'을 넣지 않았으나, 번역에서는 '법신의 법'으로 번역. 김호귀 역(2005), 〈身+?〉로 표시하고 있고, 번역에서 '법신'으로 함. 여기서는 '身'을 넣음.

754 『대반열반경』(36), 대정장12, p.627c16, "以法常故諸佛亦常."

755 아래 인용 출처에 따라 '論釋'을 넣음.

756 『섭대승론석(攝大乘論釋)』(15권본), 대정장31, p.269b14~26, "論曰. 由應身及化身. 恒依止法身故. 釋曰. 法身爲二身本. 本旣常住. 末依於本相續恒在. 故末亦常住 …… 是故化身亦是常住論曰. 如恒受樂. 如恒施食. 二身常住應如此知." 참조; 『섭대승론석론(攝大乘論釋論)』(10권본), 대정장31, p.320b28~c09, "論曰. 受用身化身二身無常. 云何言如來身常住. 依止常住法身故. 受用身變化身. 此二身受報不捨故. 數數化現故. 如常受樂. 如常施食. 佛身常住應如是知. 釋曰. 二身是常. 由依止常住法身故. 此二身是常. 復次受用身者. 不捨受用故是常. 化身者. 常顯示證正覺般涅槃等. 相續不斷故是常. 於此二身以譬喩顯示其常. 如世間言常受樂. 非卽得無間樂而得名爲常受樂. 又如言此人常施食. 非卽是常施. 有時不施故. 然得名爲常施食者. 二身常義亦爾." 참조. 두 문헌의 문장들을 비교해 보면, 원효가 『섭대승론석』을 인용한 것으로 보임.

757 원문에 따라 '覺'을 '旣'로 바꿈.

758 원문에 따라 '未來'를 '末'로 바꿈.

759 원문에 따라 '故末亦常住'를 넣음.

760 원문에 따라 '是'를 '此'로 바꿈.

여기서 말한 상법(常法)은 곧 법신(法身)의 법[761]이요, 장수(長壽)라 말한 것은 보신(報身)[762]의 수명(壽命)이다. 또 "법은 항상하기 때문에 모든 부처도 또한 항상하다."고 하였다. 법은 곧 법신이요, 부처는 곧 보신불이다. 또 모든 부처는 화신불이기도 하다. 이러한 뜻에서 『섭대승론석』에서 말하기를 "법신은 보신과 화신 이신의 근본이니, 근본은 이미 상주하며, 지말(枝末)은 근본에 의지해 상속하여 항상 있으므로 지말도 또한 상주한다.[763] …… 항상 낙을 받고 항상 먹을 것을 베푸는 것처럼, 보신과 화신 이신이 상주함이 마땅히 이와 같음을 알아야 한다."라고 하였다.

寶性論中[764], 依七種因, 成常命義, 復以三譬, 顯常身義. 七種因者[765].

---

761 황산덕 역(1982), "법의 법(法法)(存在者의 存在)"; 이영무 역(1984), "법신의 법"; 한글대장경(김달진 옮김)(1992), "법의 법"; 가은 역주(2004), "법신의 법"; 김호귀 역(2005), "법신의 법"; 조수동 역(2009), "법신불의 법".

762 보신(報身): 범 saṃbhoga-kāya. 삼현·십지의 보살이 보는 분제가 없는 색신.

763 황산덕 역(1982), "본각은 상주한다. 미래에도 근본에 의지하여 계속해서 항상 존재하면서"; 이영무 역(1984), "본각이 상주한다. 미래의 부처님도 이 근본을 의지하여 상속되고 항상 있어서"; 한글대장경(김달진 옮김)(1992), "본각이 항상 머물기 때문에, 미래에도 근본에 의지하여 계속해 항상 존재하면서"; 가은 역주(2004), "근본이 이미 상주하므로 지말도 근본에 의지하여 상속하여 항상 있는 것이다."; 김호귀 역(2005), 번역 없음. 원문에는 "本覺常住 未來依於本相續恒存"으로 쓰면서, 이 부분을 "『攝大乘論』卷下(大正藏 31, p.132下)의 내용을 발췌한 것"으로 보고 『섭대승론』 내용을 번역해 넣음; 조수동 역(2009), "본각(本覺)은 상주하며 미래에도 본각에 의지하여 상속해서 항상 존재한다."

764 이 부분은 원효가 『불성론』의 상주(常住)에 관한 십종인(十種因) 내용과 『보성론』에서 여래의 색신이 항상함에 대한 일곱 가지 비유의 게송 내용을 원용하여 칠종인(七種因)으로 만든 것임. 『불성론(佛性論)』(4권), 천친보살(天親菩薩) 조, 진제(眞諦) 역, 대정장31, p.811a16~b16 참조; 『구경일승보성론(究竟一乘寶性論)』, 대정장31, p.843b26~c05 참조.

765 진제 역, 『불성론(佛性論)』(4권), 대정장31, p.811a16~9, "一因緣無邊故常者. 無量劫來. 捨身命財. 爲攝正法. 正法既無邊際無窮無盡. 還以無窮之因感無窮果. 果卽三身故得是常."

"一因緣無邊故{得}[766]常{命}〔者〕[767]. {謂}[768]無量劫來捨身命財,
〈爲〉[769]攝{取}[770]正法, 〈正法旣無邊際〉[771]無窮無盡. {旣修}〔還
以〕[772]無窮之因, {還得}〔感〕[773]無{盡}〔窮〕[774]果. 〈果卽三身故得
是常.〉[775]" 偈云[776], "棄捨身命財, 攝取諸佛法{故}[777]."

『보성론』 가운데 일곱 가지 원인에 의해 상명(常命)[778]의 뜻을 이루었고, 다
시 세 가지 비유로써 상신(常身)[779]의 뜻을 나타내었다. 일곱 가지 원인이란,
"첫째, 인연이 끝이 없기 때문에 영원하다는 것이다. 이는 한량없는 시간으로
부터 몸(身)과 목숨(命)과 재물을 버려 정법을 받아들인 것이니, 이 정법은 이미
끝이 없고 다함없다. 또한 다함없는 원인으로써 다함없는 과보를 받으니, 이
과보는 곧 삼신이며 그러므로 영원한 것이다." 이를 게송에서, "몸과 목숨과
재물을 버려, 모든 부처님 법을 받아들인다네."라고 하였다.

---

766 원문에 따라 '得'을 뺌.
767 원문에 따라 '命'을 빼고 '者'를 넣음.
768 원문에 따라 '謂'를 뺌.
769 원문에 따라 '爲'를 넣음.
770 원문에 따라 '取'를 뺌.
771 원문에 따라 '正法旣無邊際'를 넣음.
772 원문에 따라 '旣修'를 빼고 '還以'를 넣음.
773 원문에 따라 '還得'을 빼고 '感'을 넣음.
774 원문에 따라 '盡之'를 빼고 '窮'을 넣음.
775 원문에 따라 '果卽三身故得是常'을 넣음.
776 『구경일승보성론(究竟一乘寶性論)』, 대정장31, p.843b26, **"棄捨身命財 攝取諸佛法."**
777 원문에 따라 '故'를 뺌.
778 상명(常命): 늙지도 않고 죽지도 않는 상수(常壽)와 같음.
779 상신(常身): 상주하는 불신. 여래의 진신·법신을 말함. 상신은 열반상주(涅槃常住)의 이
체(異體)이어서 생로병사 등의 생멸변역 현상이 없기 때문에 상신이라 함.

"二衆生無邊故得常{住}〔者〕[780]. {謂}[781]初發心時, 結四弘誓, 〈起十無盡大願, 若衆生不可盡, 我願無盡〉[782], 衆生若盡, 我願乃盡, 衆生〈既其〉[783]無盡, {我願亦無盡, 為究竟滿是本願故, 窮未來際, 常住不盡.}〔是故化身常在世間, 敎導衆生無有窮盡.〕[784]”[785] 偈曰[786], "爲利益衆生, 究竟滿本願{故}[787]."

"둘째, 중생이 끝이 없기 때문에 항상하다는 것이다. 처음 발심할 때에 네 가지 큰 서원[788]을 다지어, 열 가지의 다함없는 큰 서원[789]을 일으키니, 만일

---

780 원문에 따라 '住'를 빼고 '者'를 넣음.

781 원문에 따라 '謂'를 뺌.

782 원문에 따라 '起十無盡大願, 若衆生不可盡, 我願無盡'을 넣음.

783 원문에 따라 '既其'를 넣음.

784 원문에 따라 '我願亦無盡. 為究竟滿是本願故, 窮未來際, 常住不盡.'을 빼고 '是故化身常在世間, 敎導衆生無有窮盡.'을 넣음.

785 『불성론(佛性論)』(4권), 대정장31, p.811a19~22, "二衆生無邊故常者. 初發心時. 結四弘誓. 起十無盡大願. 若衆生不可盡. 我願無盡. 衆生若盡. 我願乃盡. 衆生既其無盡. 是故化身常在世間. 敎導衆生無有窮盡"

786 『구경일승보성론(究竟一乘寶性論)』, 대정장31, p.843b27, "爲利益衆生 究竟滿本願"

787 원문에 따라 '故'를 뺌.

788 네 가지 큰 서원: 사홍서원(四弘誓願). 온갖 보살에게 공통한 네 가지 서원. 보살은 이 원으로 마음을 다스려 위로는 보리를 구하고 아래로는 중생을 구하려고 함. 제불보살의 본원(本願)에 총원 별원이 있는 중 이것은 여러 보살에게 공통하므로 총원이라 함. ①중생무변서원도(衆生無邊誓願度). 고통 세계의 중생들은 그 수가 한이 없다 할지라도 다 제도하려는 소원. ②번뇌무진서원단(煩惱無盡誓願斷). 번뇌가 한이 없다고 할지라도 다 끊으려는 소원. ③법문무량서원학(法門無量誓願學). 법문이 한량없이 많지만 다 배우려는 소원. ④불도무상서원성(佛道無上誓願成). 위없는 불과(佛果)를 이루려는 소원. 이것은 고집멸도 사제에 배당시킬 수 있고, ①의 서원은 이타에 속하며, ②③④의 서원은 자리에 속함.

789 열 가지의 다함없는 큰 서원(十無盡大願): 초학보살이 발하는 두 가지 십대원. 이 십원은 열 가지 행원이라고도 함. 『대승수행보살행문제경요집(大乘修行菩薩行門諸經要集)』(지

중생이 다할 수 없다면 나의 서원도 다함이 없고, 중생이 만일 다한다면 나의 서원도 이에 다하거니와, 중생이 이미 그 다함이 없으니, 이 때문에 화신이 세간에 항상 있으면서 중생 교도하기를 다함없이 하는 것이다." 이를 게송에서 "중생을 이익케 하기 위하여 구경에 근본 서원을 원만하게 한다네."라고 하였다.

"三大悲{圓滿}〔無邊〕⁷⁹⁰故常者. 若諸菩薩分有大悲, 尙能〈恒救衆生, 心無齊限〉⁷⁹¹, 久住生死, 不入涅槃, 何況如來{純得淸淨大悲}〔衆德〕⁷⁹²圓滿, 〈常在大悲, 救拔恒恩〉⁷⁹³, 豈{能繫捨入滅盡耶}〔有邊際? 是故言常〕⁷⁹⁴."⁷⁹⁵ 偈言⁷⁹⁶, "得淸淨佛身, 起大〈慈〉⁷⁹⁷悲心{故}⁷⁹⁸."

엄 조), 권상(卷上)(대정장17)의 「승의제품경(勝義諦品經)」에 실린 것으로, 수행하는 보살이 마땅히 가져야 할 십대원을 말함. ①중생을 위하여 미래겁이 다하도록 세간에 머물기를 원함. ②최후까지 일체 제불을 친히 모시고 공양하기를 원함. ③일체 중생으로 하여금 보현보살행원(普賢菩薩行願)에 머물기를 원함. ④일체 계행공덕(戒行功德)을 쌓길 원함. ⑤육바라밀(六波羅蜜)을 널리 닦기를 원함. ⑥보리계행(菩提戒行)을 만족하기를 원함. ⑦일체의 불찰(佛刹)을 깨끗이 장엄(莊嚴)하기를 원함. ⑧시방불찰에 나기를 원함. ⑨일체 불법을 깊이 탐구하여 스스로 잘 열어 이해하기를 원함. ⑩모든 불찰에서 등정각(等正覺)을 이루기를 원함.

790 원문에 따라 '圓滿'을 빼고 '無邊'을 넣음.

791 원문에 따라 '恒救衆生, 心無齊限'을 넣음.

792 원문에 따라 '純得淸淨大悲'를 빼고 '衆德'을 넣음.

793 원문에 따라 '常在大悲, 救拔恒恩'을 넣음.

794 원문에 따라 '能繫捨入滅盡耶'를 빼고 '有邊際? 是故言常'을 넣음.

795 『불성론(佛性論)』(4권), 대정장31, p.811a22~6, "三大悲無邊故常者. 若諸菩薩分有大悲. 尙能恒救衆生. 心無齊限. 久住生死. 不入涅槃. 何況如來衆德圓滿. 常在大悲. 救拔恒恩. 豈有邊際. 是故言常."

796 『구경일승보성론(究竟一乘寶性論)』, 대정장31, p.843b28, "得淸淨佛身 起大慈悲心."

797 원문에 따라 '慈'를 넣음.

798 원문에 따라 '故'를 뺌.

"셋째, 대비가 한계가 없기 때문에 항상하다는 것이다. 만약 모든 보살들이 조금이라도 대비심을 가진다면, 오히려 중생을 늘 구제하매 마음에 제한이 없어 생사에 오랫동안 머물러서 열반에 들어가지 않거늘, 하물며 여래는 모든 덕이 원만하여 언제나 대비심을 베풀어 항상한 은혜로 번뇌를 없애어 구제하는데, 어찌 한계가 있겠는가? 이 때문에 항상하다 한다." 이를 게송에서, "청정한 불신을 얻어서 대자비심을 일으킨다네."라고 하였다.

"四{神足圓滿}〔四如意無邊〕[799]故常者. 世間有得〈四〉[800]神足{力}[801]者, 尙能住壽四十小劫, {豈}〔何〕[802]況如來{具四}〔爲大〕[803]神足〈師〉[804]而〈當〉[805]不能住壽{無量劫耶?}〔自在億百千劫廣化衆生? 是故名常.〕[806]"[807] 偈言[808], "修〔行〕[809]四如意{足}[810], 依彼力住世{故}[811]."

---

799 원문에 따라 '神足圓滿'을 빼고, '四如意無邊'을 넣음.
800 원문에 따라 '四'를 넣음.
801 원문에 따라 '力'을 뺌.
802 원문에 따라 '豈'를 빼고, '何'를 넣음.
803 원문에 따라 '具四'를 빼고, '爲大'를 넣음.
804 원문에 따라 '師'를 넣음.
805 원문에 따라 '當'을 넣음.
806 원문에 따라 '無量劫耶?'를 빼고, '自在億百千劫廣化衆生? 是故名常'을 넣음.
807 『불성론(佛性論)』(4권), 대정장31, p.811a26~9, "四四如意無邊故常者. 世間有得四神足者. 尙能住壽四十小劫. 何況如來爲大神足師而當不能住壽自在億百千劫廣化衆生. 是故名常."
808 『구경일승보성론(究竟一乘寶性論)』, 대정장31, p.843b29, "修行四如意 依彼力住世"
809 원문에 따라 '行'을 넣음.
810 원문에 따라 '足'을 뺌.
811 원문에 따라 '故'를 뺌.

"넷째, 사여의(四如意)[812]가 끝이 없기 때문에 항상하다는 것이다. 세간에서 사신족(四神足)[813]을 얻은 자도 오히려 40소겁을 머물러 살게 되거늘, 하물며 여래는 대신족(大神足)[814]을 갖춘 위대한 스승인데, 어찌 자재하게 억백천겁을 살면서 중생을 널리 교화하지 못하겠는가? 이 때문에 항상하다 하는 것이다." 이를 게송에서, "네 가지 여의를 닦아서 그 힘에 의해 세상에 머문다네."라고 하였다.

"五{妙智成就}〔無分別慧無邊〕[815]故常者. 遠離生死涅槃{分別體證無二}〔二執, 一向與第一義諦相應〕[816] 不動不出. {是故畢竟無有滅盡}〔故知是常〕[817]."[818] 偈言[819], "以成就妙智, 離有涅槃心{故}[820]."

812 사여의(四如意): 여의(如意)는 뜻대로 자유자재한 신통. 아래 사신족 참조.
813 사신족(四神足): 범 catvāra-ṛddhipādāḥ 빨 cattāro iddhi-pādā. 사여의족, 사여의분이라고도 함. 37조도품 가운데 하나. 여의(如意)는 뜻대로 자유자재한 신통, 족은 신통이 일어나는 각족(脚足)이 되는 뜻으로 여의족이라 한다. 이 정(定)을 얻는 수단에 욕(欲)·정진(精進)·심(心)·사유(思惟)의 넷이 있으므로, 일어나는 원인에 의하여 정(定)을 나눈다. ①욕여의족은 욕신족. 가행위(加行位)에서 이 정(定)을 일으키고자 하는 힘에 의하기 때문에 정을 인발하여 일으킨다. ②정진여의족은 근신족. 가행위에서 부지런히 닦아서 부지런히 닦는 힘에 의하기 때문에 정을 인발하여 일으킨다. ③심여의족은 심신족. 가행위에서 일심전주하여 그 심력에 의하기 때문에 그 정을 인발하여 일으킨다. ④사유여의족은 관신족. 가행위에서 이치를 관찰하는 힘에 의하기 때문에 정을 인발하여 일으킴.
814 대신족(大神足): 여래(如來) 십종(十種) 불가사의(不可思議) 중 하나. 광대신족불가사의(廣大神足不可思議)라고도 함. 목련 성문 보살이 가진 신통과 비할 수 없는 탁월한 신통력을 말함. 『대명삼장법수(大明三藏法數)』 권제29 참조.
815 원문에 따라 '妙智成就'를 빼고 '無分別慧無邊'을 넣음.
816 원문에 따라 '分別體證無二'를 빼고 '二執, 一向與第一義諦相應'을 넣음.
817 원문에 따라 '是故畢竟無有滅盡'을 빼고 '故知是常'을 넣음.
818 『불성론(佛性論)』(4권), 대정장31, p.811a29~b02, "五無分別慧無邊故常者. 遠離生死涅槃二執. 一向與第一義諦相應. 不動不出故是常."
819 『구경일승보성론(究竟一乘寶性論)』, 대정장31, p.843c01, "以成就妙智 離有涅槃心."

"다섯째, 분별없는 지혜[821]가 가이 없기 때문에 항상하다는 것이다. 생사·열반의 두 집착을 멀리 벗어나서 한결같이 제일의제와 더불어 상응하여 흔들리지도 아니하고 벗어나지도 아니한다. 그러므로 이것이 항상함을 알라." 이를 게송에서, "미묘한 지혜를 성취하여서 열반의 마음마저 초월하였다네." 라고 하였다.

"六{三昧成就}〔恒在禪定〕[822]故常者. 世間有人{淨}[823]得禪定者, 尚能不爲水火〈燼溺〉[824]刀箭所傷, 何況如來常在{深}〔禪〕[825]定而 {以外緣}[826]可{得}[827]壞{耶}[828]? 〈是故名常〉[829"][830] 偈言[831], "常 得心三昧{故}[832]."

"여섯째, 언제나 선정에 있기 때문에 항상하다는 것이다. 세간 사람으로서

---

820 원문에 따라 '故'를 뺌.

821 분별 없는 지혜[無分別慧]: 무분별지(無分別智, 범 nir-vikalpa-jñāna)와 같음. 무분별심(無分別心)이라고도 함. 주관 객관의 상을 버리고 평등에 요달한 진실한 지혜. 즉 보살이 초지의 견도에 들어갔을 때에 일체법의 진여를 반연하여 능취 소취의 차별을 끊고 경과 지가 명합(冥合)하여 평등하고 무분별하게 된 지혜.

822 원문에 따라 '三昧成就'를 빼고, '恒在禪定'을 넣음.

823 원문에 따라 '淨'을 뺌.

824 원문에 따라 '燼溺'을 넣음.

825 원문에 따라 '深'을 빼고 '禪'을 넣음.

826 원문에 따라 '以外緣'을 뺌.

827 원문에 따라 '得'을 뺌.

828 원문에 따라 '耶'를 뺌.

829 원문에 따라 '是故名常'을 넣음.

830 『불성론(佛性論)』(4권), 대정장31, p.811b02~5, "六恒在禪定故常者. 世間有人得禪定者. 尚能不爲水火燼溺刀箭所傷. 何況如來. 常在禪定. 而應可壞. 是故名常."

831 『구경일승보성론(究竟一乘寶性論)』, 대정장31, p.843c02, "常得心三昧."

832 원문에 따라 '故'를 뺌.

선정을 얻은 자도 오히려 물에 빠지거나 불에 타거나 칼과 화살 등에 상해를 받지 않거늘, 하물며 여래께서 항상 선정에 머물러 있으면서, 어찌 파괴될 수 있겠는가? 이 때문에 항상하다 한다." 이를 게송에서, "항상 마음으로 삼매를 얻었다네."라고 하였다.

"七{成就}⁸³³安樂〈淸涼〉⁸³⁴故常者. {旣歸理原得大安樂}⁸³⁵安樂 {相應. 故得常住.}〔卽是金剛心, 能除無明住地最後念無常苦, 以無 苦故. 故名安樂. 佛果顯成故名淸涼. 是解脫道故名爲常.〕^{836"837} 偈 言⁸³⁸, "成就{安}⁸³⁹樂相應{故}⁸⁴⁰." 依此七因故得常壽.

"일곱째, 안락하고 청량하기 때문에 항상하다는 것이다. 안락함은 곧 금강 심⁸⁴¹이니, 이는 무명주지의 최후념⁸⁴²인 무상고(無常苦)⁸⁴³를 없앤 것이다. 이

---

833 원문에 따라 '成就'를 뺌.

834 원문에 따라 '淸涼'을 넣음.

835 원문에 따라 '旣歸理原得大安樂'을 뺌.

836 원문에 따라 '相應. 故得常住'를 빼고 '卽是金剛心. 能除無明住地最後念無常苦, 以無苦 故. 故名安樂. 佛果顯成故名淸涼, 是解脫道故名爲常.'을 넣음.

837 『불성론(佛性論)』(4권), 대정장31, p.811b05~8, "七安樂淸涼故常者. 安樂卽是金剛心. 能除無明住地最後念無常苦. 以無苦故. 故名安樂. 佛果顯成故名淸涼故爲 常." 같은 책, 대정장31, p.811b10~3, "九甘露寂靜遠離死魔故常者. 甘露令人長仙不死. **金剛之心. 能除無明最後念惑故.** 得佛果常樂. **常樂故寂靜.** 寂靜故遠離死魔. 離死魔故 是常住法." 참조.

838 『구경일승보성론(究竟一乘寶性論)』, 대정장31, p.843c02, "**成就樂相應.**"

839 원문에 따라 '安'을 뺌.

840 원문에 따라 '故'를 뺌.

841 금강심(金剛心): 금강유정과 같음. 금강정·금강삼매·정삼매라고도 함. 금강이 견고하여 다른 것을 깨뜨리는 것과 같이 모든 번뇌를 끊어 없애는 선정을 말한다. 이 정은 성문·보 살들이 수행을 마치고 맨 마지막 번뇌를 끊을 때에 드는 것. 소승은 아라한과를 얻기 전에

는 괴로움이 없기 때문이다. 그러므로 안락함이라 한다. 또 불과가 나투어졌기 때문에 청량함이라 한다. 이는 해탈도이기 때문에 항상함이라 한다." 이를 게송에서, "안락을 성취하여 상응하네."라고 하였다. 이 일곱 가지 인에 의해 상수(常壽)를 얻는다.

復以三喩顯常身者. 一世法不染故常住者. 如來法身, 常在世間, 四染不能染, 四相不能相.[844] 偈言[845], "常在於世間, 不爲世法染 {故}[846]." 二遠離死魔故常住者. 如世{門}[間][847]甘露, 令人久長生, 金剛三昧, 滅煩惱魔, 故證常果, 遠離死魔.[848] 偈言[849], "得淨甘

유정지의 제구품혹을 끊는 정을 말하고, 대승은 제십지보살이 마지막으로 조금 남은 구생
소지장과 저절로 일어나는 번뇌장 종자를 한꺼번에 끊고 불지에 들어가기 위하여 드는 선
정을 말한다. 천태종에서는 등각보살이 원품무명을 끊고 묘각을 증득하기 위하여 드는 선
정을 말함.

842 최후념(最後念): 장차 무여열반에 들 때의 최후 찰나의 마음. 최후심(最後心)·말심(末心)
이라고도 함. 『대비바사론(大毘婆沙論)』 권10·권32에 실린 바에 의하면, 삼계 가운데에,
무색계의 아라한이 최후념에 머물 때에 모든 색법이 현행(現行)하지 않기 때문에 비택멸
을 성취하는 경우가 가장 많다. 이 밖에 무여열반에 들 때에 신심이 다 함께 멸하여 이미
상속심이 없기 때문에 아라한의 최후심에 오직 의근(意根) 등만 있고, 등무간연(等無間
緣)의 상은 없음.

843 무상고(無常苦): 무명주지(無明住地)의 최후념(最後念). 변역생사(變易生死)의 네 가지
모양 중 생상(生相)의 미세한 고를 말함.

844 『불성론』, 대정장31, p.811b08~10, "八行於世間八法**不染故常住**者. 佛身雖復在於道前. 生
死相應而不爲彼煩惱所染無妄想緣. 故是常住" 참조.

845 『구경일승보성론(究竟一乘寶性論)』, 대정장31, p.843c03, "**常在於世間 不爲世法染**"

846 원문에 따라 '故'를 뺌.

847 이영무 역(1984), '門'을 '間'으로 바꿈. 여기서도 이를 따름.

848 『불성론』, 대정장31, p.811b10~3, "九甘露寂靜**遠離死魔故常**者. 甘露令人長仙不死. 金
剛之心. 能除無明最後念惑故. 得佛果常樂. 常樂故寂靜. 寂靜故**遠離死魔**. 離死魔故是
常住法." 참조.

露處, 故離一切魔{故}[850]." 三本來不生故常住者. 法身之體, 本來
湛然, 以非本無今有[851], 故非先有後無. 偈言[852], "諸佛本不生, 本
來寂靜故."

다시 세 가지 비유로 상신(常身)을 나타낸다. 첫째, 세간의 법에 물들지 않기
때문에 상주하는 것이다. 여래 법신이 항상 세간에 있으면서도, 사염(四染)[853]
으로 물들일 수 없고, 사상(四相)[854]으로도 모양지을 수 없다.[855] 이를 게송에

---

849 『구경일승보성론(究竟一乘寶性論)』, 대정장31, p.843c04, "**得淨甘露處 故離一切魔.**"
850 원문에 따라 '故'를 뺌.
851 『불성론』, 대정장31, p.811b13~6, "**十性無生滅故是常者. 法身非本無今有. 本有今無. 雖
行三世. 非三世法. 何以故此是本有非始今有. 過三世法. 是故名常**" 참조.
852 『구경일승보성론(究竟一乘寶性論)』, 대정장31, p.843c05, "**諸佛本不生 本來寂靜故**"
853 사염(四染): 4염에는 욕염(欲染)·색염(色染)·무색염(無色染)·견염(見染)이 있다. 각 염
(染)에는 욕(欲)·니(膩)·희(喜)·애(愛)·지(支)·탐(耽)·태(態)·갈(渴)·초(燋)·망(網) 열
가지가 있다. 즉 욕염에는 욕욕(欲欲)·욕니(欲膩)·욕희(欲喜)·욕애(欲愛)·욕지(欲支)·
욕탐(欲耽)·욕태(欲態)·욕갈(欲渴)·욕초(欲燋)·욕망(欲網)이 있고, 색염에는 색욕(色
欲)·색니(色膩)·색희(色喜)·색애(色愛)·색지(色支)·색탐(色耽)·색태(色態)·색갈(色
渴)·색초(色燋)·색망(色網)이 있고, 무색염에는 무색욕(無色欲)·무색니(無色膩)·무색
희(無色喜)·무색애(無色愛)·무색지(無色支)·무색탐(無色耽)·무색태(無色態)·무색갈
(無色渴)·무색초(無色燋)·무색망(無色網)이 있고, 견염에는 견욕(見欲)·견니(見膩)·견
희(見喜)·견애(見愛)·견지(見支)·견탐(見耽)·견태(見態)·견갈(見渴)·견초(見燋)·견망
(見網)이 있음. 『사리불아비담론』 권제4, 대정장28, p.553a17~b15 참조.
854 사상(四相): 네 가지의 사상(事相)을 말한다. 즉, ①일기사상(一期四相) 또는 과보사상
(果報四相)에는 생노병사(生老病死), ②사유위상(四有爲相)에는 생주이멸(生住異滅),
③아인사상(我人四相)에는 아상(我相)·인상(人相)·중생상(衆生相)·수자상(壽者相), ④
지경사상(智境四相)에는 아상(我相)·인상(人相)·중생상(衆生相)·수명상(壽命相)이 있
다. 여기서는 생로병사의 사상(四相)을 말함.
855 이영무 역(1984): 사종의 모양이 이를 모양하지 못한다.; 한글대장경(김달진 옮김)
(1992): 네 가지 상이 제한하지 못한다.; 황산덕 역(1982): 사상(四相)(生住異滅 또는 生
老病死)으로 모습을 나타내게 할 수 없다.

서, "항상 세간에 있으면서도 세간법에 물들지 않는다네."라고 하였다.

둘째, 사마(死魔)[856]를 멀리 여의었기 때문에 상주하는 것이다. 이는 마치 세간의 감로[857]가 사람으로 하여금 오래 살게 하듯이, 금강삼매[858]는 번뇌마[859]를 멸하였기 때문에 상주하는 과보를 증득하여 사마를 멀리 여의게 하는 것이다. 이를 게송에서, "청정한 감로처를 얻었으니 그러므로 일체의 마구니로부터 벗어났다네."라고 하였다.

셋째, 본래 나지 않은 것이기 때문에 상주하는 것이다. 법신의 체는 본래 깊고 고요하여, 본래 없었던 것이 지금에 와서 있는 것도 아니니, 그러므로 먼저 있었던 것이 뒤에 없어지는 것도 아니다. 이를 게송에서, "모든 부처는 본래 나지 않았으니, 본래 적정하기 때문이라네."라고 하였다.

---

856 사마(死魔): 범 mṛtyu-māra, 빨 maccu-māra. 사마(四魔: 蘊魔·煩惱魔·死魔·天子魔)의 하나. 사신(死神)과 같은 뜻. 중생의 사대를 분산시켜 일찍 죽게 하여 수행인으로 하여금 혜명(慧命)을 이어갈 법이 없게 하는 것. 사람의 생명이 끊어져 죽음에 이른 것.

857 감로(甘露): 범 amṛta, 빨 amata. 음역으로는 아밀리다(阿密哩多)·아밀구률다(阿蜜口栗多). 의역으로는 불사(不死)·불사액(不死液)·천주(天酒). 곧 불사(不死)의 신약(神藥), 천상(天上)의 영주(靈酒). 소마(蘇摩)의 즙, 천신들의 음료. 또 하늘에서 내리는 단 이슬이라 하여 감로라 이름. 예로부터 훌륭한 정사를 행하면 천지가 이 상서를 내린다고 한다. 불경에는 감로라는 말이 많은데, 부처의 교법이 중생을 잘 제도하는 것에 비유함.

858 금강삼매(金剛三昧): 보살이 이 삼매에 머물면 지혜가 견고하여 모든 삼매를 깨트릴 수 있음이 마치 금강석이 견고하여 깨트려지지 않아서 모든 만물을 깨트리는 것과 같으니, 일체 제법에 통달한 삼매를 말한다. 그 견고함 때문에 일체 번뇌를 끊어 부숴 버림이 금강이 견고하여 타물을 깨트려 버림과 같으므로 금강삼매라 함. 금강삼매를 금강유정(金剛喩定, 범 vajropamā-samādhi)이라고도 함. 은정희·송진현 역주, 『원효의 금강삼매경론』, pp.21~2 참조; 『대반열반경』권24(대정장12, p.509b) 참조; 『능엄경(楞嚴經)』권6 참조; 『대지도론(大智度論)』권47 참조.

859 번뇌마(煩惱魔): 범 kleśa-māra, 빨 kilesa-māra. 사마의 하나. 욕마(欲魔). 탐욕을 비롯한 여러 가지 번뇌는 우리의 마음과 몸을 시끄럽게 하여 마(魔)라 함. 몸 속의 108번뇌로 하여금 중생의 심신을 뇌란케 하여 혜명(慧命)을 탈취하여 보리를 성취하지 못하게 함.

故彼論偈[860], 總結而言, "初七種譬喩, 如來色身常, 後三種譬喩, 善
逝法身常."
若依別門, 常命是菩提德, 常身是涅槃德. 就通相門, 常身常命, 皆
是涅槃, 其義如前出體門說.

그리하여 저『보성론』의 게송에서 총체적으로 결론지어 말하기를, "처음 일
곱 가지 비유는 여래의 색신이 항상함을 말한 것이요, 뒤의 세 가지 비유는 부
처님의 법신이 항상함을 말한 것이다." 하였다.

별상(別相)의 문에 의하면 상명(常命)은 곧 보리의 덕이요, 상신(常身)은 곧
열반의 덕이다.[861] 이를 다시 통상(通相)의 문에 의하면 상신(常身)과 상명(常
命)이 모두 열반이니, 그 뜻은 앞의 체상을 나타내는 문(出體門)에서 말한 것
과 같다.

四種樂者. 一斷{樂}受〔樂〕[862], 以離三種分別受〔故, 無苦無樂. 乃
爲大樂.〕[863] 二寂靜樂, 遠離{故無苦無樂. 乃爲大樂}[864]諸行流轉行

---

860 『구경일승보성론(究竟一乘寶性論)』, 대정장31, p.843c07~8, "初七種譬喩 如來色身常 後
   三種譬喩 善逝法身常."
861 상신(常身)은 법상(法常)이며 법신(法身)이고, 상명(常命)은 불상(佛常)이고 보신(報身)
   이다. 그런데 또 상신은 세간에 물들지 않고〔世法不染〕, 사마를 멀리 여의고〔遠離死魔〕,
   본래 나지 않는 것〔本來不生〕이니, 이는 열반의 덕이요, 상명은 인연무변(因緣無邊), 중생
   무변(衆生無邊), 대비원만(大悲圓滿), 사여의무변(四如意無邊), 무분별혜무변(無分別慧
   無邊), 항재선정(恒在禪定), 안락청량(安樂淸凉)이니, 이는 보리의 덕임.
862 가은 역주(2004), 이영무 역(1984) 문세(文勢)에 따라, '樂受'를 '受樂'으로 바꿈.『대반열반
   경』(36), 대정장12, p.747a12, "一者斷諸樂故" 참조.
863 가은 역주(2004), 이영무 역(1984), '故無苦無樂 乃爲大樂'을 '二寂靜樂 遠離' 뒤에서 앞
   으로 자리를 바꾸어 "以離三種分別受"의 뒤로 옮김.
864 문맥에 따라, '故無苦無樂. 乃爲大樂'을 '以離三種分別受'와 '二寂靜樂'의 사이로 옮김.

苦, 得大寂靜, 故爲大樂.[865] 三覺知樂, 以離無知所受苦苦, 無所不
知, 故爲大樂.[866] 四{壞不}[不壞][867]樂, 遠離無常衰老壞苦, 得金剛
身, 故爲大樂.[868]

別而論之, 前之二種, 是涅槃樂. 後二種者, 是菩提樂. 通相而言,
卽無別異, 以菩提涅槃, 無二無別故. 如下文云[869], "有大樂故, 名大
涅槃. {大}[870]涅槃無樂. 以四樂故, 名大涅槃." 乃至廣說.

② (열반의) 네 가지 즐거움. 첫째는 느낌(受)[871]을 끊는 즐거움(斷受樂)이니,
이는 세 가지의 분별하는 느낌(苦·樂·捨)을 여의기 때문이다. 괴로움도 없고 즐
거움도 없으니[872] 곧 큰 즐거움(大樂)이 된다.

둘째는 적정(寂靜)의 즐거움(寂靜樂)이니, 이는 모든 현상이 변화하는 데서
나오는 괴로움(行苦)[873]을 멀리 여의어서 큰 적정(寂靜)을 얻었기 때문에 큰 즐

---

865 『대반열반경』(36), 대정장12, p.747a22, "二者大寂靜故名爲大樂" 참조.

866 『대반열반경』(36), 대정장12, p.747a25~7, "三者一切知故名爲大樂. 非一切知不名大樂.
諸佛如來一切知故. 名爲大樂. 以大樂故名大涅槃." 참조.

867 원문에 따라 '壞不'을 '不壞'로 바꿈.

868 『대반열반경』(36), 대정장12, p.747a27, "四者身不壞故名爲大樂." 참조.

869 『대반열반경』(36), 대정장12, p.747a11~2, "有大樂故名大涅槃. 涅槃無樂. 以四樂故名大
涅槃."

870 원문에 따라 '大'를 뺌.

871 느낌(受): 범 vedanā, 빨 같음. 또 통(痛)·각(覺)으로 번역됨. 수는 바깥경계를 받아들인다
는 뜻. 고수(苦受, 범 duḥkha-vedanā), 낙수(樂受, 범 sukha-vedanā), 사수(捨受, 범 upekṣā:
不苦不樂受)의 삼수(三受)를 말함. 고수는 외계의 접촉에 의하여 몸과 마음에 받는 괴로
운 감각. 낙수는 바깥 경계와 접촉하여 즐거움을 느끼는 감각. 사수는 고수와 낙수에 속하
지 않은 감각, 곧 괴롭지도 즐겁지도 않은 느낌. 『대반열반경』(36), 대정장12, p.747a12~22
참조.

872 괴로움도 없고 즐거움도 없음(無苦無樂): 세간의 삼수(三受) 즉 고수(苦受)·낙수(樂受)·
불고불락수(不苦不樂受)와는 다른 열반에서의 고락(苦樂)이 없는 대락(大樂)을 말함.

거움이 된다.[874]

셋째는 깨달아 아는 즐거움(覺知樂)이니, 이는 무지로 받는 심신의 괴로움(苦苦)[875]을 멀리 떠나 알지 못하는 것이 없기 때문에 큰 즐거움이 된다.

넷째는 (몸이) 무너지지 않는 즐거움(不壞樂)이니, 무상(無常)하여 늙고 쇠약하여 허물어지는 괴로움(壞苦)[876]을 멀리 여의어서 금강의 몸(금강신)[877]을 얻었다. 그러므로 큰 즐거움이 된다.

이를 구분해서 논한다면, 앞의 두 가지(단수락·적정락)는 열반의 즐거움이요, 뒤의 두 가지(각지락·불괴락)는 보리의 즐거움이다. 그러나 이를 총체적으로 말

---

873 모든 현상이 변화하는 데서 나오는 괴로움(行苦): 범 saṃskāra-duḥkha. 삼고(三苦: 苦苦·壞苦·行苦)의 하나. 행은 변화하여 간다는 뜻. 일체 유위법이 과(過)·현(現)·미(未) 삼세에 걸쳐 변화해 가기 때문에 잠시도 상주안은(常住安穩)함이 없다. 이처럼 제법이 무상함을 보고 고통으로 느끼니 이것을 행고(行苦)라 함.

874 이영무 역(1984): 둘째는 寂靜의 樂이니 모든 行의 流轉하는 苦를 멀리 벗어나서 큰 寂靜을 얻었다. 그러기에 '大樂'이라 한다.; 한글대장경(김달진 옮김)(1992): 둘째는 적정의 즐거움이니, 그것을 멀리 떠나기 때문에 괴로움도 없고 즐거움도 없는 것을 큰 즐거움이라 하고.; 황산덕 역(1982): 둘째는, 적정의 즐거움인데, 멀리 떠나기 때문에 괴로움도 없고 즐거움도 없는 것을 큰 즐거움으로 삼는 것이고, 모든 행이 유전(流轉)함을 보고서 생겨나는 괴로움(行苦)이 크게 고요함을 얻었기 때문에 크게 즐겁다고 하는 것이다.

875 무지로 받는 심신의 괴로움(苦苦): 범 duḥkha-duḥkhatā. 삼고(三苦: 苦苦·壞苦·行苦)의 하나. 유정(有情)의 몸과 마음은 본래 고통스러운데, 여기에 배고픔, 질병, 풍우, 노역, 한열, 도장(刀杖) 등의 모든 고통 등의 연(緣)을 더하여 생기는 괴로움을 고고(苦苦)라 함.

876 무상하여 늙고 쇠약하여 허물어지는 괴로움(壞苦): 범 vipariṇāma-duḥkhatā. 삼고(三苦: 苦苦·壞苦·行苦)의 하나. 변이고(變異苦)라고도 함. 아끼는 사람이나 물건에 대해서 그들이 사망 또는 파괴됨의 변화로 인하여 느끼는 고통. 또 몸속의 지·수·화·풍 등 사대(四大)가 서로 침탈하고 서로 무너지는 고통.

877 금강의 몸(金剛身): 범 vajra-saṃhatana-kāya. 법신을 말함. 법신은 금강이 견고하여 파괴할 수 없는 것과 같이 항상 있어 변치 않는 이체(理體)이므로 이렇게 말함. 전체 명칭은 금강불괴신(金剛不壞身)이다. 금강의 견고함으로써 여래법신이 무너지지 않음을 비유한 것임. 『대보적경(大寶積經)』 권52, 대정장11, p.307b, "如來身者, 卽是法身·金剛之身·不可壞身·堅固之身." 참조.

하면, 다름이 없으니 그것은 보리와 열반이 둘이 없고 다르지 않기 때문이다. 이는 아래 글에서, "큰 즐거움이 있기 때문에 대열반이라 한다. 열반에는 다른 즐거움이 없고, 이 네 가지 즐거움[878]을 대열반이라 한다."라고 하고 이어서 자세히 말한 것과 같다.

二種我者, 法我人我. 言法我者, 是體實義. 如哀歎品云[879], "{是眞是實是依是常不變易}〔若法是實, 是眞是常, 是主是依, 性不變易, 是名爲我.〕[880]" 〔言人我〕[881]者, 是自在義, 如德王品, 初偈中說[882], "〔有八〕自在{有八}[883]〔則名爲我. 何等爲八?〕[884]"

③ (열반의) 두 가지 아(我)란 법아(法我)와 인아(人我)이다. 법아란 체가 실재한다는 뜻이니, 이는 애탄품에서 "만약 법이 실재하며, 참되고 항상하며, 주인이 되고 의지가 되며, 성품이 변하지 않는다면, 이를 아라고 한다."라고 말한 것과 같다. 인아란 자재의 뜻이니, 이는 덕왕품의 처음 게송 중에 말하기를 "여덟 가지 자재가 있으니, 곧 아라 한다. 여덟 가지가 무엇인가?"라고 한 것과 같다.

---

878 네 가지 즐거움[四樂]: 앞 본문에서 설명한 단수락·적정락·각지락·불괴락.
879 『대반열반경』(36), 대정장12, p.618c08~9, "若法是實是眞是常是主是依性不變易. 是名爲我."
880 원문에 따라 '是眞是實是依是常不變易'를 빼고 '若法是實, 是眞是常, 是主是依, 性不變易, 是名爲我.'를 넣음.
881 문맥상 '言人我'를 넣음. 가은 역주 따름.
882 『대반열반경』(36), 대정장12, p.746c01~2, "有八自在則名爲我. 何等爲八."
883 원문에 따라 '有八'이 앞으로 감.
884 원문에 따라 '則名爲我 何等爲八?'을 넣음.

一多少自在. 如經言[885], "能示一身以爲多身, 身數多少[886]猶如微塵, 充滿十方無量世界, 如來之身實非微塵, 以自在故現微塵身."

첫째, 수량에 자재한 것이다. 이는 경에서 "한 몸을 나투어 여러 몸으로 보이게 하여, 몸의 수량이 저 미진(微塵)처럼 많아서 시방의 한량없는 세계에 가득 채워지는 것이니, 여래의 몸이 실로 미진(微塵)은 아니지만, 자재한 까닭에 미진과 같이 많은 몸을 나타낸다."고 말한 것과 같다.

二大小自在. 如經言[887], "示一塵身滿〈於〉[888]三千〈大千世〉[889]界, {佛}〔如來之〕[890]身, {無邊}[891]實不滿於〈三千〉[892]大千世界. 〈何以故? 以無礙故. 直〉[893]以自在故, 滿〈三千〉[894]大千〈世〉[895]界{故}[896]."

둘째, 크기에 자재한 것이다. 이는 경에서 "하나의 티끌 같은 몸이 삼천대

---

885 『대반열반경』(36), 대정장12, p.746c02~4, "能示一身以爲多身. 身數大小猶如微塵. 充滿十方無量世界. 如來之身實非微塵. 以自在故現微塵身. 如是自在名爲大我."
886 『대반열반경』 원문에는 '大小'로 나오나, 여기서 원효가 원문과 다르게 '多少'로 교감하여 인용하고 있음. 여기서는 원효의 교감에 따라, 원문에 따르지 아니함.
887 『대반열반경』(36), 대정장12, p.746c05~8, "示一塵身滿於三千大千世界. 如來之身實不滿於三千大千世界. 何以故. 以無礙故. 直以自在故滿三千大千世界. 如是自在名爲大我."
888 원문에 따라 '於'를 넣음.
889 원문에 따라 '大千世'를 넣음.
890 원문에 따라 '佛'을 '如來之'로 바꿈.
891 원문에 따라 '無邊'을 뺌.
892 원문에 따라 '三千'을 넣음.
893 원문에 따라 '何以故. 以無礙故. 直'를 넣음.
894 원문에 따라 '三千'을 넣음.
895 원문에 따라 '世'를 넣음.
896 원문에 따라 '故'를 뺌.

천세계[897]에 가득함을 보이지만, 여래의 몸은 실로 삼천대천세계에만 가득한 것은 아니다. 어째서인가? 여래의 몸은 장애가 없기 때문이다. 다만 자재하기 때문에 삼천대천세계에 가득한 것이다."라고 한 것과 같다.

三輕重自在. 如經言[898], "以滿〈此三千〉[899]大千世界之身, 輕擧飛空, 過〈於二十〉[900]恒〈河〉[901]沙等諸佛世界, 而無障礙. 如來之身, 實無輕重, 以自在故, 能爲輕重{故}[902]."

셋째, 무게에 자재한 것이다. 이는 경에서 "이 삼천대천세계에 가득 찬 몸을, 가볍게 들어 공중을 날아서 스무 개나 되는 갠지스 강의 모래[903]와 같은 많은 여러 부처님의 세계를 지나가도, 아무런 장애가 없다. 여래의 몸은, 실로

---

897 삼천대천세계(三千大千世界): 범 tri-sāhasra-mahā-sāhasra-loka-dhāteu, 빨 ti-sahassī-mahā-sahassīloka-dhāteavo. 불교 우주론에서 수미산을 중심으로 하여 사방에 사대주(四大州)가 있고, 그 바깥 주위는 대철위산(大鐵圍山)으로 둘러싸여 있다고 한다. 이것이 일세계 또는 일사천하(一四天下)라고 한다. 사천하(四天下)를 천개 합한 것을 일소천(一小千) 세계, 소천세계를 천개 합한 것이 일중천(一中千) 세계, 중천세계를 천개 합한 것이 일대천(一大千) 세계. 일대천 세계에는 소천중천대천(小千中千大千)의 세 가지의 천(千)이 있으므로 일대삼천 세계, 또는 삼천대천(三千大天) 세계라 함.

898 『대반열반경』(36), 대정장12, p.746c08~12, "三者能以滿此三千大千世界之身. 輕擧飛空 過二十恒河沙等諸佛世界. 而無障礙. 如來之身實無輕重. 以自在故能爲輕重如是自在名爲大我."

899 원문에 따라 '此三千'을 넣음.

900 원문에 따라 '於二十'을 넣음.

901 원문에 따라 '河'를 넣음.

902 원문에 따라 '故'를 뺌.

903 갠지스 강의 모래[恒河沙]: 범 gaṅgā-nadā-vāluka. 긍가사(殑伽沙)·항수사(恒水沙)·항수변류사(恒水邊流沙)·항변사(恒邊沙)·항사(恒沙)라고도 한다. 항하사는 항하[강가 강, 갠지스 강]의 모래란 뜻으로 무수(無數) 무량(無量)의 대수(大數)를 나타내는 말임.

가벼움도 무거움도 없으니, 이처럼 자재하기 때문에 가볍게도 하고 무겁게도
할 수 있다."라고 한 것과 같다.

四一異自在. 如經言[904], "如來一心安住不動, 所可示化無量形類,
各令有心. 如來有時{成}[或][905]造一事, 而{亦}[令][906]衆生各各成
{辨}[辦][907], 如來之身常住一{立}[土][908], 而令他{立}[土][909]一切
悉見{故}[910]."

넷째, 같고 다름에 자재한 것이다. 이는 경에서 "여래는 일심에 편안히 머
물러 움직이지 않지만, 여래가 한량없는 모습과 종류로 변화해 보일 수 있어
서 각각 마음을 가지게 한다. 여래는 때로 혹 한 가지 일을 짓지만 중생으로
하여금 각각 일을 하게 하고, 여래의 몸은 한 국토에 늘 머무르지만 다른 국토
에서도 다 나투게 한다[911]."라고 말한 것과 같다.

---

904 『대반열반경』(36), 대정장12, p.746c12~6, "四者以自在故而得自在. 云何自在. **如來一心**
安住不動. 所可示化無量形類各令有心. 如來有時或造一事. 而令衆生各各成辦. 如來之
身常住一土. 而令他土一切悉見. 如是自在名爲大我."
905 원문에 따라 '成'을 '或'으로 바꿈.
906 원문에 따라 '亦'을 '令'으로 바꿈.
907 원문에 따라 '辨'을 '辦'으로 바꿈.
908 원문에 따라 '立'을 '土'로 바꿈.
909 원문에 따라 '立'을 '土'로 바꿈.
910 원문에 따라 '故'를 뺌.
911 이영무 역(1984): 부처님이 어느 때에 한가지 일을 지으면서 중생들도 각각 일을 成辦하
    게 한다. 부처님의 몸은 常住하여 한결같이 서면서 저 중생들도 서게 하여 일체가 다 보게
    하기 때문이다.; 한글대장경(김달진 옮김)(1992): 여래는 때로 한 가지 일을 지으면서 중
    생들로 하여금 각기 성취하게 하며, 여래의 몸은 항상 머물러 한결같이 서나니, 남을 서게
    하여 일체를 다 보게 하기 때문이다.; 황산덕 역(1982): 여래는 때에 따라 한 가지 일을 하

五者對境自在故. 如經言[912], "如來一根, 亦能見色, 聞聲{乃至}〔嗅香, 別味覺觸〕[913], 知〈法〉[914], {以自在}[915] 如來六根, 亦不見色{不}[916] 聞聲, {乃至}〔嗅香別味, 覺觸〕[917]{不}[918]知法, 〈以自在故〉[919]令根 自在."

다섯째, 경계에 대함이 자재한 것이다. 이는 경에서 "여래는 하나의 감관[一根]으로도 색(色)을 볼 수 있고, 소리를 들을 수 있고, 냄새를 맡을 수 있고, 맛을 가릴 수 있고, 촉감을 느낄 수 있고, 법(法)을 알 수 있으며, 여래는 여섯 감관[六根]으로도 색(色)을 보지도 않고, 소리를 듣지도 않고, 냄새를 맡지도 않고 맛을 가리지도 않고, 촉감을 느끼지도 않고, 법(法)을 알지도 못한다. 이는 자재하기 때문이니, 감관[根]을 자재하게 하는 것이다[920]."라고 한 것과 같다.

지만, 역시 중생은 여러 가지로 구별해서 본다. 여래의 몸은 상주(常住)하여 하나로 서 있지만, 다른 사람으로 하여금 온갖 것을 다 보게 한다.

912 『대반열반경』(36), 대정장12, p.746c16~20, "五者根自在故. 云何名爲根自在耶. **如來一根亦能見色聞聲**嗅香別味覺觸**知法. 如來六根亦不見色聞聲**嗅香別味覺觸**知法. 以自在故令根自在.** 如是自在名爲大我."

913 원문에 따라 '乃至'를 '嗅香別味覺觸'으로 바꿈.

914 원문에 따라 '法'을 넣음.

915 원문에 따라 '以自在'를 뺌.

916 원문에 따라 '不'를 뺌.

917 원문에 따라 '乃至'를 빼고 '嗅香別味覺觸'을 넣음.

918 원문에 따라 '不'를 뺌.

919 원문에 따라 '以自在故'를 넣음.

920 이영무 역(1984): 부처님은 하나의 感官을 가지고도 色을 보고 소리를 들으며 내지 法을 알기에 自在하다. 그리고 부처님은 여섯 感官으로도 또한 色을 보지 못하고 소리를 듣지 못하며 내지 法을 알지 못하며 感官으로 하여금 自在하게 한다.; 한글대장경(김달진 옮김)(1992): 여래는 한 감관으로도 빛깔·소리, 나아가 법을 다 보나니 그것은 자재하기 때문이며, 또 여래는 육근(六根)으로도 빛깔을 보지 못하고 소리를 듣지 못하며, 법을 알지

六者得法自在. 如經言[921], "以自在故, 得一切〈法〉[922]. 如來之心,
亦無得想. 何以故? 〈無所得故.〉[923] 若是有者, 可{知}〔名〕[924]爲得,
實無所有, 云何名得? 若使如來計有得想, 是{卽}〔則〕[925]諸佛不得
涅槃. 以無得故, 名得涅槃. 以自在故, 得一切法! 得諸法故, 名爲
大我." 是意正顯. 諸法非然而非不然, 而不然故永無所得. 非不然
故無所不得, 如是無障礙故名大自在.

여섯째, 법을 얻음에 자재한 것이다. 이는 경에서 "여래는 자재하기 때문에
일체 법을 얻는다. 그러나 여래의 마음에는 얻는다는 생각도 없다. 어째서인
가? 얻는 것이 없기 때문이다. 만일 얻는 것이 있다면, 얻는다고 할 수 있지만,
실제로 얻는 것이 없으니, 어떻게 얻는다고 하겠는가? 가령 여래가 얻는다는
생각을 한다면, 이는 곧 모든 부처가 열반을 얻지 못한 것이다. 얻음이 없기
때문에 열반을 얻는다고 하며, 자재하기 때문에 일체의 법을 얻는 것이다. 모
든 법을 얻었기 때문에 대아라고 한다."라고 하는 것과 같다. 이 뜻은 다음을
바로 나타낸 것이다. 즉 모든 법이 그러하지 않으면서 그러하지 않은 것도 아
니니, 그러하지 않기 때문에 영원히 얻을 것이 없고, 그러하지 않은 것도 아니

못하나니 감관을 자재하기 때문이다.; 황산덕 역(1982): 여래는 감각기관 하나(一根)로
색깔도 볼 수 있고, 소리도 들을 수 있으며, 내지 (법도) 알 수 있는데, 그것은 자재하기 때
문이다. 여래는 감각기관 여섯(六根)을 다 가지고도 색깔을 보지 않고, 소리를 듣지 않으
며, 내지 법을 알지 않는데, 그것은 감각기관이 자재하도록 하였기 때문이다.

921 『대반열반경』(36), 대정장12, p.746c21~6, "六者以自在故得一切法. 如來之心亦無得想.
何以故. 無所得故. 若是有者可名爲得. 實無所有. 云何名得. 若使如來計有得想. 是則諸
佛不得涅槃. 以無得故名得涅槃. 以自在故得一切法. 得諸法故名爲大我."

922 원문에 따라 '法'을 넣음.

923 원문에 따라 '無所得故'를 넣음.

924 원문에 따라 '知'를 '名'으로 바꿈.

925 원문에 따라 '卽'을 '則'으로 바꿈.

기 때문에 얻지 못하는 것도 없다. 이와 같이 아무런 장애가 없기 때문에 대자재라 이름한다.

七者演說自在. 如經言[926], "如來{宣}〔演〕[927]說一偈之義, {過}〔經〕[928] 無量劫, 義亦不盡. {而}〈所謂, 若戒若定, 若施若慧. 如來爾時, 都〉[929] 不生念'我說彼聽', …… 一切法〈性〉[930]亦無有說, 以自在故如來演 說. 以〈演說故〉[931]名大我{故}[932]."

일곱째, 여래가 법을 설함에 자재한 것이다. 이는 경에서 "여래가 어떤 한 게송을 연설한 뜻은, 무량한 시간이 지나더라도 그 뜻이 다하지 않는다. 이른 바 계율(戒律)인 경우도 있고, 선정(禪定)인 경우도 있고, 보시(布施)인 경우도 있고, 지혜인 경우도 있다. 여래가 이때에 '나는 (법을) 설하고 저들은 (법을) 듣는다'는 생각을 도무지 내지 아니하며, …… 일체의 법성도 설함이 없지만, 이처럼 자재하기 때문에 여래가 연설하는 것이다. 이렇게 연설하기 때문에 대아라 이름한다."라고 말한 것과 같다.

---

926 『대반열반경』(36), 대정장12, pp.746c26~7a02, "七者說自在故 如來演說一偈之義. 經無 量劫義亦不盡. 所謂若戒若定若施若慧. 如來爾時都不生念我說彼聽. 亦復不生一偈之 想. 世間之人四句爲偈. 隨世俗故說名爲偈. 一切法性亦無有說. 以自在故如來演說. 以 演說故名爲大我."

927 원문에 따라 '宣'을 '演'으로 바꿈.

928 원문에 따라 '過'를 '經'으로 바꿈.

929 원문에 따라 '而'를 '所謂若戒若定若施若慧. 如來爾時都'로 바꿈.

930 원문에 따라 '性'을 넣음.

931 원문에 따라 '演說故'를 넣음.

932 원문에 따라 '故'를 뺌.

八者普現自在. 經言[933], "如來遍滿一切諸處, 猶如虛空. 虛空之性
不可得見, 如來亦爾實不可見. 以自在故令一切見." 是明有所現者,
卽當有所不現, 如來都無所不現也.

여덟째, 널리 두루 나툼〔普現〕에 자재한 것이다. 이는 경에서 "여래가 일체의
모든 곳에 두루 가득한 것이, 비유하자면 허공과 같다. 허공의 성품을 볼 수
없듯이, 여래도 또한 이와 같아서 실로 볼 수가 없다. 자재하기 때문에 일체
처에서 나타나게 한다."라고 하였다. 이는, 나타나는 것이 있으면 곧 나타나
지 않는 것이 있을 것이나, 여래는 도무지 나타나지 않는 것이 없음을 밝힌 것
이다.

別門而言, 眞實我者是涅槃我, 自在我者是菩提我. 就實通論, 卽無
別異. 是故經中, 總結之言[934], "如是大我名大涅槃."

구별해서 말하면, 진실아(眞實我)란 열반아(涅槃我)이고, 자재아(自在我)란 보
리아(菩提我)이다. 실제에 나아가 전체적으로 논하면, 열반아와 보리아는 곧 다
름이 없다. 이 때문에 경 가운데에서 전체적으로 마무리하여 말하기를 "이와
같은 대아는 대열반이라 한다."라 하였다.

四種淨者. 一名果淨. 亦是有淨, 以離二十五有果故. 二名業淨, 亦

---

933 『대반열반경』(36), 대정장12, p.747a02~6, "八者如來遍滿一切諸處猶如虛空. 虛空之性
不可得見. 如來亦爾實不可見. 以自在故令一切見. 如是自在名爲大我. 如是大我名大涅
槃. 以是義故名大涅槃."
934 『대반열반경』(36), 대정장12, p.747a05~6, "如是大我名大涅槃."

是因淨, 以離凡夫諸業因故. 三名身淨. 佛身常住故. 四名心淨. 佛
心無漏故.

④ (열반의) 네 가지 정(淨)[935]. 첫째는 과의 깨끗함[果淨]이라 한다. 이는 또한
유(有)의 깨끗함이니, 이십오유(二十五有)[936]의 과를 여의었기 때문이다. 둘째는

---

935 네 가지 정[四種淨]: 보통 일곱 가지 정(淨)과 네 가지 정(淨)이 있다. 일곱 가지 정은 칠
　　정화(七淨華)의 다른 이름이고, 초지보살의 정토(淨土)의 일곱 가지 청정상(淸淨相)을
　　가리킨다. 곧 : ①동체정(同體淨), ②자재정(自在淨), ③장엄정(莊嚴淨), ④수용정(受用
　　淨), ⑤주처중생정(住處衆生淨), ⑥인정(因淨), ⑦과정(果淨)인데, 이는 『십지경론(十地
　　經論)』권3과 『대승의장(大乘義章)』권19에 나온다. 네 가지 정은 보살의 네 가지 청정함이
　　다. 또 사일체행정(四一切行淨)·보살사정(菩薩四淨)이라고도 한다. 『보살선계경』권9에
　　열거된 것은 ①신정(身淨), ②연정(緣淨), ③심정(心淨), ④지정(智淨)이다. 원효가 말하
　　는 네 가지 정(淨)은 과정(果淨)·업정(業淨)·신정(身淨)·심정(心淨)으로 다음을 참조하
　　여 요약한 것임. 『대반열반경』(36), 대정장12, p.747b25~c09, "何等爲四. 一者二十五有名
　　爲不淨. 能永斷故得名爲淨. 淨卽涅槃. 如是涅槃亦得名有. 而是涅槃實非是有. 諸佛如
　　來隨世俗故說涅槃有. 譬如世人非父言父非母言母. 實非父母而言父母. 涅槃亦爾. 隨世
　　俗故說言諸佛有大涅槃. 二者業淸淨故. 一切凡夫業不淸淨故無涅槃. 諸佛如來業淸淨
　　故. 故名大淨. 以大淨故名大涅槃. 三者身淸淨故. 身若無常則名不淨. 如來身常故名大
　　淨. 以大淨故名大涅槃. 四者心淸淨故. 心若有漏名曰不淨. 佛心無漏故名大淨. 以大淨
　　故名大涅槃. 善男子. 是名善男子善女人修行如是大涅槃經具足成就初分功德." 참조.
936 이십오유(二十五有): 생사윤회의 미혹된 세계를 스물다섯 가지로 나눈 것. 원인으로 말미
　　암아 반드시 그 결과가 있으니, 원인과 결과는 없지 않기 때문에 유(有)라고 하는 것이다.
　　이 스물다섯 가지는 삼계(三界) 유정(有情)이 이숙(異熟)한 결과의 체이다: ①지옥유(地
　　獄有), ②축생유(畜生有), ③아귀유(餓鬼有), ④아수라유(阿修羅有). 일(一)에서 사(四)
　　까지는 육취 가운데 사취에 각각 일유가 있다. ⑤동 불바데주의 유[弗婆提有], ⑥서 구야
　　니주의 유[瞿耶尼有], ⑦북 울단월주의 유[鬱單越有], ⑧남 염부제주의 유[閻浮提有]. 오
　　(五)에서 팔(八)까지는 사람이 사주(四洲)를 열어서 사유(四有)로 삼음. ⑨사천처유(四天
　　處有), ⑩삼십삼천처유(三十三天處有), ⑪염마천유(炎摩天有), ⑫도솔천유(兜率天有),
　　⑬화락천유(化樂天有), ⑭타화자재천유(他化自在天有), ⑮초선유(初禪有), ⑯대범천유
　　(大梵天有), ⑰이선유(二禪有), ⑱삼선유(三禪有), ⑲사선유(四禪有), ⑳무상유(無想有),
　　㉑정거아나함유(淨居阿那含有), ㉒공처유(空處有), ㉓식처유(識處有), ㉔불용처유(不用

업의 깨끗함(業淨)이라 한다. 이는 또한 인이 깨끗함(因淨)이니, 범부의 모든 업 인(業因)을 여의었기 때문이다. 셋째는 몸의 깨끗함(身淨)이라 한다. 불신(佛身) 은 상주(常住)하기 때문이다. 넷째는 마음이 깨끗함(心淨)이라 한다. 부처의 마음(佛心)에 번뇌가 없기 때문이다.

前二離德, 後二修德. 離修雖異, 齊是涅槃. 如經言[937], "以純淨故, 名大涅槃. 云何純淨? 淨有四種." 乃至廣說.

앞의 두 가지(果淨과 業淨)는 여읜 데서 나오는 덕(離德)[938]이고, 뒤의 두 가지 (身淨과 心淨)는 닦는 데서 나오는 덕(修德)[939]이다. 여의는 덕과 닦는 덕은 비록 다르지만 다 같이 열반이다. 이는 경에서 "순정(純淨)이기 때문에 대열반이라 한다. 무엇을 순정이라 하는가? 정에는 네 가지 덕이 있다."라고 하고 내지 자 세히 설한 것과 같다.

故總而言之, 如是四德, 不出三事, 三事卽入於二種我. 二種我者, 一大涅槃, 一卽一切一切卽一, 是名如來祕密藏也.

處有), ㉕비상비비상처유(非想非非想處有). 천취(天趣) 가운데에, 육욕천(六欲天)·사 선(四禪) 및 사무색(四無色)이 각각 일유이고, 초선(初禪)의 대범(大梵)을 따로 열어, 사 선(四禪)의 무상(無想)·정거(淨居)가 각각 일유가 된다. 전체적으로 계산하면, 욕계(欲 界)가 열네 가지, 색계가 일곱 가지, 무색계가 네 가지이다. 이 이십오유를 부수는 것은 이십오삼매임.

937 『대반열반경』(36), 대정장12, p.747b23~4, "以純淨故 名大涅槃, 云何純淨·淨有四種."

938 여읜 데서 나오는 덕(離德): 청정치 못한 이십오유의 과와 청정치 못한 범부의 모든 업을 여의는 데서 얻는 덕. 혜원은 『대승의장』에서 이를 단덕(斷德)이라 함.

939 닦는 데서 나오는 덕(修德): 무상(無常)한 몸을 닦아서 상주하는 불신(佛身)을 얻으며, 번 뇌가 있는 마음을 닦아서 무루(無漏)의 불심(佛心)을 얻는 덕. 혜원은 『대승의장』에서 이 를 행덕(行德)이라 함.

그러므로 전체적인 면에서 말하면 이와 같은 네 가지의 덕(상·락·아·정)은 삼사(법신·반야·해탈)를 벗어나지 않으니, 삼사는 곧 두 가지 아(涅槃我·菩提我)에 들어간다. 두 가지 아는 하나의 대열반이어서[940], 하나가 곧 일체이고 일체가 곧 하나이니, 이를 여래가 비밀스럽게 간직한 것(秘密藏)[941]이라 이름한다.

ㄹ. 논의를 조화롭게 함

次第四明和相諍論. 諍論之興乃有多端, 而於當偏起異諍. 法身常住化身起滅, 於此二身諸說不同. 唯於報身二執別起. 別起之諍, 不過二途, 謂執常住及執無常. 執常之內亦有二家.

다음으로 네 번째, 서로 다투는 논의를 조화롭게 하는 것(和諍)을 밝힌다. 쟁론이 일어나 많은 갈래가 있게 되니, 장차 여러 다른 쟁론(異諍)이 치우치게 일어난다.[942] 법신은 상주하고 화신은 생멸하는데, 이 법신 화신에 대해서 여러설이 같지 않다. 오직 보신(報身)에 대하여는 두 가지 주장이 각각 일어난다.

---

940 두 가지 아는 열반아(진실아)와 보리아(자재아)인데, 통문으로 말하면 이 두 아는 다름이 없다. 보리아는 자재아이고, 자재아는 대아이고, 대아는 대열반이다. 그런데 보리아와 열반아의 두 아는 다름이 없으므로 따라서 열반아와 보리아는 대열반이 됨.

941 비밀스럽게 간직한 것(秘密藏): 비밀스러운 법장은 매우 깊고 오묘하여 오직 부처만이 알수 있지, 일반인은 분명하게 알 수 있는 법문이 아니다. 또한 여래가 깊은 법을 잘 보호하고 생각하여 그 그릇이 아니라면 비밀스럽게 간직하고 말하지 않기 때문에 비밀이라고 말한다. 그러므로 비밀장은 모든 경전에서 매우 깊은 비밀스러운 뜻을 드러내는 통명(通名)이다. 현교에서는 남본과 북본 열반경 권2에서 법신·반야·해탈 3덕의 불일불이(不一不異)함을 비밀장이라 함.

942 황산덕 역(1982): 결국은 치우치게 이론(異論)을 제기하기 때문이다.; 이영무 역(1984): 諍論의 일어나는 것은 여러 가지 사유가 있지만; 한글대장경(김달진 옮김)(1992): 그것은 치우치게 다른 논리를 일으키기 때문이다.

각각 일어나는 쟁론은 두 가지 길에 불과하니, 상주(常住)한다고 고집하는 것과 무상(無常)하다고 고집하는 것이다. 상(常)을 고집하는 중에도 또한 두 학파가 있다.

① 상주설

一家說云, '報佛功德, 有生無滅. 生因所滅故, 不得無生. 證理究竟,
故離相, 離相故, 常住不變.'

첫 번째 학파는 '보신불(報身佛)[943]의 공덕은 생겨남은 있고 사라짐은 없는 것이다. 생인(生因)[944]으로 번뇌가 멸하기 때문에 생겨남이 없을 수는 없다. 이 치를 끝까지 증득하기 때문에 모양[相]을 여의었으며, 모양을 여의었기 때문에 상주하여 변하지 않는다'라고 말한다.〔有爲常住有生無滅〕

第二家云, '報佛功德, 雖生因得而離生相. 雖是本無始有而非本無今
有, 旣非今有亦非後無. 由是道理, 遠離三際, 離三際故, 凝然常住.'

---

943 보신(報身): 범 saṃbhoga-kāya. 부처님의 과보의 몸을 가리킨다. 또 보불(報佛)·보신불(報身佛)·수법락불(受法樂佛)이라고도 한다. 혹은 번역하여 수용신(受用身)·식신(食身)·응신(應身)이라 한다. 또 제이신(第二身)이라고도 부른다. 삼신(三身)의 하나이고, 사신(四身)의 하나이다. 인위에서 지은 한량없는 원과 행의 과보로 나타난, 만덕이 원만한 부처의 몸. 보통 두 가지로 나누어 자기만이 증득한 법열(法悅)을 느끼고, 다른 이와 함께 하지 않는 자수용보신(自受用報身)과 다른 이도 같이 이 법열을 받을 수 있는 몸을 나타내어 중생을 제도하는 타수용보신(他受用報身)이 있음.

944 생인(生因): 육바라밀의 일을 말함. 정법사(頂法師) 찬, 『대반열반경소(大般涅槃經疏)』권25, 대정장38, p.182b24~5, "六度是事爲生因 佛性是理爲了因." 참조.

두 번째 학파는 '보신불(報身佛)의 공덕은 비록 (6바라밀의) 생인(生因)으로 얻어지지만, 생상(生相)[945]은 여의었다. 비록 보불이 본래 없다가 (생인으로 인하여) 비로소 있는 것이지만, 이 보불이 본래 없다가 지금에 있게 되는 것[有爲相]은 아니다.[946] 이미 지금에 있게 되는 것이 아니니 또한 나중에 없게 되는 것도 아니다.〔無爲相〕 이러한 도리 때문에 삼제(三際: 과거·현재·미래)를 멀리 여의었고[947], 삼제를 여의었기 때문에 그대로 굳건히 상주(常住)하는 것이다[948]' 라고 말한다.〔無生無滅〕

然道後始成故非本有始, 離三際故〈亦〉[949]非有生. 非有生故亦得無

---

945 생상(生相): 범 jāti, 빨리어 같음. 유위법의 생상은 따로 실법이 없고, 겨우 인연력에 의하여 생기니, 본무금유(本無今有)의 유로써 가명(假名)해서 생상이라 함.

946 황산덕 역(1982): 보불의 공덕은 비록 생인으로 얻어지지만 생상을 떠나 있고, 비록 본래는 없다가 비로소 있게 되는 것이기는 하지만, 그러나 본래 없는 것이 지금에 있게 되는 것은 아니다.; 이영무 역(1984): 「報身佛」의 공덕은 비록 生因으로 얻었지마는 生의 모양을 벗어난다. 그러기에 비록 '본래 없었던 것이 지금에 있는 듯' 하지마는 그러나 '본래 없었던 것이 지금에 있는 것'이 아니다.; 한글대장경(김달진 옮김)(1992): 보불의 공덕은 비록 생인을 얻더라도 생의 모양을 여의었으며, 비록 본래는 없다가 비로소 있는 것이라 하더라도 본래 없던 것이 지금 있는 것도 아니다.

947 순타를 위하여 설한 게송(『대반열반경』(36), 대정장12, p.707a21~2; 『대반열반경』(40), 대정장12, p.524b23~4, "本有今無 本無今有 三世有法 無有是處"(본래 있다가 지금 없으며 본래 없다가 지금 있으니 삼세에 걸쳐서 법이 있다는 것은 옳지 않다.) 참조.

948 황산덕 역(1982): 그리고 지금 있게 되는 것이 아니므로 또한 나중에 없어지는 것도 아니다. 이러한 도리로 말미암아 삼제(三際)(前·中·後. 過·現·未)를 멀리 떠나 있고, 삼제를 떠나 있기 때문에 하나로 뭉쳐(凝然) 상주한다.; 이영무 역(1984): 이미 지금에 있는 것이 아니라면 또한 뒤에 없어지는 것도 아닐 것이다. 이러한 道理이기에 三際를 멀리 초월하여서 凝然히 常住하는 것이다.; 한글대장경(김달진 옮김)(1992): 이미 지금 있는 것이 아니라면 뒤에 없어지는 것도 아니니, 이런 도리로 보아 그것은 삼제(際)를 멀리 떠난 것이요 삼제를 멀리 떠났기 때문에 마땅히 상주하는 것이다.

949 이영무 역(1984), 글의 흐름에 따라 '亦'을 넣음. 여기서도 이를 따름.

滅. 無生滅故定是無爲常住不變. 若未能得如是正見, 不應定說有
爲無爲.

그러나 무간도 후에 비로소 정각이 이루어지는 것[950]이기 때문에 보신공덕
이 본래 있던 것이 아니라 비로소 있게 되는 것이다. 삼제를 여의었기 때문에
또한 생겨남이 있는 것도 아니다. 생겨남이 있는 것이 아니기 때문에 또한 사
라짐이 없게 된다. 이리하여 생겨남도 사라짐도 없기 때문에 결정코 함이 없
으며(無爲) 상주(常住)하고 불변(不變)한다. 만약 이와 같은 정견(正見)을 얻지 못
하면, 유위(有爲)니 무위(無爲)니 하는 말을 결정코 해서는 안 된다.

如純陀{章}〔品〕[951]云[952], "唯當{嘖自}〔自責〕[953], 我今愚癡未有
{惠}〔慧〕[954]眼. 如來正法不可思議, 是故, 不應宣說如來定是有爲
定是無爲. 若正見者, 應說如來定是無爲."

이는 순타품(제2품)에서, "다만 '내가 지금 어리석어서 지혜의 눈이 없다'
라고 자책해야 할 뿐이다. 여래의 정법(正法)은 불가사의하니, 이 때문에 '여
래는 결정코 유위(有爲)다, 또는 결정코 무위다'라고 말해서는 안 된다. 그런
데 만약 정견자(正見者)라면 '여래는 결정코 무위다'라고 말해야 한다."라고 한

---

950 『속화엄경약소간정기(續華嚴經略疏刊定記)』, 당 혜원 술, 속장경3, p.602a11, "無間道
　　後. 四智創圓時. 名始成正覺." 참조.
951 이영무 역(1984), '章'을 '品'으로 바꿈. 여기서도 이를 따름.
952 『대반열반경』(36), 대정장12, p.613c11~4, "唯當自責我今愚癡未有慧眼. 如來正法不可
　　思議. 是故不應宣說如來定是有爲定是無爲. 若正見者應說如來定是無爲."
953 원문에 따라 '嘖自'를 '自責'으로 바꿈. 이영무 역(1984)에는 '嘖自'를 '責自'로 바꿈.
954 원문에 따라 '惠'를 '慧'로 바꿈.

것과 같다.

長壽品云[955], "常當繫心修{心是}〔此〕[956]二字, 佛〈是〉[957]常住. 〈迦葉〉[958], 若有〈善男子善女人〉[959], 修{習}[960]此二{定}〔字〕[961]{者}[962], 當知是人隨我所行至我至處." 而餘處說非常住者, 皆就佛〈化〉[963]相非說報身.

또한 장수품(第4품)에 이르기를, "항상 마음을 다잡아 '부처는 상주한다'에서 이 '상주' 두 자를 닦아야 한다. 가섭아, 만약에 선남자(善男子) 선여인(善女人)이 이 두 자를 닦는다면, 이 사람은 내가 행하는 것을 따라서 내가 이르는 곳에 다다를 것임을 알아야 한다."라고 한 것과 같다. 그런데 다른 곳에서 상주(常住)하지 않는다고 말한다면, 이는 모두 부처의 화신의 모습에 대한 것이지, 보신(報身)을 말한 것은 아니다.

如德王品云[964], "如來非常. 何以故? 身有分故. 是故非常. 云何非

---

955 『대반열반경』(36), 대정장12, p.622a24~6, "常當繫心修此二字. 佛是常住. 迦葉. 若有善男子善女人修此二字. 當知是人隨我所行至我至處."
956 원문에 따라 '心是'를 빼고 '此'를 넣음.
957 원문에 따라 '是'를 넣음.
958 원문에 따라 '迦葉'을 넣음.
959 원문에 따라 '善男子善女人'을 넣음.
960 원문에 따라 '習'을 뺌.
961 원문에 따라 '定'을 '字'로 바꿈.
962 원문에 따라 '者'를 뺌.
963 이영무 역(1984), '化'를 넣음. 여기서도 이를 따름.
964 『대반열반경』(36), 대정장12, p.738b26~c10, "如來非常. 何以故. 身有分故. 是故非常. 云何非常. 以有知故. 常法無知猶如虛空. 如來有知. 是故非常. 云何非常. 有言說故. 常法

常? 以有{智}〔知〕⁹⁶⁵故. 常法無知猶如虛空, 如來有{心}〔知〕⁹⁶⁶, 是
故非常. 云何非常? 有言說〈故〉⁹⁶⁷, 乃至有姓{此}〔氏〕⁹⁶⁸故, 有父
母故, 有四〈威〉⁹⁶⁹儀故, 有方所〈故〉⁹⁷⁰."

이는 덕왕품(第22품)에서, "여래는 항상하지 않다. 어째서인가? 몸에 분한(分
限)이 있기 때문에 항상하지 않다. 어째서 항상하지 않은가? 알음알이가 있기
때문이다. 상법(常法)은 알음알이가 없어 마치 허공과 같은 것이니, 여래는 알
음알이가 있으므로 항상하지 않다. 어째서 항상하지 않은가? 여래는 언설이
있기 때문이며, 내지 성씨가 있기 때문이며, 부모가 있기 때문이며, 네 가지
위의(威儀)⁹⁷¹가 있기 때문이며, 방소(方所)⁹⁷²가 있기 때문이다."라고 하는 것
과 같다.

無言亦如虛空. 如來有言. 是故無常. **有姓氏故**名曰無常. 無姓之法乃名爲常. 虛空常故
無有姓氏. 如來有姓姓瞿曇氏. 是故無常. **有父母故**名曰無常. 無父母者乃名曰常. 虛空
常故無有父母. 佛有父母是故無常. **有四威儀**名曰無常. 無四威儀乃名曰常. 虛空常故無
四威儀. 佛有四儀是故無常. 常住之法無有方所. 虛空常故無有方所. 如來出在東天竺地
住舍婆提或王舍城. 是故無常. 以是義故如來非常." 참조.
965 원문에 따라 '智'를 '知'로 바꿈.
966 원문에 따라 '心'을 '知'로 바꿈.
967 원문에 따라 '故'를 넣음.
968 원문에 따라 '此'를 '氏'로 바꿈.
969 원문에 따라 '威'를 넣음.
970 문맥상 '故'를 넣음.
971 네 가지 위의(四威儀): 범 catur-vidhā īryā-pathāḥ 빨 cattāro iriyā-pathā. 일상생활에 있어서
온갖 동작하는 몸짓의 네 가지 구별이 부처의 제계(制戒)에 꼭 들어맞는 행동. 즉, 행(行)
(범 gamana, 빨 같다)·주(住)(범 sthāna, 빨 ṭhāna)·좌(坐)(범 niṣadyā 빨 nisajjā)·와(臥)(범
śaya,śayana, 빨 sayana)의 네 가지 위의(威儀).
972 방소(方所): 방향과 처소. 공간의 일부분을 점유하는 장소.

依是七義, 說非常住, 當知〔皆〕此⁹⁷³就化相說. 若人不知如是之意,
亦說報佛同是無常, 卽是邪見必墮地獄.

이 일곱 가지의 뜻⁹⁷⁴으로 여래가 상주(常住)하지 않음을 말하지만, 이는 다
부처님의 화신의 모습에 대해 말하는 것임을 알아야 한다. 만약에 사람들이
이와 같은 의미를 알지 못하고, 보신불(報身佛)도 똑같이 항상하지 않다고 말
한다면, 이는 곧 삿된 견해이어서 반드시 지옥에 떨어질 것이다.

如純陀〈品〉⁹⁷⁵言⁹⁷⁶, "外道邪見, 可說如來同於有爲, 持{惑}〔戒〕⁹⁷⁷
比丘, 不應如是於如來所生有爲想. 若言如來是有爲者, 卽是妄語.
當知是人死入地獄, 如人自處於己舍宅." 乃至廣說. 故不應說報佛
無常. 執常之家作如是說也.

이는 순타품(제2품)에, "외도의 삿된 견해로는 여래도 똑같이 유위라고 말할
수 있지만, 계율을 지키는 비구는 이와 같이 여래에 대해 유위라는 생각을 내
어서는 안 된다.⁹⁷⁸ 만약 여래를 유위라고 말하면 이는 곧 거짓된 말이다. 이

---

973 이영무 역(1984), 글의 흐름상 '皆此'를 '此皆'로 순서를 바꿈. 여기서도 이를 따름.
974 일곱 가지의 뜻(七義): 몸에 분한(分限)이 있음, 알음알이, 언설, 성씨, 부모, 네 가지 위의
  (威儀), 방소(方所)가 있음.
975 이영무 역(1984), '品'을 넣음. 여기서도 이를 따름.
976 『대반열반경』(36), 대정장12, p.614a02~5, "外道邪見可說如來同於有爲. 持戒比丘不應
  如是於如來所生有爲想. 若言如來是有爲者. 卽是妄語. 當知是人死入地獄. 如人自處於
  己舍宅."
977 원문에 따라 '惑'을 '戒'로 바꿈.
978 황산덕 역(1982): 의혹을 품을 것이지만; 이영무 역(1984): 疑惑을 가지지만; 이영무 역
  (1987): 疑惑을 가지지마는; 한글대장경(김달진 옮김)(1992): 의혹을 두어. 이영무 역

러한 사람은 죽어서 지옥에 들어가는 것이, 마치 사람이 자연스럽게 자기 집에 거처하는 것과 같음을 알아야 한다."라고 하고 내지 자세히 말한 것과 같다. 그러므로 보신불(報身佛)은 무상(無常)하다고 말해서는 안 된다. 상(常)을 고집하는 학파는 이와 같이 말하였다.

② 무상설

執無常者, 說言報佛生因所生, 不得無滅. 生者必滅一向記[979]故. 然依法身相續恒存, 窮未來際永無終盡. 不同生死念念磨滅. 由是道理, 說爲常住. 無老死故名不變易.

보신의 무상(無常)을 고집하는 이는 '보신불(報身佛)은 생인(生因)[980]으로 생긴 것이기에 없어지지 않을 수 없다'고 한다. 그것은 생긴 것은 반드시 사라진다고 한결같이 대답하기(一向記)[981] 때문이다.[982] 그러나 보신은 법신을 의지하

(1984), 한글대장경(김달진 옮김)(1992), 황산덕 역(1982) 모두 원문을 찾아 '持戒'로 확인하여 바로 읽지 못하고, '持惑'으로 읽고 있음.

979 이영무 역(1984), '記'를 '說'로 바꾸었으나, 바꾸어서는 안 됨.

980 생인(生因): 생인은 현상이 생길 때에 원인이 되는 것. 여기서는 육바라밀을 말함. 앞 주석 생인(生因) 참조.

981 한결같이 대답하기(一向記): 범 ekāṃśa-vyākaraṇa. 네 가지 기답(記答)의 하나인데, 사람이 물을 때 어떤 주저함도 없이 긍정적인 말로 답하는 것. 또 일정답(一定答)·정답(定答)·결료답(決了答)·필정론(必定論)·일향론(一向論)·결정기론(決定記論)이라고도 한다. 이는 『구사론』권19(대정장29, p.103b)에 "만약에 '일체의 유정이 모두 미래에 죽습니까'라고 물으면, 한결같이 '일체의 유정은 모두 반드시 미래에 죽는다'고 한다(若作是問 : 一切有情, 皆當死不 ? 應一向記 : 一切有情, 皆定當死.)"에서 쓰인 것과 같음.

982 황산덕 역(1982): 일향기(一向記)(즉각적으로 「그렇다」라고 대답할 수 있는 것)다, 라고.; 이영무 역(1984): 〈부처님이〉 한결같이 말씀하셨기 때문이라는 것이다.; 이영무 역(1984)

여 항상 존재하여, 미래제가 다하도록 영원히 끝내 다함이 없다. 그것은 생사가 생각 생각마다 없어지는 것과는 같지 않다. 이러한 도리 때문에 상주(常住)한다고 말한다. 그리고 늙고 죽음이 없기 때문에 변화하지 않는다고 한다.

如四相品云[983], "如來成就如是功德, 云何當言如來無常? 若言無常無有[984]是處. 是金剛身, 云何無常? 是故如來不名命終." 如來性品云[985], "若言解脫{猶}〔譬〕[986]如幻化, 凡夫當謂得〈眞〉[987]解脫{者}[988]卽是磨滅. 有智之人應當分別, 人中師子雖有去來常住{不}〔無〕[989]變." 又聖行品云[990], "復次善男子, 心性異故名爲無常. 所謂聲聞心性異, 緣覺心性異, 諸佛心性異."
依此等文, 當知報佛心是有爲, 是生滅法. 而初分說定是無爲.

이는 마치 사상품(제7품)에, "여래는 이와 같은 공덕을 성취하였는데, 어째

부처님이 한결같이 말씀하셨기 때문이라는 것이다.; 한글대장경(김달진 옮김)(1992): … 한결같은 기록이기 때문이다"라고 한다. 이영무 역(1984)에는 '一向記'를 '一向說'로 읽어 '記'를 '說'로 바꾸었으나, 바꾸어서는 안 됨.
983 『대반열반경』(36), 대정장12, p.632b25~7, "如來成就如是功德. 云何當言如來無常. 若言無常無有是處. 是金剛身云何無常. 是故如來不名命終."
984 필사본 p.49a, '無有' 앞에 '若言'이 있고, 대정장38(『열반종요』, p.248a08)에는 없음.
985 『대반열반경』(36), 대정장12, p.651b28~c01, "若言解脫譬如幻化. 凡夫當謂得眞解脫卽是磨滅. 有智之人應當分別. 人中師子雖有去來常住無變."
986 원문에 따라 '猶'를 '譬'로 바꿈.
987 원문에 따라 '眞'을 넣음.
988 원문에 따라 '者'를 뺌.
989 원문에 따라 '不'을 '無'로 바꿈.
990 『대반열반경』(36), 대정장12, p.687c18~20, "復次善男子. 心性異故名爲無常. 所謂聲聞心性異. 緣覺心性異. 諸佛心性異."

서 여래가 무상(無常)하다고 말해야 하는가? 만약 여래가 무상(無常)하다고 말하면, 옳지 않다. 여래는 금강의 몸[991]이니 어찌 무상하다고 하는가? 이 때문에 여래는 명(命)이 끝났다고 하지 않는다."라고 하는 것과 같다. 또 이는 여래성품(제12품)에, "만약 해탈이 마치 환화(幻化)와 같다고 말하면, 범부가 진해탈[992]을 얻더라도 곧 닳아 없어진다고 말해야 한다. 그러나 지혜로운 사람은 마땅히 다음과 같이 분별해야 하니, 즉 사람 가운데 사자[人中師子][993]인 부처는 비록 가고 옴이 있어도 상주하여 변화가 없다."라고 하는 것과 같다. 그러나 성행품(제19품)에, "다음으로 선남자야! 심성(心性)이 다르기 때문에 무상(無常)이라 이름한다. 말하자면 성문(聲聞)의 심성이 다르고, 연각(緣覺)의 심성도 다르며, 모든 부처의 심성도 다르다."라고 하였다.

경문들에 의하면, 보신불(報身佛)의 마음은 유위(有爲)이며, 생멸법(生滅法)이지만 앞[994]에서는 반드시 무위(無爲)라고 말한 것임을 알아야 한다.

又言[995], "修{習}[996]常住二字, 隨我所行至我至處"等文者, 爲對聲

---

991 금강의 몸[金剛身]: 앞 주석 금강의 몸 참조.
992 진해탈(眞解脫): 진실한 해탈. 여래의 해탈을 가리킴. 여래의 다른 이름이기도 함. 즉 일체의 번뇌를 끊어서 깨달음을 증득한 열반. 이승의 해탈은 열반에 머물기 때문에 진해탈이 아니다. 부처는 대비(大悲)이기 때문에 열반에 머물지 않고 또 대지(大智)이기 때문에 생사에 머물지 않는다. 머물지 않는 열반이기 때문에 진(眞)이라고 함.
993 사람 가운데 사자[人中師子]: 부처님의 미칭(美稱). 부처님이 사람 가운데 영웅인 것을 비유한 말. 마치 사자(獅子)가 모든 동물의 왕과 같기에 이렇게 부른 것이다. 또 인웅사자(人雄師子)·대사자왕(大師子王)·인사자(人師子)라고도 함.
994 상주설을 주장하는 첫 번째 학파가 유위상주(有爲常住), 두 번째 학파가 무위상주(無爲常住)를 말함.
995 『대반열반경』(36), 대정장12, p.622a24~6, "常當繫心修此二字. 佛是常住. 迦葉. 若有善男子善女人修此二字. 當知是人隨我所行至我至處." 참조.
996 원문에 따라 '習'을 뺌.

聞無爲四倒故. 約眞如法身而說爲常住. 以彼聲聞不達法空, 不知
如來法身遍一切處無爲常住, 隨於物機現此色身. 是故彼計如來色
身惑業所感, 必歸磨滅, 五分法身雖非有漏而依色身, 亦是斷滅. 爲
欲對治如是病故, 故說法身無爲常住.

또 말하기를 "상주(常住) 두 자를 닦으면, 내가 행하는 것을 따라서 내가 이
르는 곳에 다다를 것이다." 등의 경문은, 성문(聲聞)의 무위(無爲)에 대한 네 가
지 전도(四顚倒)[997]를 대치하기 위한 것이다. 그러기에 진여 법신을 들어서 상
주(常住)라고 한다. 그것은 저 성문들은 법공[998]에 통달하지 못하여, 여래 법신
이 모든 곳에 두루한 무위(無爲) 상주(常住)이지만, (다만) 중생(物)의 기연(機緣)
을 따라 이러한 색신(色身)을 나타내는 줄을 알지 못한 것이다. 이 때문에 그들
[성문들]은 여래 색신이 혹업(惑業)[999]으로 감득한 것이어서, 반드시 닳아 없어
지게 되는 것이며, 오분법신(五分法身)[1000]도 비록 유루(有漏)는 아니지만, 색신

997 네 가지 전도(四顚倒): 앞 주석 사전도 참조.
998 법공(法空): 법무아(범 dharma-nairātmya)라고도 함. 2공(아공·법공)의 하나. 3공(아공·법
　　공·구공)의 하나. 색·심의 모든 법인 만유(萬有)는 모두 인연이 모여 생기는 가짜 존재로
　　서 실체가 없는 것으로 만유의 체가 공무(空無)한 것을 말함.
999 혹업(惑業): 탐(貪)·진(瞋)·치(癡) 등의 번뇌는 혹(惑), 이 혹에 의하여 선악의 행위를 짓
　　는 것은 업(業)이라 함.
1000 오분법신(五分法身): 무루오온(無漏五蘊)·무등등오온(無等等五蘊)(범 asamasama-
　　pañca-skandha)이라고도 함. 대승과 소승의 무학위(無學位)(최고로 깨달은 경지)로, 곧 부
　　처님과 아라한이 갖추어 가진 다섯 가지 공덕. 소승불교의 해석과 『구사론광기(俱舍論光
　　記)』 권1 말에 의하면, ①계신(戒身)(범 śīla-skandha), 번뇌가 없는 신어업(身語業)을 말
　　함. ②정신(定身)(범 samādhi-skandha), 무학(無學)의 공(空)·무원(無願)·무상(無相) 등
　　삼삼매(三三昧)를 말함. ③혜신(慧身)(범 prajñā-skandha), 무학의 정견(正見)·정지(正
　　知)라 함. ④해탈신(解脫身)(범 vimukti-skandha), 정견(正見)과 상응하는 해탈을 말함.
　　⑤해탈지견신(解脫知見身)(범 vimukti-jñāna-darśana-skandha), 무학의 진지(盡智)·무생지

에 의지하는 것이어서, 또한 끊어 없어진다고 여긴다. 이와 같은 병폐를 대치하기 위하여 법신(法身)의 무위(無爲) 상주(常住)를 말한 것이다.

如請僧福田經中, "月德居士歎佛, '如來涅槃以復法滅不久.' 如來告言, '汝等居士! 應修如來常住二字. 是常住法者, 是一切衆生二乘六道闡提五逆人之法性. 見法性者, 當得吾身如今無二.'"

이는 『청승복전경』[1001] 가운데에, "월덕거사[1002]가 부처님께 탄식하며, '여래가 열반하시면 법이 멸하게 되어 오래가지 않을 것입니다'고 하였다. 여래께서 말씀하시기를, '너희 거사들이여! 마땅히 여래의 상주(常住) 두 자를 닦아

(無生智)를 말함. 대승불교의 해석으로, 혜원(慧遠)의 『대승의장(大乘義章)』권20에 보면, 부처님이 가진 다섯 가지 공덕을 말함. ①계신(戒身)(범 śīla-skandha), 여래의 신(身)·구(口)·의(意) 삼업(三業)은 일체의 허물을 멀리 여읜 계법신(戒法身)이라 함. ②정신(定身)(범 samādhi-skandha), 여래의 진심이 적정(寂靜)하고 자성이 부동(不動)하여 일체의 망념을 멀리 여의었으므로 정법신(定法身)이라 함. ③혜신(慧身)(범 prajñā-skandha), 여래의 참된 심체가 밝고 자성이 어둡지 않고 법을 관하여 통달하여 혜법신(慧法身)이라 함. 근본지를 가리킴. ④해탈신(解脫身)(범 vimukti-skandha), 여래의 자체가 번뇌가 없어서 일체의 번뇌에서 해탈한 것을 해탈법신(解脫法身)이라 함. ⑤해탈지견신(解脫知見身)(범 vimukti-jñāna-darśana-skandha), 자기 자신이 본래 물듦이 없음을 알아서 이미 해탈을 실현하여 해탈지견법신(解脫知見法身)이라 함.

1001 『청승복전경(請僧福田經)』: 지금은 전하지 않는 경전임. 『불설제덕복전경(佛說諸德福田經)』(대장정16)이 아닌가 의심가지만, 이 인용문에 해당하는 원문이 없음. 이는 유실된 경으로 『거사청승복전경(居士請僧福田經)』 또는 『불설거사청승복전경(佛說居士請僧福田經)』이라고도 함. 한편 『대주간정중경목록(大周刊定衆經目錄)』(대정장55, p.440a19~25)에 의하면 이 경이 서진(西晉)의 법립(法立, ?~?)이 번역한 『제덕복전경(諸德福田經)』과 법거(法炬)가 번역한 『복전경(福田經)』과 더불어 동본이역(同本異譯)이라 주장되나 종요에 인용된 문장을 『불설제덕복전경(佛說諸德福田經)』(대정장16)과 비교해본 결과 그런 주장을 확정할 만한 근거를 찾지 못함. 가은 역주(2004), p.237 참조.

1002 월덕거사: 『청승복전경』에 나오는 거사인 듯.

야 한다. 이 상주(常住)의 법은 일체중생이나 이승(二乘)이나 육도중생(六道衆生)이나 천제(闡提)나 오역(五逆)[1003]의 죄를 지은 사람들의 법성(法性)이다. (그러니) 법성을 보는 자는 마땅히 내 몸이 지금과 같이 둘이 없음을 알아야 한다.'라고 한다."라고 한 것과 같다.

如此經言[1004], "修此二字, 隨我所行至我至處." 故知是文正顯法身, 而說慈心不殺等因之所得者, 是明了因之所顯證. 有人不知是意趣, 妄執報佛亦無生滅, 遂同虛空知無爲.

이는 이 경에서 "이 상주라는 두 글자를 닦으면, 나의 행하는 바에 따라 내가 이르는 곳에 이를 것이다."라고 한 것과 같다. 그러므로 이 경문은 바로 법신을 나타낸 것이며, 법신은 자비한 마음으로 살생을 하지 않는 등의 원인으로 얻은 것이라 말한 것으로 이는 요인(了因)[1005]에 의해 나타나는 증득을 밝힌

1003 오역(五逆): 오역죄(五逆罪), 오중죄(五重罪)라고도 한다. 불교에서 말하는 다섯 가지의 중한 죄. 소승에서 말하는 오역(五逆)은 아버지를 죽임〔범 pitṛ-ghāta〕·어머니를 죽임〔범 mātṛ-ghāta〕·아라한을 죽임〔범 arhad-ghāta〕·화합(和合)한 승(僧)을 부숨〔범 saṃgha-bheda〕·부처님 몸에 피를 나게 함〔범 tathāgatasyāntike duṣṭa-citta-rudhirotpādana〕이다. 앞의 두 가지는 은혜의 밭을 저버리는 것이고, 뒤의 셋은 덕의 밭을 부수는 것이다. 이러한 행위를 하는 이는 무간지옥에 떨어지게 된다. 그래서 또한 오무간업〔五無間業: 범 pañca anantarya-karmāṇi)〕이라고도 한다. 대승에서 말하는 오역은 탑과 절을 파괴함·삼보(三寶)를 비방함·승려를 욕(辱) 보임·인과(因果)를 믿지 않음·십악업(十惡業)을 범함을 말함.

1004 『대반열반경』(36), 대정장12, p.622a24~6, "常當繫心修此二字. 佛是常住. 迦葉. 若有善男子善女人修此二字. 當知是人隨我所行至我至處."

1005 요인(了因): 『대승의장』에서 성정열반·방편열반을 논할 때, 수생(修生)·수현(修顯)의 두 가지 열반문과 관련하여 그 인을 결정함에 있어, 수생문(방편열반)에서는 불성은 생인이고, 육도는 요인이다. 수현문(성정열반)에서는 생인은 없고 불성의 요인만 있음. 『대승의장』, 혜원 찬, 대정장44, p.819c01~17 참조.

것임을 알 것이다. 그런데 어떤 사람은 이런 뜻을 알지 못하고, 보신불이 또한 생멸(生滅)이 없다고 망집하여, 드디어는 보신불이 허공과 같아서 무위(無爲)라고 알고 있다.[1006]

又若德王品說[1007], “如來非常{住}[1008].” 七種因緣皆就化身說非常住, 非說報佛亦常者. 是卽彼文亦以七因成非無常, 皆就法身說非無常, 不{開}〔關〕[1009]報佛亦非無常.

또한 덕왕품(제22품)에서 “여래는 상주(常住)하는 것이 아니다.”라고 말하였는데, 이는 일곱 가지 인연[1010]은 모두 화신(化身)이라는 점에서 상주(常住)하는 것이 아니라고 말한 것이지, 그렇다고 해서 보신불 또한 상주한다고 말한 것은 아니다. 곧 저 경문에서 또한 일곱 가지 원인[1011]으로 이루어졌기에 무

1006 이영무 역(1984): 허망하게 「報身佛도 또한 生함과 滅함이 없다고」 고집하여 마침내 虛空과 같은 것을 「無爲」인 줄로 안다.; 한글대장경(김달진 옮김)(1992): 망녕되게 집착하여 보신(報身)부처님도 생멸이 없어 허공과 같고 앎(知)이 무위라고 한다.; 황산덕 역(1982): 보불에게도 또한 생멸이 없다고 망집하여, 결국 허공을 아는 것과 같아 아무것도 할 일이 없다고 한다.
1007 『대반열반경』(36), 대정장12, p.738b26, “如來非常.”
1008 원문에 따라 ‘住’를 뺌.
1009 이영무 역(1984), 가은 역주(2004), 울만 영역(1997), 글의 뜻에 따라 ‘開’를 ‘關’으로 바꿈. 여기서도 이를 따름.
1010 일곱 가지 인연〔七種因緣〕: 여래가 상주하지 않는 일곱 가지 인연. ①몸이 있음〔身有分〕. ②알음알이가 있음〔有知〕. ③언설이 있음〔有言說〕. ④고타마라는 성씨를 가짐〔有姓氏〕. ⑤부모를 가짐〔有父母〕. ⑥행주좌와 4위의가 있음〔有四威儀〕. ⑦출생지·거주지가 있음〔如來出在東天竺地住舍婆提或王舍城〕. 『대반열반경』(36), 대정장12, p.738b26~c10 참조. 『열반경』에서의 두 번째 유지(有知)를 원효는 유지(有智)와 유심(有心)으로 나누어 설명하였음. 앞 주석 일곱 가지 뜻〔七種義〕 참조.
1011 일곱 가지 원인〔七因〕: 다음 본문에 나오는 여래가 상주하는 일곱 가지 원인. ①생겨남도

상(無常)이 아닌 것이니, 이는 모두 법신이 무상(無常)이 아니라고 말한 것이지, 보신불도 또한 무상이 아니라는 것과는 관계없다.

如彼文言[1012], ①"有生之法名曰無常,〈無生之法乃名爲常〉[1013], 如來無生. 是故爲常.〈常法無性〉[1014], 有{限}[性][1015]之法名曰無常. 如來無生無{姓}[性][1016].〈無生無性〉[1017]故常. ②有常之法, 遍一切處,〈猶如虛空無處不有. 如來亦爾, 遍一切處, 是故爲常〉[1018]. ③無常之法, 或言〈此有, 或言彼無. 如來不爾, 不可說言〉[1019]是處有彼處無. {如來不爾}[1020]. 是故爲常, ④無常之法, 有時是有, 無時爲無[1021]. 如來不爾.〈有時是有, 有時是無〉[1022]. 是故爲常. ⑤常住之法, 無名無色. 虛空

없고 성품도 없음. ②모든 곳에 두루함. ③이곳에는 있고 저곳에는 없다고 말할 수 없음. ④어떤 때에도 있고 어떤 때에도 없음. ⑤이름도 없고 색도 없음. ⑥원인도 없고 결과도 없음. ⑦삼세로 포섭할 수 없음.

1012 『대반열반경』(36), 대정장12, p.738c11~24, "有生之法名曰無常. 無生之法乃名爲常. 如來無生. 是故爲常. 常法無性. 有性之法名曰無常. 如來無生無性. 無生無性故常. 有常之法遍一切處. 猶如虛空無處不有. 如來亦爾遍一切處. 是故爲常. 無常之法或言此有或言彼無. 如來不爾. 不可說言是處有彼處無. 是故爲常. 無常之法有時是有有時是無. 如來不爾有時是有有時是無. 是故爲常. 常住之法無名無色. 虛空常故無名無色. 如來亦爾無名無色. 是故爲常. 常住之法無因無果. 虛空常故無因無果. 如來亦爾無因無果. 是故爲常. 常住之法三世不攝. 如來亦爾三世不攝. 是故爲常."

1013 원문에 따라 '無生之法乃名爲常'을 넣음.

1014 원문에 따라 '常法無性'을 넣음.

1015 원문에 따라 '限'을 '性'으로 바꿈.

1016 원문에 따라 '姓'을 '性'으로 바꿈.

1017 원문에 따라 '無生無性'을 넣음.

1018 원문에 따라 '猶如虛空無處不有　如來亦爾遍一切處　是故爲常'을 넣음.

1019 원문에 따라 '此有或言彼無　如來不爾　不可說言'을 넣음.

1020 원문에 따라 '如來不爾'를 뺌.

1021 원효는 '無時爲無'라 하였는데, 원문에는 '有時是無'로 되어 있음. 여기서는 원효를 따름.

常故無名無色. 如來亦爾,〈無名無色〉[1023]. 是故爲常. ⑥常住之法,
無因無果, 虛空常故無因無果. 如來亦爾,〈無因無果〉[1024]. 是故爲
常. 常住之法, 三世不攝. 如來亦爾,〈三世不攝〉[1025]. 是故爲常."

이는 저 글에서 "첫째, 생겨남이 있는 법(法)을 무상(無常)이라 하고, 생겨남
이 없는 법은 상(常)이라 하는데, 여래는 생겨남이 없다. 이 때문에 상(常)이 된
다. 상법(常法)은 성품이 없으니, 성품이 있는 법을 무상(無常)이라고 한다. 여
래는 생겨남도 없고 성품도 없다. 생겨남도 없고 성품도 없으므로 상이다. 둘
째, 상주함이 있는 법은 모든 곳에 두루하니, 이는 마치 허공이 어디에나 있
는 것과 같다. 여래도 또한 이와 같아, 모든 곳에 두루한다. 이 때문에 상주하
게 된다. 셋째, 무상(無常)한 법은 여기에는 있다 하고 저기에는 없다고 한다.
여래는 그렇지 아니하여, 이곳에는 있고 저곳에는 없다고 말할 수 없다. 이 때
문에 상주하는 것이다. 넷째, 무상(無常)한 법은 있을 때는 있고 없을 때는 없
다.[1026] (그러나) 여래는 그렇지 아니하여, 어떤 때에도 있고 어떤 때에도 없
다. 이 때문에 상주하게 된다. 다섯째, 상주(常住)하는 법은 이름도 없고 색(色)
도 없다. 허공은 상주(常)하므로 이름도 없고 색도 없다. 여래 또한 그와 같아,
이름도 없고 색도 없다. 이 때문에 상주하게(常) 된다. 여섯째, 상주(常住)하는
법은 원인도 없고 결과도 없는데 허공도 상법(常法)이므로 원인도 없고 결과도

1022 원문에 따라 '有時是有有時是無'를 넣음.

1023 원문에 따라 '無名無色'을 넣음.

1024 원문에 따라 '無因無果'를 넣음.

1025 원문에 따라 '三世不攝'을 넣음.

1026 이영무 역(1984): 있을 때에는 있다가 없을 때에는 없게 된다.; 한글대장경(김달진 옮
     김)(1992): 있을 때는 있고 없을 때는 없다.; 황산덕 역(1982): 있을 때는 있고 없을 때는
     없다.

없다. 여래 또한 그와 같아, 원인도 없고 결과도 없다. 이 때문에 상주하게 된다. 일곱째, 상주(常住)하는 법은 과거·현재·미래 삼세(三世)로 포섭할 수 없다. 여래 또한 그와 같아서, 삼세로 포섭할 수 없다. 이 때문에 상주하게 된다."라고 한 것과 같다.

> 如是七因, 皆當法身. 所以然者? 彼說'報佛生因所得', 即有因果, 非如虛空. 若彼救言, '隨順法身無生故常, 報佛亦同無生故常. 是故此因義通二身'者, 他亦爾.
> 可言化身有知故非常, 報佛有知亦非常住. 是故此因義通二身. 此若不通, 彼何得通?

이와 같은 일곱 가지 원인은 모두 법신에 해당하는 것이다. 어째서인가? 그[1027]가 '보신불은 생인(生因: 6바라밀)에서 얻어진 것'이라고 하니, 곧 원인과 결과가 있어 허공과 같지 않은 것이다. 그런데 만약 그가 보충해서 '법신은 생겨남이 없으므로 상주(常)한다는 것에 비추어, 보신불도 또한 마찬가지로 생겨남이 없으므로 상주(常住)한다. 그러므로 이 (일곱 가지) 원인의 뜻은 (법신과 보신) 두 몸에 통한다'고 말한다면, (반대의) 다른 사람(법신이 상주하고 보신은 상주하지 않는다고 주장하는 사람)도 또한 이와 같다.

즉 '화신은 앎이 있으므로 상(常)이 아닌데, 보신불도 앎이 있으므로 또한 상주(常住)가 아니다'라고 말할 수 있다. 그러므로 이 원인의 뜻은 (화신과 보신) 두 몸에 통한다. 이것(화·보신의 경우)이 만약 통(通)하지 않으면, 저것(법·보신의 경우)이 어떻게 통(通)하겠는가?

1027 앞에서 보신불이 상주(常住)한다고 주장하는 자.

又彼强言, 雖是'本無始有'而非'本無今有'者, 但有其言, 都無其實. 所以然者?

若如所言, 是卽雖非'先有後無'而是'先有終無.' 若許'終無', '終無' 卽滅. 若不許言, 既非'後無'[1028], 何爲'終無'[1029]? 既非'今有', 何爲 '始有'?

又若'非後無故滅盡'者, 卽應是'本無故有生起'也. 如是進退, 永不 可救. 是故彼義智者不用, 執無常者, 作如是說.

또한 그[1030]가 억지로 말하기를, 비록 이 보불공덕이 '본래 없다가 비로소 있는 것'이지만 '본래 없다가 지금 있는 것'이 아니라고 한다면, 이는 다만 그 말만 있을 뿐 도무지 그 실제는 없다. 어째서인가?

만약 말 그대로라면, 이는 곧 비록 이 보신불이 '먼저는 있고 나중에 없어지는 것'은 아니지만, '먼저 있는 것은 결국 없어진다는 것'이다. 그래서 만약에 '결국 없어진다'는 말을 허용한다면, '결국 없어진다'는 것은 곧 멸한다는 것이다. 만약 '결국 없어진다'는 말을 허용하지 않는다면, 즉 이미 '나중에 없어지는 것'이 아닌데, 무엇이 '결국 없어지는 것'이 되겠는가?라고 한다면, 이미 '지금 있는 것'이 아닌데, 무엇이 '비로소 있는 것'이 되겠는가?(무상파 주장)

또한 만약 '보불공덕이 뒤에 없는 것이 아닌데도 멸진이다'라고 한다면, 곧 이 것은 '본래 없었기 때문에 생겨남이 있다'고 해야 할 것이다. 이러한 진퇴의 논리 는 영원히 구제할 수가 없다. 그러므로 그의 주장은 지혜로운 사람이라면 사용하 지 않는 것이며, 무상(無常)에 집착해 있는 사람만이 그와 같은 말을 하는 것이다.

1028 '先有後無'의 약어로 보임.
1029 '先有終無'의 약어로 보임.
1030 보신불이 상주한다고 주장하는 이들 중 두 번째 학파(무생무멸 주장).

③ 상주설과 무상설의 회통

問. 二師所說, 何得何失?

물음. 두 논사의 말은 어느 것이 옳고 어느 것이 그른가?

答. 或有說者, 皆得皆失. 所以然者, 若決定執一邊, 皆有過失, 如
其無障礙, 說俱有道理.

대답. 어떤 이는 모두가 옳고 모두가 그르다고 한다. 그 까닭은, 만약 결정
적으로 한쪽만 고집한다면 모두가 과실(過失)이 있지만, 만약 상(常)과 무상(無
常) 두 주장 사이에 아무런 장애가 없다면 모두가 도리를 갖추고 있다고 말하
는 것이다.

如楞伽經云[1031], "'如來應〈供〉[1032]正遍知, 爲是常耶, 爲無常耶?'
佛〈告聖者大慧菩薩〉[1033]言, '〈大慧, 如來應〈供〉正遍知〉[1034], 非常
非無常.'〈何以故?〉[1035] 二邊有過故." 乃至廣說.

1031 『입능가경(入楞伽經)』, 대정장16, p.555c21~5, "世尊. 如來應正遍知. 爲是常耶爲無常
耶. 佛告聖者大慧菩薩言. 大慧. 如來應正遍知. 非常非無常. 何以故. 二邊有過故. 大
慧. 有無二邊應有過失."
1032 이영무 역(1984), '供'을 넣음. 원문에는 '供'이 없음.
1033 원문에 따라 '告聖者大慧菩薩'을 넣음.
1034 원문에 따라 '大慧 如來應正遍知'를 넣음. 의미상 '應' 다음에 '供'을 넣음.
1035 원문에 따라 '何以故'를 넣음.

이는『입능가경』에서 "'여래(如來)[1036]·응공(應供)[1037]·정변지(正遍知)[1038]는 상(常)입니까, 무상(無常)입니까?' 부처님께서 성자 대혜보살에게 일러 말하기를, '대혜야, 여래·응공·정변지는 상(常)도 아니고 무상(無常)도 아니다. 어째서인가? 두 주장[상·무상]은 과실(過失)이 있기 때문이다.'"라고 하며 내지 자세히 말한 것과 같다.

今此言, 雖不常{性}〔住〕[1039], 非念念滅, 如是等文, 破其偏執. 定取一邊, 不當道理.

지금 이것은 (여래·응공·정변지가) 비록 상주(常住)하는 것은 아니더라도, 생각 생각마다 멸하는 것도 아니라는 말이니, 이와 같은 글은 한쪽에 치우친 고집을 깨뜨린 것이다. 결정적으로 한쪽만을 취하는 것은 도리에 합당하지 않다.

無障礙說二義皆得者, 報佛功德, 離相離性. 以離相故, 離生滅相, 究竟寂靜, 無作無爲, 故說常住. 以離性故, 離常住性, 最極{暗}

1036 여래(如來): 범·빨 tathāgata. ①지금까지의 제불과 같이 저들과 같은 길을 걸어서 동일한 이상경에 도달한 사람이라는 뜻. 선서(善逝), 도피안과 같은 뜻. ②진리에 도달한 사람이라는 뜻. ③'아가타'를 '오다'의 뜻이라 하면 여래라는 것은 부처님네와 같은 길을 걸어서 이 세상에 내현(來現)한 사람. 또는 여실한 진리에 수순하여 이 세상에 와서 진리를 보여주는 사람이라는 뜻.
1037 응공(應供): 범 arhat 혹은 arhant. 빨 arahat 혹은 arahant. 마땅히 공양을 받을 만하다의 뜻. 온갖 번뇌를 끊어서 인간세상·천상세계의 중생들로부터 공양을 받을 만한 덕 있는 사람.
1038 정변지(正遍知): 범 asmyak-saṃduddha. 부처님 10호의 하나. 등정각·정등각·등각·정각이라고도 함. 부처님은 일체지를 갖추어 온갖 우주간의 물·심 현상에 대하여 알지 못하는 것이 없다는 뜻. 바르게 두루 아는 사람.
1039 '性'을 '住'로 바꿈. 필사본 p.53a2*14에 따름.

〔喧〕¹⁰⁴⁰動, 無所不爲, 故說無常. 然離性〈離相〉¹⁰⁴¹, 無二無別. 離
相不異於離性, 故常住不妨於生滅也. 離性不異於離相, 故生滅不
礙於常住也. 由是道理, 二說皆得, 於中委悉, 亦有多門. 具如楞伽
經宗要中說.

'장애가 없다'는 것이 상과 무상 두 주장이 모두 옳다(得)고 말하는 것이라
면, 보신불의 공덕은 상(相)을 여의고 성품을 여읜 것이다. 상을 여의었기 때문
에 생멸상(生滅相)을 여의어, 끝내는 고요하여, 지음도 없고 함(爲)도 없으므로
상주(常住)한다고 말한다. 성품을 여의었기 때문에 상주성을 여의어서, 지극히
시끄럽게 움직여, 하지 않는 것이 없으므로 무상(無常)이라고 말한다. 그러나
성품을 여의고 상을 여의어서 둘도 없고 다르지도 않다. 상을 여읨은 성품을
여읨과 다르지 않으므로 상주(常住)는 생멸(生滅)에 방해가 되지 않는다. 성품
을 여읨은 상을 여읨과 다르지 않으므로 생멸(生滅)은 상주(常住)에 장애가 되
지 않는다. 이러한 도리로 두 주장이 모두 옳다(得)고 하는 것이니, 그 가운데
에서 자세히 살펴보면 역시 많은 문이 있다. 자세한 것은 『능가경종요』¹⁰⁴² 가
운데에서 말한 것과 같다.

然執無常家義有未盡意, 謂說法身定是常故. 若定常住, 卽非作法,

1040 '暄'을 '喧'으로 바꿈. 한불전(1 p.537b12)에 '暄'으로 되어 있고, 대정장(38, p.248c05)에도
　　'暄'으로 되어 있음. 이영무 '暄'을 '喧'으로 바꿈. 가은 역주(2004), '暄'으로 되어 있음. 한
　　불전(김달진 옮김), 황산덕 역(1982)도 '喧'으로 보아 '시끄럽다'로 번역하였음.
1041 이영무 역(1984), '離相'을 더함. 여기서도 이를 따름.
1042 원효 저술로 지금은 전해지지 않음. 『열반경종요』 내에서 원효 자신의 저술을 처음 언급
　　함. 그래서 이 구절을 통해 『열반경종요』는 『능가경종요』보다 나중에 지어진 것임을 알 수
　　있다. 원효가 이 책에서 언급하는 자신의 저술은 이외에 『이장의(二障義)』와 『능가경소(楞
　　伽經疏)』가 있다. 이 『열반경종요』는 적어도 이 세 책보다 후에 저술된 것으로 알 수 있음.

非作法故, 不作二身. 是故法身亦非無爲.

그러나 무상을 고집하는 학파의 뜻에는 미진한 점이 있으니, 법신이 결정적으로 상주한다고 말하기 때문이다. 만약 법신이 반드시 상주한다면, 곧 그것은 법을 짓지 않는 것이니, 법을 짓지 않기 때문에 응신과 화신불의 두 몸을 만들지 않을 것이다. 이 때문에 법신도 또한 무위가 아닌 것이다.

楞伽經言[1043], "若如來法身非作法者, 〈則是無身〉[1044], 言有修行無量功德一切行者, {卽爲}〔則是〕[1045]虛妄."

『입능가경』에서 "만약 여래 법신이 법을 짓지 않는다면 곧 몸이 없으니, 무량한 공덕의 일체 행을 수행함이 있다고 말한다면 곧 거짓이 된다."라고 말한다.[1046]

攝大乘〈論釋〉[1047]說[1048], 法身五〈相〉[1049]. 於中言[1050], 第三 "有爲

1043 『입능가경(入楞伽經)』, 대정장16, p.550a20~2, "**若如來法身非作法者**則是無身. **言有修**
　　行無量功德一切行者則是**虛妄**."
1044 원문에 따라 '則是無身'을 넣음.
1045 원문에 따라 '卽爲'를 빼고 '則是'를 넣음.
1046 황산덕 역(1982): 만일 여래의 법신이 만들어 내는 것이 아니라면, 무량한 공덕을 수행
　　할 때에 있다고 말하는 일체행(一切行)이라는 것은 허망한 것이 된다.; 이영무 역(1984,
　　1987): 만일 부처님의 法身을 作爲하는 法이 아니라 하면서 「修行하여 한량없는 功德이
　　있다고」 말하면 그것은 모든 修行하는 者가 곧 虛妄이 될 것이다.; 한글대장경(김달진
　　옮김)(1992): 만일 여래의 법신이 짓는 법이 아니라면 이른바 무량한 공덕을 수행한다는
　　그 모든 행은 다 허망한 것이 될 것이다"라고 하였다.
1047 이영무 역(1984), '論'만 넣었으나, 여기서는 '論釋'을 넣음.
1048 『섭대승론석(攝大乘論釋)』(15권본), 대정장31, p.251b11~2, "論曰. 復次有爲無爲無二

無爲無二爲相." "〈何以故? 論曰〉[1051], 非惑業{雜}〔集〕[1052]所生故, 〈論曰〉[1053], 由得自在, 能顯有爲相故. 釋曰, 一切有爲法, 皆從惑業生, 法身不從惑業生, 故非有爲. 〈釋曰〉[1054], 法身由得自在, 能數數顯有爲相, 謂應化二身. 故非無爲." 是明法身雖非惑業所生有爲, 而非凝然無動作物也.

『섭대승론석』에서 법신의 다섯 가지 모습[1055]을 말한다. 그 가운데 세 번째, "유위 무위가 둘이 없음을 상으로 삼는다."고 하였으니, "어째서인가? 논에서 말하기를[1056], '법신이 혹업(惑業)이 모여서 생겨난 것이 아니기 때문이다'라고 하였으며, 또 논에서 말하기를 '자재함을 얻음에 의해 유위의 상을 나타낼 수가 있다'라고 하였다. 그 해석에서 '일체의 유위법은 모두 혹업에서 생겨나지만, 법신은 혹업에서 생겨나지 않으므로 유위가 아니다'라고 하였다. 또 해석

爲相. 釋曰. 無二謂無有爲無無爲"; p.251b17~24, "法身非有爲無爲爲相. 非非有爲無爲爲相. 何以故 論曰. 非惑業集所生故. 釋曰. 一切有爲法. 皆從惑業生. 法身不從業惑生故非有爲 論曰. 由得自在能顯有爲相故. 釋曰. 法身由得自在. 能數數顯有爲相. 謂應化二身故 非無爲"

1049 내용에 따라 '相'을 넣음. 『섭대승론석(攝大乘論釋)』(15권본), 대정장31, p.250b18~24 참조; 『섭대승론(攝大乘論)』(3권본), 대정장31, pp.129c10~30a09 참조.

1050 가은 역주(2004)는 '言'을 생략함.

1051 원문에 따라 '何以故 論曰'을 넣음.

1052 원문에 따라 '雜'을 '集'으로 바꿈. 이영무 역(1984)에서는, '雜'은 그대로 두고 '染'을 넣어 교정하였음.

1053 원문에 따라 '論曰'을 넣음.

1054 원문에 따라 '釋曰'을 넣음.

1055 다섯 가지 모습(五相): ①법신전의상(法身轉依相). ②백정법상(白淨法相). ③무이상(無二相). ④상주상(常住相). ⑤불가사의상(不可思議相). 『섭대승론석(攝大乘論釋)』(15권본), 대정장31, p.250b24, p.250c14, p.251b04, p.252a03, p.252a20 참조.

1056 가은 역주(2004)는 이 부분을 인용으로 보지 않음.

에서는 '법신은 자재함을 얻음에 의해 유위의 상을 자주 나타낼 수 있으니, 이른바 응신·화신 두 몸이다. 그러므로 법신은 무위(無爲)가 아니다'라고 하였다."고 하였다. 이것은 법신은 비록 혹업에서 생겨난 유위도 아니지만, 꼼짝하지 않은 채 움직임이 없는 존재(무위)도 아님을 밝히고 있다.

又{報}〔執〕[1057]常家, 雖樂常住, 而其常義, 亦有不足意. 謂始有功德, 不遍於前位故. 若此功德有所不遍, 卽於法界有所不證. 若於法界無所不證, 卽等法性無所不遍.

또 상(常)을 고집하는 학파는 비록 상주(常住)설을 좋아하지만, 그 상(常)의 뜻은 또한 충분치 못하다. 그것은 비로소 공덕이 있는 경우, 금강 이전의 자리〔前位〕[1058]에서는 그 공덕이 두루하지 못하다고 여기기 때문이다. 만약 금강 이전의 자리에서 이 공덕이 두루하지 못함이 있다면, 곧 법계를 증득하지 못함이 있는 것이다. 그런데 만약 법계를 증득하지 못함이 없다면, 곧 공덕이 법성과 똑같아서 두루하지 못함이 없다.

如花嚴經言[1059], "如來〈應供等〉[1060]正覺成菩提時, 住佛方便, 得一

1057 이영무 역(1984), '報'를 '執'으로 바꿈. 가은 역주(2004), 필사본에 따라 바꿈. 필사본, p.54a4*05.
1058 금강 이전의 자리〔前位〕: 아래 문맥을 참고하여 금강신(金剛身, 여래법신) 이전, 즉 금강 유정을 말함.
1059 『대방광불화엄경(大方廣佛華嚴經)』, 대정장9, pp.626c21~627a01, "**如來應供等正覺成菩提時. 住佛方便. 得一切衆生等身. 得一切法等身. 得一切利等身. 得一切三世等身.** 得一切如來等身. 得一切諸佛等身. 得一切語言等身 **得一切法界等身. 得虛空界等身.** 得無礙法界等身. 得出生無量界等身. 得一切行界等身. **得寂滅涅槃界等身. 佛子. 隨如來所得身. 當知音聲及無礙心. 亦復如是. 如來具足如是等 三種淸淨無量.**"

切衆生等身, 得一切法等身, 得一切{殺}[刹]¹⁰⁶¹等身, 得一切三世
等身, 〈得一切如來等身, 得一切諸佛等身, 得一切語言等身〉¹⁰⁶²,
得一切法界等身, 得虛空界等身, {乃至}[得無礙法界等身, 得出生
無量界等身, 得一切行界等身]¹⁰⁶³, 得寂{靜}[滅]¹⁰⁶⁴涅槃界等身.
佛子, 隨如來所得身, 當知音聲及無礙心, 〈亦〉¹⁰⁶⁵復如是. 如來具
足如是〈等〉¹⁰⁶⁶三種淸淨無量."

이는『화엄경』에서, "여래(如來)·응공(應供)·등정각(等正覺)이 보리(菩提)를 이
루었을 때에, 부처님의 방편에 머물러, 일체 중생과 같은 몸이 되고, 일체 법과
같은 몸이 되며, 일체 국토와 같은 몸이 되고, 일체 삼세와 같은 몸이 되며, 일
체 여래와 같은 몸이 되고, 일체 제불과 같은 몸이 되고, 일체 말[언어]과 같은
몸이 되며, 일체 법계와 같은 몸이 되고, 허공계와 같은 몸이 되며, 걸림 없는
법계와 같은 몸이 되고, 출생무량계¹⁰⁶⁷와 같은 몸이 되고, 일체 행계¹⁰⁶⁸[현상

1060 원문에 따라 '應供等'을 넣음.
1061 원문에 따라 '殺'을 빼고 '刹'을 넣음. 이영무 역(1987)도 이와 같이 교정함. 이영무는
    1984년도 역주에서는 (?)로 표시하고 교정하지 못함. 가은 역주(2004), 교정함.
1062 원문에 따라 '得一切如來等身 得一切諸佛等身 得一切語言等身'을 넣음.
1063 원문에 따라 '乃至'를 빼고 '得無礙法界等身 得出生無量界等身 得一切行界等身'을
    넣음.
1064 원문에 따라 '靜'을 빼고 '滅'을 넣음.
1065 원문에 따라 '亦'을 넣음. 이영무 역(1984)도 이와 같이 교정함.
1066 원문에 따라 '等'을 넣음. 가은 역주(2004)에서는 넣지 않음.
1067 출생무량계: 무량출생계와 같음. 명호(名號)가 구족한 삼세의 모든 부처가 출생하여 이
    룩한 무량한 장엄의 세계. 출생무량계는『화엄경』여래성기품에만 나오며, 무량출생계
    는 원효의『대승기신론소』에만 나옴.
1068 일체 행계: 모든 변화하는 현상계. 행은 조작의 뜻으로 일체의 유위법을 말함. 유위법은
    연을 따라서 모여 일어나 만들어진다는 뜻. 또는 이것이 항상 변화하여 생멸하는 것이므
    로 천류(遷流)의 뜻으로도 해석함.

계)와 같은 몸이 되며, 적멸열반계[1069]와 같은 몸이 된다. 불자여, 여래께서 얻으신 이러한 몸들과 같이, 음성(圓音)과 걸림 없는 마음도 또한 그와 같음을 알아야 할 것이다. 여래께서는 이와 같은 세 가지 청정함[1070]의 무량함을 두루 갖추었다."라고 한 것과 같다.

是明如來成道後, 所得色身音聲及無礙心, 無所不等, 無所不遍. 既言等於一切三世, 豈不遍金剛以前? 然此道理, 諸佛祕藏, 非思量者之所{不}[1071]能測, 但依佛言, 起{作}(仰)[1072]信耳. 涅槃之義, 略判如是.

이는 여래께서 도를 이룬 후에 얻으신 색신과 음성 및 걸림 없는 마음이 평등하지 않음이 없고, 두루하지 않음이 없음을 밝힌 것이다. 이미 일체 삼세와 같다고 말하였으니, 어찌 금강신(여래법신) 이전에서라고 두루하지 못하겠는가? 그러나 이러한 도리는 여러 부처님께서 비밀로 간직하는 것이어서, 사량하는 자가 능히 헤아릴 수 있는 것이 아니며, 다만 부처님의 말씀에 의하여 우러러 믿음을 일으킬 뿐이다. 열반의 뜻을 간략하게 판별하면 이와 같다.

1069 적멸열반계: 적정열반계와 같음. 적정(寂靜)이란 번뇌를 떠난 것을 적, 고환(苦患)이 없는 것을 정이라 하니, 곧 열반의 이치임. 열반이란 모든 번뇌의 속박에서 해탈하고 진리를 궁구하여 미혹과 생사를 초월, 불생불멸의 법을 체득한 경지. 따라서 적정열반계란 앞서의 행계와 대립되는 경계임.
1070 세 가지 청정함(三種淸淨): 여래의 세 가지 청정함은 색신과 음성 및 걸림 없는 마음의 청정함을 말함. 한편 『대지도론(大智度論)』 권43 「집산품(集散品)」에서는 반야를 닦는 보살이 갖추는 덕으로 마음(心), 몸(身), 모습(相)의 청정을 말함.
1071 문맥상 '不'을 뺌. 한불전, '不'을 '剩'(잉: 남다, 그 위에, 더군다나)으로 의심함. 이영무 역(1984), '不'을 빼고, '剩'을 넣어 해석함. 가은 역주(2004), '不'을 빼기만 함.
1072 이영무 역(1984), '作'을 '仰'으로 바꿈. 가은 역주(2004), '作'을 그대로 둠. 여기서는 이영무 역을 따름.

(2) 불성문(佛性門)

第二明佛性義[1073]. 佛性之義, 六門分別, 一出體門, 二因果門, 三見
性門, 四有無門, 五三世門, 六會通門.

두 번째로 불성의 뜻을 밝힌다. 불성의 뜻은 여섯 가지 문으로 분별되니, 첫
째는 불성의 체를 나타내는 문(출체문)이고, 둘째는 불성의 원인과 결과를 밝히
는 문(인과문)이고, 셋째는 지위별로 불성을 보는 문(견성문)이고, 넷째는 지위별
로 불성이 있고 없음을 밝히는 문(유무문)이고, 다섯째는 불성의 과거·현재·미
래에 대한 문(삼세문)이고, 여섯째는 불성에 대한 여러 이견들을 회통하는 문(회
통문)이다.

가. 출체문(出體門)

ㄱ. 불성의 본체에 대한 여섯 가지 학설

出體門內, 亦有二重[1074], 先序諸說, 後判是非. 昔來說雖有百家, 義
類相攝, 不出六種.

출체문 안에 또한 두 가지가 있으니, 먼저는 여러 설명을 차례로 말하고, 뒤
에는 (그 설명들의) 옳고 그름을 판별한다. 옛날부터 내려오는 설명이 비록 많

1073 이영무 역(1984), '明佛性義(者)'로서 글의 흐름상 '者'를 넣음.
1074 이영무 역(1984), '重'을 '種'으로 바꿈. 가은 역주(2004)도 바꿈. 김호귀 역(2005)은 '種'으
로 의심함. 일반적으로 고문에서 '種'을 '重'으로도 쓰며 같은 양사이며 뜻도 같음. 따라서

이 있지만, 유사한 뜻끼리 묶으면 여섯 가지를 벗어나지 않는다.

第一師云[1075], 當有佛果爲佛性體. 如下師子吼〈品〉[1076]中說言[1077], "一闡提等, 無有善法, {佛亦言}〈佛性亦善〉[1078], 以未來有故, 〈一闡提等〉[1079]悉有佛性." 又言[1080], "〈斷善根人〉[1081]以現在世煩惱因緣能斷善根, 未來佛性力因緣故, {遂}〔還〕[1082]生善根." 故知當果卽是

바꿀 필요 없음.

1075 『대승사론현의기(大乘四論玄義記)』, 혜균(慧均), 속장경46, 新文豐出版公司, p.601b01~3, "第一白馬愛法師, 執生公義云, 當果爲正因, 則簡異木石無當果義, 無明初念不有而已. 有心則有當果性, 故修萬行剋果故當果爲正因體." 참조.; 『대승현론(大乘玄論)』, 대정장45, p.35c14~5, "第八師以當果爲正因佛性. 卽是當果之理也." 참조.; 『대승사론현의(大乘四論玄義)』는 줄여서 『사론현의(四論玄義)』(12권, 慧均), 전체 이름은 『무의무득대승사론현의기(無依無得大乘四論玄義記)』임. 『대승사론현의기』는 고래의 학자들 주소를 실었는데, 길장(吉藏, 549~623)이 지은 삼론종의 중요한 전적인 『대승현론(大乘玄論)』과 그 체재(體裁)가 유사하다. 혜균과 길장 모두 법랑(法朗, 507~581)의 문하 출신이다. 『불광사전』 p.6029c에서는 혜균의 생몰연대를 알 수 없다고 하고, 남조말년 삼론종의 스님이라고 하고 있고, p.1835c에서는 당대(唐代)의 혜균이라고 하였다. 그러나 최연식 교수는 일본 교토대 도서관에 보관된 『대승사론현의기(大乘四論玄義記)』의 저자 혜균이 이 문헌에 나오는 '보희사(寶憙寺)'가 2000년 충남 부여 능산리 절터에서 발견된 목간(木簡)에 기록된 '보희사'와 일치하는 점 등을 들어 백제 승려라고 함.

1076 이영무 역(1984), 내용에 따라 '品'을 넣음.

1077 『대반열반경』(36), 대정장12, p.769a15~6, "一闡提等無有善法佛性亦善. 以未來有故. 一闡提等悉有佛性."

1078 원문에 따라 '佛亦言'을 빼고 '佛性亦善'을 넣음.

1079 원문에 따라 '一闡提等'을 넣음.

1080 『대반열반경』(36), 대정장12, p.818c14~9, "佛言. 善男子. 如諸衆生有過去業. 因是業故衆生現在得受果報. 有未來業以未生故終不生果. 有現在煩惱. 若無煩惱一切衆生應當了現見佛性. 是故斷善根人以現在世煩惱因緣能斷善根. 未來佛性力因緣故還生善根."

1081 원문에 따라 '斷善根人'을 넣음.

1082 원문에 따라 '遂'를 빼고 '還'을 넣음.

正因. 所以然者? "〈當果爲正因, 則簡異木石無當果義,〉[1083] 無明初念不有而已. 有心卽有當果之性. 故修萬行, 以剋現[1084]果. 故當果爲正因體." 現果卽成當果爲本. 故說, 當果而爲正因體. 此是白馬寺愛法師, 述生公義[1085]也.

①첫 번째 논사는 미래에 있을 불과(佛果)를 불성의 체로 삼는다고 한다. 이는 아래의 사자후품 가운데, "일천제 등은 (지금은) 선법(善法)이 없지만, 그 불성 또한 선법[1086]이어서, 미래에 그 선법이 있을 것[1087]이기 때문에 일천제 등이 다 불성이 있다.[1088]"라고 하고, 또 말하기를, "선근이 끊어진 사람[1089]은 현

1083 원문에 따라 '當果爲正因, 則簡異木石無當果義'를 넣음.

1084 원문에는 '現'이 없으나, 원효가 문맥에 따라 '現'을 넣음.

1085 울만(鬱卍, Uhlmann) 영역(英譯), '〔竺道〕生公〈義〉也'로 해서, '竺道'를 넣고 '義'를 증보(增補)한 것으로 교감을 봄. 그렇지만, 원효가 '竺道生'을 '生公'으로 높여 부른 것이니 교감할 필요가 없다. 그리고 '義'는 이미 원문에 있는 것이니 증보(增補)한 것이 아님.

1086 불성과 선법을 동의어로 봄. 『대반열반경』(36), 대장정12, p.808c26~7, "一闡提輩不斷佛性佛性亦善. 云何說言斷一切善." 참조.

1087 불성의 유에는 미래유·현재유·과거유가 있음. 『대반열반경』(36), 대장정12, p.769a08~10, "善男子. 有者凡有三種. 一未來有. 二現在有. 三過去有. 一切衆生未來之世當有阿耨多羅三藐三菩提. 是名佛性." 참조.

1088 황산덕 역(1982): 『일천제(一闡提) 등에게는 선법(善法)이 없다.』라고 하였고, 또한 부처님께서 말씀하시기를, 『미래가 있기 때문에 불성이 있다.』라고 하셨으며,; 이영무 역(1984): 一闡提等은 善한 法이란 조금도 없지만, 그러나 부처님은 말씀하기를, 〈그들도〉 未來에는 반드시 있을 것이다, 그러기에 다 佛性이 있다.; 한글대장경(김달진 옮김)(1992): 일천제 등은 '선법(善法)이 없다'고 한 것과 같고, 또 부처님도 '미래가 있기 때문에 다 불성이 있다'고 하셨으며,; 가은 역주(2004): 일천제 등은 선한 법이 없지만 불성은 또한 선한 법이니 미래에는 있을 것이므로 일천제 등도 다 불성이 있나니; 김호귀 역(2005): 일천제 등에게 善法은 없으나 그 불성은 역시 善이므로 미래에는 있을 것이다. 그래서 일천제 등에게도 실유불성이라고 말한다.

1089 선근이 끊어진 사람(斷善根): 일천제를 말함. 대승에서는 인과를 부정하는 사람, 선근이

재세 번뇌의 인연으로 선근이 끊어졌지만, 미래불성[1090]력의 인연 때문에, 선근이 다시 생겨난다.”라고 한 것과 같다. 그러므로 미래에 있을 부처의 과위(當果)가 곧 정인(正因)[1091]임을 알 수 있다. 어째서인가? “미래에 있을 부처의 과위가 정인이 되므로, 미래에 부처가 될 성질이 없는 목석과는 구별되니, 부처는 목석과 달리 무명(無明)에서 처음 일어나는 생각[1092]이 없어졌기 때문이다. 그래서 현재의 과위(現果)의 마음이 있으면 미래에 있을 부처 과위(當果)의 성품을 갖게 된다. 그러므로 온갖 행을 닦아 현재의 과위를 극복하기 때문에 미래의 과위는 정인의 체가 된다고 하는 것이다.” 현재의 과위는 장차 있을 부처의 과위를 이루는 데 근본이 되기 때문에 장차 있을 부처의 과위를 정인(正因)으로 삼는다고 말한 것이다. 이는 백마사(白馬寺)[1093]의 애법사(愛法師)[1094]가 축도생(竺道生)[1095]공(公)의 뜻을 서술한 것이다.[1096]

끊어진 사람이라고 칭함.

1090 미래불성(未來佛性): 미래에 있을 불성을 말함.

1091 정인(正因): 범 hetu. ①물·심 제법을 바로 내는 인종(因種)이란 뜻. ②왕생 또는 성불하는 결과를 얻는 데 대하여 정당한 인종(因種)이 되는 것. 여기서는 뒤의 뜻임.

1092 심초기상(心初起想)을 말함.

1093 백마사(白馬寺): 중국 낙양에 있는 절. 75년(동한 명제 영평18년)에 건립되었다고 하거나 혹은 67년(후한 명제 영평 10년)에 가섭마등·축법란이 불상·경전을 흰 말에 싣고 낙양에 오매, 명제가 크게 신봉하여 낙양성 서옹 문밖에 정사(精舍)를 지어 거주케 하고 백마사라 이름하였다. 이것이 중국 사원의 시초이다. 그 후부터 백마라고 부르는 사원이 여러 곳에 세워졌음.

1094 애법사(愛法師): 담애(曇愛, ?~?)를 지칭하는 듯 한데, 카슈미르(계빈국(罽賓國))의 승려로서 법애(法愛)라고 불리던 담마비(曇摩蜱, 범 Dharma-priya)가 있으나, 여기서는 백마사 승려를 가리키는 것 외에는 미상임. 가은 역주(2004), p.237참조.

1095 축도생(竺道生, 355~434): 동진(東晉) 『열반경』학자이다. 속성은 위(魏), 거록(鉅鹿, 河北平鄉)사람이다. 어려서부터 영특하여 축법태(竺法汰)에게 중이 되고, 15세에 이미 강석(講席)에 올랐다. 청원사에 있으면서 교법을 선양하고, 융안 때(397~401)에 여산(廬山)에 들어가 혜원(慧遠)에게서 7년 동안 연구하였고, 뒤에 혜예(慧叡)·혜엄(慧嚴)·혜

第二師云[1097], 現有衆生爲佛性體. "〈衆生爲正因體〉[1098]何者? 衆生
之用總御心法, 衆生之義〈言其〉[1099]處處受生. {如是}〔令說〕[1100]御
心之主, {必當}[1101]能成大覺. 〈大覺因中, 生生流轉, 心獲湛然,〉[1102]
故{說}〔謂〕[1103]衆生爲正因{體}[1104]." 如師子吼〈品〉[1105]中言[1106], "衆生

관(慧觀) 등과 함께 장안에 가서 구마라집의 문하에 있었고, 409년 다시 청원사에 있으
면서 왕홍(王弘)·범태(范泰)·안연(顔延) 등의 귀의를 받았다. 또 담무참(曇無讖)이 번
역한『대반열반경』이 남방(인도)으로부터 전해지기 전에 일천제가 성불한다고 주장하여,
세상 사람들을 놀라게 하였다. 원가 11년 10월에 여산에서 죽었다. 세수 80. 저서로는『이
제론(二諦論)』,『불성당유론(佛性當有論)』,『불무정토론(佛無淨土論)』,『법신무색론(法
身無色論)』,『응유연론(應有緣論)』,『니원경의소(泥洹經義疏)』,『소품반야경의소(小品般
若經義疏)』등이 있음.

1096 황산덕 역(1982): 이것은 백마사(白馬寺)의 애법사(愛法師)가 생공(生公)의 뜻을 서술
한 것이다.; 이영무 역(1984): 이는 白馬寺의 愛法師 述生公의 뜻이다.; 한글대장경
(김달진 옮김)(1992): 이것은 백마사(白馬寺)의 애법사(愛法師)가 생공(生公)의 주장을
서술한 것이다.; 가은 역주(2004): 애법사가 생공의 뜻을 서술하신 것이다.; 김호귀 역
(2005): 이것은 白馬寺의 愛法師라 불리운 述生公의 (미래에 불과가 생긴다는 것으로
불성의 체를 삼는다는) 주장이다.

1097『대승사론현의기』, 혜균, 속장경46, p.601c10~5, "第七河西道朗法師, 末旻法師, 招提
白琰公等云, 衆生爲正因體何者, 衆生之用總御心法, 衆生之義言其處處受生, 令說
御心之主, 能成大覺, 大覺因中, 生生流轉, 心獲湛然, 故謂衆生爲正因, 是得佛之
本, 故大經獅子吼品云, 正因者謂諸衆生也." 참조.

1098 원문에 따라 '衆生爲正因體'를 넣음.

1099 원문에 따라 '言其'를 넣음.

1100 원문에 따라 '如是'를 빼고 '令說'을 넣음.

1101 원문에 따라 '必當'을 뺌.

1102 원문에 따라 '大覺因中, 生生流轉, 心獲湛然'을 넣음.

1103 원문에 따라 '說'을 빼고 '謂'를 넣음.

1104 원문에 따라 '體'를 뺌.

1105 이영무 역(1984), 내용에 따라 '品'을 넣음. 여기서도 이를 따름.

1106『대반열반경』(36), 대정장12, p.775b27~9, "衆生佛性亦二種因. 一者正因. 二者緣因. 正
因者謂諸衆生. 緣因者謂六波羅蜜."

佛性亦二種因{者}^{1107}, 〈一者正因, 二者緣因. 正因者〉^{1108}謂諸衆生
{也}^{1109}, 〈緣因者謂六波羅蜜〉^{1110}." 〈此是〉^{1111}莊嚴寺{是}{旻}^{1112}
法師義也.

②두 번째 논사는 현재에 있는 중생이 불성의 체가 된다고 한다. "중생이
정인의 체이니 어째서인가? 중생은 심법을 전체적으로 다스리는 작용을 하기
때문이며, 중생이란 뜻은 곳곳에서 생함을 받는다는 뜻을 말하는 것이다. 가
령 마음을 다스리는 주인이라고 한다면, 큰 깨달음(大覺)을 이룰 수 있을 것이
다. 큰 깨달음의 인 가운데에서 생을 거듭하면서 유전하여 마음이 결국 담연
하게 된다. 그렇기 때문에 '중생이 (불성의) 정인(正因)이 된다'고 하는 것이다."
이는 사자후보살품(제23품)에, "중생의 불성은 또한 두 가지 인(因)이 있으니,
첫째는 정인(正因)이고 둘째는 연인(緣因)이다. 정인은 모든 중생을 말하며, 연
인(緣因)은 육바라밀(六波羅蜜)을 말한다."라고 한 것과 같다. 이는 장엄사(莊嚴
寺)^{1113} 승민(僧旻) 법사^{1114}의 뜻이다.

1107 원문에 따라 '者'를 뺌.
1108 원문에 따라 '一者正因, 二者緣因. 正因者'를 넣음.
1109 원문에 따라 '也'를 뺌.
1110 원문에 따라 '緣因者謂六波羅蜜'을 넣음.
1111 가은 역주(2004), 글의 흐름에 따라 '此是'를 넣음.
1112 이영무 역(1984), 내용에 따라 '是'를 '旻'으로 바꿈. 여기서도 이를 따름.
1113 장엄사(莊嚴寺): 탑사(塔寺)라고도 함. 중국 강소성의 강녕부(남경)에 있던 절. 348년(동
　　　진 영화 4년) 사상(謝尙)이 자기 집을 내놓아 절을 만들었다. 송나라 세종이 중수하고,
　　　이 절에서 승거(僧璩)가 계율을 펴고, 양나라 천감 때에 보창(寶唱)·승민(僧旻)이 강석
　　　(講席)을 열었다. 뒤에 진(陳)나라 무제가 수선함.
1114 승민(僧旻, 467~527 혹은 472~533): 남조(南朝) 양대(梁代) 승. 오군(吳郡) 부춘(富春)
　　　〔浙江富陽〕 사람, 속성 손(孫). 법운(法雲)·지장(智藏)과 더불어 양(梁)의 삼대법사(三
　　　大法師)로 불린다. 7세에 출가하여 호구(虎丘)의 서산사에 들어가 승회(僧回)에게서 5
　　　경(經)을 배우고, 13세에 승회를 따라 백마사로 옮겼다. 16세에 장엄사에 가서 담경(曇

第三師云[1115], 衆生之心異乎木石, 必有厭苦求樂之性. 由有此性故, 修萬行終歸無上菩提樂果. 故說心性爲正因體. 如下文言[1116], "{一切}[1117]衆生〈亦爾〉[1118], 悉皆有心, 凡有心者, {必}〔定〕[1119]當得〈成〉[1120]阿耨〈多羅三藐三〉[1121]菩提." 夫人經言[1122], "若無如來藏〈者〉[1123], {下}〔不〕[1124]得厭苦樂求涅槃{故}[1125]." 此是光宅〈寺〉[1126]

景)을 섬기면서, 가난함을 잘 견디고, 배우기를 좋아하며 수론(數論)을 공부하며 경·율을 연구하였다. 492년(영명 10년) 처음 홍복사에서 『성실론』을 강설하여 명성을 크게 드날렸다. 507년(천감 6년) 『반야경』을 주석하고, 왕의 명으로 혜륜전(惠輪殿)에서 『승만경』을 강의, 정림사에서 일체 경·론을 뽑고 이를 절충하여 80권으로 만들었다. 또 간정사에서 『십지경』을 강설할 때, 청강하는 이가 많아 집을 증축하였어도 오히려 좁았다고 한다. 533년(대통 5년) 왕명으로 개선사로 옮겨 가려다가, 우연히 병이 들어 장엄사에서 죽었다. 세수 61 혹은 세수 68. 저서로는 『논소잡집(論疏雜集)』, 『사성지귀(四聲指歸)』, 『시보결의(詩譜決疑)』 등 100여 권이 있음.

1115 혜균, 『대승사론현의기』, 속장경74, p.92b5~8, "第六光宅雲法師云, 心有避苦求樂性義爲正因體, 如解皆之性向菩提性, 亦簡異木石等無性也, 故夫人經云, 衆生若不厭苦, 則不求涅槃義, 釋云, 以此心有皆生死之性, 爲衆生之善本, 故所以爲正因." 참조; 『대승현론(大乘玄論)』, 대정장45, p.35c05~11, "第五師以避苦求樂爲正因佛性. 一切衆生. 無不有避苦求樂之性. 實有此避苦求樂之性. 即以此用爲正因. 然此釋復異前以心爲正因之說. 今只以避苦求樂之用爲正因耳. 故經云, 若無如來藏者. 不得厭苦樂求涅槃. 故知. 避苦求樂之用爲正因佛性也." 참조.

1116 『대반열반경』(36), 대정장12, p.769a20~1, "衆生亦爾. 悉皆有心. 凡有心者定當得成阿耨多羅三藐三菩提."

1117 원문에 따라 '一切'를 뺌.

1118 원문에 따라 '亦爾'를 넣음.

1119 원문에 따라 '必'을 '定'으로 바꿈.

1120 원문에 따라 '成'을 넣음.

1121 원문에 따라 '多羅三藐三'을 넣음.

1122 『승만사자후일승대방편방광경(勝鬘師子吼一乘大方便方廣經)』, 대정장12, p.222b14~5, "若無如來藏者. 不得厭苦樂求涅槃."

1123 원문에 따라 '者'를 넣음.

1124 원문에 따라 '下'를 '不'로 바꿈.

〈法〉[1127]雲法師義也.

③세 번째 논사는, 중생의 마음은 목석(木石)과 달라서, 반드시 괴로움을 싫어하고 즐거움을 구하는 성품이 있다고 한다. 이러한 성품이 있기 때문에, 온갖 행을 닦아서 마침내는 무상보리(無上菩提)의 즐거운 과보에 돌아오게 된다. 그러기에 심성(心性)을 불성의 정인(正因)의 체(體)로 삼는다고 한다. 이는 아래 글에, "중생이 또한 이와 같아 모두 다 마음이 있으니, 무릇 마음이 있는 자는 결정코 장차 아누다라삼먁삼보리를 얻을 것이다."라고 한 것과 같다. 또 『승만경』에 "만일 여래장이 없다면, 괴로움을 싫어하지도 않고 열반을 즐겨 구하지도 않을 것이다."라고 한 것과 같다. 이는 광택사(光宅寺)[1128] 법운(法雲)법사[1129]

1125 원문에 따라 '故'를 뺌.

1126 내용에 따라 '寺'를 넣음.

1127 내용에 따라, '法'을 넣음. '광택운법사'는 '광택사 법운 법사'를 줄여 쓴 것임. 울만 영역 (1997), '雲法〔法雲〕師義'로 하여 '法'과 '雲'이 앞뒤 순서가 바뀐 것으로 교감하였는데, 앞의 '第二師'의 주장에서도 '승민법사'로 읽듯이 여기서도 '법사'로 읽어야 한다. 원효가 '법운(法雲) 법사'를 '운(雲) 법사'로 쓴 것임.

1128 광택사(光宅寺): 강소성 강녕부에 있는 절. 양무제 천감(天監) 원년(502년)에, 일설에는 천감 3년에, 무제가 그의 옛집을 내놓아 창건하였다. 그 집이 7일 동안 방광하였다 하여 절 이름을 이같이 지었다 한다. 법운이 왕명으로 사주(寺主)가 되고, 여기에 승제(僧制)를 창립. 509년(천감 8년) 법열(法悅)이 6미터 가량의 금동무량수불상(金銅無量壽佛像)을 조성하였다. 진(陳) 나라 때(557~589)에는 담원(曇瑗)이 이 절에 있으면서 유명해졌다. 뒤에 지의(智顗)도 여기서 『인왕경』·『법화경』 등을 강하였다. 대개 이 절은 육조 시대에 손꼽히는 명찰임.

1129 법운(法雲, 467~529 혹은 465~527): 남조(南朝)의 스님으로 의흥(江蘇義興) 양선(陽羨) 사람이다. 속성은 주(周)이다. 7세에 출가하여 장엄사에 있었다. 또 승성·현취·보량의 제자가 되더니, 영명 때(483~493)에 도림사에서 승유의 강연을 듣고는 명예가 점점 드러나, 그 절의 승민과 함께 일컫게 되었다. 497년(건무 4년) 처음으로 묘음사에서 『법화경』·『정명경』을 강의하였다. 499년(영원 1년)에 비릉군의 청으로 강석을 베풀었다. 503년(천감 2년) 왕의 명으로 궁에 출입을 하였다. 또 광택사의 주지가 되어 승제(僧制)

의 뜻이다.

第四師云[1130], 心有神靈[1131]不失之性, {如是心神}〈眞神爲正因體〉[1132], 已在身內, 卽異木石等非情[1133]物. 由此, 能成大覺之果. 故說, 心神爲正因體. 如來性品云[1134], "我者卽是如來藏義. 一切衆生悉有佛性, 卽是我義." 師子吼〈品〉[1135]中言[1136], "非佛性者, 〈所〉[1137]謂〈一切牆壁〉[1138]瓦石{等}[1139]無情之物, 離如是等無情之物, 是名佛性{故}[1140]." 此是梁武簫{焉}[衍][1141]天子義也.

를 세우고, 천감 말년 경에 법운사를 창건, 부남국(扶南國)에서 바치는 3부경을 번역하였다. 525년(보통 6년) 대승정(大僧正: 승계통제관)이 되었다. 뒤에 동태사(同泰寺)에 천승회(千僧會)를 열어 여러 절의 지사(知事)·학자(學者)·명승(名僧)을 모으고 『대열반경』을 강의하고, 대통 3년 63세에 죽었다. 승민(僧旻)·지장(智藏)과 함께 양대(梁代)의 3대 법사라 하고, 광택사에 있었으므로 광택법운이라 일컫는다. 저서로 『법화경의기(法華經義記)』 8권이 있음.

1130 혜균, 『대승사론현의기』, 속장경74, p.92a15~b01, "第四梁武簫天子義, 心有不失之性, 眞神爲正因體, 已在身內, 則異於木石等非心性物, 此意, 因中已有眞神故, 能得眞佛果, 故大經心如來性品初云, 我者卽是如來藏義, 一切衆生有佛性, 卽是我義." 참조. 『대승현론(大乘玄論)』, 대정장45, p.35c11~3, "第六師以眞神爲正因佛性. 若無眞神. 那得成眞佛. 故知. 眞神爲正因佛性也." 참조.

1131 『대승사론현의기』의 원문과 다르게 원효가 '神靈'을 넣음.

1132 원문에 따라 '如是心神'을 빼고 '眞神爲正因體'를 넣음.

1133 『대승사론현의기』의 원문 '心性'과 다르게 원효가 '情'을 넣음.

1134 『대반열반경』(36), 대정장12, p.648b07~8, "我者卽是如來藏義. 一切衆生悉有佛性. 卽是我義."

1135 이영무 역(1984), 글의 흐름에 따라 '品'을 넣음. 여기서도 이를 따름.

1136 『대반열반경』(36), 대정장12, p.828b27~8, "非佛性者所謂一切牆壁瓦石無情之物. 離如是等無情之物. 是名佛性."

1137 원문에 따라 '所'를 넣음.

1138 원문에 따라 '一切牆壁'을 넣음.

1139 원문에 따라 '等'을 뺌.

④네 번째 논사는 마음에 없어지지 않는 신령한 성품이 있어서, 이 참된 신령함이 정인의 체라 하니, 이는 이미 내 몸 안에 있기에 곧 목석 등의 무정물(無情物)[1142]과는 다르다. 이 때문에 큰 깨달음(大覺)의 과보를 이룰 수 있다. 그러므로 이 마음의 신령함을 불성의 정인(正因)의 체로 삼는다고 한다. 여래성품(제12품)에 "나(我)란 곧 여래장의 뜻이다. 일체의 중생들이 다 불성이 있으니 이것이 곧 나란 뜻이다."라고 하고, 사자후품(제23품) 가운데 "불성이 아닌 것은 이른바 일체의 담과 벽(壁), 기와와 돌 등 무정물들을 말한다. 그러므로 이들 무정물이 아닌 것을 불성(佛性)이라고 한다."라고 말한다. 이는 양무제(梁武帝) 소연천자(蕭衍天子)[1143]의 뜻이다.

1140 원문에 따라 '故'를 뺌.

1141 내용에 따라 '焉'을 '衍'으로 바꿈.

1142 무정물(無情物): 정식(情識)이 없는 물건.

1143 양무제(梁武帝, 464~549): 남조(南朝) 난릉(蘭陵)〔강소무진(江蘇武進)〕 사람으로, 성은 소(蕭)이고 이름은 연(衍)이고, 자(字)는 숙달(叔達)이다. 원래 남제(南齊) 옹주(雍州)의 자사(刺史: 장관)인데, 제(齊) 나라 임금이 잔인무도하게 그 형과 종친을 살해하니, 소연(蕭衍)은 이에 병사를 일으켜 건강(建康)을 무너뜨리고, 따로 화제(和帝)를 세웠고, 마침내 중흥(中興) 2년(502)에 찬위(簒位)하여, 국호를 양(梁)이라 하였다. 재위기간에 문교(文敎)를 정비하고 장려하여, 국세(國勢)가 그로 인해 크게 성하였다. 무제는 독실하게 불교를 믿었으며, 황제보살(皇帝菩薩)이라 부르기도 하였다. 천감(天監) 3년(504)에 도교를 버리고 귀불(歸佛)을 선포하였고, 16년에는 천하의 도관(道觀)을 폐하고, 도사(道士)들을 환속시켰다. 18년에는 종산(鐘山) 초당사(草堂寺) 혜약(慧約)으로부터 보살계를 받았고, 당시의 명승 승가바라(僧伽婆羅)·법총(法寵)·승천(僧遷)·승민(僧旻)·법운(法雲)·혜초(慧超)·명철(明徹) 등이 모두 그 공경의 예를 받았다. 수도인 건강에는 큰 절이 700여 곳이나 되었고, 스님이 대중에게 강연을 할 때는 늘 많은 사람들이 모였다. 대통(大通) 원년(527)에 동태사(同泰寺)를 낙성하고, 무차대회(無遮大會)·평등대회(平等大會)·우란분회(盂蘭盆會)를 열어, 평등자비(平等慈悲)의 정신을 만민에게 보급하였고, 다시 수륙법회(水陸法會)를 열어, 은혜가 섬과 육지의 모든 중생에 미쳤다. 황제는 일생동안 불교 교리를 깊이 연구하였고, 계율을 굳게 지켰으며, 동태사에서 네 번 사신(捨身: 팔이나 몸을 태우는 것)을 하였고, 스스로 열반·반야·삼혜 등 경을 강의하였고, 『열반경』·『대품경』·『정명경』·『삼혜경』 등의 의기(義記) 수백권을 저술하였다. 뒤에 인후

第五師言[1144], 阿賴耶識法爾種子, 爲佛性體. 如此經言[1145], "佛性者, 〈即是〉[1146]一切諸〈佛〉[1147]阿耨〈多羅三藐三〉[1148]菩提中道種子." 瑜伽論云[1149], "〈本〉[1150]性〈住〉[1151]種性者, 〈謂諸菩薩〉[1152]六處殊勝, 有如是相, 從無始世, 展轉傳來, 法爾所得." 此{意}〔是〕[1153]新師等義〈也〉[1154].

⑤다섯 번째 논사는 아뢰야식(阿賴耶識)의 법이(法爾)[1155] 종자가 불성 (정인)의 체가 된다고 말한다. 이는 이 경에서 "불성이라는 것은 곧 일체 모든 부처의 아누다라삼먁삼보리 중도(中道)[1156]종자(種子)이다.[1157]"라고 한 것과 같다.

경(因侯景)이 군대를 일으켜 모반을 하여, 건강(建康)을 공격하여 함락하였고, 태청 3년 대성(臺城)에서 아사하였음. 재위 48년, 세수 86세.

1144 『대승사론현의기』, 혜균, 속장경46, p.601c23~4, "第九地論師云, 第八無沒識爲正因體." 참조.

1145 『대반열반경』(36), 대정장12, p.768a08~9, "**佛性者. 卽是一切諸佛阿耨多羅三藐三菩提中道種子.**"

1146 원문에 따라 '卽是'를 넣음.

1147 원문에 따라 '佛'을 넣음.

1148 원문에 따라 '多羅三藐三'을 넣음.

1149 『유가사지론(瑜伽師地論)』권제35, 대정장30, p.478c13~5, "**本性住種姓者. 謂諸菩薩六處殊勝有如是相. 從無始世展轉傳來法爾所得.**"

1150 원문에 따라 '本'을 넣음.

1151 원문에 따라 '住'를 넣음.

1152 원문에 따라 '謂諸菩薩'을 넣음.

1153 가은 역주(2004), 앞 문장들과 비교해서 '意'를 '是'로 바꿈.

1154 이영무 역(1984), 가은 역주(2004), 앞 문장들과 비교해서 '也'를 넣음.

1155 법이(法爾): 법의 자이(自爾)라는 뜻. 법에 다른 조작이 가해지지 않고 스스로 본디부터 그러한 것. 법연(法然)·천연(天然)·자연(自然)이라고도 함.

1156 중도(中道): 도(道)에는 상·중·하 세 가지가 있다. 하(下)란 범천의 무상함을 상(常)이라 잘못 보는 것이고, 상(上)이란 생사의 무상함을 상(常)이라 잘못 보며, 삼보의 상(常)

『유가론』에 "성종성(性種性)[1158]이란 모든 보살이 육처(六處)[1159]가 뛰어나서 이

을 무상하다고 잘못 보는 것이다. 상(上)이란 최상의 아누다라삼먁삼보리를 얻을 수 있기 때문이요, 중(中)이란 제일의공이니, 무상(無常)을 무상(無常)으로 보고 상(常)을 상(常)이라고 보는 것이다. 그러므로 제일의공은 하(下)라고 할 수 없으니, 일체 범부가 얻을 수 없기 때문이요, 상(上)이라고도 할 수 없으니, 그 자체가 바로 상(上)이기 때문이다. 제불 보살이 닦은 도는 상(上)도 아니고 하(下)도 아니므로 중도(中道)라고 함.『대반열반경』(36), 대정장12, p.768a09~17, "佛性者. 卽是一切諸佛阿耨多羅三藐三菩提中道種子. 復次善男子. 道有三種. 謂下上中. 下者梵天無常謬見是常. 上者生死無常謬見是常. 三寶是常橫計無常. 何故名上. 能得最上阿耨多羅三藐三菩提故. 中者名第一義空. 無常見無常. 常見於常. 第一義空不名爲下. 何以故. 一切凡夫所不得故. 不名爲上. 何以故. 卽是上故. 諸佛菩薩所修之道不上不下. 以是義故名爲中道."참조;『대승현론(大乘玄論)』, 대정장45, p.38a19~21, "卽是中道名爲正因. 故以中道爲正因佛性. 故經云. 佛性是三菩提中道種子也. 所以佛性卽是中道種子. 亦可. 得以中道因爲正種子也."참조;『대승현론(大乘玄論)』, 대정장45, p.37b22~6, "故以中道爲佛性. 是以文云佛性者. 卽是三菩提中道種子也. 是故今明. 第一義空名爲佛性. 不見空與不空. 不見智與不智. 無常無斷名爲中道. 只以此爲中道佛性也."참조.

1157 황산덕 역(1982): 불성이라는 것은 일체의 여러 아뇩보리(阿耨菩提)의 중도에 있는 종자다.; 이영무 역(1984): 佛性이라는 것은 곧 一切의 가장 높은 보리 가운데 道의 種子다.; 한글대장경(김달진 옮김)(1992): 불성이란 모든 아뇩보리(阿耨菩提)의 중도(中道)의 종자다.; 가은 역주(2004): 불성이란 것은 일체 모든 부처님의 아뇩보리에 이르는 중도종자이다.

1158 성종성(性種性): 본성주종성(本性住種性, 범 prakṛtistha-gotra)의 약칭. 또 성종(性種)이라고도 한다. 대승의 두 가지 성품의 하나이다. 종성(種性)은 보리(菩提)를 증득할 수 있는 본성이다. 본성주성성(本性住種性)은, 곧 무시이래로, 자연스럽게 스스로 있는 종성이다. 이에 상대해서, 후천적으로 수양하여 얻은 종성은 습종성(習種性)이라 한다. 이 둘을 병칭하여 성습이성(性習二性)이라고도 한다. 본성주종성은 원래 제8아뢰야식에 붙어 있어, 무시이래로 자연스럽게 저절로 있는 대승 무루인(無漏因)의 종성이니, 곧 이른바 천품의 본성이다. 이는 우리들이 구박(具縛)되어 있는 몸 가운데에서 또한 무시로부터 자연스럽게 갖추어져 있어, 설사 육도사생(六道四生)을 윤회할지라도, 여전히 아뢰야식 가운데에 유지되어 없어지거나 부서지지 않음.

1159 육처(六處): 육입(六入)이라고도 한다. 이는 안(眼)·이(耳)·비(鼻)·설(舌)·신(身)·의(意) 등 육근(六根)을 가리키거나, 혹은 색(色)·성(聲)·향(香)·미(味)·촉(觸)·법(法) 등의 육경(六境)을 가리킨다. 육근은 안의 육입(六入)으로 삼고, 육경(六境)은 밖의 육입

러한 모양(성종성)이 있는 것을 말하니, 이것은 원래부터 계속 전해져 자연스럽게 얻어진 것이다."라고 하였다. 이는 새로운 논사들(신사등(新師等))[1160]의 뜻이다.

第六師云[1161], 阿摩羅識眞如解性, 爲佛性體. 如經言[1162], "佛性者名
第一義空, 第一義空名爲智{愚}〔慧〕[1163]." 寶性論云[1164], "及彼眞如
性者, 〈依此義故〉[1165], {如}[1166]六根聚經{說}〔言〕[1167], 〈世尊〉[1168],

으로 삼으니, 전체를 십이입(十二入)이라 부르고, 또한 십이처(十二處)라 한다. 입(入)은 서로 관련짓는다(섭입(涉入))·향해 들어간다(추입(趨入))의 뜻이고, 처(處)는 소의(所依)의 뜻이다. 이 육근과 육경이 서로 관련지어(涉入) 육식을 낳으니 그러므로 입(入)이라고 부르고, 육근과 육경이 육식을 낳는 소의(所依)가 되니 처(處)라고 부름.

1160 원효는 신사등(新師等)이 누구인지 밝히고 있지 않다. 이기영은 '신사등(新師等)'을 현장(玄奘, 600~664) 및 그의 제자 규기(窺基) 등으로 보고, 후세고가구(布施浩岳)는 '신사(新師)'를 현장(玄奘)으로 본다. 이기영, 「元曉의 涅槃宗要에 對하여」, 『한국불교연구』, 한국불교연구원, 1982, p.427 참조; 布施浩岳, 『涅槃宗之硏究』 前篇, 後篇, 東京, 叢文閣, 昭和17年, p.625 참조; 울만(鬱卍), 「元曉의 涅槃觀과 佛性觀에 對한 硏究-《涅槃經宗要》를 중심으로-」, 동국대학교 대학원 인도철학과 석사학위논문, 1997, p.65 각주 122) 참조.

1161 혜균, 『대승사론현의기』, 속장경74, p.93a07~8, "第十攝論師云, 第九無垢識爲正因體." 참조.

1162 『대반열반경』(36), 대정장12, p.767c18~9, "佛性者名第一義空. 第一義空名爲智慧."

1163 원문에 따라 '愚'를 '慧'로 바꿈.

1164 『구경일승보성론(究竟一乘寶性論)』, 늑나마리(勒那摩提) 역, 대정장31, p.835b25~c02, "佛法不相離. 及彼眞如性. 法體不虛妄. 自性本來淨. 此偈明何義. 佛法不相離者. 依此義故. 聖者勝鬘經言. 世尊. 不空如來藏. 過於恒沙不離不脫. 不思議佛法故. 及彼眞如性者. 依此義故. 六根聚經言. 世尊. 六根如是. 從無始來畢竟究竟諸法體故." 참조.

1165 원문에 따라 '依此義故'를 넣음. 그런데 '이 뜻(此義)'은 이 인용에서는 빠진 앞부분이므로 의미상으로는 넣지 않아도 무방함.

1166 원문에 따라 '如'를 뺌.

1167 원문에 따라 '說'을 '言'으로 바꿈.

1168 원문에 따라 '世尊'을 넣음.

六根如是, 從無始來, 畢竟究竟諸法體故." 諸說如是.

⑥여섯 번째 논사[1169]는 아마라식(阿摩羅識)[1170] 진여의 신해한 성품을 불성의 체로 삼는다고 한다. 이는 『열반경』에 "불성이라는 것은 제일의공(第一義空)[1171]을 이름하고, 제일의공은 지혜라 이름한다."고 한 것과 같고, 『보성론』에 "진여의 성품에 이른다는 것은, 이 뜻[진여의 성품에 이르름]에 의해 『육근취경』[1172]에, '세존이시여, 육근은 이처럼 본래부터 필경에는 궁극적으로 모든

1169 여섯 번째 논사[第六師]를 이기영은 원효 자신이라 보고, 후세고가구(布施浩岳)와 울만 (鬱卍, Uhlmann)은 진제삼장(眞諦三藏, 499~569)이라 본다. 제육사(第六師)가 진제삼장이라는 의견은 『열반종요』 내 이 아래에 다음 구절을 근거로 제시한다. "起信論中廣顯 是義 此者眞諦三藏之義 第六師說 眞如佛性得於染而不染門也."(『열반종요』, 한불전1, p.538c13~5) 이기영이 제육사가 원효라고 보는 근거는 원효가 『기신론소』에서도 『보성론』의 이 구절을 근거로 제9식으로 아마라식을 열거하기 때문이라는 것이다. 그러나 『대승사론현의기』를 따르면, 여섯 번째 논사는 섭론사인데, 진제를 의미하는 듯하다. 이기영, 「元曉의 涅槃宗要에 對하여」, p.427 참조; 布施浩岳, 『涅槃宗之硏究』, 國書刊行會, 1973, p.625 참조; 울만(鬱卍), 「元曉의 涅槃觀과 佛性觀에 대한 硏究 —《涅槃經宗要》를 중심으로—」, p.65 각주 124) 참조.

1170 아마라식(阿摩羅識): 범 amala-vijñāna. 곧 제9식. 아말라식(阿末羅識)·암마라식(菴摩羅識)·암마라식(唵摩羅識)·암마라식(庵摩羅識)이라고도 한다. 의역하여 무구식(無垢識)·청정식(淸淨識)·여래식(如來識)이라고도 한다. 이 식은 구역가인 진제 계열의 섭론종에서 세운 것으로 인심의 본래면목은 미혹함을 멀리 여의고 본래 스스로 청정하기 때문에 아뢰야식의 미혹함을 돌려서 각오(覺悟)의 청정계위에 회귀하는 것을 인정하여 아마라식이라고 한다. 신역가는 제8식 아뢰야로서 미계(迷界)·오계(悟界)를 전개하는 근본이라 하므로, 제8식 밖에 따로 9식을 인정하지 아니하고 정계(淨界)의 제8식을 아마라식이라 함.

1171 제일의공(第一義空): 범 Paramārtha. 18공(空)의 하나. 진실공(眞實空)·진경공(眞境空)이라고도 한다. 대승의 열반. 대승에서는 제법의 제일원리인 열반은 소승에서 말하는 편진단공(偏眞但空)이 아니고, 공한 것까지도 공한 중도실상의 공이므로 제일의공이라고 함.

1172 『육근취경(六根聚經)』: 유실된 경으로, 일각에서는 『대승실의경(大乘實義經)』·『지장보살경(地藏菩薩經)』·『출육근취경(出六根聚經)』이라고도 불리는, 보리등(菩提燈, ?~?)이

법의 체입니다'라 하였기 때문이다."라고 한 것과 같다. 불성에 대한 여러 논사[1173]의 설명이 이와 같다.

ㄴ. 불성에 대한 여러 학설의 옳고 그름을 판별함

① 총설(總說)

次判是非者, 此諸師說皆是非. 所以然者, 佛性非然非不然故. 以非然故, 諸說悉非. 非不然故, 諸義悉是. 是義志云何? 六師所說不出二途, 初一指於當有之果, 後五同據今有之因. 此後五中亦爲二倒, 後一在於眞諦, 前四隨於俗諦. 俗諦四說不出人法, 前一擧人, 後三據法. 據法三義, 不過起伏, 後一種子, 前二上心, 上心之內, 隨義異說耳.

번역한 『점찰선악업보경(占察善惡業報經)』과 같은 경이라고 보는 견해가 있다. 그러나 『점찰선악업보경』과 동일한 것으로 확정하기에는 난점이 있다. 왜냐하면 『보성론』에 인용된 『육근취경』 문구가 『점찰선악업보경』이나 『대승법계무차별론(大乘法界無差別論)』이나 『유가론(瑜伽論)』에서조차 인용되고 있지 않기 때문임. 가은 역주(2004), p.237.

1173 불성의 체에 대한 이 여섯 주장을 하는 논사들은 모두 한자문명의 중심권에서 활동한 이들이고, 진제 삼장은 인도인이다. 즉 원효의 정리 및 해석은 5~7세기의 한자문명권 속에서의 불성의 본체에 대한 당대 논의의 결정판이라 할 수 있다. 제1사(第一師) 축도생(竺道生, 355~434)은 동진(東晉)의 『열반경』 학자이고, 제2사(第二師) 승민(僧旻, 467~527)은 남조(南朝) 양대(梁代)의 승려이고, 제3사(第三師) 법운(法雲, 467~529)도 남조(南朝)의 승려이고, 제4사(第四師) 양무제(梁武帝, 464~549)도 남조(南朝) 난릉(강소무진(江蘇武進)]사람이다. 제5사(第五師)인 신사(新師) 현장(玄奘, 602?~664)은 당대(唐代)의 승려로, 낙주구씨현(洛州緱氏縣)(하남언사(河南偃師)] 사람이다. 그리고 제6사(第六師) 진제 삼장(499~569)은 서북인도의 우선니(優禪尼, 범 Ujjaini) 사람으로 남조(南朝) 양대(梁代)의 대동원년(大同元年, 546)에 경전을 가지고 남해로 들어와서 태청 2년(太淸二年, 548)에 남경(南京)에 이르러 무제(武帝)를 알현함.

다음으로 옳고 그름을 판별하면, 이 여러 논사들의 설명이 모두 옳기도 하고 그르기도 하다. 그러한 까닭은 불성은 그러한 것도 아니요, 그러하지 않은 것도 아니기 때문이다. 그러하지 않은 것이기에 여러 설명이 다 그르며, 그러하지 않은 것도 아니기에 모든 뜻이 다 맞는다. 이 뜻은 무엇을 의미하는가? 위 여섯 논사가 말한 것이 두 가지 길에서 벗어나지 않으니, 첫 번째 논사는 미래의 부처의 과위(果位)를 가리킨 것이요, 뒤의 다섯 논사[제2사에서 제6사까지]는 똑같이 현재의 인(因)을 근거로 한 것이다. 이 뒤 다섯 논사 가운데 또한 두 가지의 상반됨이 있으니, 뒤의 한 논사[제6사]는 진제(眞諦)에 있고, 앞의 네 논사[제2사에서 제5사]는 속제(俗諦)를 따른 것이다. 속제(俗諦)를 따른 네 가지 설명[제2사에서 제5사]은 인[人我]과 법[法我]에서 벗어나지 않으니, 앞의 한 논사[제2사]는 인(人)을 들어 말한 것이오, 뒤의 세 논사[제3사에서 제5사]는 법(法)을 근거로 하여 말한 것이다. 법을 근거로 한 세 논사[제3사에서 제5사]의 뜻은 기(起, 일어나다)와 복(伏, 숨다)에 지나지 않으니, 뒤의 한 논사[제5사]의 주장은 종자(種子)(곧 伏 숨음)를 들어 말한 것이오, 앞의 두 논사[제3사와 제4사]의 주장은 상심(上心)(곧 起 일어남)이니, 상심(上心) 안에서 뜻을 따라 설명을 달리한 것일 뿐이다.

然佛性之體, 正是一心, 一心之性, 遠離諸邊. 遠離諸邊故, 都無所當. 無所當故, 無所不當. 所以就心論, 心非因非果, 非眞非俗, 非人非法, 非起非伏. 如其約緣論, 心爲起爲伏, 作法作人, 爲俗爲眞, 作因作果. 是謂非然非不然義. 所以諸說皆非皆是.

그러나 불성의 체는 바로 일심이니 일심의 성품은 상견·단견 등의 모든 극단적인 견해[邊見]를 멀리 벗어난 것이다. 모든 극단적인 견해를 멀리 벗어났기에 도무지 해당되는 것이 없다. 그러나 해당되는 것이 없기 때문에 해당되지 않는 것도 없다. 그러므로 심(心)에 나아가 논하면, 심은 인(因, 제2-6사)도 아니고 과(果, 제1사)도 아니며, 진제(眞諦, 제6사)도 아니고 속제(俗諦, 제2-5사)도 아니며, 인(人我, 제2사)도 아니고 법(法我, 제3-5사)도 아니며, 기(起, 제3, 4사)도 아니고 복(伏, 제5사)도 아니다. 그러나 이를 다시 인연(緣)에 따라 논하면, 심은 기(起)도 되고 복(伏)도 되며, 법(法)도 되고 인(人)도 되며, 속제(俗諦)도 되고 진제(眞諦)도 되며, 인(因)도 되고 과(果)도 된다. 이것은 불성이 그러한 것도 아니오, 그러하지 않은 것도 아니라는 뜻을 말하는 것이다. 그러므로 모든 논사의 주장이 다 그르기도 하고 다 맞기도 하다.

② 별문(別門)

總說雖然, 於中分別者, 於一心法, 有二種義, 一者不染而染, 二者染而不染. 染而不染, 一味寂靜, 不染而染, 流轉六道. 如下文言[1174], "一味{藥}[1175]隨其流處有種種{味}〔異〕[1176], {而其}〔是藥〕[1177]眞味停留在山." 夫人經言[1178], "自性淸淨心, 難可了知. 彼心爲煩惱所染{此}[1179]亦難可了知." 起信論中, 廣顯是義. 此者眞諦三藏之義, 第六師說, 眞如佛性, 得於染而不染門也.

1174 『대반열반경』(36), 대정장12, p.649b20~1, "一味隨其流處. 有種種異. 是藥眞味停留在山猶如滿月."
1175 원문에 따라 '藥'을 뺌. 이영무 역(1984)에는 '之'를 넣어 '一味之藥'으로 교감함.
1176 원문에 따라 '味'를 빼고 '異'를 넣음.
1177 원문에 따라 '而其'를 빼고 '是藥'을 넣음.
1178 『승만사자후일승대방편방광경(勝鬘師子吼一乘大方便方廣經)』, 대정장12, p.222c04~5, "謂自性淸淨心. 難可了知. 彼心爲煩惱所染亦難了知."
1179 원문에 따라 '此'를 뺌.

총체적인 설명은 그러하나, 그중에 분별하면, 일심의 법에 두 가지 뜻이 있으니, 첫째는 물들지 않되 물드는 것이오, 둘째는 물들되 물들지 않는 것이다. 물들되 물들지 않는다 함은 일미(一味)로서 적정(寂靜)한 것이오, 물들지 않되 물든다 함은 육도(六道)에 유전하는 것이다.

이는 아래 글에서 "약초의 한 가지 맛이 그 옮겨 가는 곳에 따라 갖가지로 다르니, 이 약초의 참맛은 그 약이 나온 산에 머물러 있다."라고 하는 것과 같다. 또 『부인경』[1180]에서 "자성의 청정한 마음은 분명히 알기 어렵다. 그러나 저 마음이 번뇌에 물들게 되는 것 또한 분명히 알기 어렵다."라고 말한 것과 같다. 『기신론』에서도 이 뜻을 자세히 밝혔다.[1181] 이것은 진제 삼장의 뜻으로, 여

1180 『부인경(婦人經)』: 『승만사자후일승대방편방광경(勝鬘師子吼一乘大方便方廣經)』을 말함.

1181 『대승기신론』에서 전체가 '물들면서 물들지 않고 물들지 않으면서 물드는' 일심이문(一心二門)의 불상리(不相離) 관계를 설명하고 있다. 예를 들어, "심생멸(心生滅)이란 여래장에 의하므로 생멸심이 있는 것이니, 이른바 불생불멸(不生不滅)이 생멸과 더불어 화합하여, 같은 것도 아니고 다른 것도 아닌 것을 이름하여 아라야식(阿黎耶識)이라고 하는 것이다."(『대승기신론』, 진제 역, 대정장32, p.576b07~9, "心生滅者. 依如來藏故有生滅心. 所謂不生不滅與生滅和合非一非異. 名爲阿梨耶識.";은정희 역주, 『원효의 대승기신론소·별기』, p.120 번역 참조.)와 같은 말이다. 이 말에 대해 원효는 『별기』에서 "마치 상심(常心)이 무명의 연을 따라서 변하여 무상심(無常心)을 일으키지만, 그 상성(常性)은 항상 스스로 변하지 않는다고 말함과 같으니, 이처럼 일심(一心)이 무명의 연을 따라 변하여 많은 중생심을 일으키지만 그 일심은 항상 스스로 둘이 없는 것이다. 이는 열반경에서 '한 가지 맛의 약이 그 옮겨가는 곳에 따라서 여러 가지 다름이 있으나, 이 약의 참된 맛은 산에 머물러 있다'고 한 것과 같으니, 바로 이것을 두고 한 말이다."(은정희 역주, 같은 책 p.131)라고 하였다. 또 "이 마음이 본래부터 자성(自性)이 청정하지만 무명이 있어서 이 무명에 의하여 물들게 되어 그 염심이 있는 것이니, 비록 염심이 있으나 그 본체는 항상 변하지 아니하는지라 그러므로 이러한 깊은 뜻은 오직 부처만이 알 수 있는 것이다."(『대승기신론』, 진제 역, 대정장32, p.577c02~5, "是心從本已來自性清淨. 而有無明. 爲無明所染. 有其染心. 雖有染心而常恒不變. 是故此義唯佛能知.";은정희 역주, p.238)와 같은 말이다. 또 이에 대해 원효는 『별기』에서 풀이하기를, "이제 이 마음은

섯 번째 논사가 진여의 불성은 물들되 물들지 않는 문에서 얻는다고 말한다.

前之五義, 皆在〈不染而〉[1182]染門. 何者? 隨染之心, 不守一性, 對
緣望果, 必有可生. 可生之性, 不由熏成. 是故, 說名法爾種子, 第
五師義, 得此門也. 又卽如是隨染之心, 乃至轉作生滅識位, 而恒不
失神解之性. 由不失故, 終歸心原, 第四師義, 亦當此門也. 又若隨
染生滅之心, 依內熏力, 起二種業, 所謂厭苦求樂之能因. 此爲本當
至極果, 第三師義, 當此門也. 如是一心, 隨染轉時, 隨所至處, 總
御諸法, 處處受生, 說名{受}〔衆〕[1183]生. 第二師義, 合於是門也. 如
是衆生, 本覺所轉, 必當得至大覺之果, 而今{來}〔未〕[1184]現, 說名當
果. 第一師義, 合於是門也.

그리고 앞의 다섯 논사의 뜻은 모두 물들지 않되 물드는 문에 있다. 어째서
인가? 수염문[1185]의 마음은 일성(一性: 본성)을 지키지 않는 것이니, 연(緣)〔경계〕
에 대해 과(果)〔결과〕라는 측면에서 반드시 생겨날 수 있는 것이다. 이렇게 생겨
날 수 있는 (수염심의) 성품은 훈습으로 말미암아 이루어지는 것이 아니다. 이
때문에 법이종자[1186]라고 말하게 되는 것이니, 다섯 번째 논사의 뜻〔아뢰야식의

체(體)가 깨끗한 채로 체가 물들어 있으며 마음이 움직이면서 마음이 고요하여 염정의
두 가지가 없으며 동정(動靜)의 구별이 없다. 염정의 두 가지가 없고 동정의 구별이 없지
만 또한 하나도 아니니, 이와 같이 절묘하기 때문에 알기 어려운 것이다."(은정희 역주,
같은 책 p.239)와 같은 것임.

1182 내용상 생략된 것으로 보여 '不染而'를 넣음.
1183 이영무 역(1984), 글의 흐름상 '受'를 '衆'으로 바꿈. 여기서도 이를 따름.
1184 이영무 역(1984), 글의 흐름상 '來'를 '未'로 바꿈. 여기서도 이를 따름.
1185 수염문(隨染門): 유전문. 즉 생멸문을 말함. 염을 따라 분별하는 생멸문에서 본각의 성
질을 여의지 않는 문. 은정희 역주, 『원효의 대승기신론소·별기』, p.174 참조

종자)이 이 문에 해당한다. 또 곧 이러한 수염문의 마음이 점차로 생멸식이 되지만, 그러나 항상 신해(神解)한 성품을 잃지 않는다. 이 (신해한 성품을) 잃지 않기 때문에, 마침내는 심원(마음의 근원)에 돌아오는 것이니, 네 번째 논사의 뜻이 또한 이에 해당한다. 또 만약 염에 따라 생멸하는 마음이 안에서 훈습하는 힘에 의하여 두 가지 업(괴로움을 싫어하고 즐거움을 구하는 업)을 일으킨다면, 말하자면 괴로움을 싫어하고 즐거움을 구하게 하는 원인(能因)인 것이다. 이것이 근본이 되어 장차 지극한 과위에 이르는 것이니, 세 번째 논사의 뜻이 이에 해당한다. 이와 같은 일심이 염에 따라 전변할 때에, 이르는 곳에 따라 모든 법을 전체적으로 다스려 곳곳에서 생(生)을 받으니 이것을 중생(衆生)이라 한다. 두 번째 논사의 뜻이 이에 합한다. 이와 같은 중생은 본각에서 나온 것이니, 따라서 반드시 장차에는 큰 깨달음의 과위에 이르게 되지만 그러나 지금은 아직 나타나지 않았으므로 미래의 부처의 과위(當果)라고 한다. 첫 번째 논사의 뜻이 이에 합한다.

③ 결어(結語)

由是義故, 六師所說, 雖皆未盡佛性實體, 隨門而說, 各得其義. 故
下文說[1187], "如彼盲人, 各各說象[1188], 雖不得實, 非不說象[1189]. 說佛
性者, 亦復如是, {不}[非][1190]卽六法, 不離六法." 當知此中六說亦

1186 법이종자(法爾種子): 본래 갖추고 있는 종자.
1187 『대반열반경』(36), 대정장12, p.802b29~c02, "**如彼盲人 各各說象 雖不得實 非不說象. 說佛性者 亦復如是. 非卽六法 不離六法.**"
1188 필사본, '像'으로 되어 있음. 필사본, p.59a3*09.
1189 필사본, '像'으로 되어 있음. 필사본, p.59a3*09.
1190 원문에 따라 '不'을 빼고 '非'를 넣음.

爾. 出體門竟.

이러한 뜻에서 볼 때, 여섯 논사의 설명이 비록 다 불성의 실체를 완전하게 설명하지는 못하였지만, 자기의 입장에서 말하였으므로 각기 뜻은 얻었다 하겠다. 그러므로 아래 글에 "저 눈먼 사람이 각기 코끼리에 대한 설명을 하는 것과 같아서 비록 코끼리의 실체는 얻지 못하였지만, 그렇다고 코끼리를 설명하지 않은 것은 아니다.[1191] 불성을 말하는 것도 이와 같아서 여섯 가지 법[1192]에 딱 맞는 것도 아니며 여섯 가지 법을 벗어난 것도 아니다."라고 하였다. 이 가운데 여섯 논사의 설명도 그러한 줄을 알아야 하겠다.[1193] 불성의 체를 나타내는 부분의 설명을 마친다.

나. 인과문(因果門)

ㄱ. 총설(總說)

第二明因果門.
佛性之體, 非因非果而亦不非因果性[1194]. 所以擧體作因作果.

1191 이영무 역(1984), 가은 역주(2004)에는 이 부분까지 인용문으로 봄. 울만(鬱卍, Uhlmann) 영역(英譯)에서는 한문 원문 교감은 제대로 보았는데, 영어 번역은 이 부분까지를 인용문으로 처리함. 울만(鬱卍, Uhlmann), p.219 참조.

1192 육법(六法): 오음(五陰)과 중생아(衆生我)를 말함. 즉 색수상행식과 중생아. 『대반열반경』(36), 대정장12, p.802b28~c19 참조.

1193 한글대장경(김달진 옮김)(1992)과 황산덕 역(1982)에서는 이 부분까지 인용문으로 봄.

1194 필사본, p.59a5*15~19에 "不非因果性"이 "不果非因性"으로 되어 있음. 필사시 오류인 듯함.

두 번째로 불성의 인과를 밝히는 문.

불성의 체는 인(因)도 아니고 과(果)도 아니지만 인과성(因果性)이 아닌 것도 아니다. 그러므로 전체가 인이 되고 전체가 과가 된다.

① 과불성(果佛性)

果佛性者, 佛之體性, 故名佛性. 如迦葉品云[1195], "如來十力四無 〈所〉[1196]畏等[1197], 無量諸[1198]法是佛{之}〔佛〕[1199]性." 又下文言[1200], "如來已得, 阿耨〈多羅三藐三〉[1201]菩提, 所有佛性, 一切佛法, 常無 變易. 〈以是義〉[1202]故, 無〈有〉[1203]三世, 猶如虛空." 如是等文, 明果 佛性.

1195 『대반열반경』(36), 대정장12, p.818a18~23, "**如來十力四無所畏.** 大慈大悲三念處. 首 楞嚴等八萬億諸三昧門. 三十二相八十種好. 五智印等三萬五千諸三昧門. 金剛定 等四千二百諸三昧門. 方便三昧**無量無邊. 如是等法是佛佛性.**" 김호귀는 같은 책 p.770a19~23, "**善男子.** 佛性者所謂**十力四無所畏**大悲三念處. 一切衆生悉有三種破煩 惱故然後見. 一闡提等破一闡提. 然後能得十力四無所畏大悲三念處. 以是義故. 我 常宣說一切衆生悉有**佛性.**"을 인용한 것으로 보고 있음.

1196 원문에 따라 '所'를 넣음. 울만(鬱卍), 김호귀는 넣지 않음.

1197 '等'은 원문 '大慈大悲三念處. 首楞嚴等八萬億諸三昧門. 三十二相八十種好. 五智印等 三萬五千諸三昧門. 金剛定等四千二百諸三昧門. 方便三昧.'의 줄임말임.

1198 '諸法'의 '諸'는 원문 '無邊. 如是等'의 줄임말임.

1199 원문에 따라 '之'를 빼고 '佛'을 넣음.

1200 『대반열반경』(36), 대정장12, p.828b11~3, "**如來已得阿耨多羅三藐三菩提. 所有佛性一 切佛法常無變易.** 以是義故無有三世猶如虛空."

1201 원문에 따라 '多羅三藐三'을 넣음.

1202 원문에 따라 '以是義'를 넣음.

1203 원문에 따라 '有'를 넣음.

과(果)의 불성이란 부처의 체성이니, 그러므로 불성이라 한다. 이는 가섭보살품(제24품)에서 "여래의 열 가지 힘[十力][1204]과 사무외(四無畏)[1205] 등 한량없

1204 열 가지 힘[十力]: 범 daśa balāni. 여래의 열 가지 지혜의 힘을 가리키는데, 오직 여래만이 열 가지 지혜의 힘을 갖추었으니, 곧 부처의 십팔불공법(十八不共法) 가운데 열 가지이다. 십신력(十神力)이라고도 한다. 여래가 실상의 지혜를 증득하고, 일체를 요달하여서, 이를 부술 수도 없고 이길 수도 없기 때문에 곧 힘이라고 한다. ①처비처지력(處非處智力). 처는 도리를 말함. 도리에 계합하고 못함을 분명히 아는 지력. 여래가 일체 인연 과보를 자세히 잘 아는 것을 말함이니, 이를테면 선업을 지으면 반드시 즐거운 과보를 얻고 악업을 지으면 즐거운 과보를 얻지 못함을 아는 것. ②업이숙지력(業異熟智力). 업력(業力)이라고도 함. 여래가 일체 중생의 과거·현재·미래 삼세의 업연으로 과보가 생기는 곳을 모두 두루 아는 것. ③정려해탈등지등지지력(靜慮解脫等持等至智力). 여래가 모든 선정에 자재 무애하여 깊고 얕음과 차례를 여실하게 두루 아는 것. ④근상하지력(根上下智力). 여래가 모든 중생 근성의 수승하고 열등함에 대해서 그 얻는 과보의 크고 작음을 두루 아는 것. ⑤종종승해지력(種種勝解智力). 여래가 모든 중생의 욕락과 선악의 같지 않음을 여실하게 두루 아는 것. ⑥종종계지력(種種界智力). 여래가 세간 중생의 여러 가지 본성·소질·차별에 대해 두루 아는 것. ⑦편취행지력(遍趣行智力). 여래가 육도의 유루행이 이르는 곳과 열반의 무루행이 이르는 곳을 두루 아는 것. ⑧숙주수념지력(宿住隨念智力). 숙명통. 여래가 중생들의 여러 가지 지난 세상일을 여실하게 두루 아는 것. ⑨사생지력(死生智力). 여래가 천안(天眼)에 의해 중생의 나고 죽는 때와 미래생의 선악취 내지 미추 빈부 등 선악의 업연 등을 여실하게 확실히 아는 것. ⑩누진지력(漏盡智力). 여래가 일체 번뇌와 그 나머지 습기를 영원히 끊고 여실한 이치를 두루 아는 것. 이는『구사론』제27권,『순정리론』제75권 등에 의함.
1205 사무외(四無畏): 범 catvāri vaiśāradyāni, 빨 cattāri vesārajjāni. 사무소외(四無所畏)라고도 한다. 불보살이 설법을 할 때에 두려운 생각이 없는 지력의 네 가지.『구사론(俱舍論)』권27에 의하면 다음과 같다. ①정등각무외(正等覺無畏). 일체 모든 법을 평등하게 깨달아, 다른 이의 힐난을 두려워하지 않음. 십지(十智)*를 근본으로 하여 십력 중에 제1의 처비처지력과 체를 같이 함. *십지(十智): 세속지(世俗智), 법지(法智), 유지(類智), 고지(苦智), 집지(集智), 멸지(滅智), 도지(道智), 타심지(他心智), 진지(盡智), 무생지(無生智). ②누영진무외(漏永盡無畏). 온갖 번뇌를 다 끊어서, 외난(外難)을 두려워하지 않음. 십지 중 고·집·도·타심 등 사지(四智) 이외의 육지를 근본으로 삼아 십력 중에 제십누진지력과 체를 같이 함. ③설장법무외(說障法無畏). 보리(菩提)를 장애하는 것을 말해서, 다른 이의 비난을 두려워하지 않음. 도·멸 등 이지(二智) 이외의 팔지를 근본으로 하여

는 모든 법이 부처의 불성이다."라고 한 것과 같다. 또 아래의 글에서 "여래가 위없는 깨달음(아누다라삼먁삼보리)을 이미 얻어서 가지게 되는 불성과 일체의 불법은 항상 변역됨이 없다. 그러므로 삼세가 없음이 마치 허공과 같다."라고 말한다. 이와 같은 글들은 과의 불성을 밝힌 것이다.

② 인불성(因佛性)

因佛性者, 作佛之性, 故名佛性. 如師子吼〈品〉[1206]中言[1207], "是因非果, 名爲佛性. 非因生故是因非果." 又下文言[1208], "衆生佛性, 亦二種因, 〈一者正因, 二者緣因〉[1209], 正因者謂諸衆生, 緣因者謂六波羅蜜." 如是等文, 說因佛性.

인(因)의 불성이란 부처를 이루는 성품이니, 그러므로 불성이라 한다. 이는 사자후보살품(23품)에 "인(因)이요 과(果)가 아니니, 불성(佛性)이라 한다. 인으로 생기는 것이 아니기 때문에 인이요 과가 아니다."라고 한 것과 같다. 또 아래 글에 "중생의 불성에는 또한 두 가지 인이 있으니, 첫째는 정인(正因)〔일차적인 원인〕[1210]이고 둘째는 연인(緣因)〔이차적인 원인〕[1211]이다. 정인(正因)이란 모든 중

십력(十力) 중에 두 번째 업이숙지력과 체를 같이 함. ④설출도무외(說出道無畏). 고통 세계를 벗어나는 요긴한 길을 표시해서, 다른 이의 비난을 두려워하지 않음. 멸지 이외의 구지를 근본으로 하여 십력(十力) 중에 제칠편취행지력과 체를 같이 함.

1206 『대반열반경』 원문 제목에 따라 '品'을 넣음.

1207 『대반열반경』(36), 대정장12, p.774c21~2, "是因非果名爲佛性. 非因生故是因非果."

1208 『대반열반경』(36), 대정장12, p.775b27~9, "衆生佛性亦二種因. 一者正因. 二者緣因. 正因者謂諸衆生. 緣因者謂六波羅蜜."

1209 원문에 따라 '一者正因, 二者緣因'을 넣음.

1210 정인(正因): 왕생 또는 성불하는 결과를 얻는 데 대하여 정당한 인종(因種)이 되는 것,

생을 이름이요, 연인(緣因)이란 육바라밀을 이름이다."라고 하였다. 이와 같은 경문들은 인(因)의 불성(佛性)을 말하는 것이다.

ㄴ. **별문(別門)**

總說雖然, 於中分別者, 果有二種, 所生所了. 所了果〈者〉[1212], 謂涅槃果, 卽是法身. 所生果者, 謂菩提果, 卽是報佛. 對此二果, 說二佛性. 法佛性者, 在性淨門, 報佛性者, 在隨染門.

총체적인 설명으로는 비록 그러하나, 이 가운데 분별하면, 과의 불성에는 두 가지가 있으니, 소생과(所生果)와 소료과(所了果)이다. 소료과(所了果)란 열반의 과를 말하니, 곧 법신(法身)이다. 소생과(所生果)란 보리의 과를 말하니, 곧 보신불(報身佛)이다. 이 두 가지의 과에 대하여 두 가지 불성을 말한 것이다.

법신의 불성은 성정문(性淨門)[1213]에 있고, 보신불의 불성은 수염문(隨染門)[1214]에 있다.

如師子吼〈品〉[1215]中言[1216], "善男子, 我所宣說涅槃因者所謂〈佛性〉[1217],

즉 중생을 말함. 정인불성을 말함.

1211 연인(緣因): 일체의 공덕선근이 지혜를 도와서 정인(正因)의 성품(중생의 불성)을 계발하는 것. 즉 육바라밀을 말함.

1212 이영무 역(1984), 글의 흐름에 따라 '者'를 넣음. 여기서는 이를 따름.

1213 성정문(性淨門): 환멸문에 해당한다. 본래부터 자성청정한 본각의 마음. 성정본각(性淨本覺)에 해당하고, 성정열반(性淨涅槃)에 해당하는 문을 성정문(性淨門)이라 하는 것임. 원효, 『기신론해동소』, 한불전1, p.173 참조; 은정희 역주(2010), 『원효의 대승기신론소·별기』p.192, p.193 참조.

1214 수염문(隨染門): 유전문에 해당한다. 수염본각(隨染本覺)을 말함.

佛性之性不生涅槃. 是故, 〈我言涅槃〉[1218]無因. 能破煩惱故名大果,

不從道生故名無果. 是故涅槃無因無果." 是文正顯法佛之性, 唯約

隱顯, 說爲因果也.

이는 사자후품(제23품) 중에서 "선남자야, 내가 말하는 열반의 인(因)이라는

것은 이른바 불성이지만, 불성의 성품은 열반을 낳지 못한다. 이 때문에 나는

열반에는 인이 없다고 말한다. 번뇌를 잘 깨뜨리기 때문에 대과(大果)라 하는

데, 이 법신불의 대과는 도(道)[1219]에서 나는 것이 아니기 때문에 과가 없다고

한다. 이 때문에 열반은 인(因)도 없고 과(果)도 없다."라고 하는 것과 같다. 이

경문은 법신불의 성품을 바로 나타낸 것이니, 다만 은(隱)〔숨어 있음〕과 현(顯)〔드

러나 있음〕에 따라서 인(因)과 과(果)가 된다고 말한 것이다.[1220]

迦葉品云[1221], "夫佛性者, 不名一法, 〈不名十法, 不名百法, 不名千

1215 이영무 역(1984), 글의 흐름에 따라 '品'을 넣음.

1216 『대반열반경』(36), 대정장12, p.784a13~6, "善男子. 我所宣說涅槃因者所謂佛性. 佛性
  之性不生涅槃. 是故我言涅槃無因. 能破煩惱故名大果. 不從道生故名無果. 是故涅槃
  無因無果."

1217 원문에 따라 '佛性'을 넣음.

1218 원문에 따라 '我言涅槃'을 넣음.

1219 도(道): 범 mārga, 빨 magga. 여기서는 보살의 열반과를 구하기 위한 삼십칠도품(三十七
  道品)과 육바라밀(六波羅蜜)을 말함.

1220 황산덕 역(1982): 다만 은현(隱顯)(은밀히 나타내는)의 입장에서 인과(因果)를 말한 것
  이다.; 이영무 역(1984): 다만 숨은 뜻을 드러내 말하여 因과 果라 한 것이다. 한글대
  장경(김달진 옮김)(1992): 다만 숨은 뜻을 드러내어 인과라고 말한 것이다.; 가은 역
  주(2004): 단지 감추거나 드러냄을 들어 원인과 결과를 말하였을 뿐이다.; 김호귀 역
  (2005): 그러나 오직 (법신불의 불성에) 숨어 있는 의미를 드러내어 因果라 설했을 뿐이다.

1221 『대반열반경』(36), 대정장12, p.828a20~3, "夫佛性者不名一法. 不名十法不名百
  法. 不名千法不名萬法. 未得阿耨多羅三藐三菩提時. 一切善不善無記盡名佛性.";

法〉¹²²², 不名萬法, 未得阿耨〈多羅三藐三〉¹²²³菩提{之}¹²²⁴時, 一切善不善無記{法}¹²²⁵盡名佛性." "非佛性者, 所謂一切牆壁瓦石無情之物, 離如是等無情之物, 是名佛性." 是文正明報佛之性. 以隨染動心雖通三性, 而亦不失神解之性, 故說, 此爲報佛性. 但爲簡別{怯}〔法〕¹²²⁶佛性門, 遍一切有情無情, 是故, 於報佛性, 不取無情物也.

가섭품(제24품)에 "무릇 불성은 한 법(一法)이라 이름할 수도 없고, 열 법(十法)이라 이름할 수도 없고, 백법(百法)이라 이름할 수도 없고, 천법(千法)이라 이름할 수도 없고, 만법(萬法)이라 이름할 수도 없으니, 그것은 위없는 깨달음을 아직 얻지 못하였을 때에, 일체의 선(善)과 불선(不善)과 무기(無記)를 다 불성이라 이름하기 때문이다." 그리고 "불성이 아닌 것은 말하자면 일체의 담과 벽, 기와와 돌 등 감각지각이 없는 사물(無情物)이다. 이와 같은 무정물(無情物)을 제외하면, 이것을 불성이라 이름한다."고 한다. 이 경문은 보신불의 성품을 바로 밝힌 것이다. 그것은 수염문의 움직이는 마음이 비록 선과 불선과 무기의 삼성(三性)에 통한다 하더라도, 또한 신해(神解)한 성품을 잃어버리지 않기 때문에 이를 일러 보신불(報身佛)의 성품이라 한다. 이는 다만 법신(法身)의 불성문(佛性門)이 유정물(有情物)이나 무정물(無情物)에 두루하는 것과 구별하기 위한 것이니, 이 때문에 보신불의 불성에서는 무정물을 취하지 않는다.

<hr />

p.828b27~8, "非佛性者所謂一切牆壁瓦石無情之物. 離如是等無情之物. 是名佛性."
1222 원문에 따라 '不名十法, 不名百法, 不名千法'을 넣음.
1223 원문에 따라 '多羅三藐三'을 넣음.
1224 원문에 따라 '之'를 뺌.
1225 원문에 따라 '法'을 뺌.
1226 한불전, '怯'을 '法'으로 의심함. 이영무 역(1984), '怯'을 '法'으로 바꿈. 여기서도 이를

ㄷ. 통론(通論)

別門雖然, 就實通論者, 性淨本覺, 亦爲二身之性, 隨染解性, 亦作
法身之因. 何以知其然者? 如{實}〔寶〕[1227]性論言[1228], "依二種佛性,
得出三種身." 佛性論中, 顯是意言[1229], "佛性有二種, 一者住自性
性, 二者引出佛性. 爲顯住自性性故, 說地中寶藏爲譬, 爲顯引出佛
性故, 說{掩}〔菴〕[1230]羅樹芽爲譬. 約此{雨}〔兩〕[1231]因故, 佛說三身
果. 一者因住自性佛性故說法身. 法身有四種功德, 是故說{毀}[1232]
敗{布}〔帛〕[1233]裏眞金譬. 二者因引〈出〉[1234]佛性故說應身, 是故說
〈如〉[1235]貧〈賤〉[1236]女〈人〉[1237]如懷[1238]〈有轉〉[1239]輪王〈胎爲〉[1240]譬.

따름.

1227 필사본 p.60b5*13에 '實', 한불전, '實'을 '寶'로 의심함. 이영무 역(1984), 글의 흐름에 따
　　라 '實'을 '寶'로 바꿈. 여기서도 이를 따름.

1228 『구경일승보성론(究竟一乘寶性論)』, 대정장31, p.839a04, "依二種佛性 得出三種身."

1229 『불성론(佛性論)』(4권), 대정장31, p.808b15~c28, "佛性有二種. 一者住自性性. 二者引
　　出性. …… 爲顯住自性性故. 說地中寶藏譬. 此住自性佛性者. 有六種德故如寶藏. ……
　　二者引出佛性. …… 第六說菴羅樹芽爲譬. …… 爲約此兩因故. 佛說三身果. 一者因住
　　自性佛性故說法身. 法身有四種功德. 是故第七說敗帛裹眞金譬. …… 二者因引出佛
　　性故說應身. …… 是故第八說如貧賤女人有轉輪王胎. …… 是故應身以胎中轉輪王爲
　　譬. 三者因引出佛性. 復出化身. …… 第九立摸中佛像爲譬." 참조.

1230 원문에 따라 '掩'을 빼고 '菴'을 넣음.

1231 원문에 따라 '雨'를 '兩'으로 바꿈. 한불전, '雨'를 '兩'으로 의심함. 이영무 역(1984), 글의
　　흐름에 따라 '雨'를 '兩'으로 바꿈.

1232 원문에 따라 '毀'를 뺌.

1233 원문에 따라 '布'를 빼고 '帛'을 넣음.

1234 원문에 따라 '出'을 넣음. 이영무 역(1984), 글의 흐름에 따라 '出'을 넣음.

1235 원문에 따라 '如'를 넣음.

1236 원문에 따라 '賤'을 넣음.

1237 원문에 따라 '人'을 넣음.

三者因引出佛性{故}¹²⁴¹, 復出化身¹²⁴², 故說{羅漢}〔立摸〕¹²⁴³中佛
像爲譬." 乃至廣說.

(성정문과 수염문의 두 문을) 구별해서 보면 그러하지만, 실제로 통틀어 논할 것
같으면, 성정본각(性淨本覺)[1244]도 법신·생신 이신[1245]의 성품이 되는 것이요,
수염문(隨染門)의 신해(神解)한 성품도 법신의 인(因)이 된다. 어째서 그렇게 됨
을 아는가?

『보성론(寶性論)』[1246]에서, "두 가지 불성에 의지하여 (법·보·화) 삼신을 나

1238 원문에는 '如懷'가 없음. 이영무 역(1984), 글의 흐름에 따라 '懷'를 '壞'로 바꿈.

1239 원문에 따라 '有轉'을 넣음.

1240 원문에 따라 '胎爲'를 넣음.

1241 원문에 따라 '故'를 뺌.

1242 울만 영역(1997)은 여기까지 인용으로 봄.

1243 원문에 따라 '羅漢'을 '立摸'로 바꿈.

1244 성정본각(性淨本覺): 『대승기신론(大乘起信論)』에서 수염(隨染)·성정(性淨) 두 가지 뜻
으로 본각(本覺)의 모양을 설명함. ①수염본각(隨染本覺): 망염(妄染)의 더러움에 의해
본각을 드러내는 작용. 다시 이에는 지정상(智淨相)·부사의업상(不思議業相)의 두 가지
모습이 있다. 이에 대하여 더 자세히는 은정희 역주(2010), 『원효의 대승기신론소·별기』
pp.174~6 참조. ②성정본각(性淨本覺): 본각의 진여(眞如)가 일체의 염법을 멀리 여의
어, 일체의 성덕(性德)을 구족한 것이니, 체(體)·상(相) 2대(大)는 내훈(內熏)의 원인이
되고, 용대(用大)는 외연(外緣)의 밑천이 되니, 이를 성정본각(性淨本覺)이라 한다. 만
약 밝은 거울로 비유를 하면, 성정본각은 여실공경(如實空鏡)·인훈습경(因熏習鏡)·법
출리경(法出離鏡)·연훈습경(緣熏習鏡) 등 네 가지 뜻을 갖추었음. 자세한 것은 은정희
역주(2010), 『원효의 대승기신론소·별기』 p.181, p.183 참조.

1245 이신(二身): 이신은 두 가지의 불신을 말하는데, 여러 설이 있다. 이 가운데 북본 『대열반
경』에 의하면, 생신(生身)과 법신(法身)을 말함. 근기에 따라 현생하는 응화신(應化身)
을 생신(生身)이라 하고, 이지(理智)가 명합(冥合)한 진신(眞身)을 법신(法身)이라 한
다. 곧 법(法)·보(報)·응(應) 삼신(三身)가운데, 법(法)·보(報) 이신(二身)을 합해서 법
신(法身)이라 하고, 응신(應身)을 생신(生身)이라 함.

1246 한글대장경(김달진 옮김)(1992)에서는 『실성론(實性論)』으로 읽음.

타낸다."고 한 것과 같다. 또 『불성론(佛性論)』 가운데서 이 뜻을 나타내어 말하기를, "불성에는 두 가지가 있으니, 하나는 주자성성(住自性性)[1247]이요, 또 하나는 인출불성(引出佛性)[1248]이다. 주자성성을 나타내기 위해서 땅 속 보물 창고를 비유로 말하였고, 인출불성을 나타내기 위해 암마라나무[1249] 싹을 비유로 말하였다.[1250] 이 두 가지 원인에 의해서 부처는 삼신(三身)의 과(果)를 말하였다. 첫째는 주자성성을 원인으로 하기에 법신을 말하였다. 법신에는 네 가지 공덕[1251]이 있으니, 그러므로 헌 비단 속 진금의 비유를 말하였다. 둘째는 인출불성에 의하여 응신(보신)을 말하였으니, 이 때문에 예를 들어 빈천한 여인이 전륜왕을 수태하고 있는 것을 비유로 말하였다. 셋째는 인출불성에 의하여

1247 주자성성(住自性性): 자성주불성(自性住佛性)·인출불성(引出佛性)·지득과불성(至得果佛性)의 삼위불성(三位佛性) 중 하나. 자성주불성(自性住佛性)이라고도 함. 곧 견도전의 범부위이며, 중생이 아직 수행하지 않았지만 본래 갖추고 있는 불성. 이는 불성의 자성이 상주하는 것.

1248 인출불성(引出佛性): 인출성(引出性)이라고도 함. 발보리심 이상의 유학(有學)의 성위(聖位)로서 중생이 수행·지혜·선정의 힘에 의해 본래 가진 불성을 인발하는 것. 이는 구경과에 도달한 무학의 성위에서 수행이 만족하여 과성을 현현하여 구경의 천생 불성을 깨달은 지득과불성(至得果佛性)과 함께 삼위 불성이라 함.

1249 암라수(菴羅樹): 범 āmra, amra, amlaphala, amarapuṣpa, amarapuṣpaka, 빨 amba. 학명 Mangifera indica, 통칭 Mango. 암몰나수(菴沒羅樹)라고도 하는데, 흔히 망고나무라고 한다. 무구청정을 상징함.

1250 황산덕 역(1982)에서는 여기까지를 『불성론』의 인용으로 봄.

1251 네 가지 공덕: 첫 번째, 자성이 있음. 진짜 금은 본래 있는 것이어서 만들어 낸 것이 아닌 것과 같음. 두 번째, 청정함. 금은 본래 청정하여 먼지와 때로 오염될 수 없는 것과 같음. 세 번째, 일체 공덕의 의지처가 됨. 금으로 여러 가지 귀중품을 만들 수 있는 것과 같음. 네 번째, 평등하게 다 얻음. 일체 중생이 다 똑같이 응당 얻는 것. 금은 정해진 주인이 없이 누구나 가질 수 있는 것이어서 공력을 닦음에 따라 얻는 것과 같음. 그러므로 법신을 진짜 금과 같다고 함. 『불성론(佛性論)』(4권), 대정장31, p.808c11~6, "四功德者. 一自性有. 如金本有. 非所造作. 二淸淨. 如金本淨塵垢不能染汚. 三爲一切功德所依處. 如金能成種種貴物故. 四平等所得. 謂一切衆生並同應得. 如金無的主衆人共有. 隨其功力修者卽得. 故說法身猶如眞金." 참조.

또한 화신을 드러내니, 그러므로 진흙 모형의 불상[1252]을 비유로 들어 말하였다."라고 하고 이어 자세히 말하였다.

此論意者, 應得因中具三佛性, 彼應得因如理爲體故, 如性淨門中眞如佛性, 通爲三身而作正因. 既說, '性淨本覺雖非生滅, 而得與二身作正因.' 當知, 隨染解性雖非常住, 而與法身作正因性.
如不增不減經言[1253], "卽此法身〈過於恒沙. 無邊〉[1254]煩惱〈所〉[1255]纏〈從〉[1256]無始世來, 隨順世間波浪漂流, {去}〔往〕[1257]來生死, 名爲衆生. 離一切〈煩惱〉[1258]垢, 〈得淨得淸淨〉[1259] 住於彼岸, 於一切法〈中〉[1260]得自在力, 名爲如來應正遍知." 乃至廣說.

이 논의 뜻은 응득인(應得因)[1261] 가운데에 세 가지 불성[1262]을 갖추었는데,

1252 여기서 모형은 진흙 모형의 불상을 가리키는데, 진흙은 번뇌를 가리킴. 수행·지혜·선정에 의해 번뇌를 깨트려 본래의 불성을 인출(引出)하는 것임. 『구경일승보성론』, 대정장31, 권제1, p.816a04~16, 모중불상(摸中佛像) 참조.

1253 『부증불감경(不增不減經)』, 대정장16, p.467b06~16, "卽此法身過於恒沙. 無邊煩惱所纏從無始世來隨順世間. 波浪漂流往來生死名爲衆生. …… 離一切煩惱垢. 得淨得淸淨. 住於彼岸淸淨法中. …… 於一切法中得自在力. 名爲如來應正遍知." 참조.

1254 원문에 따라 '過於恒沙. 無邊'을 넣음.

1255 원문에 따라 '所'를 넣음.

1256 원문에 따라 '從'을 넣음.

1257 원문에 따라 '去'를 빼고 '往'을 넣음.

1258 원문에 따라 '煩惱'를 넣음.

1259 원문에 따라 '得淨得淸淨'을 넣음.

1260 원문에 따라 '中'을 넣음. 울만 영역(1997)에는 안 넣음.

1261 응득인(應得因): 『불성론』 권2에 나오는 삼인(三因: 應得因·加行因·圓滿因) 가운데 하나. 진여의 공한 이치에 의하여 인행을 닦아 마땅히 보리의 과를 얻기 때문에 응득인이라 함. 가행인(加行因: 보리심에 의해 공용의 행을 가하여 법신의 과보를 증득함), 원만

저 응득인(應得因)은 진여의 이치[如理]로 체를 삼기 때문에[1263], 마치 성정문(性淨門) 가운데의 진여불성이 삼신(三身)에게 모두 정인(正因)이 되는 것과 같다. 위에서 이미 '성정문(性淨門)의 본각(本覺)이 비록 생멸하는 것이 아니지만 법신·생신의 이신(二身)에게 정인(正因)이 된다'고 하였다. 그러니 '수염본각(隨染本覺)의 신해(神解)하는 성품이 비록 상주(常住)하는 불성은 아니지만, 법신에게 정인(正因)의 성품이 되는 것'임을 알아야 한다.[1264]

이는 『부증불감경(不增不減經)』에 "곧 이 법신이 갠지스 강의 모래알보다 많은, 끝이 없는 번뇌에 얽혀, 저 시작이 없는 때로부터 세간의 물결에 따라 표류하며 생사에 왕래하는 것을 중생이라 이름한다. 법신이 일체 번뇌의 더러움을 여의고, 깨끗함과 청정함을 얻어, 열반의 저 언덕에 머무른다. 일체의 법 가운데에 자재한 힘을 얻으니, 여래(如來)·응공(應供)·정변지(正遍知)라 이름한다."라고 하고 내지 자세히 말한 것과 같다.

起信論中, 爲顯是意, 故引喩言[1265], "如〈大〉[1266]海水因風波動, 水相

인(圓滿因: 가행에 의해 인행이 원만해지기 때문에 원만인이라 함)과 더불어 이 삼인 중에서 응득인은 무위(無爲) 진여의 이치로 체를 삼고, 가행인·원만인은 유위원행으로써 체를 삼는다. 응득인 중에는 주자성(住自性)·인출성(引出性)·지득성(至得性) 등 세 가지 불성(佛性)을 갖추고 있음.

1262 세 가지 불성[三佛性]: 삼위불성(三位佛性)과 같음. 삼위불성은 주자성성(住自性性)·인출성(引出佛性)·지득불성(至得佛性)을 말함. 지득불성은 지득과불성(至得果佛性)·지구경과(至究竟果)라고도 함. 지득과(至得果)는 무학(無學)의 성위(聖位)이니, 수행의 원인이 만족되어 나타나는 결과의 불성을 말함.

1263 이영무 역(1984): 이 응득의 인은 이로 체를 삼는 것이; 한글대장경(김달진 옮김)(1992): 그 얻을 수 있는 인은 진여의 이치를 본체로 삼고 있기 때문에; 황산덕 역(1982): 그 응득인은「사리에 맞는 것」(如理)을 본체로 삼기 때문에.

1264 위의 통론(通論) 앞 "性淨本覺, 亦爲二身之性, 隨染解性, 亦作法身之因." 부분을 말함.

1265 『대승기신론(大乘起信論)』(1권), 실차난타 역, 대정장32, p.576c11~5, "如大海水因風波

風相不相捨離, 如是衆生自性淸淨心, 因無明風動, 心與無明, 〈俱無形相〉[1267], 不相捨離." 乃至廣說. 是意欲明, 法身雖非動相, 而離靜性, 隨無明風, 擧體動轉. 動轉之心, 不失解性, 後復無明還至歸本, 歸本之時, 還成法身. 是故當知, 隨染動心, 正爲還靜法身之因. 若依是門, 得說法身亦是作法. 以修諸行始得成靜故. 如楞伽經言[1268], "若如來法身非作法者, 〈則是無身〉[1269], 言有修行無量功德一切行者, {皆}〔則〕[1270]是虛妄{故}[1271]." 因果門竟.

『기신론(起信論)』 가운데 이 뜻을 나타내기 위하여 비유를 들어 말하기를, "마치 큰 바다의 물이 바람으로 인하여 물결이 움직일 때, 물의 모양과 바람의 모양이 서로 여의지 않는 것과 같다. 이와 같이 중생의 자성의 맑고 깨끗한 마음이 무명(無明)의 바람으로 인하여 움직일 때, 마음이 무명과 더불어 둘 다 형상이 따로 없어 서로 여의지 아니한다."라고 하고 내지 자세히 말하였다.

이는 법신이 비록 움직이는 모양(動相)은 아니지만 고요한 성품(靜性)도 여의었으니, 다만 무명의 바람을 따라 몸 전체가 움직여 변하게 됨을 밝히려는

動. 水相風相不相捨離. 而水非動性. 若風止滅動相則滅. 濕性不壞故. **如是衆生自性淸淨心. 因無明風動. 心與無明俱無形相不相捨離.**" 참조 ; 『대승기신론(大乘起信論)』(2권), 진제 역, 대정장32, p.585b05~9, "如海水與波非一非異. 波因風動非水性動. 若風止時波動卽滅非水性滅. 衆生亦爾. 自性淸淨心因無明風動起識波浪. 如是三事皆無形相非一非異." 참조.

1266 원문에 따라 '大'를 넣음.
1267 원문에 따라 '俱無形相'을 넣음.
1268 『입능가경(入楞伽經)』, 대정장16, p.550a20~2, "**若如來法身非作法者則是無身. 言有修行無量功德一切行者則是虛妄.**"
1269 원문에 따라 '則是無身'을 넣음.
1270 원문에 따라 '皆'를 빼고 '則'을 넣음.
1271 원문에 따라 '故'를 뺌.

것이다. 그러나 이렇게 움직여 변하게 되는 마음이 신해(神解)한 성품을 잃지 아니하여서, 뒤에는 다시 무명이 도리어 근본에 돌아오니, 근본에 돌아올 때에는 다시 법신이 된다. 이 때문에 물듦을 따라 움직여 변하는 마음이 바로 고요한 법신에로 돌아오는 원인이 됨을 알아야 한다. 만약 이 문에 따르면 법신도 또한 작용을 하는 것(作法)[1272]이라고 할 수 있으니, 모든 행을 닦음으로써 비로소 고요함을 이룰 수 있기 때문이다.

이는 『능가경(楞伽經)』에서 "만일 여래 법신(法身)이 법을 짓는 것이 아니라면 곧 몸이 없으니, 한량없는 공덕을 수행하는 일체 행이 있다고 말하면, 이는 곧 허망한 것이 된다."고 한 것과 같다. 불성의 인과(因果)에 대한 설명(因果門)을 마친다.

다. 견성문(見性門)

ㄱ. 불성을 보게 되는 지위

次第三明見性門者.

謂至何位得見佛性? 有人{證}〔說〕[1273]言, 佛性法界雖無二體, 而義不同, 見位亦異. 是故初地證見眞如法界, 而未能見佛性之義. 乃至十地猶是聞見, 至妙覺位方得眼見.

是說不了, 違文義故. 何者? 處處皆說初地菩薩證見法身[1274], 法身

1272 이영무 역(1984): 作法; 한글대장경(김달진 옮김)(1992): 법을 짓는다; 황산덕 역(1982): 만들어진 것.

1273 필사본에 따라 '證'을 '說'로 고침. 필사본 p.62a7*08에 '證'이 '說'로 되어 있음.

1274 이영무 역(1984)에 '법신'을 '법계'가 아닌가 의심함. 원효는 앞의 '제오 삼사문을 밝힐' 때에 '출체상'에서 법신이 하나의 법계임을 밝힌 바 있으며, 대승에서는 부처의 자성진여정

佛性名異義一. 而言雖證法身, 不見佛性者, 不應道理, 違諸文.

다음 세 번째로 견성문을 밝힌다. 어느 지위에 이르러야 불성을 보게 된다고 하는가? 어떤 사람은 말하기를, '불성(buddhadhātu)과 법계(dharmadhātu)는 비록 체가 둘이 없지만, 뜻이 같지 않아 불성을 보는 지위도 또한 다르다. 이 때문에 초지에서는 진여 법계를 증득하여 알지만 그러나 불성의 뜻은 아직 알수가 없다. 십지에 이르러서도 오히려 귀로 들어 보는 것이고, 묘각의 지위에 이르러서야 눈으로 보게 된다'고 한다. 이 설명은 분명하지 않으니 경문의 뜻에 어긋나기 때문이다. 어째서인가?

경문의 곳곳에서 모두 '초지보살은 법신을 증득하여 본다'라고 말하였다. 법신(법계)과 불성은 이름은 달라도 뜻은 하나이다. 비록 법신을 증득하여도 불성을 보지 못한다고 말하는 것은 도리에 맞지 않아서 여러 경문에 어긋난다.

ㄴ. 여실한 뜻을 자세히 말함

次當廣說如實義者. 若於初地得證法界, 即於此位已見佛性, 若第十地未見佛性, 亦於彼位未見法界. 欲顯是義三重[1275]分別, 一者究竟不究竟門, 二者遍不遍門, 三者證不證門.

다음으로 여실한 뜻을 자세히 말하겠다. 만약 초지에서 법계를 증득한다면, 곧 이 지위에서 이미 불성을 본 것이고, 만약 제십지에서도 아직 불성을 보지 못하였다면, 또한 저 지위에서도 아직 법계를 보지 못한 것이다. 이 뜻을

법계(自性眞如淨法界)를 법신이라 함.
1275 올만 영역(1997), '重'을 '種'으로 고침. 의미의 큰 차이는 없음.

나타내기 위해서 세 가지로 분별하여 보면, 첫째는 궁극적인가 궁극적이지 않은가를 밝히는 문이요, 둘째는 두루한가 두루하지 않은가를 밝히는 문이요, 셋째는 증득하는가 증득하지 못하는가를 밝히는 문이다.

① 견성(見性)이 궁극적인가 궁극적이지 않은가를 분별하는 문
若就究竟不究竟門, 唯於佛地, 得名眼見. 此時究竟歸一心原, 證見佛性之全分體故. 金剛以還未得眼見, 宜是仰信, 但名聞見. 以其未至一心之原, 不證佛性全分體故. 如說佛性, 法界亦爾, 餘一切境, 皆亦如是.

첫 번째로 견성이 궁극적인가 궁극적이지 않은가를 분별하는 문에 의하면, 오직 부처의 지위에서만 불성을 눈으로 본다 하는 것이다. 이때에 궁극적으로 일심의 근원에 돌아와서, 불성의 온전한 체를 증득하여 보기 때문이다. 금강위 이전에서는 아직 눈으로 보지 못하고 우러러 믿을 뿐이니, 다만 귀로 들어 안다고 한다. 왜냐하면 아직 일심의 근원에 돌아오지 못하여, 불성의 온전한 체를 증득하지 못하기 때문이다. 불성을 말한 것과 같이 법계도 또한 그러하며, 그 나머지 일체의 경계도 모두 또한 이와 같다.

② 견성이 두루한가 두루하지 않은가를 분별하는 문
若就第二遍不遍門, 初地以上眼見佛性. 遍遣一切遍計所執, 遍見一切遍滿佛性故. 地前凡夫二乘聖人, 有信不信, 齊未能見. 以未能離一切分別, 不能證得遍滿法界故.

두 번째로 견성이 두루한가 두루하지 않은가를 분별하는 문에 의하면, 초

지 이상에서는 불성을 눈으로 본다. 그것은 일체의 변계소집을 두루 다 버리고, 일체의 모든 곳에 가득 찬 불성을 두루 다 보기 때문이다. 초지 이전의 범부나 이승의 성인들은 불성을 믿는 이도 있고 믿지 않는 이도 있어, 다 똑같이 불성을 보지는 못한다. 왜냐하면 아직 일체의 분별을 벗어나지 못하여, 두루 가득한 법계를 증득하지 못하기 때문이다.

③ 불성을 증득하는가 증득하지 못하는가를 분별하는 문
若依第三證不證門, 二乘聖人得見佛性, 一切凡夫未能得見. 所以然者, 二空眞如卽是佛性, 二乘聖人雖非遍見, 依人空門證得眞如. 故亦得說眼見佛性.

세 번째로 불성을 증득하는가 증득하지 못하는가를 분별하는 문에 의하면, 이승의 성인들은 불성을 보는 것이요, 일체의 범부들은 아직 불성을 보지 못한다. 그러한 까닭은 이공진여(二空眞如)[1276]가 곧 불성이니, 이승의 성인들은 비록 불성의 전체를 두루 보는 것은 아니지만, 인공문(人空門)에 의지하여 진여를 증득하기 때문이다. 그러므로 또한 불성을 눈으로 본다고 말할 수 있다.

如長壽品言[1277], "若於三法修異{相}[想][1278]者, 〈當知是輩〉[1279]淸

1276 이공진여(二空眞如): 인공(人空)과 법공(法空)이 나타내는 진여. 인공이란 중생은 오온(五蘊)이 합한 것이므로 아(我)라고 하는 실체가 공하다는 것. 법공은 오온의 자성도 공하다는 것.
1277 『대반열반경』(36), 대정장12, p.622b19~21, "若於三法修異想者. 當知是輩淸淨三歸則無依處. 所有禁戒皆不具足. 終不能證聲聞緣覺菩提之果."
1278 원문에 따라 '相'을 '想'으로 바꿈. 올만 영역(1997), 교감하지 않음.
1279 원문에 따라 '當知是輩'를 넣음.

淨三歸, {卽}〔則〕¹²⁸⁰無依處, 所有禁戒皆不具足, {尙}〔終〕¹²⁸¹不能
{得}〔證〕¹²⁸²聲聞緣覺菩提之果." 何況能得無上菩提?

이는 장수품(제4품)에 "만약 삼법¹²⁸³에 대하여 그것이 다르다는 생각을 갖
는다면, 이런 사람들은 청정한 삼귀¹²⁸⁴의 의지처〔상주하는 불·법·승〕가 없으므
로, 모든 금계(禁戒)¹²⁸⁵도 다 갖추지 못하고, 끝내는 성문과 연각들의 보리과도
증득할 수 없음을 알아야 한다."라고 한 것과 같다. 그런데 어찌 하물며 위없
는 보리를 얻을 수 있겠는가?¹²⁸⁶

是文欲明. 若二乘人入觀之時, 唯取三寶人法異相, 不證三寶同體
人空, 卽不能具無漏聖戒, 亦不能得盡無生智. 是卽反顯, 彼能證見
三寶一體, 故亦能得二乘菩提. 三寶一體卽是佛性. 准知亦說得見
佛性. 唯彼人雖實得見佛性, 而未能知謂是佛性. 如說眼識見靑不
知靑. 雖未能知謂是靑色, 而是眼識實見靑色. 二乘者見佛性當知
亦爾. 證不證門文義如是.

이 경문은 다음을 밝히고자 하는 것이다. 만약 이승(二乘)〔성문·연각〕의 사람

1280 원문에 따라 '卽'을 '則'으로 바꿈.
1281 원문에 따라 '尙'을 '終'으로 바꿈.
1282 원문에 따라 '得'을 '證'으로 바꿈.
1283 삼법(三法): 불·법·승 삼보(三寶)를 말함. 『대반열반경』, p.622b17~9 참조.
1284 청정한 삼귀(三歸): 삼보(불법승) 동체(同體)를 말함. 즉 불법승이 동체임을 믿고 귀의함.
1285 금계(禁戒): 금하는 계율. 범 saṃvara, 빨 같음. 음역 삼파라(三婆邏), 삼발라(三跋羅). 부
   처가 제자들의 신구의(身口意)의 허물과 잘못을 방지하기 위하여 계율을 제정함.
1286 이영무 역(1984), 한글대장경(김달진 옮김)(1992), 황산덕 역(1982) 모두 여기까지 인용
   문으로 읽음.

들이 관(觀)에 들어갔을 때에, 오직 삼보(三寶)[1287]의 인·법[1288]이 다르다는 것만을 알고 삼보동체(三寶同體)로서의 인공(人空)[1289]을 증득하지 못한다면, 곧 무루(無漏)[1290]의 성스러운 계율을 구족하지 못하고, 또한 진지(盡智)[1291]·무생지(無生智)[1292]를 얻지 못하는 것이다. 이는 곧 도리어 다음을 나타낸다. 즉 그들이 삼보가 일체임을 증득하여 볼 수 있어야 또한 이승보리(二乘菩提)[1293]를

1287 별상삼보(別相三寶)를 말함. 별상삼보는 별체삼보(別體三寶)라고도 하는데, 이는 불·법·승이 각각 그 체상(體相)이 다름을 말함. 대승에서는 제불의 삼신을 불보, 육바라밀을 법보, 십성을 승보라고 함. 소승에서는 1장 6척의 화신을 불보, 사제·십이인연을 법보, 사과(四果)연각을 승보라 함.

1288 인·법(人法): 인(人)과 법(法)을 말함. 인(人)은 오온(五蘊)으로 구성된 사람이며, 법(法)은 오온임.

1289 삼보동체의 인공(人空): 삼보동체(일체삼보(一體三寶))는 동체삼보(同體三寶)·동상삼보(同相三寶)라고도 함. 불·법·승의 이름은 셋이나 체성은 하나임을 말함. 부처의 체가 가지고 있는 각조(覺照)의 뜻이 불보(佛寶), 불덕이 가지고 있는 궤범(軌範)의 뜻이 법보(法寶), 불덕이 화합하여 다툼이 없는 것이 승보(僧寶). 이 세 뜻이 차별이 있으나 덕과 체가 다르지 않기 때문에 일체라고 함.

1290 무루(無漏): 범 anāsravaḥ. 유루(有漏)의 대칭. 누(漏)는 객관 대상에 대하여 끊임없이 육근에서 허물을 누출한다는 뜻으로 번뇌의 다른 이름. 소승에서는 번뇌를 늘리지 않음을 말하고, 대승에서는 번뇌와 함께 있지 아니함을 말함.

1291 진지(盡智): 범 Kṣaya-jñāna, 빨 Khaya-ñānLa. 십지(十智)의 하나. 온갖 번뇌를 모두 끊었을 때에 내가 이미 고를 알고 집을 끊었으며 멸을 증득하였고 도를 수행하였다고 아는 지혜. 즉 번뇌를 완전히 끊었을 때에 생기는 자신지(自信智). 무루지(無漏智)에 속함.

1292 무생지(無生智): 범 anutpāda-jñāna. 성문과(聲聞果) 십지(十智)의 하나. 아라한의 최극지(最極智). 사제(四諦)에 대하여, 나는 이미 고를 알았으므로 다시 장차 알 것이 없고, 이미 집을 끊었으므로 다시 장차 집을 끊을 것이 없고, 이미 멸을 증득하였으므로 다시 장차 멸을 증득할 것이 없고, 이미 도를 닦았으므로 다시 장차 도를 닦을 것이 없음을 여실하게 아는 지혜. 이근(利根) 아라한이 진지(盡智)를 얻은 뒤에 얻는 것.

1293 이승보리(二乘菩提): 삼종보리(聲聞, 緣覺, 無上正等) 중 성문보리, 연각보리를 말함. 이 이승보리는 보리심을 발하였으나, 타인으로 하여금 보리심을 발하게 하지도 못하고 믿음으로 들어가게도 하지 못함. 즉 자리는 했으나 이타를 하지 못함. 또한 불성은 보되, 불성을 알지는 못함.

얻을 수 있게 된다는 것이다. 삼보는 일체이어서 곧 불성이니, 이에 의거해서 또한 그들도 불성을 증득하여 볼 수 있다고 하는 것을 알 수 있다. 다만 이승인이 비록 실제로 불성을 보게 되지만, 아직 그것이 불성임을 알지 못한다. 이는 마치 안식(眼識)이 푸른 것을 보지만 푸른 것인 줄 알지 못한다고 하는 것과 같다. 비록 아직 이것이 푸른색이라는 것을 알지 못하지만, 안식(眼識)이 실제로는 푸른색을 보는 것이다.[1294] 이승(二乘)들이 불성(佛性)을 보는 것도 이와 같은 줄을 알아야 한다. 불성을 증득하였느냐 증득하지 못하였느냐를 분별하는 문의 뜻은 이와 같다.

> 遍不遍門之文義者, 如師子吼〈品〉[1295]中言[1296], "{復次}[1297]色者謂佛菩薩, 非色者一切衆生. 色者名爲眼見, 非色者名爲聞見." 法花論云[1298], "八生乃至一生得阿耨〈多羅三藐三〉[1299]菩提者, 〈謂〉[1300]證初地得菩提故, … 以離三界分段生死, 隨分能見眞如佛性, 名得菩提."

견성이 두루한가 두루하지 않은가를 분별하는 글의 뜻은 사자후품(제23품)

1294 안식은 푸른빛인 줄 모르고 그저 보지만, 제육의식이 그것을 푸른빛으로 인식함.

1295 내용상 '品'을 넣음. 이영무 역(1984), '品'을 넣음.

1296 『대반열반경』(36), 대정장12, p.775a22~3, "**色者謂佛菩薩. 非色者一切衆生. 色者名爲眼見. 非色者名爲聞見.**"

1297 원문에 따라 '復次'를 뺌.

1298 『묘법연화경우파제사(妙法蓮華經憂波提舍)』(1권), 대정장26, p.19a27~b04, "**八生乃至一生得阿耨多羅三藐三菩提者. 謂證初地菩提故. 八生乃至一生者. 謂諸凡夫決定能證初地. 隨力隨分. 八生乃至一生證初地故. 言阿耨多羅三藐三菩提者. 以離三界中分段生死. 隨分能見眞如佛性. 名得菩提. 非謂究竟滿足. 如來方便涅槃故.**"

1299 원문에 따라 '多羅三藐三'을 넣음.

1300 원문에 따라 '謂'를 넣음.

가운데에 "색(色)이란 불보살이고, 비색(非色)이란 일체 중생이다. 색은 눈으로 보는 것을 이르고, 비색은 귀로 듣는 것을 이른다."[1301]라고 하고,『법화론』[1302]에 "팔생[1303] 내지 일생[1304]에서 위없는 보리[아누다라삼먁삼보리, 최상정등정각]를

1301 『대반열반경』에 "불성에 두 가지가 있으니, 첫째는 볼 수 있는 것이고, 두 번째는 볼 수 없는 것이다. 눈으로 볼 수 있다는 것은 십주보살·제불여래가 눈으로 중생이 가지고 있는 불성을 보는 것이며, 들어서 본다는 것은 일체중생·구주보살이 불성이 있는 것을 듣는 것이다. … 불성에 두 가지가 있으니, 첫째는 색이며, 둘째는 색이 아니다. 색이란 아누다라삼먁삼보리이고, 비색이란 범부 내지 십주보살이다. 십주보살은 보면서도 분명히 알지 못하기 때문에 색이 아니라고 한다.…"(『대반열반경』(36), 대정장12, p.775a12~21, "佛性亦二. 一者可見. 二不可見. 可見者十住菩薩諸佛世尊. 不可見者一切衆生. 眼見者謂十住菩薩諸佛如來眼見衆生所有佛性. 聞見者一切衆生九住菩薩聞有佛性.… 佛性二種. 一者是色. 二者非色. 色者阿耨多羅三藐三菩提. 非色者凡夫乃至十住菩薩. 十住菩薩見不了了. 故名非色.…")라고 하였고, 또 "색은 눈으로 보는 것을 이르고, 비색은 귀로 듣는 것을 이른다"(色者名爲眼見, 非色者名爲聞見.)라고 하며, 또 "봄에는 두 가지가 있으니, 첫째는 안견이요, 둘째는 문견이다. 제불세존은 눈으로 불성을 본다. 십주보살은 불성을 들어서 알기 때문에 명료하지 않다. 십주보살은 오직 자신이 아누다라삼먁삼보리를 반드시 얻으리라는 것만을 알뿐이요, 모든 중생들이 다 불성을 가졌다는 것은 모른다."(『대반열반경』(40), 대정장12, pp.527c28~8a04, 見有二種. 一者眼見. 二者聞見. 諸佛世尊眼見佛性. 如於掌中觀阿摩勒果. 十住菩薩聞見佛性故不了了. 十住菩薩唯能自知定得阿耨多羅三藐三菩提. 而不能知一切衆生悉有佛性.)라고 하였다. 여기에서 십주보살(십지보살)이 안견과 문견 양쪽에 다 해당하지만 보면서도 분명히 알지 못한다는 점에서 역시 십지보살은 문견 쪽에 해당시켜야 한다. 그래서 원효는 앞에서 견성문을 밝히는 문에서 "십지에 이르러서도 오히려 귀로 들어 보는 것이고, 묘각의 지위에 이르러서야 눈으로 보게 된다."고 하였다. 부처의 안견과 십지보살의 문견은 불성을 보는 명확성과 범위에서 차이가 남.
1302 『묘법연화경우파제사(妙法蓮華經憂波提舍)』: 범 Saddharma-puṇḍarika-Śāstra, Saddharma-puṇḍarika-upadeŚa. 이 책은『법화경』의 주석서이다.『묘법연화경론(妙法蓮華經論)』,『법화경론(法華經論)』,『법화론(法華論)』이라고도 한다. 인도 대승불교 논사 세친(世親)이 지음. 후위(後魏)의 보리류지(菩提流支)와 담림(曇林)이 함께 번역함. 대정장 26권에 수록.
1303 팔생(八生): 사향사과(四向四果) 즉 수다원향, 수다원과, 사다함향, 사다함과, 아나함향, 아나함과, 아라한향, 아라한과임.
1304 일생(一生): 일생은 등각보살(等覺菩薩)이 무명의 번뇌가 아직 다하지 않아, 오히려 한

얻었다는 것은, 초지를 증득하여 보리를 얻은 것이니, … 삼계의 분단생사를
여의어서, 분한을 따라 진여불성을 본 것, 이를 보리를 얻었다 이름한다."라고
한 것과 같다.

> 實性論僧寶品云[1305], "有二種修行, 謂如實修行及遍修行, 〈難證知
> 義.〉[1306] 如實修行者, 謂見衆生自性淸淨佛性境界故. 偈言, '無障淨
> 智者, 如實見衆生自性淸淨〈性〉[1307], 佛法身境界.'故. 遍修行者, 謂
> 遍十地一切境界故, 見一切衆生有一切智故. 又遍一切境界者, 以
> 遍一切境界, 依出世〔間〕[1308]{惠}〔慧〕[1309]{眼}[1310], 見一切衆生乃至
> 畜生有如來藏. 應知, 彼見一切衆生{皆}[1311]有眞如佛性, 初地菩薩
> 摩訶薩, 以遍證一切眞如法界故. 偈言, '無{礙}〔閡〕[1312]淨智眼, 見
> 諸衆生性, 遍無量境界, 故我今敬禮.'故."

번의 변역생사가 남아 있고, 이 일생을 지나면 묘각과불(妙覺果佛)의 지위에 오른다. 때
문에 등각보살(等覺菩薩)을 일생보처(一生補處, 즉 일생만 지내면 부처지위의 후보가
됨)라고 부름.

1305 『구경일승보성론(究竟一乘寶性論)』, 대정장31, p.825a02~11, "又有二種修行. 謂如實修
行. 及遍修行. 難證知義. 如實修行者. 謂見衆生自性淸淨佛性境界故. 偈言無障淨智者
如實見衆生自性淸淨性佛法身境界故. 遍修行者. 謂遍十地一切境界故. 見一切衆生有
一切智故. 又遍一切境界者. 以遍一切境界. 依出世間慧. 見一切衆生乃至畜生有如來
藏應知. 彼見一切衆生有眞如佛性. 初地菩薩摩訶薩以遍證一切眞如法界故. 偈言無閡
淨智眼見諸衆生性遍無量境界故."

1306 원문에 따라 '難證知義'를 넣음.
1307 원문에 따라 '性'을 넣음.
1308 원문에 따라 '間'을 넣음.
1309 원문에 따라 '惠'를 '慧'로 바꿈.
1310 원문에 따라 '眼'을 뺌.
1311 원문에 따라 '皆'를 뺌.
1312 원문에 따라 '礙'를 '閡'로 바꿈.

『보성론』승보품에 "두 가지 수행이 있으니, 여실하게 수행하는 것과 두루 수행하는 것인데 뜻을 증득하여 알기 어렵다. 여실하게 수행하는 것이란 중생의 자성이 청정하여 불성의 경계임을 보는 것이다. 게송으로 말하기를, '장애가 없는 청정한 지혜란 중생의 자성이 청정한 성품으로서 불법신(佛法身)의 경계임을 여실히 보는 것이라네.'라고 하였다. 두루 수행한다는 것은 십지의 일체 경계에 두루하는 것이며, 일체 중생이 일체지가 있음을 보는 것이다. 또 일체의 경계에 두루한다는 것은 일체의 경계에 두루함으로써 출세간의 지혜의 눈에 의해, 일체의 중생과 내지 축생까지도 여래장이 있음을 보는 것이다. 그러므로 그가 일체 중생이 진여불성을 가지고 있음을 보는 것은, 초지보살 마하살이 일체의 진여법계를 두루 증득하였기 때문임을 알아야 한다. 게송으로 말하기를, '막힘이 없는 청정한 지혜의 눈으로 모든 중생의 불성이 한량없는 경계에 두루함을 보니, 그러므로 나는 이제 이에 경례하네.'"라고 하였다.

解言, 此中如實修行, 卽正體智, 遍修行者, 是後得智. 是知, 初地菩薩二智皆能證見眞如佛性, 但正體智宜證眞如佛性實體, 名如實行, 其後得智見諸衆生悉有佛性, 故名遍行. 遍不遍門文義如是.

풀이하여 말하기를, 이 가운데 여실하게 수행한다는 것은 곧 정체지(正體智)[1313]이고, 두루 수행한다는 것은 후득지(後得智)[1314]다. 이것은 초지보살의 정체·후득 두 가지 지혜가 모두 진여불성을 증득하여 볼 수 있는데, 다만 정체

1313 정체지(正體智): 근본지(根本智, 범 mūlajñāna), 근본무분별지(根本無分別智)·무분별지(無分別智)·정체무분별지(正體無分別智)·여리지(如理智)·실지(實智)·진지(眞智)라고도 함. 후득지의 반대. 바로 진리에 계합하여 능연과 소연의 차별이 없는 절대의 참 지혜. 이것이 모든 지혜의 근본이며 또 후득지를 내는 근본이 되므로 이와 같이 말함.

1314 후득지(後得智): 범 prṣtha-labdha-jñāna. 여량지(如量智)·권지(權智)·속지(俗智)라고도

지는 진여불성의 실체를 증득하여야 하니, 여실한 수행이라 하며, 그 후득지는 모든 중생이 다 불성이 있음을 보니, 그러므로 두루 수행한다고 하는 것임을 알겠다. 두루하냐 두루하지 못하냐를 분별하는 문(門)의 글의 뜻은 이와 같다.

究竟不究竟門文證者, 師子吼〈品〉[1315]中言[1316], "佛性{亦}[1317]二〈種〉[1318], {言}[1319]色者阿耨〈多羅三藐三〉菩提, 非色者凡夫乃至十住[1320]菩薩. 〈十住菩薩〉[1321]見不了{不}[1322]了. 故名非色. 色者名爲眼見, 非色者名爲聞見."

견성이 구경(究竟)하냐 구경하지 않느냐를 분별하는 문의 근거가 되는 글은 사자후품 가운데에 "불성에 두 가지가 있으니, 색(色)이라는 것은 위없는 보리〔무상정등정각〕요, 비색(非色)이라는 것은 범부로부터 내지 십주보살까지이다. 십주보살이 불성을 보지만 아주 명료하지 못하기 때문에 비색이라 이름한다. 색

함. 근본지에 의하여 진리를 깨달은 뒤에 다시 분별하는 얕은 지혜를 일으켜서 의타기성의 속사(俗事)를 요지하는 지혜.

1315 이영무 역(1984), '品'을 넣음. 여기서도 이를 따름.

1316 『대반열반경』(36), 대정장12, p.775a18~23, "佛性二種. 一者是色. 二者非色. **色者阿耨多羅三藐三菩提. 非色者凡夫乃至十住菩薩. 十住菩薩見不了了. 故名非色.** 善男子. 佛性者復有二種. 一者是色. 二者非色. 色者謂佛菩薩. 非色者一切衆生. **色者名爲眼見. 非色者名爲聞見.**"

1317 원문에 따라 '亦'을 뺌.

1318 원문에 따라 '種'을 넣음.

1319 원문에 따라 '言'을 뺌.

1320 이영무 역(1984), '住'를 '地'로 바꿈. 여기서는 '住'로 씀.

1321 원문에 따라 '十住菩薩'을 넣음.

1322 원문에 따라 '不'을 뺌. 이영무 역(1984), '不了'를 빼지 않고 그 앞에 '見'을 넣음.

이라는 것은 눈으로 보는 것을 말하고, 비색이라는 것은 귀로 들어서 보는 것을 말한다.”라고 한 것이다.

瑜伽論云[1323] “問. 一切安住到究竟地菩薩智等, 如來智等, 有[1324] 何[1325]差別? 答. ①如明眼人, 隔於輕{繄}〔穀〕[1326], 視衆色像, 〈一切安住〉[1327], 到究竟地, 菩薩妙智, 於一切境, 當知亦爾. 如明眼人無所障隔睹衆色像. 如來妙智於一切境當知亦爾.[1328] ②如{知盡}〔畫〕[1329]事業, 圓布衆{采}〔彩〕[1330], {最}〔唯〕[1331]後妙色未淨修治, 〈最後妙色〉[1332] 已淨修治, 菩薩如來二〈妙〉[1333]智〈當知〉[1334]亦爾. ③如明眼人〈於〉[1335]

1323 『유가사지론(瑜伽師地論)』, 대정장30, p.574b19~c05, “問一切安住到究竟地菩薩智等. 如來智等. 云何應知此二差別. 答如明眼人隔於輕穀睹衆色像. 一切安住到究竟地菩薩妙智. 於一切境當知亦爾. 如明眼人無所障隔睹衆色像. 如來妙智於一切境當知亦爾. 如畫事業圓布衆彩唯後妙色未淨修治. 到究竟地菩薩妙智. 當知亦爾. 如畫事業圓布衆彩最後妙色已淨修治. 如來妙智當知亦爾. 如明眼人於微闇中睹見衆色. 到究竟地菩薩妙智當知亦爾. 如明眼人離一切闇睹見衆色. 如來妙智知亦爾. 如明眼人遠睹衆色. 到究竟地菩薩妙智當知亦爾. 如明眼人近睹衆色. 如來妙智當知亦爾. 如輕醫眼觀視衆色. 到究竟地菩薩妙智當知亦爾. 如極淨眼觀視衆色. 如來妙智當知亦爾.”

1324 원문에 ‘云’이 있으나, 여기서는 원효의 글에 따라 ‘有’를 그대로 둠.

1325 원문에 ‘何’와 ‘差別’ 사이에 ‘應知此二’이 있으나, 여기서는 원효의 글에 따라 이를 넣지 않고 그대로 둠.

1326 원문에 따라 ‘繄(예)’를 빼고 ‘穀(곡)’을 넣음. 이영무 역(1984), 울만 영역(1997) 모두 ‘繄’로 교감.

1327 원문에 따라 ‘一切安住’를 넣음.

1328 원문에 따라 ‘如明眼人無所障隔睹衆色像. 如來妙智於一切境當知亦爾.’를 넣음.

1329 원문에 따라 ‘知盡’을 빼고 ‘畫’를 넣음.

1330 원문에 따라 ‘采’를 ‘彩’로 바꿈. 울만 영역(1997), ‘綵’로 교감.

1331 원문에 따라 ‘最’를 빼고 ‘唯’를 넣음. 원효는 ‘唯’를 ‘最’로 씀.

1332 원문에 따라 ‘最後妙色’을 넣음.

1333 원문에 따라 ‘妙’를 넣음.

微闇〈中睹〉[1336]見〈衆〉[1337]色,〈如明眼人〉[1338]離〈一切〉[1339]闇〈睹〉[1340]見〈衆〉[1341]色, 二智〈當知〉[1342]亦爾. ④如〈明眼人〉[1343]遠{見}[睹][1344]〈衆〉[1345]色,〈到究竟地菩薩妙智, 當知亦爾.〉[1346] 如〈明眼人〉[1347]近{見}[睹][1348]〈衆〉[1349]色,〈如來妙智當知亦爾〉[1350]. ⑤{猶}[1351]如輕瞖[1352]眼觀〈視衆色, 到究竟地菩薩妙智當知亦爾. 如〉[1353]極淨眼觀〈視衆色〉[1354], {二}[如來妙][1355]智{差別}[1356]當知亦爾."

1334 원문에 따라 '當知'를 넣음.

1335 원문에 따라 '於'를 넣음.

1336 원문에 따라 '中睹'를 넣음.

1337 원문에 따라 '衆'을 넣음.

1338 원문에 따라 '如明眼人'을 넣음.

1339 원문에 따라 '一切'를 넣음.

1340 원문에 따라 '睹'를 넣음.

1341 원문에 따라 '衆'을 넣음.

1342 원문에 따라 '當知'를 넣음.

1343 원문에 따라 '明眼人'을 넣음.

1344 원문에 따라 '見'을 빼고 '睹'를 넣음.

1345 원문에 따라 '衆'을 넣음.

1346 원문에 따라 '到究竟地菩薩妙智, 當知亦爾.'를 넣음.

1347 원문에 따라 '明眼人'을 넣음.

1348 원문에 따라 '見'을 빼고 '睹'를 넣음.

1349 원문에 따라 '衆'을 넣음.

1350 원문에 따라 '如來妙智當知亦爾'를 넣음.

1351 원문에 따라 '猶'를 뺌.

1352 『유가론』(高麗15) 제17장 7행에는 '예(瞖: 눈에 끼는 백태)'로, 『유가론』(대정장30) p.574c*07에는 '의(醫)'로, 『종요』(대정장38) p.251a21*03에는 '예(翳: 눈동자에 좁쌀처럼 생기는 희거나 붉은 점, '눈삼')'로 되어 있다. 『이장의』(한불전1) p.805b22*11에는 예(翳)로 되어 있음.

1353 원문에 따라 '視衆色, 到究竟地菩薩妙智當知亦爾. 如'를 넣음.

1354 원문에 따라 '視衆色'을 넣음.

1355 원문에 따라 '二'를 빼고 '如來妙'를 넣음.

『유가론』에서 다음과 같이 말하였다.

"물음. 구경지(究竟地)에 안주하는 일체의 보살지(菩薩智) 등과 여래지(如來智) 등은 어떤 차별이 있는가?

대답. ①마치 눈 밝은 사람이 얇은 명주를 사이에 두고서 여러 색상을 보는 것처럼, 구경지에 안주하는 일체의 보살의 묘한 지혜도 일체의 경계에 대해서 역시 그러함을 알아야 한다. 눈 밝은 사람이 아무 장애됨이 없이 여러 색상을 보는 것처럼, 여래의 묘한 지혜도 일체의 경계에 대하여 또한 그러함을 알아야 할 것이다. ②또한 그림을 그리는 일에서 여러 색을 두루 칠하고서 오직 마지막의 묘한 색을 아직 깨끗하게 다스리지 못하였거나, 최후의 묘한 색을 이미 깨끗하게 다스린 것과 같으니, 보살과 여래의 두 지혜도 역시 그러함을 알아야 한다. ③이는 또 마치 눈 밝은 사람이 약간 어두운 곳에서 여러 가지 색깔을 보는 것과 같거나, 눈 밝은 사람이 일체의 어두운 곳을 떠나서 여러 가지 색깔을 보는 것과 같으니, 두 가지 지혜도 역시 그러함을 알아야 한다. ④또한 마치 눈 밝은 사람이 멀리 여러 가지 색깔을 보는 것과 같으니, 구경지에 이른 보살의 묘한 지혜도 그러함을 알아야 하며, 눈 밝은 사람이 가까이에서 여러 가지 색깔을 보는 것과 같으니, 여래의 묘한 지혜도 그러함을 알아야 한다. ⑤가볍게 가리워진 눈으로 여러 색깔을 보는 것처럼 구경지의 보살묘지도 그러함을 알아야 하며, 매우 깨끗한 눈으로 여러 가지 색깔을 보는 것처럼 여래의 묘지도 그러함을 알아야 할 것이다."

依此文證, 當知佛性境界, 菩薩未究竟, 於一切境, 皆未究盡. 未究盡故, 通名聞見, 得因滿故, 亦名眼見. 所以未窮知者, 略有五義.

1356 원문에 따라 '差別'을 뺌.

이러한 글의 증명에 의하면, 불성의 경계를 보살들은 아직 구경(究竟)에까지 다하지 못하고, 일체의 경계를 아직 구경에까지 다하지 못하였음을 알아야 한다. 아직 구경에까지 다하지 못하였기 때문에 이를 모두 통틀어서 '들어서 본다'고 하고, 인위(因位)가 다 찼기 때문에 또한 '눈으로 본다'고 한다. 보살들이 아직 구경에까지 다 알지 못한다는 것은 대략 다섯 가지 뜻이 있다.

一者, 本識相應最{綱}〔細〕¹³⁵⁷妄想, 無明所識, 〈隔〉¹³⁵⁸金剛眼. 是故, 似隔輕{繫}〔穀〕¹³⁵⁹也. 二者, 萬行已備, 三智已得, 而唯未得大圓鏡智. 如最妙色未淨修治. 三者, 解脫二障, 故得淨, 未輕極微無明住地. 是故, 不異微闇見色. 四者, 有惑障習, 而非親障法空觀智. 故如遠〈見〉¹³⁶⁰色. 五者, 其知障氣, 雖是微薄, 近{曉}〔蔽〕¹³⁶¹惠眼, 事同輕{繫}〔翳〕¹³⁶².

첫째는, 본식이 가장 미세한 망상 즉 무명으로 아는 것과 상응하여 금강의 눈을 가린다. 이 때문에 얇은 명주로 가린 것과 같다. 둘째는, 보살들은 만행을 이미 갖추었고, 세 가지 지혜(성소작지·묘관찰지·평등성지)를 이미 얻었으나, 다만 아직 대원경지는 얻지 못하였다. 이는 최후의 묘색을 아직 깨끗하게 다스리지 못한 것과 같다. 셋째는, 보살들은 두 가지 장애(煩惱障·所知障)를 해탈

1357 이영무 역(1984), 『이장의(二障義)』 내용에 따라 '綱'을 '細'로 바꿈. 여기서도 이를 따름.
1358 이영무 역(1984), 역주 없이 '隔'을 넣음. 여기서도 문맥에 따라 넣음.
1359 내용상 '繫'를 '穀'으로 바꿈.
1360 이영무 역(1984), 내용에 따라 '見'을 넣음. 여기서도 이를 따름.
1361 이영무 역(1984), 내용에 따라 '曉'를 '蔽'로 바꿈. 여기서도 이를 따름.
1362 내용상 '繫'를 '翳'로 바꿈. 이영무 역(1984) '繫'를 '繫'로 바꿈. 이는 앞의 『유가사지론』 인용문 다섯 번째 내용에 따름.

하였기 때문에 깨끗함(淨)을 얻었으나, 아직 극미한 무명주지(無明住地)는 가볍게 하지 못하였다. 이 때문에 약간 어두운 곳(微闇)에서 색을 보는 것과 다르지 않다. 넷째는, 보살들은 혹장(惑障)(번뇌장)의 습기가 있지만, 만법이 공(空)함을 관하는 지혜(法空觀智)를 직접 가로막지는 아니한다. 그러므로 멀리서 색을 보는 것과 같다. 다섯째는, 보살들은 그 소지장의 기운이 미미하고 엷지만, 가까이서 지혜의 눈을 가리니, 그 일이 가볍게 가리워진 눈과 같다.

依是五義, 未能窮照, 故說如是五種譬喩. 於中通難會相違文, 具如二障義中廣說. 第三{重}[1363]內文義如是.

이러한 다섯 가지 뜻에 의하면, 아직 구경에까지 비추어 볼 수 없으므로 이와 같은 다섯 가지 비유를 들어 설명하였다. 이 가운데 의문점을 잘 통해서 서로 어긋나는 경문들을 회통하는 것은 『이장의(二障義)』[1364] 가운데 자세히 설명하였다. 세 번째 불성을 보는 것이 구경한가 구경하지 않은가를 분별하는 문중 글의 뜻이 이와 같다.

若知如是三{重}{種}[1365]別義, 諸文進退無所不通也.

만약 이와 같이 세 가지로 분별하는 뜻을 알면, 여러 경문들이 진퇴(進退)의

1363 내용에 따라 '重'을 뺌.

1364 저술 순서상, 이 책은 『이장의』 다음에 저술된 것으로 볼 수 있다. 한글대장경(김달진 옮김)(1992)에는 '저 두 가지의 장애의 뜻'이라고 번역하고 책 표시도 안 되어 있어 원효가 저술한 책 이름으로 해석하지 않음.

1365 내용에 따라 '重'을 '種'으로 바꿈. 바꾸지 않아도 무방함.

차이는 있지만 통하지 않는 것이 없을 것이다.

라. 유무문(有無門)

第四明有無者. 有無差別略有二句, 一就聖位, 二約凡位.

네 번째로 지위에 따라 유무를 밝힌다. 유무의 차별은 대략 두 가지가 있으니, 첫째는 성인의 지위에 의한 것이고, 둘째는 범부의 지위에 의한 것이다.

ㄱ. 성인의 지위에 따라(就聖位) 불성의 일(十事)이 있고 없음을 말함

聖位有無, 先作五階. 謂前五地爲第一位, 以十度行配十地門, 未得波若[1366]相同凡位故. 六七八地爲第二位, 雖有出入無出入異, 齊於俗諦有功用故. 第九地爲第三位, 以於眞俗俱無功用故. 第十地爲第四位, 具足十度因行窮滿{因}[1367]故. 如來地者爲第五位. 就此五位, 說事有無.

성인 지위에서의 열 가지 일(十事) 유무를 먼저 다섯 단계로 나눈다. 말하자면 ①전오지[1368]는 제일위니, 십바라밀[1369]행으로써 십지[1370]문에 배대하

1366 '波若'와 '般若'는 서로 통용되는 말임. 범 prajñā.
1367 가은 역주(2004), 이영무 역(1984), 울만 영역(1997), '因'을 뺌.
1368 전오지(前五地): 십지중 전오지.
1369 십바라밀(十波羅蜜): 범 daśa-pāramitā. 바라밀은 도(渡)·도피안이라 번역. 곧 십도(十度). 보살은 이를 수행하여 중생을 제도하여 생사의 미해(迷海)를 벗어나고 열반의 언

여 보면, 이 단계에서는 아직 반야를 얻지 못하여 범부의 지위와 같기 때문이다. ②육지·칠지·팔지는 제이위니, 비록 출입과 무출입[1371]의 차이는 있지만, 다 같이 속제에 공용이 있기 때문이다. ③제구지는 제삼위니, 진제와 속제에 함께 공용이 없기 때문이다. ④제십지는 제사위니, 열 가지 바라밀을 구족하여서 인행이 다 이루어졌기 때문이다. ⑤여래의 지위는 제오위가 된다. 이 다섯 가지 지위에 따라 일(事)의 유무를 말하였다.

如迦葉品說[1372], "如來十力四無〈所〉[1373]畏等,[1374] … 無量諸法足佛,

덕에 이르게 함. ①보시바라밀(施波羅蜜, 범 dāna-pāramitā) ②지계바라밀(戒波羅蜜, 범 śīla-pāramitā) ③인욕바라밀(忍波羅蜜, 범 kṣānti-pāramitā) ④정진바라밀(精進波羅蜜, 범 virya-pāramitā) ⑤선정바라밀(禪波羅蜜, 범 dhyāna-pāramitā) ⑥지혜바라밀(般若波羅蜜, 범 prajñā-pāramitā) 여기까지 육바라밀은 앞 주석 참조. ⑦방편바라밀(方便波羅蜜, 범 upāya-pāramitā): 보살이 방편으로 여러 형상을 나타내어 중생을 제도하는 일. 여기에는 앞의 육바라밀의 행에 의하여 모은 선근을 중생들에게 돌려주어 저들과 함께 위없는 보리를 구하는 회향방편선교와 일체중생을 제도하는 발제방편선교의 두 가지가 있다. ⑧원바라밀(願波羅蜜, 범 praṇidhāna-pāramitā): 피안인 이상경에 도달하려는 보살수행의 총칭. 여기서는 이러한 수행을 완성하려고 원하는 희망. ⑨역바라밀(力波羅蜜, 범 bala-pāramitā): 십력행 가운데 사택력(思擇力) 수습력(修習力)을 수행하는 것. ⑩지바라밀(智波羅蜜, 범 jñāna-pāramitā): 만법의 실상을 여실하게 아는 지혜는 생사하는 이 언덕을 지나서 열반의 저 언덕에 이르는 배가 됨.

1370 십지(十地): 범부에서 부처까지 이르는 십신·십주·십행·십회향·십지·등각·묘각·부처의 53위 중 십지를 말함.

1371 출입무출입: 육지 칠지에서는 수행의 유무에 의하여 향상심의 출입이 있으나, 제팔지에서는 불퇴전지로서 출입이 없음.

1372 『대반열반경』(36), 대정장12, p.818a18~b13, "如來十力四無所畏. … 方便三昧無量無邊. 如是等法是佛佛性. 如是佛性則有七事. 一常二我三樂四淨五眞六實七善. 是名分別答. 善男子. 後身菩薩佛性有六. 一常二我三眞四實五善六少見. … 九住菩薩佛性六種. 一常二善三眞四實五淨六可見. 佛性因故亦是過去現在未來. 果亦如是. 是名分別答. 八住菩薩下至六住佛性五事. 一眞二實三淨四善五可見. 佛性因故亦是過去現在未來. 果亦如是. 是名分別答. 五住菩薩下至初住佛性五事. 一眞二實三淨四可見五善不

是〈佛〉[1375]佛之性.[1376] {即}[1377]如是佛性{即}〔則〕[1378]有七事, 一常二{樂}〔我〕[1379]三{我}〔樂〕[1380]四淨五眞六實七善. 後身菩薩佛性有六, 一常二淨三眞四實五善六{可}〔少〕[1381]見. 九地菩薩佛性有六種, 一常二善三眞四實五淨六可見. 八{住}〔地〕[1382]菩薩下至六地[1383]佛性有五事,[1384] 一眞二實三淨四善五可見. 五{住}〔地〕[1385]菩薩下至

善." 이를 도표화하면 다음과 같다.

십사(十事)	불 불성	후신보살 불성	9지보살 불성	8지-6지보살 불성	5지-초지보살 불성
상(常)	상	상	상		
아(我)	아				
락(樂)	락				
정(淨)	정	정	정	정	정
진(眞)	진	진	진	진	진
실(實)	실	실	실	실	실
선(善)	선	선	선	선	
소견(少見)		소견			
가견(可見)			가견	가견	가견
선불선(善不善)					선불선

1373 원문에 따라 '所'를 넣음. 이영무 역(1984), 가은 역주(2004), 울만 영역(1997) 안 넣음.

1374 '等'은 원문에 없으나 아래 중략된 부분을 말하여 빼지 않음.

1375 원문 내용에 따라 '佛'을 넣음.

1376 이 부분은 원문과 약간 다르지만 원효가 〈중략〉부분과 함께 요약하면서 바꾼 것임. 다음 원문 참조. 『대반열반경』(36), 대정장12, p.818a19~23, "大慈大悲三念處. 首楞嚴等八萬億諸三昧門. 三十二相八十種好. 五智印等三萬五千諸三昧門. 金剛定等四千二百諸三昧門. 方便三昧無量無邊. 如是等法是佛佛性."

1377 원문에 따라 '即'을 뺌. 이영무 역(1984), 가은 역주(2004)에도 뺌.

1378 원문에 따라 '即'을 '則'으로 바꿈. 이영무 역(1984)은 안 바꾸고, 가은 역주(2004)는 바꿈.

1379 원문에 따라 '樂'을 '我'로 바꿈. 가은 역주(2004) 바꾸고, 이영무 역(1984) 안 바꿈.

1380 원문에 따라 '我'를 '樂'으로 바꿈. 가은 역주(2004) 바꾸고, 이영무 역(1984) 안 바꿈.

1381 원문에 따라 '可'를 '少'로 바꿈. 이영무 역(1984), 가은 역주(2004) 바꿈.

1382 원문에 따라 '住'를 '地'로 바꿈. 이영무 역(1984), 가은 역주(2004) 안 바꿈.

1383 원문에는 '住'로 되어 있음.

1384 이영무 역(1984)에 '事'를 뺐으나, 이는 잘못 교감한 것임.

初地佛性有五事,[1386] 一眞二實三淨四可見五善不善."

이는 이 경의 가섭보살품(제24품)에 "여래의 열 가지 힘〔十力〕[1387]과 사무소외
(四無所畏)[1388] 등 한량없는 모든 법이 부처에 구족되니 곧 부처의 불성이다. 이
와 같은 불성에는 곧 일곱 가지 일〔事〕[1389]이 있으니, 첫째는 상(常)이요, 둘째는
아(我)요, 셋째는 낙(樂)이요, 넷째는 정(淨)이요, 다섯째는 진(眞)이요, 여섯째
는 실(實)이요, 일곱째는 선(善)이다. 후신보살[1390]의 불성에는 여섯 가지가 있
으니, 첫째는 상(常)이요, 둘째는 정(淨)이요, 셋째는 진(眞)이요, 넷째는 실(實)
이요, 다섯째는 선(善)이요, 여섯째는 소견(少見)[1391]이다. 구지보살의 불성에는

1385 원문에 따라 '住'를 '地'로 바꿈. 이영무 역(1984)도 바꿈.

1386 이영무 역(1984)에 '事'를 뺐으나, 이는 잘못 교감한 것임.

1387 여래의 열 가지 힘〔十力〕: 앞 주석 참조.

1388 사무소외(四無所畏): 앞 주석 '사무외' 참조.

1389 일곱 가지 일〔七事〕: 상(常)·아(我)·락(樂)·정(淨)·진(眞)·실(實)·선(善).

1390 후신보살(後身菩薩): 범 antima-deha. 빨리어도 같음. 생사신(生死身) 중 최후의 신. 최
     후생(最後生), 최후유(最後有), 최후말신(最後末身)이라고도 한다. 소승에서는 일체의
     견사(見思)번뇌를 끊어서 무여열반을 증득한 아라한을 말하며, 대승에서는 불과(佛果)
     를 증득한 등각(等覺)보살의 몸을 말한다. 최후신보살은 일생보처보살(一生補處菩薩)
     과 같은 점과 다른 점이 있다. 원효는 여기서 후신보살과 일생보처보살을 동급으로 봄.
     이 밖에 같다는 설은 『대비바사론(大毘婆沙論)』 권171에 의하면, 석가모니불이 도솔천
     에서부터 내려와 태어나서 정반왕궁에 출생한 몸이 최후신보살이니, 그가 도솔천에서
     머문 몸이 일생보처보살이다. 또 다르다는 설은 『대승법원의림장(大乘法苑義林章)』 권7
     에 의하면, 보살의 수행이 성만하여 성불에 이르기까지의 삼아승지겁 중에 지전(地前)의
     제일아승지겁을 제일생, 초지에서 칠지까지의 제이아승지겁을 제이생, 팔지 이상 제삼아
     승지겁을 제삼생이라고 하니, 그러므로 칠지 이전을 일생보처보살이라 하고, 8지 이후를
     최후신보살이라 함.

1391 소견(少見): 후신보살(10주보살)은 불성을 조금 봄. 여래는 전견하고 후신보살은 소견
     하고 구지에서 초지까지는 가견한다. 정법사(頂法師)의 『열반경회소(涅槃經會疏)』에서
     "여래는 전견(全見)하고 (후신)보살은 조금 본다(如來全見 菩薩少見)."라 하고, "십지는

여섯 가지가 있으니, 첫째는 상(常)이요, 둘째는 선(善)이요, 셋째는 진(眞)이요, 넷째는 실(實)이요, 다섯째는 정(淨)이요, 여섯째는 가견(可見)이다. 팔지보살로부터 육지보살까지의 불성에는 다섯 가지 일(事)이 있으니, 첫째는 진(眞)이요, 둘째는 실(實)이요, 셋째는 정(淨)이요, 넷째는 선(善)이요, 다섯째는 가견(可見)이다. 오지보살로부터 초지보살까지의 불성에는 다섯 가지 일(事)이 있으니, 첫째는 진(眞)이요, 둘째는 실(實)이요, 셋째는 정(淨)이요, 넷째는 가견(可見)이요, 다섯째는 선불선(善不善)[1392]이다."라고 한 것과 같다.

解言, 此五位中通有十事. 一善不善, 二者可見, 三少見幷佛地七.
是十法在報佛因果, 非就法身眞如佛性, 以彼處文相不得爾故.

풀어 말하면, 이 다섯 계위 가운데에는 통틀어 열 가지 일이 있다. 첫째, 선불선(善不善)과 둘째, 가견(可見)과 셋째, 소견(少見)과 아울러 부처님의 경지 일곱 가지(常·樂·我·淨·眞·實·善)이다. 이 열 가지 일은 보신불의 인과에 있는 것이지, 법신의 진여불성에 관한 것이 아니니, 저곳(가섭보살품)에서의 글의 양상이 그럴 수 없기 때문이다.

然此十事有無, 總束[1393]以爲五{倒}〔例〕.[1394] 一〈者〉[1395]眞實淨三貫

현재 불성을 조금 본다(十地現在少見佛性)."라 하고, "구지는 현재에는 (불성을) 보지 못하는데 미래에는 볼 수 있다는 뜻(九地現在不見而未來有可見之義)."이라 하였으며, 보량(梁代 寶亮) 등의 『대반열반경집해』 권63(대정장37)에 "소견은 인(因)이라 하고 전견은 과(果)라 한다(少見名因 全見名果)."라 함.
1392 선불선(善不善): 초지에서 오지보살까지 선과 불선을 같이 가짐. 그 이상의 보살은 선만을 가짐.
1393 필사본에는 '東'으로 되어 있으나, 대정장, 한불전 모두 '束'으로 고쳐져 있음. 내용상 '束'이 맞음. 필사본, p.68a1*01 ; 『열반종요』, 대정장38, p.251b24*15; 『열반종요』, 한불전1,

通五位. 二者善之一事在上四位. 三者可見一事在下三位. 四者常
之一事在上三位. 五者我樂少見善不善. 四隨其所應局在[1396]一位.

그러나 이 열 가지 일의 유무를 전체적으로 묶어 보면 다섯 가지 경우가 있
다. 첫째, 진(眞)·실(實)·정(淨) 세 가지 일은 다섯 계위[불지·후신보살·구지보살·팔
지-육지보살·오지-초지보살]에 관통되는 것이다. 둘째, 선(善) 한 가지 일은 위의
네 계위[불지·후신보살·구지보살·팔지-육지보살]에 있다. 셋째, 가견(可見) 한 가지
일은 아래의 세 계위[구지보살·팔지-육지보살·오지-초지보살]에 있다. 넷째, 상(常)
한 가지 일은 위의 세 계위에 있다. 다섯째, 아(我)·낙(樂)·소견(少見)과 선불선
(善不善)의 네 가지 일은 그 응하는 바를 따라 한 계위[오지-초지보살]에 국한되
어 있다.

所以然者. 我者卽是佛義, 樂者是涅槃義. 佛與涅槃究竟之名, 故說
此二唯在果地. 言少見者, 爲前所說五對所顯, 故此一事唯在十地.
善不善者相同凡夫未得純善, 故此一事在〈下〉[1397]一位. 一位四事立
意如.

어째서 그러한가? 아(我)란 곧 부처라는 뜻이며 낙(樂)은 열반이란 뜻이다.
부처와 열반은 구경(究竟)의 이름이므로 이 둘은 오직 과지에만 있는 것이라고

1394 가은 역주(2004), 필사본에 따라 '倒'를 '例'로 바꿈. 이영무 역(1984)에는 '倒'를 '對'로 바
꿈. 필사본, p.68a1*05 참조.

1395 문맥에 따라 '者'를 넣음. 이영무 역(1984), 가은 역주(2004) 넣음.

1396 가은 역주(2004) '下'를 넣음. 이영무 역(1984) 안 넣음. 여기서는 넣지 않음.

1397 가은 역주(2004) '下'를 넣음. 여기서는 이를 따름.

한다. 소견(少見)이란 앞서 말한 다섯 가지 경우에 의해 드러난 것처럼 이 소견 한 가지 일은 오로지 십지에만 있다. 선불선이란 모습이 범부와 같아 아직 순수한 선이 되지 못하기 때문에 이 선불선 한 가지 일은 아래 하나의 계위[오지-초지보살]에만 있다. 한 계위에만 적용되는 네 가지 일의 의미는 이와 같다.

是所以常事在上三位者. 任運現前是其常義, 九地以上三位雖因果殊, 俱於眞俗得無功用, 故說常事在上三位.

상(常)의 일이 위의 세 가지 계위[불지·후신[십지]보살·구지보살]에 있는 것은 무슨 까닭인가? 저절로 앞에 나타나는 것이 상의 뜻이니, 구지(九地) 이상의 세 계위가 비록 인과는 다르지만, 모두 진제와 속제에서 공용(功用) 없이 저절로 나타나기 때문에 상(常)의 일이 위 세 계위에 있다고 말한다.

所以可見在下三位者. 十地因滿佛地果{員}[圓]¹³⁹⁸, 因果雖殊, 同{員}[圓]¹³⁹⁹滿故. 九地以下齊未圓, {俱}[具]¹⁴⁰⁰足應滿, 故說可見.

가견(可見)의 일이 아래 세 계위[구지보살·팔지-육지보살·오지-초지보살]에 있는 것은 무슨 까닭인가? 십지에서는 인이 원만(滿)하고 불지에서는 과보가 원만(圓)하니, 인과가 비록 다르지만 똑같이 원만(圓滿)하다. 그러나 구지 이하는 모두 아직 원만(圓)하지 아니하니, 구족해야 원만(滿)해지는 것이다. 그러므로 여기서는 가견이라 한다.

1398 문맥에 따라 '員'을 '圓'으로 바꿈. 가은 역주(2004), 이영무 역(1984) 바꿈.
1399 문맥에 따라 '員'을 '圓'으로 바꿈. 가은 역주(2004), 이영무 역(1984) 바꿈.
1400 문맥에 따라 '俱'를 '具'로 바꿈. 가은 역주(2004) 바꿈. 이영무 역(1984) 안 바꿈.

所以善事在上四位者, 六地已上已得般若, 善巧利物. 故得善事.

선(善)의 일이 위 네 계위(불성·후신(십지)보살·구지보살·팔지-육지보살)에 있는 까닭은, 육지 이상의 보살은 이미 반야를 얻어 선교한 방편으로 만물을 이롭게 하기 때문이다. 그러므로 선의 일을 얻는다.

所以淨與眞實通於五位者. 此中淨者是無漏義, 初地以上得眞無漏, 故說淨德通於五位. 離妄爲眞義, 在見分, 不虛爲實義, 當相分. 無漏見相非妄非虛. 故說此二亦通五位.

정(淨)이 진(眞)·실(實)과 함께 다섯 계위(불지·후신보살·구지보살·팔지-육지보살·오지-초지보살)에 모두 통하는 것은 무슨 까닭인가? 이 가운데에서 정(淨)은 무루(無漏)의 뜻인데, 초지 이상은 진무루(眞無漏)[1401]를 얻기 때문에 정의 공덕이 다섯 계위에 통한다고 말하는 것이다. 거짓을 벗어나는 것이 진(眞)의 뜻이니 견분(見分)에 있으며, 헛되지 않은 것이 실(實)의 뜻이니 상분(相分)에 해당한다. 무루인 견분의 진(眞)과 상분의 실(實)은 거짓되지도 않고 헛되지도 않다. 그러므로 이 두 일(眞과 實) 또한 다섯 계위에 통하는 것이다.

然此十事有無之義, 但約一邊顯其階級, 未必一向定爲然也.

그러나 이 열 가지 일[1402]의 유무의 뜻은, 단지 한쪽에 의해서 그 계위를 드

1401 진무루(眞無漏): 이승의 무루에 대하여 불보살의 무루를 진무루라 함. 이승은 법집을 끊지 못하고 소지장을 소멸시키지 못하였기 때문에 진무루가 아님.
1402 열 가지 일(十事): 상·락·아·정·진·실·선·가견·소견·선불선.

러낸 것이어서, 아직 반드시 한결같이 결정코 그런 것만은 아니다.

ㄴ. 범부의 계위에 따라(約凡位) 불성의 있고 없음을 말함

① 불성의 유·무 사구(四句)

次約凡夫位說有無者. 如迦葉品四句中說[1403], "或有佛性, 一闡提有
善根人無. 或有佛性, 善根人有一闡提無. 或有佛性二人俱有. 或有
佛性二人俱無."

다음으로 범부의 계위에 따라 불성의 유무를 말한다. 이는 가섭보살품(제24
품)에, "어떤 사람은 불성이 일천제에게 있고 선근의 사람에게는 없다고 한다.
어떤 사람은 불성이 선근의 사람에겐 있고 일천제에겐 없다고 한다. 어떤 사
람은 불성이 두 사람 모두에게 있다고 한다. 어떤 사람은 불성이 두 사람 모두
에게 없다고 한다."라고 네 구로 말한 것과 같다.

解云, 如是四句顯報佛〈性〉[1404], 非就法身眞如佛〈性〉[1405], 彼處文
勢必應爾故.

1403 『대반열반경』(36), 대정장12, p.821c08~10, "或有佛性. 一闡提有善根人無. 或有佛性.
善根人有一闡提無. 或有佛性二人俱有. 或有佛性二人俱無."이를 도표화하면 다음과
같음.

구분	견해	일천제	선근인
불성	1	유	무
	2	무	유
	3	유	유
	4	무	무

1404 글의 흐름에 따라 '性'을 넣음. 이영무 역(1984), 가은 역주(2004) 넣음.
1405 글의 흐름에 따라 '性'을 넣음. 이영무 역(1984), 가은 역주(2004) 넣음.

풀어 보면, 이러한 네 구는 보신의 불성을 나타낸 것이지, 법신의 진여불성에 대한 것은 아니니, 저 가섭보살품의 글 흐름상 반드시 그러해야 하기 때문이다.

② 불성 유·무의 대략 네 가지 뜻(略有四義)
四句差別略有四義, 顯二門故, 別因果故, 開四意故, 遮二邊故.

네 구의 차이에는 대략 네 가지 뜻이 있으니, 두 문(의지문과 연기문)을 나타내는 것, 인불성과 과불성을 분별하는 것, 네 가지 뜻을 여는 것, 두 가지 치우친 견해를 막는 것이다.

第一義者, 爲顯二門故說四句, 何者? 前之二句, 約依持門說五種性, 其後二句, 就緣起門顯因果性. 謂初句言'闡提人有'者, 不定¹⁴⁰⁶性人斷善根時, 猶有作佛法爾種子故. 善根人無者, 決定二{來}〔乘〕¹⁴⁰⁷有善根時, 無如前說作佛種子故. 第二句中善根人有者, 菩薩種性無斷善根, 本來具有作佛種子故. 闡提人無者, 無性衆生斷善根時, 永無如前菩薩種性故. 故知此二句顯五種性也.

첫째의 뜻은 두 문을 나타내기 위해 네 가지를 말하니, 무엇인가? 앞의 두 구는 의지문(依持門)에 의해 다섯 가지 종성을 말한 것이고, 뒤의 두 구는 연기

1406 올만 영역(1997), '定'을 '種'으로 바꾸는 것으로 표시되었다. 그러나 이는 '不定性'이 '不定種性'임을 나타내려고 한 것으로 보임. 이영무 역(1984), 가은 역주(2004) 안 바꿈.
1407 글의 흐름에 따라 '來'를 '乘'으로 바꿈. 이영무 역(1984), 가은 역주(2004), 올만 영역(1997) 모두 바꿈.

문에 의해 인으로서의 불성과 과로서의 불성을 나타낸 것이다. 말하자면 첫 구에서 '일천제에게 불성이 있다'고 한 것은, 부정종성(不定種性)1408의 사람은 선근을 끊을 때에도 오히려 부처가 될 법이종자1409가 있기 때문이다. '선근의 사람에게 불성이 없다'는 것은, 결정이승(決定二乘)1410은 선근이 있을 때라도 앞에 말한 부처가 될 종자가 없기 때문이다. 둘째 구 가운데에서 '선근의 사람에게 (불성이) 있다'고 말한 것은, 보살종성은 선근을 끊음이 없어 부처가 될 종자를 본래 갖추고 있기 때문이다. '일천제에겐 불성이 없다'는 것은, 무성중생이 선근을 끊었을 때에는 앞서 말한 보살종성이 영원히 없기 때문이다. 그러므로 이 두 구는 다섯 가지 종성(五種性)1411을 나타낸 것임을 알 수 있다.

1408 부정종성(不定種性): 범 aniyataikatara-gotra. 오종성(五種性) 중 하나. 부정성(不定性)·삼승부정성(三乘不定性)이라고도 한다. 성문 연각 이종 혹은 성문 연각 보살 삼종의 무루종자를 갖추고 있는 것. 본래 있는 무루종자의 차별에 따라서 앞 삼승의 종성이 아직 그 성품의 기류가 결정되지 않은 것을 가리킨다. ①보살 성문의 이성부정(二性不定)〔불과, 아라한과 등 두 종자를 갖추고 있는 것〕, ②보살 독각의 이성부정〔불과, 벽지불 등 두 종자를 갖추고 있는 것〕 ③성문 독각의 이성부정〔아라한과, 벽지불 등 두 종자를 갖추고 있는 것〕, ④성문 독각 보살의 삼성부정〔아라한과, 벽지불 및 불과 등 세 종자를 갖추고 있는 것〕.

1409 법이종자(法爾種子): 앞 주석 법이종자 참조.

1410 결정이승(決定二乘): ①성문승정성(聲聞乘定性): 범 śrāvakayānābhisamaya-gotra. 오종성 중 하나. 성문정성(聲聞定性)·정성성문(定性聲聞)·결정성문(決定聲聞)이라고도 하니, 곧 아라한과를 증득할 수 있는 무루종자를 갖추고 있다. ②독각승정성(獨覺乘定性): 범 pratyekabuddhayānābhi-gotra. 오종성 중 하나. 또 벽지불승성(辟支佛乘性)·연각정성(緣覺定性)·정성연각(定性緣覺)이라고도 함. 벽지불과를 증득할 수 있는 무루종자를 갖추고 있는 것. 성문 독각의 두 종성은 자연스럽게 생공(生空: 人空)의 무루종자만 있다. 그러므로 생사를 아주 싫어하고, 오로지 자리(自利)의 즐거움과 고요함의 법을 닦으며, 오직 번뇌장을 끊어 생공의 이치를 증득하여, 결정코 자승(自乘)의 과를 얻어 무여열반에 든다. 부처의 종자를 갖추고 있지 않기 때문에 성불할 수 없으니, 곧 이승이 미치는 기틀이다. 그러므로 이 둘을 합쳐 이승정성(二乘定性)이라고 부름.

1411 다섯 가지 종성(五種性): 범 pañca-gotrāṇi. 중생의 다섯 가지의 종성(種性)을 가리킨다. 오성(五性)·오종종성(五種種性)·오승종성(五乘種性)·오종승성(五種乘性)이라고도 한

第三句言二人俱有者, 前二句內兩重[1412]二人皆有緣起門中因性, 凡有心者當得菩提故. 第四句言二人俱無者, 即第三句所說二人齊無緣起門中果性, 當時未得無上菩提故. 故知此二句顯{二}[因][1413]果性. 如此經意寬無所不{苞}[包][1414], 通取二門以說四句. 初義如是.

세 번째 구에서 '두 사람〔일천제와 선근인〕모두에게 불성이 있다'고 하는 것은, 앞의 두 구 안에서 두 경우[1415]의 두 사람 모두에게 연기문 가운데 인위에서의

다. 법상종은 장차 일체 유정 중생의 기류가 다섯 가지로 나뉘어져, 결정코 성불할 수 있거나 혹은 성불할 수 없다고 하는 설. 곧, ①성문승정성. 위 각주 참조. ②독각승정성. 위 각주 참조. ③여래승정성(如來乘定性): 범 tathāgatayānābhi-gotra. 여래승성(如來乘性)·보살정성(菩薩定性)·정성보살(定性菩薩)이라고도 하며, 불과를 증득할 수 있는 무루종자를 갖추고 있는 것. 자연스럽게 인(人)·법(法) 이공(二空)의 무루종자를 갖추기 때문에 자리이타의 행을 닦아 번뇌장(煩惱障)과 소지장(所知障)을 끊고 이공(二空) 진여를 증득하여 보리 열반의 이전(二轉)의 묘과를 얻으니, 곧 무주처 열반에 들어 대각 원만의 극과(極果)를 이루어 대승이 미치는 바의 기틀이 된다. ④부정종성(不定種性). 위 각주 참조. ⑤무성(無性): 범 a-gotra. 무종성(無種性)·무유출세공덕종성(無有出世功德種性)·인천승성(人天乘性)이라고도 하니, 비록 삼승의 무루종자가 없다고 하나, 인(人)·천(天)의 과를 이룰 수 있는 유루종자를 갖추고 있다. 위 사종성은 반열반법(般涅槃法)이 있다고 하나, 무성은 곧 반열반법이 없다고 한다. 이 종성(種性)은 자연스럽게 무루종자를 갖추고 있지 않고 오직 유루종자를 갖추고 있기 때문에 세간을 떠난 무루의 지혜를 일으키지 않아, 생사를 해탈할 수가 없다. 다만 세간의 선업을 닦고 익혀 인·천의 선과를 얻는다. 그래서 이른바 무성천제(無性闡提)라고 한다. 오성 가운데에 정성성문(定性聲聞)·정성연각(定性緣覺) 및 무성(無性) 셋은, 모두 불종자가 없으니, 필경에는 성불할 수가 없다. 그러므로 삼무(三無)라고 한다. 정성보살(定性菩薩) 및 부정성(不定性) 가운데에 불과를 갖추고 있는 것은, 불종자가 있어 반드시 결정코 성불하기 때문에 이유(二有)라고 함.

1412 이영무 역(1984) '兩重'을 '兩種'으로 고침. 가은 역주(2004), '兩重'을 '所說'로 고침. 여기서는 고치지 않음.
1413 문맥에 따라 '二'를 '因'으로 바꿈. 가은 역주(2004), 이영무 역(1984) 모두 바꿈.
1414 문맥에 따라 '苞'를 '包'로 바꿈. 가은 역주(2004), 이영무 역(1984) 바꿈.

불성이 있다는 것이니, 무릇 마음이 있다면 앞으로 보리를 얻을 것이기 때문이다.

네 번째 구에서 '두 사람 모두에게 불성이 없다'고 하는 것은, 곧 세 번째 구에서 말한 두 사람이 모두 연기문 가운데 과위로서의 불성이 없다는 것이니, 그 당시에는 무상보리를 얻지 못하기 때문이다. 그러므로 이 두 구는 인위로서의 불성과 과위로서의 불성을 드러낸 것임을 알 수 있다. 이와 같이 경의 의미가 넓어 포용하지 않는 것이 없는데, 여기서는 두 문을 함께 취하여 네 구를 설명하였다.[1416]첫 번째의 뜻은 이와 같다.

第二義者, 宜就緣起一門而說. 前{立}〔之〕[1417]三句明因差[1418]別, 最後一句顯果無二. 何者? 初句中言闡提人有善根人無者, 是明一切斷善根人所有不善五陰, 亦作報佛之性[1419]. 第二句言善根人有闡提人無者, 是[1420][1421]明一切有善根者所有善五陰, 亦爲報佛〈之性〉[1422].

1415 두 경우: 일천제의 유와 선근인의 무, 일천제의 무와 선근인의 유를 말함.

1416 이를 도표로 정리하면 다음과 같음.

이문	구분	견해(구)	일천제	선근인
의지문	오종성	1	유	무
		2	무	유
연기문	인위	3	유	유
	과위	4	무	무

1417 문맥상 '立'을 '之'로 바꿈. 이영무 역(1984), '立'을 '之'로 바꿈. 가은 역주(2004) 안 바꿈.

1418 '差'가 필사본에 '老'로 되어 있음. 문맥상 '差'가 맞음. 필사본, p.70a5*06 참조.

1419 '之性'이 필사본에 '性之'로 되어 있음. 필사본, p.70a7*07~08 참조.

1420 필사본에 '是'가 p.70a의 마지막 글자인데, 그 다음에 이어지는 내용이 pp.82b~7a07*21에 나옴.

1421 이후부터 삼세문 끝 부분인 "… 前後"까지가 가은 역주의 필사본 순서 바뀜. 필사본 p.70a~b 사이 참조.

第三句〈言〉¹⁴²³二人俱有者, 謂前二人所有四種無記五陰, 皆能
〈得〉¹⁴²⁴作報佛正因. 以彼一切三性五陰, 皆爲一心轉所作故. 爲顯
三性皆爲佛性故, 作三句明因差別也. 第四句言二人俱無者, 謂前二
人雖有三因, 而皆未得報佛果性, 爲顯極果純一善性故¹⁴²⁵, 立一句
顯無二也. 二義如是.

두 번째의 뜻은 연기문에서 설해야겠다. 앞의 세 구는 인위에서 불성이 차
별됨을 밝힌 것이고, 제일 마지막 한 구는 과위에서 불성이 둘 다 없음을 나타
낸 것이다. 어째서인가?

첫 번째 구 중에 '일천제에겐 불성이 있고 선근의 사람에겐 불성이 없다'고
하는 것은, 모든 선근을 끊은 사람들에게 있는 불선오음(不善五陰)¹⁴²⁶도 보신
불이 되는 성품임을 밝힌 것이다. 두 번째 구에 '선근의 사람에겐 불성이 있고
일천제에겐 불성이 없다'고 하는 것은, 선근을 가진 모든 사람들에게 있는 선
오음(善五陰)¹⁴²⁷도 보신불이 되는 성품임을 밝힌 것이다. 세 번째 구에서 '두
사람 모두에게 불성이 있다'고 하는 것은, 앞의 두 사람에게 있는 네 가지 무
기오음(無記五陰)¹⁴²⁸이 모두 능히 보신불의 정인(正因)이 됨을 말한다. 이는 저

1422 문맥에 따라 '之性'을 넣음. 가은 역주(2004), 이영무 역(1984) 넣음.

1423 문맥상 '言'을 넣음. 가은 역주(2004), 이영무 역(1984) 넣음.

1424 필사본에 '得'이 있음. 필사본, p.82b2*17 참조.

1425 필사본에는 '故性'으로 되어 있음. '性故'가 내용상 맞음. 필사본, p.82b6*01~*02 참조.

1426 불선오음(不善五陰): 불선으로 물든 오음. 아홉 가지 오음 중 하나.

1427 선오음(善五陰): 아홉 가지 오음 중 생득선음(生得善陰), 방편선음(方便善陰), 무루선
음(無漏善陰)을 말함.

1428 무기오음(無記五陰): 『대승의장』 권8에 유루(有漏)·무루(無漏) 및 삼성(三性)에 의한
아홉 가지 오온(오음)이 있는데, 생득선음(生得善陰), 방편선음(方便善陰), 무루선음(無
漏善陰), 불선오음(不善五陰), 예오오음(穢汚五陰: 有覆無記), 보생오음(報生五陰: 異

일체의 삼성(三性)의 오음(五陰)이 모두 일심(一心)이 변하여 된 것이기 때문이다. 삼성이 모두 불성으로 됨을 나타내기 위해서 세 구로써 인위에서의 불성의 차별을 밝혔다. 네 번째 구에서 '두 사람 모두에게 불성이 없다'고 하는 것은, 앞의 두 사람에게는 비록 세 가지 인위로서의 불성이 있지만 모두 아직 보신불의 과성(果性)은 얻지 못했음을 말한 것이니, 극과[1429]의 순일하고 선한 성품을 나타내기 위해서, 마지막 한 구를 세워 둘 다 불성이 없음을 나타낸 것이다.[1430] 두 번째 뜻은 이러하다.

第三意者, 爲四種意故說四句. 第一句者, 抑引意說. 引斷善根者除

熟無記), 위의오음(威儀五陰: 威儀無記), 공교오음(工巧五陰: 工巧無記), 변화오음(變化五陰: 通果無記)이다. 그 가운데 앞의 셋은 선오음(善五陰)이고, 네 번째는 불선오음(不善五陰)이며 뒤의 다섯 가지는 무기오음(無記五陰)이다. 또 세 번째는 무루(無漏)에 속하고 나머지 8가지는 유루(有漏)에 속함. *사무기(四無記): 사무기는 유부무기인 예오오음(穢汚五陰)을 뺀 네 가지 무부무기심을 말함. 첫째, 이숙생심(異熟生心, 범 vipāka-ja), 이숙무기(異熟無記)·보생심(報生心)이라고도 함. 선악의 업종자를 증상연으로 하여서 얻는 과보. 둘째, 위의로심(威儀路心, 범 airyāpathaka), 또 위의무기(威儀無記)·위의심(威儀心)이라고도 함. 앉고 서고 하는 동작 등을 일으키는 마음의 성질이 선도 아니고 악도 아닌 것. 셋째, 공교처심(工巧處心, 범 śailpasthānika), 또 공교무기(工巧無記)·공교심(工巧心)이라고도 함. 글씨를 쓰고 그림을 그리며 물품을 만드는 신(身)공교와 노래를 부르는 등의 어(語)공교를 일으키는 마음의 성질이 선도 아니고 악도 아닌 것. 넷째, 능변화심(能變化心, 범 nairmāṇka), 또 능변무기(能變無記)·변화심(變化心)이라고도 함. 정력(定力)으로 사람과 궁전 등을 변작하는 마음이 선도 아니고 악도 아닌 것.
1429 극과(極果): 최고 구경[至極究竟]의 과. 대승 불과와 소승 무학과(無學果)와 같다. 또 무상 열반의 극과라고도 하는데, 부처의 정각(正覺)이 인위(因位)에서의 수행의 결과임을 말함.
1430 이를 도표로 정리하면 다음과 같다.

일문	구분	견해	일천제	선근인
연기문	인위	1	유	무
		2	무	유
		3	유	유
	과위	4	무	무

絶望心故, 抑善根人持善夢惡故. 第二句者, 勸請意說. 旣除夢惡勸修衆善, 擧手低頭皆成佛道故. 旣除絶望心, {識}〔請〕[1431]離諸惡, 惡爲禍本, 能障佛道故. 第三句者, 生普敬意. 無一有情不含當果, 含當果[1432]者, 必成大覺故. 第四句者, 起廣度意. 雖有當果而無觀覺, 無觀覺[1433]者長沒苦海故. 此四意內所詮義者, 第一句中約邪見說, 第二句中約信心說 〈第三〉[1434]第四同望當果. 指當有義說爲俱有, 據現無義亦說俱無. 三義如是.

세 번째 뜻은 네 가지 뜻 때문에 네 구를 말했다. 첫째 구는 누르고 이끄는 뜻에서 말한 것이다. 선근을 끊은 자를 이끌어 절망하는 마음을 없애려는 것이며, 선근의 사람이 선을 가지고 악에 대해 꿈꾸는 것을 억누르려는 것이다. 두 번째 구는 권하고 청하는 뜻으로 말한 것이다. 이미 악에 대해 꿈꾸는 것을 없앴기에 많은 선을 닦으라고 권하는 것이니, 손을 들어 합장하고 머리 숙여 절하는 것이 모두 불도를 이루려는 것이다. 이미 절망하는 마음을 없앴기에 모든 악에서 벗어나기를 청하는 것이니, 악은 화의 근본이어서 불도를 막기 때문이다. 세 번째 구는 널리 공경하는 마음을 내게 하려는 뜻이다. 한 유정이라도 장차 부처가 되는 과보에 포함되지 않음이 없으니, 장차 부처가 되는 과보를 가진다는 것은 반드시 대각을 이루기 때문이다. 네 번째 구는 중생을 널리 제도하려는 마음을 내게 하려는 뜻이다. 중생이 비록 장차 부처가 되는 과보가 있다 할지라도 제대로 보고 알지〔觀覺〕못하니, 잘 알지 못하므로 긴

1431 문맥에 따라 '識'을 '請'으로 바꿈. 가은 역주(2004), 이영무 역(1984) 모두 바꿈.
1432 '含當果含當果'가 필사본에 '含含當當果果'로 되어 있음. 필사본, p.83a4*07~*12 참조.
1433 '無觀覺無觀覺'이 필사본에 '無無觀觀覺覺'으로 되어 있음. 필사본, p.83a5*10~*15 참조.
1434 문맥에 따라 '第三'을 넣음. 가은 역주(2004), 이영무 역(1984) 모두 넣음.

세월 고통의 바다에 빠져 있는 것이다. 이 네 가지 뜻 가운데 설명하는 의미는 첫 번째 구 가운데에서는 사견(邪見)[1435]에 대해 말한 것이고, 두 번째 구 가운데에서는 신심에 대해 말한 것이며, 세 번째 네 번째는 똑같이 장차 부처가 되는 과보를 기대한 것이다. 장차 부처가 되는 과보가 있다는 뜻을 가리켜 모두 있다고 말하고, 현재는 없다는 뜻에 의해 또한 모두 없다고 말하였다. 세 번째 뜻은 이와 같다.

第四義者, 爲離二邊故說四句. 謂前二句別顯離邊, 後之二句總顯離邊. 言別顯者, 謂初句言闡提人有, 遮定無邊, 非據定有. 第二句言闡提人無, 止定有邊, 不著[1436]定無.

네 번째 뜻은 두 가지 극단적인 견해(邊)[1437]에서 벗어나게 하기 위해 네 구를 말했다. 말하자면 앞의 두 구는 극단적 견해에서 벗어남을 각각 나타냈으며, 뒤의 두 구는 극단적 견해에서 벗어남을 전체적으로 나타내었다. 각각 나타낸다고 말한 것은, 첫 번째 구에서 '일천제에게 불성이 있다'고 한 것은 결정코 불성이 없다는 견해를 막는 것이지, 결정코 불성이 있다는 것을 주장하는 것은 아니다. 두 번째 구에서 '일천제에게 불성이 없다'고 한 것은 결정코 불성이 있다는 견해를 막는 것이지, 결정코 불성이 없다는 것에 집착하는 것은 아니다.[1438]

1435 사견(邪見): 범 mithyā-dṛṣṭi, 빨 micchā-diṭṭhi. 오견(五見)의 하나. 십악(十惡)(五利使·五鈍使)의 하나. 인과의 도리를 무시하는 옳지 못한 견해.
1436 이영무 역(1984), '著'가 '着'으로 되어 있음. 이영무 역(1984), p.202 참조.
1437 불성이 결정코 있음과 불성이 결정코 없음을 말함.
1438 이 글은 뒤의 치답에서 차지(遮止)와 막착(莫著)의 두 가지 뜻을 잘 결합한 내용임. 일천제에게 불성이 있다고 한 것은 ①결정코 불성이 없다는 견해를 막는 것이고 ②불성이 있

如下文言^{1439}, "若有說言, 斷善根者定有佛性定無佛性, 是名置答. 〈迦葉菩薩言, 世尊, 我聞不答乃名置答, 如來今者何因緣答而名置答.〉^{1440} 善男子. 我亦不說置而不答乃說置答, 〈善男子,〉^{1441} 如是置答復有二種, 一者遮止, 二者莫著, 以是義故得名置答." 如就闡提遮止二邊, 對善根人當知亦爾^{1442}.

이는 아래의 글에서, "만약 선근을 끊은 자에게 결정코 불성이 있다고 하거나 결정코 불성이 없다고 한다면, 이를 치답(置答)^{1443}이라고 한다. 가섭보살이 말하기를, '세존이시여, 우리는 답하지 않는 것을 치답이라 한다고 들었는데, 여래께서는 지금 무슨 이유로 답을 했는데도 치답이라고 합니까?' '선남자야, 나(부처)는 또한 내버려 두고 답하지 않은 것을 치답이라고 한다고 하지 않았다. 선남자야, 이와 같은 치답에는 다시 두 가지 종류가 있으니, 하나는 막아서 그치게 하는 것이고, 하나는 집착이 없게 하는 것이니, 이런 두 뜻 때문

다는 것을 주장하는 것은 아님. 또 일천제에게 불성이 없다고 한 것은 ①-1결정코 불성이 있다는 견해를 막는 것이고 ②-1불성이 없다는 것을 집착하는 것이 아님. ①과 ①-1은 차지이고, ②와 ②-1은 막착임.

1439 『대반열반경』(36), 대정장12, p.818b16~21, "若有說言. 斷善根者定有佛性定無佛性. 是名置答. 迦葉菩薩言. 世尊. 我聞不答乃名置答. 如來今者何因緣答而名置答. 善男子. 我亦不說置而不答乃說置答. 善男子. 如是置答復有二種. 一者遮止. 二者莫著. 以是義故得名置答."

1440 원문에 따라 '迦葉菩薩言, 世尊, 我聞不答乃名置答. 如來今者何因緣答而名置答.'을 넣음.

1441 원문에 따라 '善男子'를 넣음.

1442 필사본에 '尒'로 되어 있음. 필사본, p.83b7*22 참조. '爾'와 '尒'는 같은 글자임.

1443 치답(置答): 내버려 두고 답하지 않음. 예를 들어 외도가 부처에게 '영혼은 영원합니까, 아닙니까?' 혹은 '여래는 사후가 있습니까, 없습니까?' 등 14가지의 형이상학적인 질문을 할 때, 부처는 모두 내버려 두고 답하지 않은 것에서 유래한다. 여기에서는 치답에 두 가지가 있다고 한다. 즉 차지(遮止: 막아서 그치게 함)와 막착(莫著: 집착이 없게 함, 구애되지 않음)임. 『대반열반경』(36), 대정장12, p.818b16~21 참조.

에 치답이라 할 수 있다.'"라고 말하는 것과 같다. 이는 마치 일천제에 대해서도 두 극단적인 견해를 막아 그치게 하고, 선근인에 대해서도 또한 그러함을 알아야 한다.

言後二句總顯離邊者. 第三句言二人俱有, 是明佛性不同{菟}〔兎〕[1444] 角. 依非無義說名爲有. 第四句言二人俱無, 是顯佛性不同虛空. 約 不有義說名爲無.

뒤의 두 구는 극단적인 견해(邊)를 벗어남을 전체적으로 나타냈다. 세 번째 구에서 '두 사람 모두 불성이 있다'고 말하는 것이니, 곧 불성이 토끼 뿔과 같지 않음을 밝힌 것이다. 이는 불성이 없는 것은 아니라는 뜻에 의해 불성이 있다고 한 것이다. 네 번째 구에서 '두 사람 모두 불성이 없다'고 말하였으니, 불성이 허공과 같지 않음을 나타낸 것이다. 이는 불성이 있는 것은 아니라는 뜻으로 불성이 없다고 한 것이다.

如下文言[1445], "衆生佛性非有非無, 所以者何? 佛性雖有, 非如 虛空, 〈何以故?〉[1446] 〈世間〉[1447]虛空〈雖以無量善巧方便〉[1448]不可

1444 '菟'를 '兎'로 바꿈. 이영무 역(1984), 가은 역주(2004) 모두 바꿈. '菟'와 '兎' 모두 토끼의 뜻.
1445 『대반열반경』(36), 대정장12, p.819b14~25, "衆生佛性非有非無. 所以者何. 佛性雖有非 如虛空. 何以故. 世間虛空雖以無量善巧方便不可得見. 佛性可見. 是故雖有非如虛空. 佛性雖無不同兎角. 何以故. 龜毛兎角雖以無量善巧方便不可得生. 佛性可生. 是故雖 無不同兎角. 是故佛性非有非無亦有亦無. 云何名有. 一切悉有. 是諸衆生不斷不滅猶 如燈焰. 乃至得阿耨多羅三藐三菩提. 是故名有. 云何名無. 一切衆生現在未有一切佛 法常樂我淨. 是故名無. 有無合故卽是中道. 是故佛說衆生佛性非有非無."
1446 원문에 따라 '何以故'를 넣음.
1447 원문에 따라 '世間'을 넣음.

〈得〉[1449]見, 佛性可見〈是〉[1450]故〈雖有非如虛空〉[1451]. 佛性雖無, 不同{菟}〔兎〕[1452]角, 〈何以故?〉[1453] 〈龜毛〉[1454]{菟}〔兎〕[1455]角〈雖以無量善巧方便〉[1456]不可〈得〉[1457]生, 佛性可生, 〈是〉[1458]故〈雖無不同兎角〉[1459]. 是故佛性非有非無, 亦有亦無. 云何名有? 一切悉有, 是諸衆生不斷〈不〉[1460]滅, 猶如燈{炎}〔焰〕[1461], 乃至〈得阿耨多羅三邈三〉[1462]菩提, 〈是〉[1463]故名有. 云何〈名〉[1464]無? 一切衆生現在未有一切佛法〈常樂我淨〉[1465], 是故名無. 有無合故〈卽是〉[1466]{名}[1467]中道, 是故〈佛說衆生〉[1468]佛性非有非無." 乃至廣說.

1448 원문에 따라 '雖以無量善巧方便'을 넣음.

1449 원문에 따라 '得'을 넣음.

1450 원문에 따라 '是'를 넣음.

1451 원문에 따라 '雖有非如虛空'을 넣음.

1452 원문에 따라 '菟'를 '兎'로 바꿈. 이영무 역(1984), 가은 역주(2004) 모두 바꿈.

1453 원문에 따라 '何以故'를 넣음.

1454 원문에 따라 '龜毛'를 넣음.

1455 원문에 따라 '菟'를 '兎'로 바꿈.

1456 원문에 따라 '雖以無量善巧方便'을 넣음.

1457 원문에 따라 '得'을 넣음.

1458 원문에 따라 '是'를 넣음.

1459 원문에 따라 '雖無不同兎角'을 넣음.

1460 원문에 따라 '不'을 넣음. 가은 역주(2004) 넣음. 이영무 역(1984) 안 넣음.

1461 원문에 따라 '炎'을 '焰'으로 바꿈. 가은 역주(2004) 바꿈. 이영무 역(1984) 안 바꿈. 의미는 같음.

1462 원문에 따라 '得阿耨多羅三藐三'을 넣음.

1463 원문에 따라 '是'를 넣음.

1464 원문에 따라 '名'을 넣음.

1465 원문에 따라 '常樂我淨'을 넣음.

1466 원문에 따라 '卽是'를 넣음.

1467 원문에 따라 '名'을 뺌.

1468 원문에 따라 '佛說衆生'을 넣음.

이는 다음 글에서, "중생에게 불성이 있는 것도 아니고 없는 것도 아니니, 그러한 까닭은 무엇인가? 불성이 비록 있지만 허공이 있는 것과는 같지 않으니, 어째서인가?

세간의 허공은 비록 한량없는 선교한 방편으로도 볼 수가 없지만, 불성은 볼 수가 있기 때문이다. 이 때문에 비록 불성이 있으나 허공이 있는 것과는 같지 않다. 불성이 비록 없지만 토끼 뿔이 없는 것과는 같지 않으니, 어째서인가?

거북이 털이나 토끼 뿔은 비록 한량없는 선교한 방편으로도 생겨날 수가 없지만, 불성은 생겨날 수 있기 때문이다. 이 때문에 비록 불성이 없지만 토끼 뿔이 없는 것과는 같지 않다. 이 때문에 중생에게 불성은 있지도 않고 없지도 않으며, 또한 있기도 하고 없기도 하다. 어째서 불성이 있다고 하는가?

일체 모든 것은 다 불성이 있으니, 곧 모든 중생들에게 불성이 단멸되지 않는 것이 마치 등불의 불꽃이 찰나 찰나 이어짐과 같으며 내지 일체 중생은 무상(無上)보리를 얻으니, 이 때문에 불성이 있다고 한다. 어째서 불성이 없다고 하는가? 일체의 중생들에게 현재 아직 일체 불법의 상락아정(常樂我淨)이 있지 않으니, 이 때문에 불성이 없다고 한다. 불성의 있음과 없음이 이치에 합치하기 때문에 곧 바로 중도이고, 이 때문에 부처님께서 중생의 불성은 있지도 않으며 없지도 않다고 말한다."라고 한 것과 같으며 이어 널리 설하였다.

若依如是離邊之意, 四句皆望當果佛性. 若使四句齊望一果, 總別二意有何異者? 前二人說二句者, 依遮詮義以遣二邊, 後{總}[1469]二人立〈二〉[1470]句者, 依表詮門以示中道. 中道之義通於二人, 是故合

1469 문맥상 '總'을 뺌.
1470 문맥상 '二'를 넣음.

說, 二邊之執隨人各起, 所以別說. 然佛說四句意趣衆多, 今且略
爾[1471]四種義耳. 有無門竟.

만약 이와 같은 극단(邊)을 벗어나는 뜻에 의하면, 네 구는 모두 미래 과보
로서의 불성(當果佛性)이라는 점에서 말하고 있는 것이다. 만약 네 구가 다 같
이 하나의 과보에 대해 말하는 것으로 본다면, 전체적인 것과 개별적인 것의
두 뜻에 어떠한 차이가 있는가?

앞의 두 사람이 설한 두 구는 차전의(遮詮義)[1472]에 의해 두 극단을 버렸고,
뒤의 두 사람이 세운 두 구는 표전문(表詮門)에 의해 중도를 나타내었다. 중도
의 뜻은 뒤의 두 사람에게 공통되니, 이 때문에 합하여 말하였고, 두 극단에
대한 집착은 사람에 따라 각각 일어나니, 그 때문에 각각 말한 것이다.[1473] 그
러나 부처가 네 구를 말한 뜻이 상당히 많지만, 지금은 우선 간략하게 이 네
가지 뜻만을 말할 뿐이다. 지위별 불성의 유무에 관한 문을 마친다.

1471 필사본에, '爾'가 '尒'로 되어 있음. 둘은 이체자로 같은 말임.
1472 차전표전(遮詮表詮): 통상 언어 중의 두 가지 표현 방식을 가리킴. 차전(遮詮)은 반대쪽
　　에서 부정의 표현으로 서술하여, 대상이 갖추지 않은 속성을 배제함으로써 사물의 뜻을
　　나타냄. 표전(表詮)은 정면에서 긍정의 표현으로 서술하여, 사물 자체의 속성을 드러내
　　그 뜻을 나타냄.
1473 위 내용을 도표로 간단히 나타내면 다음과 같음.

구분	견해	일천제	선근인
차전의	1	유	무
	2	무	유
표전문	3	유	유
	4	무	무

마. 삼세문(三世門)

第五明三世非三世, 略有二義. 先就法身, 後約報佛.

다섯 번째 불성이 삼세를 포섭하는지 삼세를 포섭하지 않는지를 밝힘에 대략 두 가지 뜻이 있다. 먼저는 법신불의 불성에 의한 것이고, 뒤에는 보신불의 불성에 의한 것이다.

ㄱ. 법신불성은 삼세를 포섭하지 않음

若就別門法身佛性, 雖復因名應得, 果名至得, 其體平等, 無生無滅. 是故一向非三世攝. 是義灼然, 不勞引證也.

만약 차별적인 문에서 법신불의 불성에 의하면, 비록 인(因)을 응득(應得)[1474]이라 하고, 과(果)를 지득(至得)[1475]이라 하지만, 그 체는 평등하여 생멸이 없다. 이 때문에 한결같이 삼세를 포섭하지 않는다. 이 뜻은 너무나 명백하여 애써 증명할 필요도 없다.

ㄴ. 보신불성의 인위와 과위에 따라 삼세를 논함

次約報佛因果性者, 依下文說, 即有三句.

1474 응득(應得): 앞 주석 '응득인' 참조.
1475 지득(至得): 앞 주석 '삼불성' 참조.

다음 보신불의 인위와 과위의 성품에 대하여 아래 경문에 의하여 설하면 삼구가 있다.

一〈句〉[1476]者, 如來圓果, 菩薩滿因, 此二相對, 以顯不同. 如來圓智, 窮於理原, 等一法界, 遍三世際. 故非過去現在未來. 後身菩薩未至理原, 雖復已得滿因故已少見, 未至極果. 故未具見. 未具見邊, 名爲未來, 未成圓果故. 已少見邊, 名爲現在, 現得滿因故. 猶未謝故非過去. 如經言[1477], "如來佛性, 非過去非現在〈非〉[1478]未來, 後身{菩薩}[1479]佛性, 現在未來. 少可見故, 得名現在, 未具見故, 名爲未來."故.

①첫 번째 구는 여래의 두루한(圓) 과위와 보살의 꽉 찬(滿) 인위, 이 둘은 서로 같지 않음을 나타낸다. 여래의 두루한 지혜는 이치의 근원을 다하여 일법계와 평등하고 삼세에 두루하다.[1480] 그러므로 과거도 현재도 미래도 아니다. 그런데 후신보살은 아직 이치의 근원에 이르지 못하여, 비록 또한 인위가 꽉차게 되어 이미 불성을 조금 보았다 할지라도, 아직 극과에는 이르지 못하였다. 그러므로 아직 불성을 다 완전히 보지 못한다. 아직 다 완전히 보지 못하

1476 문맥상 '句'를 넣음.
1477 『대반열반경』(36), 대정장12, p.818a29~b02, "**如來佛性非過去非現在. 非未來. 後身佛性現在未來少可見故得名現在. 未具見故名爲未來.**"
1478 원문에 따라 '非'를 넣음.
1479 원문에 따라 '菩薩'을 뺌.
1480 김호귀 역(2005): 법계에 等一하고 삼세에 두루한다.; 가은 역주(2004): 한 법계와 동등하고 삼세에 두루하니; 이영무 역(1984): 평등한 一法界가 三世에 두루한다.; 황산덕 역(1982): 한 법계와 같아지어(等一法界), 삼세의 끝에까지 두루 미치고….

는 면에서는 미래라 하니, 아직 두루한 과위를 이루지 못했기 때문이다. 조금 본 것을 현재라 하니, 지금 인위를 꽉 차게 얻었기 때문이다. 그리고 꽉 차게 얻은 인위가 아직 없어지지 않았기 때문에 과거는 아니다. 이는 경〔가섭보살품〕에, "여래의 불성은 과거도 현재도 미래도 아니지만, 후신보살의 불성은 현재이고 미래이다. 조금 볼 수 있기 때문에 현재라고 하고, 아직 다 완전히 볼 수 없기 때문에 미래라고 한다."라고 한 것과 같기 때문이다.

問. 未具見義, 猶是現在有, 何得說是名爲未來? 又若菩薩現得少
見故名現在者, 是卽如來現得其見, 應名現在.
答. 如來現得, 得遍三世, 畢竟不爲時節所遷. 故雖現得, 不在現
世. 菩薩少見, 未免生死. 猶墮時節故爲現在, 是通後難答. 前問者
未具見義, 雖是現有具見種子, 猶伏未起, 由現起故名未來. 如瑜
伽說[1481], "〈若〉[1482]未與果當來種子相續, 名未來{果}〔界〕[1483]." 當知
此中道理亦爾.

물음. 후신보살이 불성을 아직 다 완전히 보지 못한다는 것은, 오히려 현재에 있는 것인데, 어째서 이것을 미래라고 하는가? 또 만약 후신보살이 현재에 불성을 조금 볼 수 있기 때문에 현재라 한다면, 이는 곧 여래도 현재에 불성을 보는 것이니, 이것도 현재라고 해야 할 것이다.

대답. 여래가 현재에 불성을 보는 것은 삼세에 두루한 것이어서 필경에는

1481 『유가사지론』, 대정장30, p.585c03~5, "答若已與果種子相續. 名過去界. 若未與果當來
種子相續. 名未來界. 若未與果現在種子相續. 名現在界."
1482 원문에 따라 '若'을 넣음.
1483 원문에 따라 '果'를 '界'로 바꿈.

시간에 따라 옮겨지는 것이 아니다. 그러므로 비록 현재에 불성을 보지만 현재에만 있지 않다. 그런데 후신보살은 불성을 조금 보는 것이어서 아직 생사를 면하지 못하였다. 그렇기에 오히려 시간에 구애되므로 현재가 되는 것이니, 이는 뒤의 물음에 통하는 답이다. 앞의 물음에서 아직 불성을 완전히 보지 못한다는 것은, 비록 완전히 볼 수 있는 종자를 현재에 가지고 있지만 그것이 억눌려 있어 아직 일어나지 않는 것이니, 현재로 말미암아 일어날 것이기 때문에 미래라고 한다. 『유가론』에 말하기를, "만약 미여과(未與果)[1484]가 미래의 종자로 상속한다면, 미래계라 한다."라고 한 것과 같다. 이 가운데의 도리도 또한 이와 같음을 알아야 한다.

第二句者, 宜就如來因果相對以明差別. 立果望因, 因皆未極, 不離生滅. 故隨三世. 就{果}〔因〕[1485]談果, 即有二義. 〈一〉[1486]者, 生因所生者, 必滅利那不住. 故是三世. 二者, 已至理原, 體一法界, 無所不遍. 故非三世. 然其生滅德無不體理, 故一一念皆遍三世. 遍三世德莫不從因, 故其周遍不過利那. 爾退利那而遍三世, 不從周遍而爲一念. 爲一念故隨於三世, 遍三世故非過現未. 是謂佛德不可思議. 但應仰信, 非思量{流}〔境〕[1487]. 如經言[1488], "如來未得阿耨〈多

1484 미여과(未與果): 과거업* 중에 두 가지 업이 있는데, 그중 하나의 과임. 즉 이여과(已與果)는 이미 과보가 주어진 것이고, 미여과(未與果)는 아직 과보가 주어지지 않은 것임. * 과거업: 삼세에 대하여 과거업, 미래업, 현재업이 있는데 그중 하나임.

1485 문맥에 따라 '果'를 '因'으로 바꿈. 가은 역주(2004) '果'를 '因'으로 바꿈. 김호귀 역(2005), 이영무 역(1984), 황산덕 역(1982) 바꾸지 않음.

1486 문맥에 따라 '一'을 넣음. 김호귀 역(2005), 가은 역주(2004), 이영무 역(1984) '一'을 넣음.

1487 필사본에 따라 '流'를 '境'으로 바꿈. 필사본, p.86b2*09.

1488 『대반열반경』(36), 대정장12, p.818b02~5, "**如來未得阿耨多羅三藐三菩提時. 佛性因故**

羅三藐三〉[1489]菩提時, 佛性因故亦是過去現在未來, 果{卽}[則][1490] 不爾, 有是三世, 有非三世."故.

②두 번째 구는 여래의 인위와 과위를 상대하여 차별을 밝히겠다. 과위의 입장에서 인위를 보면, 인위가 아직 극에 이르지 못하여 생멸을 여의지 않는다. 그러므로 삼세를 따른다. 인위에 의하여 과위를 말하면, 곧 두 가지 뜻이 있다. 첫째, 생인(生因)[1491]에서 나온 것은 반드시 멸하여서 찰나도 머물지 않는다. 그러므로 삼세이다. 둘째, 이치의 근원에 이르러서는 일법계를 체로 하여 두루하지 않는 데가 없다. 그러므로 삼세가 아니다(삼세를 초월한다). 이러한 생멸의 덕이 또한 이치를 체로 하지 않음이 없으니, 그러므로 하나하나의 생각이 다 삼세에 두루하며, 또 이 삼세에 두루하는 덕이 인(因)에서 나오지 않은 것이 없으므로 그 삼세에 두루하는 것이 찰나에 지나지 않는다. 이렇게 찰나에서 물러나 삼세에 두루하면서, 두루함을 따르지 않아 일념(一念) 한 생각이 된다. 한 생각이 되기 때문에 삼세를 따르는 것이요, 삼세에 두루하기 때문에 과거도 현재도 미래도 아니다. 이것을 일러서 부처의 덕이 불가사의하다고 말한다. 이는 다만 마땅히 우러러 믿을 뿐이요, 사랑할 경계가 아니다. 이는 경에서 "여래의 무상정등정각을 아직 얻지 못했을 때에는 불성이 인위이기 때문에 또한 과거·현재·미래가 있다. 그러나 과위에서는 그렇지 않으니 삼세이기도 하고 삼세 아니기도 하다."라고 한 것과 같다.

亦是過去現在未來. 果則不爾. 有是三世有非三世."

1489 원문에 따라 '多羅三藐三'을 넣음.

1490 원문에 따라 '卽'을 '則'으로 바꿈.

1491 생인(生因): 사물을 낳는 종자. 자세한 것은 앞 주석 '생인' 참조.

問. {者}〔若〕¹⁴⁹²是經文, 有是有非, 即應二別, 不就一德. 有是三世者, 化身色形是, 有非三世者, 報佛內德是. 亦如是二義, 灼然可見, 何勞宜就實德, 而作難解之說?

答. 如汝所見, 亦有道理, 爲新學者, 應作是說. 若非新學無定執者, 爲是等人, 應如前說. 爲顯是義故, 彼下文言¹⁴⁹³, "迦葉菩薩白佛言, 世尊, 云何名因亦是過去現在未來, 果亦過去現在未來, 非是過去現在未來? 佛言, 五陰二種, 一者因, 二者果. 是因五陰是過現未, 是果五陰亦是過去現在未來, 亦非過去現在未來." 依是文證, 當知宜就一果五陰, 亦是三世亦非三世.

물음. 만약 이 경문에서 삼세이기도 하고 삼세가 아니기도 하다면, 곧 두 가지로 구별되어야 하며, 하나의 덕에 의하지 않는다. 삼세라고 한 것은 화신불의 형색(形色)에 관한 것이 이것이고, 삼세가 아니라는 것은 보신불의 내면의 덕이 이것이다. 또한 이러한 두 가지 뜻은 환히 알 수 있는데, 어째서 애써 실덕(實德)을 들어 이해하기 어려운 말을 해야 하는가?

대답. 그대가 본 것도 도리가 있으니, 새로 배우는 이들을 위해서는 그렇게 말해야 한다¹⁴⁹⁴. 그러나 만약 새로 배우는 이가 아니어서 결정코 집착함이 없다면, 이러한 이들을 위해서는 앞에서처럼 말해야 한다. 이런 뜻을 나타내기

1492 문맥상 '者'를 '若'으로 바꿈.

1493 『대반열반경』(36), 대정장12, p.818b22~7, "迦葉菩薩白佛言. 世尊. 如佛所說. 云何名因亦是過去現在未來. 果亦過去現在未來. 非是過去現在未來. 佛言. 善男子. 五陰二種. 一者因二者果. 是因五陰是過去現在未來. 是果五陰亦是過去現在未來. 亦非過去現在未來."

1494 앞의 "삼세라고 한 것은 화신불의 형색(形色)에 관한 것"과 "삼세가 아니라는 것은 보신불의 내면의 덕"을 말함.

위해 저 아래의 경문에서 다음과 같이 말한다. "가섭보살이 부처님께 말하기를, '세존이시여! 어떤 것을 이름하여 인위에서는 과거·현재·미래라 하며, 과위에서는 과거·현재·미래이기도 하고, 또한 과거·현재·미래가 아니라고 합니까?' 부처님께서 말씀하시기를, '오음에는 두 가지가 있으니, 첫째는 인위이고, 둘째는 과위이다. 인위의 오음은 과거·현재·미래이며, 과위의 오음은 과거·현재·미래이기도 하고 과거·현재·미래가 아니기도 하다'라고 하셨다." 이 글에 의해 증명하니, 하나의 과위로서의 오음에 의하면 또한 삼세이기도 하고 삼세가 아니기도 하다는 것을 알아야 할 것이다.

第三句者, 宜就菩薩因果相對, 以辨三世者. 菩薩佛性, 未免生死, 望後爲因, 望前爲果. 種子爲因, 現行爲果. 如是因〈果〉[1495]皆隨三世, 未至理原, 無非三世. 如經云[1496], "後身菩薩佛性因故, 亦是過去現在未來, 果亦如是. 九{地}〔住〕[1497]菩薩佛性因故, 亦是過去現在未來, 果亦如是." 乃至廣說故.

③세 번째 구는 마땅히 보살의 인위와 과위를 상대하여 삼세를 가리는 것이다. 보살의 불성은 아직 생사를 면치 못해, 미래를 기준으로 보면 인이 되고 과거를 기준으로 보면 과가 된다. 이는 종자는 인이 되고 현행은 과가 되기 때

1495 문맥상 '果'를 넣음.
1496 『대반열반경』(36), 대정장12, p.818b05~11, "**後身菩薩佛性因故亦是過去現在未來. 果亦如是. 是名分別答. 九住菩薩佛性六種. 一常二善三眞四實五淨六可見. 佛性因故亦是過去現在未來. 果亦如是. 是名分別答. 八住菩薩下至六住佛性五事. 一眞二實三淨四善五可見. 佛性因故亦是過去現在未來. 果亦如是.**" 참조.
1497 원문에는 '住'로 나옴. 원효가 본문에 구주(九住)를 구지(九地)라고 한 것은 십지(十地)를 십주(十住)라고도 부르기 때문임.

문이다. 이러한 인위와 과위는 모두 삼세를 따른 것일 뿐, 이치의 근원에는 이르지 못한 것이니, 삼세 아닌 것이 없다. 이는 경에서 "후신보살의 불성은 인인 까닭에 또한 과거·현재·미래이며 과 또한 그러하다. 구지보살[1498]의 불성은 인인 까닭에 또한 과거·현재·미래이며 과 또한 그러하다."라고 하고 이어서 자세히 말한 것과 같다.

問. 第二句中, 明如來因, 乃取未成佛時因性. 今第三句, 明菩薩果,
廣說當成{佛}[1499]時果性, 何故此中, 不取當果?
解云. {不}〔如〕[1500]例立果望因, 因是已修故得取, 因在望果, 果非已
證, 所以不取. 是故宜就菩薩位內, 前後相望, 而說因果三世. 三世

1498 구지보살: 십지 중의 하나. 십지(十地): 열 가지 지위를 가리키는데, 십주(十住)라고도
함. 보살 수행의 과정 52위 중에 제41에서 제50지위까지를 십지라고 함. 보살이 처음 이
지위에 이르렀을 때 무루지를 내고 불성을 보아야 성자가 되며, 부처의 지혜를 길이 기른
다. 아울러 일체중생을 호육하기 때문에 이 자리를 지위 십성이라고 한다. 지위의 보살을
지상보살이라 하고, 초지에 오른 보살을 등지보살이라 하고, 초지 이전의 보살은 지전보
살이라 함. 열 가지 명칭은 다음과 같다. ①환희지(歡喜地), ②이구지(離垢地), ③발광지
(發光地), ④염혜지(焰慧地), ⑤난승지(難勝地), ⑥현전지(現前地), ⑦원행지(遠行地),
⑧부동지(不動地), ⑨선혜지(善彗地), ⑩법운지(法雲地)임.
*구주보살: 대승보살 수행과정이 52계위 즉, 십신(十信)·십주(十住)·십행(十行)·십회
향(十回向)·십지(十地)·등각(等覺)·묘각(妙覺)으로 나뉘는데, 그 가운데서 제11위에
서 제20위까지가 십주(十住)의 계위이다. 십주는 십지주(十地住), 십법주(十法住), 십
해(十解)라고도 한다. 구주(九住)는 법왕자주(法王子住)이다. 또 투나도보살법주(渝羅
闍菩薩法住)라고도 하고, 요생주(了生住)라고도 한다. 초발심주(初發心住)로부터 제4
의 생귀주(生貴住)까지 입성태(入聖胎)라고 하고, 제5의 방편구족주(方便具足住)부터
제8의 동진주(童眞住)까지 장양성태(長養聖胎)라고 한다. 이 법왕자주(法王子住)는 태
에서 나올 때에 형상이 갖추어져 있는 것과 같다. 이는 마치 불왕(佛王)의 가르침 가운
데 나면서 이해를 하여 크나큰 불위(佛位)를 이어 받는 것과 같음.
1499 이영무 역(1984), 가은 역주(2004) '佛'을 넣음. 여기서는 넣지 않음.
1500 문맥상 '不'을 '如'로 바꿈. 가은 역주(2004), '不'을 '如'로 바꿔 교감함.

門竟.

물음. 두 번째 구 가운데에서 여래의 인위를 밝힘에 있어, 아직 성불하지 못하였을 때의 인위의 성품을 취하였다. 이제 세 번째 구에서는 보살의 과위를 밝힘에 있어, 미래에 이룰 보살의 과위의 성품을 널리 말하면서, 어째서 미래의 불과(當果: 佛果)는 말하지 않았는가?

대답. 앞의 예(두 번째 구)와 같이 여래의 과위의 입장에서 인위를 바라보면 인은 이미 닦았기 때문에 그것(인시(因時)의 삼세를 따름)을 취한 것이요, 보살의 경우 인위에서 과위를 바라보면 과위는 미리 증득한 것이 아니므로 미래의 불과를 취하지 않은 것이다. 이런 까닭에 보살 지위 내의 서로의 전후관계에 따라서 인위와 과위의 삼세를 말해야 한다.[1501] 삼세문을 마친다.

바. 회통문(會通門)

第六會通〈者〉[1502], 於中有二. 初通文異, 後會義同.

여섯째는 회통문이니, 이 가운데에 둘이 있다. 처음에는 글이 다른 것을 통하게 하고, 뒤에는 뜻이 같은 것을 회통(이해)하였다.

1501 이를 도표화하면 다음과 같음.

구분	인(因)	과(果)
1구	보살인	여래과
2구	여래인	여래과
3구	보살인	보살과

1502 문맥상 '者'를 넣음. 이영무 역(1984), '者'를 넣음.

ㄱ. 다른 주장들을 통하게 함[通文異]

通文異者. 問. 如因果門所引文云[1503], "未得阿耨〈多羅三藐三〉[1504] 菩提{之}[1505]{約}[時][1506], 一切善不善無記{法}[1507]盡名佛性." 若 依是文, 菩提之心六度等行皆是佛性, 何故師子吼中言[1508], "正因者 名爲佛性, 緣因者發菩提心"? 如是相違, 云何會通?

글이 다른 것을 통하게 함. 물음. 예를 들어 앞의 인과문에서 인용한 가섭보 살품에서는, "위없는 보리를 아직 얻지 못하였을 때, 일체의 선·불선·무기를 모두 불성이라 한다."고 하였다. 만약 이 글에 의하면 보리심과 육바라밀 등의 수행이 모두 불성인데, 어째서 사자후보살품에서는, "정인이란 불성을 이름하 는 것이고, 연인이란 보리심을 발하는 것이다."라고 했는가? 이렇게 서로 어 긋나는데, 어떻게 회통할 것인가?

通者解云. 以性攝行不攝故, 說一切盡名佛性. 以行望性有性非行 故. 分性行以說二因. 又復性有二義, 一是因義, 二非作義. 就因義 故盡名佛性, 約非作義, 行卽非性, 由是道理故, 不相違也.

1503 『열반종요』, 한불전1, p.539b08~9 ; 『대반열반경』(36), 대정장12, p.828a21~3, "未得阿 耨多羅三藐三菩提時. 一切善不善無記盡名佛性."
1504 원문에 따라 '多羅三藐三'을 넣음.
1505 원문에 따라 '之'를 뺌. 이영무 역(1984), 가은 역주(2004) 안 뺌.
1506 원문과 필사본에 따라 '約'을 '時'로 바꿈. 필사본, p.71a2*06 참조.
1507 원문에 따라 '法'을 뺌. 이영무 역(1984), 가은 역주(2004) 안 뺌.
1508 『대반열반경』(36), 대정장12, p.828a21~3, "正因者名爲佛性. 緣因者發菩提心."

회통하는 자가 풀이함. 불성으로는 포섭할 수 있으나 수행으로는 포섭할 수 없기 때문에, 일체가 다 불성이라고 말하였다. 왜냐하면 수행은 불성을 바라보지만 불성이 있는 것이 수행은 아니기 때문이다. 그래서 불성과 수행을 나누어서 두 가지 (원)인을 말하였다. 또 다시 불성에는 두 가지 뜻이 있는데, 첫째는 (원)인의 뜻이고, 둘째는 만든 게 아니라는 뜻[1509]이다. 원인이란 뜻에 의하기 때문에 다 불성이라 하고, 만든 게 아니란 뜻에 의해 수행은 곧 불성이 아닌 것이니, 이런 도리로 말미암기 때문에 서로 어긋나지 않는다.

問. 如體相門[1510]所引文言[1511], "非佛性者, 所謂一切牆壁瓦石無情之物." 又復迦葉品中說云[1512], "或{云}[言][1513], 佛性住五陰中〈如器中有〉[1514]果, 或言{佛性性}[1515]離陰而有猶如虛空. 是故如來說於中道, 衆生佛性非內六入非外六入, 內外合故名爲中道." 若依後文, 瓦石等物外六入所攝而爲佛性, 如是相違, 云何會通?

물음. 체상문〔혹은 출체문〕에 인용한 글과 같이, 가섭보살품에서는 "불성이 아닌 것은 이른바 일체의 담이나 벽이나 기와나 돌과 같은 무정물이다."라고

1509 불성은 수행 이전 본래 있는 것으로, 수행으로 만들어진 것이 아님.

1510 앞에서는 '出體門'이라 함.

1511 출체문(『열반종요』, p.538b04~5)과 인과문(『열반종요』, p.539b10~2)에서 각각 한 번씩 인용함. 『대반열반경』(36), 대정장12, p.828b27~8, "非佛性者所謂一切牆壁瓦石無情之物. 離如是等無情之物. 是名佛性"

1512 『대반열반경』(36), 대정장12, p.819a01~6, "凡夫衆生或言佛性住五陰中如器中有果. 或言離陰而有猶如虛空. 是故如來說於中道. 衆生佛性非內六入非外六入. 內外合故名爲中道. 是故如來宣說佛性卽是中道. 非內非外故名中道"

1513 원문에 따라 '云'을 '言'으로 바꿈.

1514 원문에 따라 '如器中有'를 넣음.

1515 원문에 따라 '佛性性'을 뺌.

하였다. 또 가섭보살품 중에, "어떤 이가 말하기를, '불성이 오음 가운데 머무는 것이 마치 그릇 속에 과일이 있는 것과 같다.'고 하고, 어떤 이가 말하기를, '(불성의 성품이) 오음을 벗어나 있는 것이 마치 허공 같다.'고도 한다. 이 때문에 여래가 중도를 말하기를, '중생들의 불성은 안의 육입〔안·이·비·설·신·의〕도 아니고 밖의 육입〔색·성·향·미·촉·법〕도 아니라, 내외가 합쳐진 것이므로 이를 중도라고 한다.'"고 하였다. 만약 뒤에 인용한 글에 의하면, 기와나 돌 등 밖의 육입까지 포섭하여서 불성이 된다고 하니, 이와 같이 서로 어긋나는데, 어떻게 회통할 것인가?

> 通者解云. 若依有情無情異門, 瓦石等物不名佛性. 若就唯識所變現門, 內外無二合爲佛性. 此是唯約報佛性說. 又復前說文說報佛性, 後所引文說法佛性. 若作是說亦不相違也.

회통하는 이가 풀이함. 유정과 무정이 다르다는 측면에 의하면 기와나 돌과 같은 무정물은 불성이라 하지 않는다. 일체가 오직 식이 변해 나타난 것이라는 측면에 의하면 안과 밖이 둘일 수 없고 합하여서 불성이 된다. 이[1516]는 오직 보신불의 불성에 의한 설명이다. 또 앞에 인용한 가섭보살품의 글[1517]은 보신불의 불성을 말한 것이고, 뒤에 인용한 가섭보살품의 글[1518]은 법신불의 불성을 말한 것이다. 만약 이렇게 말한다면 또한 서로 어긋나지 않는다.

1516 『대반열반경』(36), 대정장12, p.828b27~8, "非佛性者所謂一切牆壁瓦石無情之物. 離如是等無情之物. 是名佛性."

1517 앞과 같은 내용임.

1518 『대반열반경』(36), 대정장12, p.819a01~6, "凡夫衆生或言佛性住五陰中如器中有果. 或言離陰而有猶如虛空. 是故如來說於中道. 衆生佛性非內六入非外六入. 內外合故名爲中道. 是故如來宣說佛性卽是中道. 非內非外故名中道."

問. 見性門內所引論說[1519] "初地菩薩無礙智{眠}〔眼〕[1520], 見諸衆生
悉有佛性." 何故是經不能見? 如德王品第九功德中言[1521], "住九地
者, 見法有性, 不見佛性, 住十住者, 見法無性, 方見佛性." 又師子吼
中言[1522], "十住菩薩唯能自知{當}〔定〕[1523]得〈阿耨多羅三藐三〉[1524]菩
提, 而{未}〔不〕[1525]能知一切衆生悉有佛性." 又言[1526], "十住菩薩唯見
其終, 不見其始, 諸佛世尊見始見終, 以是義故, 諸佛了了得〈見〉[1527]
佛性." 又言[1528], "十住菩薩{唯}〔雖〕[1529]見一乘, 不知如來是常住法.
以是{義}[1530]故言, 十住菩薩雖見佛性而不明了." 又言[1531], "一切覺
者, 名爲佛性, 〈十住〉[1532]菩薩不得名〈爲〉[1533]一切覺〈故〉[1534], 是故雖

1519 『구경일승보성론』(4권), 대정장31, p.825a09~11, "彼見一切衆生有眞如佛性. **初地菩薩**
摩訶薩以遍證一切眞如法界故. 偈言無閡淨智眼見諸衆生性遍無量境界故." 참조.

1520 원문에 따라 '眠'을 빼고 '眼'을 넣음.

1521 『대반열반경』(36), 대정장12, p.765c02~5, "一切菩薩住九地者見法有性. 以是見故不見
佛性. 若見佛性則不復見一切法性. 以修如是空三昧故不見法性. 以不見故則見佛性."

1522 『대반열반경』(36), 대정장12, p.772b25~7, "**十住菩薩唯能自知定得阿耨多羅三藐三菩**
提. 而不能知一切衆生悉有佛性."

1523 원문에 따라 '當'을 빼고 '定'을 넣음.

1524 원문에 따라 '阿耨多羅三藐三'을 넣음.

1525 원문에 따라 '未'를 빼고 '不'을 넣음.

1526 『대반열반경』(36), 대정장12, p.763c03~5, "**十住菩薩唯見其終不見其始. 諸佛世尊見始**
見終. 以是義故. 諸佛了了得見佛性."

1527 원문에 따라 '見'을 넣음.

1528 『대반열반경』(36), 대정장12, p.769b20~2, "**十住菩薩雖見一乘. 不知如來是常住法. 以**
是故言十住菩薩雖見佛性而不明了."

1529 원문에 따라 '唯'를 빼고 '雖'를 넣음.

1530 원문에 따라 '義'를 뺌.

1531 『대반열반경』(36), 대정장12, p.772b21~2, "**一切覺者名爲佛性. 十住菩薩不得名爲一切**
覺故. 是故雖見而不明了."

1532 원문에 따라 '十住'를 넣음.

見而不明了." 如是等文云何會通?

물음. 견성문 안에서 인용한 『보성론』에서, "초지보살은 장애가 없는 지혜의 눈으로 모든 중생들에게 다 불성이 있음을 본다."고 하였다. (그런데) 어째서 이 경에서는 볼 수 없(다고 하)는가?

이는 덕왕보살품에서 아홉 번째 공덕[1535] 가운데, "구지에 머무는 이는 법에 자성이 있다(즉 法性)고 보기에 불성을 보지 못하며, 십주에 머무는 이는 법에 자성이 없다고 보기에 비로소 불성을 본다."[1536]고 한 것과 같다. 또 사자후보살품 가운데, "십주보살은 오직 위없는 보리를 결정코 얻게 됨을 스스로 알 수 있을 뿐, 일체 중생들에게 다 불성이 있음은 알 수가 없다."고 하였다. 또한 "십주보살은 오직 그 끝을 볼 뿐 그 처음(心初起相)[1537]은 못 보지만, 모든 부처님은 처음도 보고 끝도 보니, 이런 뜻에서 모든 부처님은 불성을 명료하게 볼 수 있다."고 하였다. 또한 "십주보살은 비록 일승을 보지만 여래가 상주법임은 모른다. 이 때문에 말하기를 '십주보살은 비록 불성을 보지만 명료하지 않다.'고 한다."고 하였다. 또한 "일체각(一切覺)[1538]을 불성이라 하니, 십주보살은 일

1533 원문에 따라 '爲'를 넣음.
1534 원문에 따라 '故'를 넣음.
1535 아홉 번째 공덕(第九功德): 선남자 선여인이 대열반미묘경전을 닦음에 사정(四淨, 25유의 부정을 끊은 25유청정·업청정·신청정·심청정)을 닦아서 수행하여 초분공덕(初分功德)을 구족성취하는 것을 시작으로, 보살마하살이 최후제십공덕(最後第十功德)을 구족성취하는 데까지를 말하였는데, 그 가운데 제구공덕을 가리킨다. 제구공덕이란 보살마하살이 오사(信·直心·戒·親近善友·多聞)를 일으켜 성취함으로써 대열반경전을 닦아서 제구공덕을 구족성취하는 것. 『대반열반경』(36), 대정장12, p.747b25~c09 참조.
1536 앞 주석 1372) 십사(十事) 도표 참조. 구주보살은 가견(可見)으로 불성을 보지 못하고, 후신보살은 소견(少見)으로 약간 보므로 불성을 본다고 한 것임.
1537 원효의 기신론소별기 참조.
1538 일체각(一切覺): 일체각이란 불성이라고도 하는데, 일체각이 아니면 불성이 아니어서

체각이라 할 수 없기 때문에, 그러므로 비록 보지만 명료하지는 못하다."라고 하였다. 이러한 글들을 어떻게 회통할 것인가?

通者解云. 通相而言, 爲顯究竟不究竟異故, 說十地見不明了. 若依隨分證見門者, 初地菩薩亦得眼見. 餘文進退, 隱顯門說. 何者? 爲顯十地是因滿位故, 說得見, 九地以還, 因未圓滿, 故說不見. 又復起信論說, 六種染中, 第五能見心不相應染〈者〉[1539], 是九地障, 未出此障, 故說九地見法有性. 入第十地, 已出彼障, 是故說言, 見法無性. 且{時}〔約〕[1540]一邊顯位階降. 又說十住唯見終者, 衆生之{未}〔末〕[1541]終乎六識, 有情之本始於一心, 菩薩通達六識之相, 而未證見一心之原. 故言見終而不見始. 又言自知當得菩提, 未知衆生有佛性者, 是約遠近以說難易. 謂自當果, 在第二念, 近故易知, 衆生當果, 卽{天}〔在〕[1542]後邊, 遠故難知. 是望當果佛性說也. 又言十住雖見一乘不知如來是常住法者, 是約因果顯其難易. 言一乘者正因佛性, 如來常者是果佛性. 十住因滿故見因性, 未得圓果不見

중도라고 할 수 없다. 또 법신·반야·해탈 삼점이 구족한 것을 일체각이라 하며, 이것이 불성이자 중도이다. 십주보살도 이 일체각을 얻지만 부처에 비해서 아직 우매하기 때문에 분명하지 않다. 그래서 본서에서 "보살은 아직 일체각을 얻지 못한다."고 한 것이다. 『대반열반경소(大般涅槃經疏)』, 대정장38, p.181a12~4, "最後釋一切覺者. 一心三智照一諦三諦. 名一切覺十住亦得此覺. 比佛猶昧故不了了. 地前十住全不見性. 是故不論了與不了" 참조; 같은 책, p.182c21~3, "一切覺者名爲佛性. 諸師單說. 非一切覺則非佛性. 不名中道. 三點具足名一切覺. 是名佛性乃是中道." 참조.

1539 문맥상 '者'를 넣음.

1540 필사본 p.73a3*09에 따라 '時'를 '約'으로 고침.

1541 문맥상 '未'를 '末'로 고침. 가은 역주(2004)에서 '未'를 '末'로 고침.

1542 문맥상 '天'을 '在'로 고침. 한불전, '天'을 '在'로 의심(편자). 필사본 p.73a7*17에는 '無'임.

果性. 卽依是義故後文說言, 菩薩未得一切覺, 是故雖見而不明了
也. 餘文相違准此可通.

회통하는 이가 풀이함. 통상으로 말하자면, 구경과 구경 아님의 다름을 드
러내기 위해 십지보살은 불성을 보더라도 명료하지 못하다고 하였다. 그러나
만일 단계적으로 증득해 보는 문에 의하면 초지보살도 또한 불성을 눈으로 볼
수 있다. 그 나머지 글에서는 진퇴가 있으니, 은밀문과 현료문에 의해 말한 것
이기 때문이다. 이것은 무슨 뜻인가?

십지가 인행이 원만한 계위임을 나타내기 위해서, 십지는 불성을 보게 된
다고 하였고, 구지 이하는 인행이 아직 원만하지 못하므로 불성을 보지 못한
다고 하였다. 또한 『기신론』에서 '여섯 가지 염심〔물든 마음〕1543 가운데 다섯 번
째 '능견심불상응염'1544이란 구지에서 장애되는 것이니, 아직 이 장애에서 벗

1543 『대승기신론』(1권), 대정장32, p.577c07~15, "染心者有六種. 云何爲六. 一者執相應染.
依二乘解脫及信相應地遠離故. 二者不斷相應染. 依信相應地修學方便漸漸能捨.
得淨心地究竟離故. 三者分別智相應染. 依具戒地漸離. 乃至無相方便地究竟離故. 四者現
色不相應染依色自在地能離故. 五者能見心不相應染. 依心自在地能離故. 六者根本
業不相應染. 依菩薩盡地得入如來地能離故."(염심이란 여섯 가지가 있으니, 무엇이 여
섯 가지인가? 첫째는 집상응염(執相應染)이니, 이승(二乘)의 해탈한 이와 신상응지(信
相應地)의 사람에 의하여 멀리 여의기 때문이다. 둘째는 부단상응염(不斷相應染)이니,
신상응지에 의하여 방편(方便)을 수학(修學)하여 점점 버려서〔捨〕정심지(淨心地)에 이
르러서 구경에 여의기 때문이다. 셋째는 분별지상응염(分別智相應染)이니, 구계지(具戒
地)에 의하여 점점 여의여 이에 무상방편지(無相方便地)에 이르러 구경에 여의기 때문
이다. 넷째는 현색불상응염(現色不相應染)이니, 색자재지(色自在地)에 의하여 여읠 수
있기 때문이다. 다섯째는 능견심불상응염(能見心不相應染)이니, 심자재지(心自在地)에
의하여 여읠 수 있기 때문이다. 여섯째는 근본업불상응염(根本業不相應染)이니, 보살진
지(菩薩盡地)에 의하여 여래지(如來智)에 들어가서 여읠 수 있기 때문이다.)(은정희 역
주, 『원효의 대승기신론소·별기』, 일지사, 1992 4쇄 pp.243~4.)
1544 『기신론해동소』(2권), 대정장44, p.215b02~5, "第五能見心不相應染者. 是五意內第二

어나지 못하므로 구지보살은 '법에 자성이 있다고 본다.'고 하였다. 제십지에 들어가면 이미 그러한 장애에서 벗어났기 때문에 '법에 자성이 없다고 본다.'고 하였다.[1545] 이는 또한 한쪽의 견해에 의해 (십지보살보다 구지보살의) 계위가 낮음을 드러낸 것이다.

또 '십주보살이 오직 그 끝을 본다.'고 한 것은 유정중생의 마지막[支末]은 육식에서 끝나고 유정중생의 근본은 일심에서 시작되는데, 보살은 육식의 모습에 통달하고 있지만, 일심의 근원은 아직 증득하여 볼 수가 없으니, 그러므로 '그 끝은 보지만 그 처음은 보지 못한다.'고 하였다.

또 보살은 '미래에 보리를 얻을 것을 스스로 알지만 중생에게 불성이 있음은 아직 알지 못한다.'고 한 것은 원근(遠近)에 의하여 어려움과 쉬움을 설한 것이다. 말하자면 보살이 스스로 성취할 미래의 과위는 제이념(第二念)[1546]에 있으니, 이는 가깝기 때문에 알기 쉽다. 중생이 성취할 미래의 과위는 뒤편에 있

轉識. 依於動心成能見故. 心自在地. 是第九地. 此地已得四無礙智. 有礙能緣不得現起. 故說能離也."(다섯 번째 능견심불상응염(能見心不相應染)이란 다섯 가지 의(意) 가운데 두 번째 전식(轉識)이니, 동심(動心)에 의하여 능견을 이루기 때문이다. 심자재지(心自在地)는 제구지(第九地)니 이 구지에서는 이미 사무애지(四無礙智)를 얻어서 장애를 가진 능연(能緣)이 일어나지 못하게 되기 때문에 '여일 수 있다'고 말하였다.)(은정희 역주, 『원효의 대승기신론소·별기』, 일지사, 1992 4쇄 p.249); 『대승기신론별기』(2권), 대정장44, p.237a25~7, "第五能見心不相應染者 五中第二轉識. 依於動心能見相故心自在地 是第九地." 참조.

1545 능견심불상응염(能見心不相應染)은 제구지(第九地)에 해당되는데, 동심(動心)에 의하여 능견(能見)을 이룬다는 뜻이고, 제십지(第十地)에서 자성이 없다고 보는 것은 근본업불상응염(根本業不相應染)은 제십지 보살진지(菩薩盡地)에 해당되는데, 거기에서는 업식을 여의어서 견상이 없음을 뜻함.

1546 제이념(第二念): 여기서 초념(初念)은 능(能)·소(所)가 미분된 초기심으로서 무명업상(無明業相)이고, 제이념은 능견심(能見心)이다. 부처만이 초념(初念)인 심초기상[無明業相]을 볼 수 있는 반면, 십지보살은 제이념(第二念)인 능견심불상응염(能見心不相應染)을 볼 수 있음.

으니, 이는 멀기 때문에 알기 어렵다. 이는 성취할 미래 결과로서의 불성[當果佛性]에 의해 설명한 것이다.

또 '십주보살이 비록 일승[^1547]을 보지만 여래가 상주의 법임은 모른다.'고 한 것은 인과에 의해 그 어려움과 쉬움을 드러낸 것이다. '일승'이라고 한 것은 바로 원인으로서의 불성이고, '여래가 상주한다.'라는 것은 결과로서의 불성이다. 십주보살은 인행이 꽉 찼기 때문에 원인으로서의 불성은 볼 수 있지만, 두루한 과위는 아직 얻지 못한 까닭에 결과로서의 불성은 보지 못한다. 이러한 의미에 의하기 때문에 그 다음 경문에서 말하기를, '보살은 아직 일체각을 얻지 못했으니, 이 때문에 비록 불성을 보더라도 명료하지 못하다.'[^1548]고 하였다. 나머지 경문들이 서로 어긋나도 여기에 준하면 통할 수 있다.

ㄴ. 뜻이 같은 것을 통하게 함[會義同]

次會義同者, 於同類義, 有異文句, 以義類而會諸文.

다음으로 뜻이 같은 것을 회통[이해]한다는 것은 같은 종류의 뜻에서 다른 문구들이 있으니, 뜻이 비슷한 종류로써 여러 경문들을 회통[이해]하는 것이다.

[^1547]: 일승(一乘): 불승(佛乘)을 가리킴. 승(乘)이란 운재(運載)의 뜻. 부처님은 일승의 법을 설하여 중생들로 하여금 일승법을 수행함으로써 생사의 고해를 벗어나 열반의 피안에 도달하게 한 것이다. 부처님의 교법에는 소승(小乘)·대승(大乘)·삼승(三乘)·오승(五乘)이 있다. 일체 중생이 모두 성불한다는 견지에서 그 구제하는 교법이 하나뿐이고 또 절대 진실한 것이라고 주장하는 것이 일승임. 『법화경』을 일승경 또는 일승의 묘전(妙典)이라 함.

[^1548]: 『대반열반경소(大般涅槃經疏)』, 대정장38, p.181a12~4, "最後釋一切覺者. 一心三智照一諦三諦. 名一切覺. 十住亦得此覺. 比佛猶昧故不了了. 地前十住全不見性. 是故不論了與不了." 참조.

佛性之義有無量門, 以類相攝, 不出五種. 一性淨門常住佛性. 二隨
染門無常佛性. 是二種門皆說因性. 三者現果, 諸佛所得. 四者當
果, 衆生所含. 五者一心, 非因非果. 依是五門以攝諸文.

불성의 뜻은 헤아릴 수 없이 많은 문이 있지만 비슷한 종류로써 서로 묶으
면 다섯 가지를 벗어나지 않는다. 첫째는 성정문(性淨門)이니 상주하는 불성이
다. 둘째는 수염문(隨染門)이니 무상한 불성이다. 이 두 가지 문은 다 인(因)으
로서의 불성을 설하고 있다. 셋째는 현재의 과위이니 모든 부처님께서 얻으신
것이다. 넷째는 미래의 과위이니 중생들이 가지고 있는 것이다. 다섯째는 일
심이니 인위도 아니고 과위도 아니다. 이 다섯 가지 문으로 모든 경문들을 포
함한다.

第一常住佛性門者. 四相品云[1549] "唯斷取著, 不斷我見, 我見者,
名爲佛〈性〉[1550], 佛性者卽眞解脫." 如來性品云[1551] "我者卽是如來
藏〈義〉[1552], 一切衆生悉有佛性, 卽是我義." 師子吼中言[1553] "佛性

1549 『대반열반경』(36), 대정장12, p.635c08~12, **"唯斷取著不斷我見. 我見者名爲佛性. 佛性
者卽眞解脫. 眞解脫者卽是如來. 又解脫者名不空空. 空空者名無所有. 無所有者. 卽
是外道尼犍子等所計解脫."**

1550 원문에 따라 '性'을 넣음.

1551 『대반열반경』(36), 대정장12, p.648b07~9, **"我者卽是如來藏義. 一切衆生悉有佛性. 卽
是我義. 如是我義從本已來. 常爲無量煩惱所覆. 是故衆生不能得見."**

1552 원문에 따라 '義'를 넣음.

1553 『대반열반경』(36), 대정장12, p.767c18~28, **"佛性者名第一義空. 第一義空名爲智慧. 所
言空者不見空與不空. 智者見空及與不空常與無常苦之與樂我與無我. 空者一切生死.
不空者謂大涅槃. 乃至無我者卽是生死. 我者謂大涅槃. 見一切空不見不空. 不名中道.
乃至見一切無我不見我者. 不名中道. 中道者名爲佛性. 以是義故佛性常恒無有變易.
無明覆故令諸衆生不能得見. 聲聞緣覺見一切空不見不空. 乃至見一切無我不見於我.**

者名第一義空, 第一義空名爲智惠. 〈所言〉[1554]智者見空及與不空. {愚}〔空〕[1555]者不見空與不空." 又言[1556], "觀十二緣智, 凡有{二}〔四〕[1557]種. 下中智者不見佛性, 即是二乘. 上智觀者不見了了, 不了了{見}[1558]故, 住十住地. 上上智〈觀〉[1559]者卽了了見, 了了見故, 得阿耨菩提. 以是義故, 十二因緣名爲佛性, 佛性者{名}〔卽〕[1560]第一義空, 第一義空名爲中道, 中道者名爲佛性[1561], 佛性[1562]者名爲涅槃." 又言[1563], "究竟{究}〔畢〕[1564]竟者, 一切衆生所得一乘, 一乘者名爲佛性. 一切衆生{皆}〔悉〕[1565]有一乘, 〈以〉[1566]無明覆故, 不

以是義故不得第一義空." 참조. 이 부분은『기신론해동소』에서도 원효는 이와 똑같이 원전과 다르게 인용하고 있다. 은정희 역주,『원효의 대승기신론소·별기』, 일지사, 1992 4쇄 p.182 번역과 p.183 원문 참조.

1554 원문 및 문맥에 따라 '所言'을 넣음.

1555 원문에 따라 '愚'를 빼고 '空'을 넣음.『열반경』원문에는 '空'이지만, 원효가 '愚〔어리석음〕'로 바꾸어 인용함.

1556 『대반열반경』(36), 대정장12, p.768c12~20, "觀十二緣智凡有四種. 一者下. 二者中. 三者上. 四者上上. 下智觀者不見佛性. 以不見故得聲聞道. 中智觀者不見佛性. 以不見故得緣覺道. 上智觀者見不了了. 不了了故住十住地. 上上智觀者見了了. 故得阿耨多羅三藐三菩提道. 以是義故. 十二因緣名爲佛性. 佛性者卽第一義空. 第一義空名爲中道. 中道者卽名爲佛. 佛者名爲涅槃."

1557 원문에 따라 '二'를 빼고 '四'를 넣음.

1558 원문에 따라 '見'을 뺌.

1559 원문에 따라 '觀'을 넣음.

1560 원문에 따라 '名'을 빼고 '卽'을 넣음.

1561 『열반경』원문에는 '佛'이지만, 원효가 '佛性'으로 바꾸어 인용함.

1562 원문에는 '性'이 없지만, 원효가 '性'을 넣음.

1563 『대반열반경』(36), 대정장12, p.769a25~8, "究竟畢竟者一切衆生所得一乘. 一乘者名爲佛性. 以是義故. 我說一切衆生悉有佛性. 一切衆生悉有一乘. 以無明覆故不能得見."

1564 원문에 따라 '究'를 빼고 '畢'을 넣음.

1565 원문에 따라 '皆'를 빼고 '悉'을 넣음.

能得見."

①첫 번째, (성정문의) 상주하는 불성문을 밝힌다. 『열반경』 사상품에서, "다만 집착함을 끊을 뿐 아견을 끊어 버리지는 않나니 아견이란 불성이라 하며 불성이란 곧 참 해탈이다."라고 하였다. 『열반경』 여래성품에서는, "나란 곧 여래장의 뜻이니 일체의 중생들에게 다 불성이 있다는 것이 곧 나라는 뜻이다."라고 하였다. 『열반경』 사자후보살품에서, "불성이란 제일의공(第一義空)[1567]이라 하고 제일의공은 지혜라고 한다. '지혜'란 공과 불공을 보는 것이고, '공'이란 공과 불공을 보지 않는 것이다."라고 하였다. 또 말하기를, "십이연기를 관찰하는 지혜에 무릇 네 가지 종류가 있다. 낮거나 중간의 지혜[下中智: 성문·연각]를 가진 이는 불성을 보지 못하니, 그것은 곧 이승이다. 높은 지혜[上智: 십지보살]를 가진 이는 명료하게 보지 못하니, 명료하게 보지 못하기 때문에 십주지에 머문다. 가장 높은 지혜[上上智: 부처]를 가진 이는 곧 명료하게 보니, 명료하게 보는 까닭에 위없는 보리를 얻는다. 이런 뜻에서 십이인연을 불성이라 하고 불성은 곧 제일의공이며 제일의공을 중도라 하고 중도는 곧 불성이라 하며 불성을 열반이라 한다."라고 하였다. 또 "구경 필경이란 일체의 중생들이 얻을 일승인데, 일승은 불성이라 한다. 일체의 중생들에게 다 일승이 있지만 무명으로 덮인 까닭에 볼 수가 없다."라고 하였다.

如是等文擧諸異名, 同顯性淨眞如佛性. 三乘同歸名一乘, 十二之本故名因緣. 離一切〈相〉[1568]故名爲空, 性有本覺名爲智惠. 衆生中

1566 원문에 따라 '以'를 넣음.
1567 제일의공(第一義空): 앞 주석 '제일의공' 참조.
1568 필사본에 따라 '相'을 넣음. 필사본 p.74b7*23 참조.

實故名爲{義}〔我〕[1569], 自體自照故名我見. 諸名雖異, 所詮體一. 所
以說是衆多名者, 爲顯諸經唯一味故. 謂名我見名如來藏者, 是會
勝鬘楞伽等旨. 又名爲空名智惠者, 是會諸部般若敎意, 又名一乘
者, 是會法花經等, 又名眞解脫者, 是會維摩經等. 爲顯是等諸經異
文同旨故, 於一佛性, 立是諸名也.

이와 같은 경문들에서 여러 다른 이름들이 거론되었지만, 똑같이 성정문의
진여불성을 나타낸 것이다. 삼승이 함께 같이 돌아가니 '일승'이라 하였고, 십
이인연의 근본이기 때문에 '인연'이라 하였다. 일체의 상(相)에서 벗어났기 때
문에 '공'이라 하였고, 자성에 본각이 있기 때문에 '지혜'라 하였다. 중생의 제
일의제[1570]이기 때문에 '아'라 하였고, 자체를 스스로 비추기 때문에 '아견'이라
한다. 이처럼 여러 이름이 비록 다르지만 설명되는 본체는 하나이다.

그런데도 많은 이름을 말한 까닭은 모든 경이 오직 일미(一味)임을 나타내
기 위해서이다. 말하자면 '아견'이라 하고 '여래장'이라 하는 것은 『승만경』『능
가경』 등의 종지를 회통(이해)한 것이다. 또 '공'이라 하고 '지혜'라고 한 것은 제
부[1571]의 『반야경』 교의를 회통한 것이다. 또 '일승'이라 한 것은 『법화경』 등의
교의를 회통한 것이고, 또 '참 해탈'이라고 한 것은 『유마경』 등의 교의를 회통
한 것이다. 이들 여러 경에서 경문은 다르지만 종지는 같음을 드러내려고 하
기 때문에 하나의 불성에다가 이런 여러 가지 이름들을 세운 것이다.

1569 필사본에 따라 '義'를 '我'로 바꿈. 필사본 p.75a1*20 참조.
1570 중생의 제일의제(中實): 중실은 중도진실(中道眞實)의 뜻이니 곧 제일의제(第一義諦)*
　　를 가리킴. *제일의제(第一義諦): 앞 주석 참조.
1571 제부(諸部): 600부 『반야경』을 말함.

第二隨染門中報佛性者. 師子吼中言[1572], "佛性者名大信心. 何以
〈故〉[1573]? 信心故菩薩〈摩訶薩則〉[1574]能具〈足〉[1575]{六}〔檀波羅蜜乃
至般若[1576]波羅蜜." 又言[1577], "佛性者名慈悲喜捨, 佛性者名四無礙
{知}〔智〕[1578], 乃至佛性者名{灌}[1579]頂三昧." 迦葉品云[1580], "後身菩
薩佛性有六, 乃至初地佛性有五, 皆是過去現在未來." 又言[1581], "未
得〈阿耨多羅三藐三〉[1582]菩提之時, 〈一切〉[1583]善不善{等}〔無記〕[1584]
盡名佛性." 如是等文, 同顯隨染門內, 報佛性也.

1572 『대반열반경』(36), 대정장12, pp.802c28~3a01, "**佛性者名大信心. 何以故. 以信心故菩**
薩摩訶薩則能具足檀波羅蜜乃至般若波羅蜜."

1573 원문에 따라 '故'를 넣음.

1574 원문에 따라 '摩訶薩則'을 넣음.

1575 원문에 따라 '足'을 넣음.

1576 원문에 따라 '六'을 빼고 '檀波羅蜜乃至般若'를 넣음.

1577 『대반열반경』(36), 대정장12, 802c23~4, "大慈大悲者名爲佛性. 佛性者名爲如來." 참
조; 같은 책, p.802c27~8, "大喜大捨者卽是如來." 참조. 같은 책, p.803a15~8, "**佛性者**
名四無礙智. 以四無礙因緣故說字義無礙. 字義無礙故能化衆生. 四無礙者卽是佛性.
佛性者卽是如來. **佛性者名頂三昧.**" 참조; 같은 책, p.803a03, "**佛性者卽是如來.**" 참조;
같은 책, p.823b10~1, "如來卽是**慈悲喜捨**. 慈悲喜捨卽是解脫. 解脫卽是涅槃. 涅槃卽
是慈悲喜捨." 참조.

1578 원문에 따라 '知'를 빼고 '智'를 넣음.

1579 원문에 따라 '灌'을 뺌.

1580 『대반열반경』(36), 대정장12, p.818a24~b13, "善男子. **後身菩薩佛性有六.** …… 佛性因
故亦是**過去現在未來.** …… 五住菩薩下至**初住佛性五事.** 一眞二實三淨四可見五善不
善." 원효가 이를 요약해 인용한 것임.

1581 『대반열반경』(36), 대정장12, p.828a21~3, "**未得阿耨多羅三藐三菩提時.** 一切**善不善無**
記盡名佛性."

1582 원문에 따라 '阿耨多羅三藐三'을 넣음.

1583 원문에 따라 '一切'를 넣음.

1584 원문에 따라 '等'을 빼고 '無記'를 넣음.

②두 번째, 수염문(隨染門)의 보신불성을 설명한다. 『열반경』 사자후보살품 가운데 "불성이란 대신심이라 한다. 어째서인가? 신심 때문에 보살마하살은 단바라밀에서 반야바라밀〔육바라밀〕까지를 갖출 수 있(기 때문이)다."라고 하였고, 또 "불성이란 자비희사[1585]라 하고, 또 불성은 사무애지(四無礙智)[1586]라 하며, 내지 불성은 정삼매(頂三昧)[1587]라 한다."라고 하였다. 가섭보살품에, "후신 보살[1588]의 불성에는 여섯 가지[1589]가 있고 내지 초지보살에는 다섯 가지[1590]가

1585 자비희사(慈悲喜捨): 사무량심(四無量心)을 말함. 한없는 중생을 어여삐 여기는 무량한 네 가지 마음. 무량이란 것은 무량한 중생을 상대로 하여 또 무량한 복과(福果)를 얻으므로 이렇게 이름함. 첫째, 자무량심. 성 안내는 마음을 체로 하고 한량없는 중생에게 즐거움을 주려는 마음. 처음은 자기가 받은 즐거움을 남도 받게 하기로 뜻을 두고 먼저 친한 이부터 시작하여 널리 일체 중생에게 미치게 하는 것. 둘째, 비무량심. 성 안내는 것을 체로 하여 남의 고통을 벗겨 주려는 마음. 처음엔 친한 이의 고통을 벗겨 주려 하고 점차로 확대하여 다른 이에게 미치는 것. 셋째, 희무량심. 기쁘게 받음을 체로 하여 다른 이로 하여금 고통을 여의고 즐거움을 얻어 희열케 하려는 마음. 처음엔 친한 이부터 시작하여 점점 다른 이에게 미치는 것은 위와 같다. 넷째, 사무량심. 무탐(無貪)을 체로 하여 중생을 평등하게 보아 원·친의 구별을 두지 않으려는 마음. 처음엔 자기에게 아무런 관계가 없는 이에게 대하여 일으키고 점차로 친한 이와 미운 이에게 평등한 마음을 일으키는 것.

1586 사무애지(四無礙智): 사무애변, 사무애해라고도 함. 마음의 방면으로는 지(智) 또는 해(解)라 하고, 입의 방면으로는 변이라 함. ①법무애(法無礙). 온갖 교법에 통달하는 것. ②의무애(義無礙). 온갖 교법의 분명한 뜻을 아는 것. ③사무애(辭無礙). 여러 가지 말을 알아 통달치 못함이 없는 것. ④요설무애(樂說無礙). 온갖 교법을 알아 기류(機類)가 듣기 좋아하는 것을 말하는 데 자재한 것.

1587 정삼매(頂三昧): 금강삼매(金剛三昧)·금강멸정(金剛滅定)·금강심(金剛心)이라고도 함. 금강과 같이 굳세고 날카로운 정(定)을 말함. 정(定)이란 그 체가 견고하고 그 작용이 예리하여 일체의 번뇌를 깨뜨릴 수 있기 때문에 모든 물건을 깨뜨리는 금강석에 비유한 것. 이는 삼승 학인의 말후심이니, 소승 성문 또는 대승 보살이 수행을 하여 완성의 단계에 나아갈 때, 최후번뇌를 끊어 없앨 때 일으키는 정. 이 정이 생기면 극미세의 번뇌를 끊어 없애고 극과를 얻으니 성문의 경우 최고 깨달음의 경지에서 아라한과에 도달할 수 있고, 보살에 있어서는 불과를 얻는 것임.

1588 후신보살: 앞 주석 '후신보살' 참조.

1589 후신보살의 불성 여섯 가지: 상(常)·정(淨)·진(眞)·실(實)·선(善)·소견(少見).

있는데, 모두 과거·현재·미래[1591]이다."라고 하였고, 또 "보리를 아직 얻지 못하였을 때[오주 이하]에는 일체의 선·불선·무기를 모두 불성이라 한다."라고 하였다. 이와 같은 경문들은 다 같이 수염문(隨染門)에서의 보신의 불성을 나타낸 것이다.

第三明現果佛性者. 師子吼中言[1592], "佛性者, 亦色非色, 非色非非色. 亦相非相, 非相非非相. 云何爲色? 金剛身故. 云何非色? 十八不共, 非色法故. 云何非色非非色? 無定相故. 云何爲相? 三十二〈相〉[1593]故. 云何非相? 一切衆生相不現故. 云何非相非非相? 不決定故." 迦葉品云[1594], "如來佛性卽有二種, 一者有, 二者無. 有者所謂三十二相, 八十種好, 十力, 四無畏, 乃至無量三昧, 是名爲有. 無者如來過去諸善不善無記, 乃至五陰十二因緣, 是名爲無. 是名如來佛性有無." 如是等文同明現果.

1590 초지보살의 불성 다섯 가지: 진(眞)·실(實)·정(淨)·가견(可見)·선불선(善不善).
1591 후신보살부터 초지보살까지의 불성은 인위에 있기 때문에 과거·현재·미래라 할 수 있으니, 여래의 불성이 과거도 아니고 현재도 아니고 미래도 아닌 것과는 다름.
1592 『대반열반경』(36), 대정장12, p.770b20~9, "佛性者亦色非色非色非非色. 亦相非相非相非非相. 亦一非一非一非非一. 非常非斷非非常非非斷. 亦有亦無非有非無. 亦盡非盡非盡非非盡. 亦因亦果非因非果. 亦義非義非義非非義. 亦字非字非字非非字. 云何爲色. 金剛身故. 云何非色. 十八不共非色法故. 云何非色非非色. 色非色無定相故. 云何爲相. 三十二相故. 云何非相. 一切衆生相不現故. 云何非相非非相. 相非相不決定故."
1593 원문에 따라 '相'을 넣음.
1594 『대반열반경』(36), 대정장12, p.821b17~c01, "如來佛性則有二種. 一者有二者無. 有者所謂三十二相八十種好. 十力四無所畏三念處大慈大悲. 首楞嚴等無量三昧. 金剛等無量三昧. 方便等無量三昧. 五智印等無量三昧. 是名爲有. 無者所謂如來過去諸善不善無記. 業因果報煩惱五陰十二因緣. 是名爲無. 善男子. 如有無善不善. 有漏無漏. 世間非世間. 聖非聖. 有爲無爲. 實不實. 寂靜非寂靜. 諍非諍. 界非界. 煩惱非煩惱. 取非取."

③세 번째, 모든 부처가 얻은 현재 과위로서의 불성을 밝힌다. 사자후보살품 가운데 "불성이란 색이며 색이 아니기도 하며, 색도 아니고 색이 아닌 것도 아니다. 상(相)이며 상이 아니기도 하며, 상도 아니고 상이 아닌 것도 아니다. 무엇을 색이라고 하는가? 금강신[1595]인 까닭이다. 무엇을 색이 아니라고 하는가? 십팔불공(十八不共)[1596]은 색법이 아닌 까닭이다. 무엇을 색도 아니고 색이 아닌 것도 아니라고 하는가? 결정된 상이 없기 때문이다. 무엇을 상이라고 하

受記非受記. 有非有. 三世非三世. 時非時. 常無常我無我樂無樂淨無淨. 色受想行識非色受想行識. 內入非內入. 外入非外入. 十二因緣非十二因緣. 是名如來佛性有無."

1595 금강신(金剛身): 앞 주석 참조.
1596 십팔불공(十八不共): 부처님께만 있는 공덕으로서 이승(二乘)이나 보살들에게는 공통되지 않은 열여덟 가지 공덕법. ①신무실(身無失): 부처는 무량겁래로부터 지계가 청정하기 때문에 이러한 공덕으로 일체의 번뇌가 다 없어지므로 몸에 결점이 없음. ②구무실(口無失): 부처는 무량의 지혜와 변재를 갖추어서 말씀하시는 법이 중생의 근기에 알맞게 하여 모두 깨달음을 얻게 하는 것을 말함. ③의무실(意無失: 念無失): 부처는 깊고 깊은 선정을 닦아서 마음이 산란하지 않아 마음에 집착하는 바가 없어서 제일의의 안은함을 얻음. 앞의 삼법은 신·구·의 삼업에 다 과실이 없음을 가리킴. ④무이상(無異想): 부처는 일체 중생에 대하여 평등하게 널리 제도하여 마음에 간택함이 없음. ⑤무부정심(無不定心): 부처는 행주좌와에서 항상 깊고 깊은 뛰어난 삼매를 여의지 않아 마음을 다 잡아 선법중에 머물러서 제법실상 중에서도 퇴실하지 않음. ⑥무부지이사심(無不知已捨心): 고락사 등의 느낌에 대해 부처가 생각 생각 중에 생주멸 등의 상을 알아차려 적정평등에 머무름. ⑦욕무감(欲無減): 부처는 뭇 선을 갖추어서 항상 모든 중생을 제도하려 함에 마음에 싫증냄이 없음. ⑧정진무감(精進無減): 부처의 신심은 정진이 만족되어 중생을 제도함에 항상 여러 가지 방편을 행하여 쉬지 않음. ⑨염무감(念無減): 삼세제불의 법은 일체의 지혜와 충분히 상응하여 퇴전함이 없음. ⑩혜무감(慧無減): 부처가 일체의 지혜를 갖춘 것을 말함. 또 삼세의 지혜에 장애가 없기 때문에 부처의 지혜에 빠지는 것이 없음. ⑪해탈무감(解脫無減): 부처는 일체의 집착을 멀리 여의어서 유위·무위의 두 가지 해탈을 갖추어 일체 번뇌의 습이 다 없어지니 곧 해탈에도 아무런 결함이 없음. ⑫해탈지견무감(解脫知見無減): 부처는 모든 해탈상을 분명하게 알아서 장애가 전혀 없음. ⑬일체신업수지혜행(一切身業隨智慧行): 일체의 신업이 오직 지혜에 따라 행함. ⑭일체구업수지혜행(一切口業隨智慧行): 일체의 구업이 오직 지혜에 따라 행함. ⑮일체의업수지혜행(一切意業隨智慧行): 일체의 의업이 오직 지혜에 따라 행함. 앞의 삼

는가? 서른두 가지 (상)¹⁵⁹⁷이 있기 때문이다. 무엇을 상이 아니라고 하는가? 일체 중생들의 상은 (여래의 상이) 나타나지 않기 때문이다. 무엇을 상도 아니고 상이 아닌 것도 아니라고 하는가? 결정코 그런 것은 아니기 때문이다."라고 하였다. 가섭보살품에, "여래의 불성에는 두 가지가 있으니, 첫째는 있는 것이고, 둘째는 없는 것이다. 있다는 것은 이른바 서른두 가지 상과 팔십종호¹⁵⁹⁸와 열 가지 힘¹⁵⁹⁹과 사무소외¹⁶⁰⁰ 내지 무량한 삼매¹⁶⁰¹를 말하며, 이를

항은 부처가 신·구·의 삼업을 행할 때에 먼저 옳고 그름을 관찰하고 뒤에 지혜에 따라 행함. 그러므로 과실이 없어서 중생을 모두 이익되게 함. ⑯지혜지견과거세무애무장(智慧知見過去世無礙無障): 지혜로 과거세를 지견하는 데에 아무런 장애가 없음. ⑰지혜지견미래세무애무장(智慧知見未來世無礙無障): 지혜로 미래세를 지견하는 데에 아무런 장애가 없음. ⑱지혜지견현재세무애무장(智慧知見現在世無礙無障): 지혜로 현재세를 지견하는 데에 아무런 장애가 없음. 앞의 삼항이 부처의 지혜로서 과거·현재·미래 삼세에 있는 일체의 일을 비추어 알아 모두 통달하여 장애가 없음.

1597 서른두 가지 상(三十二相): 범 dvātriṃśanmahā-puruṣa ṇahā-lakṣaṇāni, 빨 dvattiṃsa mahā-purisa-lakkhaṇāni. 부처님 몸에 갖춘 32표상. 32대인상·32대장부상이라고도 함. 이 상을 갖춘 이는 세속에 있으면 전륜왕, 출가하면 부처님이 된다고 함. ①발바닥이 평평함. ②손바닥과 발바닥에 수레바퀴 같은 무늬가 있음. ③손가락이 가늘면서 김. ④손발이 매우 부드러움. ⑤손가락 발가락 사이마다 얇은 비단결 같은 막이 있음. ⑥발꿈치가 원만함. ⑦발등이 높고 원만함. ⑧장단지가 사슴다리 같음. ⑨팔을 펴면 손이 무릎까지 내려감. ⑩남근이 오므라들어 몸 안에 숨어 있는 것이 말의 것과 같음. ⑪키가 한 발(두 팔을 편 길이)의 크기와 같음. ⑫털구멍마다 새카만 털이 남. ⑬몸의 털이 위로 쓸려 남. ⑭온몸 빛이 황금색임. ⑮몸에서 솟는 광명이 한길 됨. ⑯살결이 보드랍고 매끄러움. ⑰두 발바닥·두 손바닥·두 어깨·정수리가 모두 판판하고 둥글며 두터움. ⑱두 겨드랑이가 펀펀함. ⑲몸매가 사자와 같음. ⑳몸이 곧고 단정함. ㉑양 어깨가 둥글며 두둑함. ㉒이가 40개나 됨. ㉓이가 희고 가지런하고 빽빽함. ㉔송곳니가 희고 큼. ㉕뺨이 사자 것과 같음. ㉖목구멍에서 맛좋은 진액이 나옴. ㉗혀가 길고 넓음. ㉘목소리가 맑고 멀리 들림. ㉙눈동자가 검푸름. ㉚속눈썹이 소의 것과 같음. ㉛두 눈썹 사이에 흰털이 남. ㉜정수리에 살상투가 있음.

1598 팔십종호(八十種好): 범 aśīty-anuvyañjanāni. 80종호는 부처님 몸에 갖추어진 미묘한 표지로서 32상에 따르는 잘생긴 모양이라는 뜻. 32상을 다시 세밀하게 나누어 놓은 80종을 말함. 경론에 따라 똑같지 않음. ①손톱이 좁고 길고 엷고 구리빛으로 윤택한 것. ②손가

일러 있다고 한다. 없다는 것은 여래의 과거 모든 선과 불선과 무기 내지 오음과 십이인연을 말하며, 이를 일러 없다고 한다. 이를 이름하여 여래 불성의 있음과 없음이라고 한다."라고 하였다. 여기에 인용된 여러 경문들은 다 현재의 과위를 밝힌 것이다.

第四說當果佛性者. 師子吼中言[1602], "譬如有人{我}〔家〕[1603]有乳酪,

락과 발가락이 둥글고 길어서 다른 사람보다 고운 것. …… ⑧걸음 걷는 위의가 사자와 같은 것. …… ⑪몸을 돌려 돌아보는 것이 코끼리와 같은 것. …… ⑭무릎이 원만하고 굳고 아름다운 것. ⑰몸매가 바르고 곧아서 굽지 않은 것.…… ㉑몸에 둥근 광명이 있어서 사방으로 한길씩 뻗치는 것. ㉒배가 반듯하고 가로무늬가 없는 것. …… ㉕살갗이 깨끗하고 용모가 바른 것. …… ㉗손금이 깊고 끊어지지 않고 분명하고 바른 것. ㉘입술이 붉고 윤택하여 빔바의 열매 같은 것. …… ㉛말소리가 위엄 있게 떨치는 것이 사자의 영각과 같은 것. …… ㉝코가 높고 곧아서 콧구멍이 드러나지 않는 것. …… ㊱눈이 넓고 깨끗하며 눈동자가 검은 광명이 있는 것. ㊶두 눈썹이 높고 명랑하여 반달과 같은 것. ㊷귀가 두텁고 길고 귀뿔이 늘어진 것. …… ㊹얼굴이 단정하고 아름다워 보기 싫지 않은 것. ㊺이마가 넓고 원만하여 수승한 것. …… ㊼머리카락이 길고 검고 빽빽한 것. …… (53)몸집이 장대하고 단정하고 곧은 것. …… (56)몸매가 엄숙하고 좋아서 보는 사람마다 즐거워하는 것. (57)얼굴이 둥글고 넓고 깨끗한 것이 보름달 같은 것. …… (63)목이 아름답고 둥글고 평등한 것. …… (65)법문 말씀하시는 소리가 원만하여 듣는 사람들의 성질에 따라 널리 맞게 하는 것. (66)정수리가 높고 묘하여 볼 수 없는 것. …… (71)목소리가 화평하고 맑아서 여러 사람의 마음을 즐겁게 하는 것. (72)중생들의 근기를 알고 그 정도에 맞추어 법문을 말하는 것. (73)한 음성으로 법을 말하되 여러 종류들이 제각기 알게 하는 것. …… (75)중생들을 고르게 보아서 원수나 친한 이가 모두 평등한 것. …… (79)용모가 기특하고 묘하여 항상 젊은 이와 같은 것. (80)손·발·가슴에 상서로운 복덕상과 훌륭한 모양을 구족한 것.

1599 열 가지 힘〔十力〕: 앞 주석 '열 가지 힘' 참조.

1600 사무소외(四無所畏): 앞 주석 '사무외(四無畏)' 참조.

1601 삼매(三昧): 범 Samadhi. 산란한 마음을 한 곳에 모아 움직이지 않게 하며 마음을 바르게 하여 망념에서 벗어나는 것. 『아함경』, 유부, 『구사론』, 『비바사론』, 『반야경』, 천태종, 『열반경』 등에 여러 가지 삼매가 있음.

1602 『대반열반경』(36), 대정장12, p.769a18~22, "譬如有人家有乳酪. 有人問言汝有酥耶. 答

有人問言, 汝有{蘇}〔酥〕[1604]耶? 答〈言〉[1605]我有, 酪實非{蘇}〔酥〕[1606], 以巧方便, {決}[1607]定當得〈故〉[1608], 故言有{蘇}〔酥〕[1609]. 衆生亦爾, 悉皆有心. 凡有心者, 定當得成阿耨〈多羅三藐三〉[1610]菩提. 以是義故, 我常宣說一切衆生悉有佛性." 迦葉品云[1611], "如汝先問, 斷善根人有佛性者, 〈是人〉[1612]亦有如來佛性, 亦有後身佛性. 是二佛性障未來故, 得名爲無, 畢竟得故, 得名爲有." 如是等文, 明當果佛性.[1613]

④넷째, 미래 과위로서의 불성을 설명한다. 사자후보살품에 "비유컨대 어떤 사람이 집에 유락(乳酪)[1614]이 있는데 누가 묻기를, '그대는 치즈(酥)가 있는가?' 함에 '나에게 있다'고 답한 것과 같아서 유락은 실제는 치즈가 아니지만 좋은 방편을 쓰면 분명 치즈를 얻게 될 것이기 때문에 그래서 치즈가 있다고

言我有酪實非酥. 以巧方便定當得故. 故言有酥. 衆生亦爾. 悉皆有心. 凡有心者定當得成阿耨多羅三藐三菩提. 以是義故. 我常宣說一切衆生悉有佛性."

1603 원문에 따라 '我'를 빼고 '家'를 넣음.

1604 원문에 따라 '蘇'를 빼고 '酥'를 넣음.

1605 원문에 따라 '言'을 넣음.

1606 원문에 따라 '蘇'를 빼고 '酥'를 넣음.

1607 원문에 따라 '決'을 뺌.

1608 원문에 따라 '故'를 넣음.

1609 원문에 따라 '蘇'를 빼고 '酥'를 넣음.

1610 원문에 따라 '多羅三藐三'을 넣음.

1611 『대반열반경』(36), 대정장12, p.818a26~9, "如汝先問. 斷善根人有佛性者. 是人亦有如來佛性. 亦有後身佛性. 是二佛性障未來故得名爲無. 畢竟得故得名爲有."

1612 원문에 따라 '是人'을 넣음.

1613 필사본에 '性'으로 되어 있음. 대정장 및 한불전에 '佛性'으로 바뀌어 있음. 필사본, p.76b6*02 참조. 문맥상 '性'이 '佛性'이므로 문제가 되지는 않음.

1614 유락(乳酪): 타락(駝酪). 우유 또는 양유를 끓여 만든 음료. 연유같은 것.

말한 것이다. 중생 또한 그러하여 모두 마음(불성)이 있으니, 무릇 마음이 있는 자는 반드시 위없는 보리를 이루게 될 것이다. 이런 뜻 때문에 나는 항상 '일체 중생이 다 불성이 있다'고 하였다."라고 하였다. 가섭보살품에서 "그대가 앞서 선근을 끊어버린 자도 불성이란 것이 있는지를 물었는데, 이런 사람도 여래[1615]의 불성이 있고 또한 후신보살[1616]의 불성도 있다. 그런데 두 불성이 미래에 막혀 있으므로 '없다'고 할 수 있고, 필경에는 얻을 것이므로 '있다'고 할 수 있다."고 하였다. 여기에 인용된 여러 경문들은 미래 과위로서의 불성을 밝힌 것이다.

第五明非因非果非常非無常性者. 如德王品云[1617], "善〈根〉[1618]有二種, 〈一者〉[1619]有漏, 〈二者〉[1620]無漏. 是佛性非有漏非無漏, 是故不斷. 復有二種, 一者常, 二者無常. 佛性非常非無常. 是故不斷." 師子吼中言[1621], "佛性者, 有因有因因, 有果有果果. 有因者, 卽

1615 여래(如來): 범/빨 tathāgata. 부처님 십호의 하나. tatha는 진실·진리라는 뜻. thatā는 같이, 곧 여시(如是) 또는 여실(如實)의 뜻. gata는 가다의 뜻. āgata는 도달·오다의 뜻. ① tathā-gata(如去)는 지금까지의 부처님과 같이 저들과 같은 길을 걸어서 열반의 피안에 간 사람이란 뜻. 곧 선서(善逝) 도피안(到彼岸)과 같은 뜻. ②tathā-āgata(如來)는 지금까지의 제불과 같이 저들과 같은 길을 걸어서 동일한 이상경에 도달한 사람이라는 뜻. 또 이 밖에도 āgata를 오다의 뜻으로 여래란 부처님네와 같은 길을 걸어서 이 세상에 내현한 사람, 또는 여실한 진리를 보여주는 사람이라는 뜻.

1616 후신보살: 앞 주석 참조.

1617 『대반열반경』(36), 대정장12, p.737a28~b04, "善根有二種. 一者內. 二者外. 佛性非內非外. 以是義故佛性不斷. 復有二種. 一者有漏. 二者無漏. 佛性非有漏非無漏. 是故不斷. 復有二種. 一者常. 二者無常. 佛性非常非無常. 是故不斷."

1618 원문에 따라 '根'을 넣음.

1619 원문에 따라 '一者'를 넣음.

1620 원문에 따라 '二者'를 넣음.

1621 『대반열반경』(36), 대정장12, p.768b14~7, "佛性者有因有因因. 有果有果果. 有因者卽

十二因緣, 因因者, 卽是智{惠}〔慧〕[1622]. 有果者, 卽是阿耨〈多羅
三藐三〉[1623]菩提, 果果者, 卽是無上大般涅槃."

⑤다섯째, 불성은 인도 아니고 과도 아니며, 항상함도 아니고 무상함도 아
님을 밝힌다. 이는 덕왕보살품에 "선근에는 두 가지가 있으니, 첫째는 유루이
고 둘째는 무루이다. 불성은 유루도 아니고 무루도 아니니, 그러므로 불성은
끊어지지 않는다. 또 선근에 두 가지가 있으니, 첫째는 항상한 것이고 둘째는
무상한 것이다. 그러나 불성은 항상한 것도 아니고 무상한 것도 아니다. 그래
서 불성은 끊어지지 않는다."라고 한 것과 같다. 사자후보살품에 "불성이란 인
도 있고 인의 인도 있으며, 과도 있고 과의 과도 있다. '인이 있다'는 것은 곧
십이인연이고, '인의 인이 있다는 것'은 곧 지혜이다. '과가 있다'는 것은 곧 위
없는 보리이고, '과의 과가 있다는 것'는 위없는 대반열반이다."라고 하였다.

是等文同顯一心非因果性. 所以然者, 性淨本覺是無漏善, 隨染衆
善是有漏善, 一心之體不{常}〔當〕[1624]二門, 故非有漏非無漏. 又佛
果是常善, 因是無常善, 一心之體〈非因果〉[1625], 非果故非常 非無
常. 若心是因, 不能作果, 如其是不能作果,[1626]〈不能作因〉[1627] 良

十二因緣. 因因者卽是智慧. 有果者卽是阿耨多羅三藐三菩提. 果果者卽是無上大般
涅槃."

1622 원문에 따라 '惠'를 '慧'로 바꿈.

1623 원문에 따라 '多羅三藐三'을 넣음.

1624 가은 역주, 문맥상 '常'을 '當'으로 바꿈. 여기서는 이를 따름.

1625 문맥상 '非因故'를 넣음.

1626 『반야등론석(般若燈論釋)』권6, 대정장30, p.82a21~2, "實因不能作果. 於世諦中若無因
者. 亦不作果." 참조.

1627 문맥상 '不能作因'을 넣음.

由一心非因非果, 故得作因亦能爲果, 亦作因因及爲果果. 故言[1628],
"佛性者, 有因有因因, 有果有果果."

이와 같은 경문들은 다 같이 일심이 인과 과의 성품이 아님을 드러낸 것이
다. 그러한 까닭은 성정본각은 무루선이고, 수염본각의 뭇 선은 유루선이나,
일심의 체는 성정·수염의 두 문에 해당되지 않으니 그래서 유루도 아니고 무
루도 아니다. 또 불과는 상선(常善)이고 인행은 무상선(無常善)이나 일심의 체
는 인과가 아니다. 과가 아니므로 항상한 것도 아니고, 인이 아니므로 무상한
것도 아니다. 만약 마음이 인(實因)이라면 과가 될 수 없으니, 만약 과가 될 수
없으면,[1629] 인도 아니다. 진실로 일심은 인도 아니고 과도 아니므로 인이 될
수도 있고 또한 과가 될 수도 있으며, 인의 인이 되고 과의 과도 된다. 그래서
말하기를 "불성이란 인도 있고, 인의 인도 있으며, 과도 있고 과의 과도 있다."
고 말한다.

是故當知. 前說四門, 染淨二因, 當現二果, 其性無二, 唯是一心.
一心之性唯佛所體, 故說是心名爲佛性. 但依諸門顯此一性. 非隨
異門, 而有別性. 卽無有異, 何得有一? 由非一故, 能當諸門. 由非

1628 『대반열반경』(36), 대정장12, p.768b14, "**佛性者有因有因因. 有果有果果.**"
1629 一心非因非果는 A(非因)&B(非果)로, 若心是因不能作果는 -A는 B를 함축한다는 뜻으
로 이를 기호화해 아래와 같이 진리표를 만들어 보면, 동일률임을 알 수 있다. 따라서 원
효가 심의 실체성에 대한 반박을 쓴 것으로 요약할 수 있음.

(A	·	B)	⊃	(−A	⊃	B)
T	T	T	T	F	T	T
T	F	F	T	F	T	F
F	F	T	T	T	T	T
F	F	F	T	T	F	F

異故, 諸門一味. 佛性之義略判如是. 上來所說涅槃佛性全爲第二
廣經宗竟.

그러므로 마땅히 알아야 한다. 앞서 말한 네 문 즉 수염(隨染)과 성정(性淨)
의 두 가지 인으로서의 불성과, 미래에 얻거나 현재에 얻은 두 가지 과로서의
불성은, 그 자성이 둘이 없고 오직 일심일 뿐이다. 일심이란 성품은 오직 부처
만이 체득할 수 있고 그래서 이 마음을 불성이라 한다. 다만 여러 가지 문에
따라 이 하나의 성품을 드러낸 것이다.

그렇지만 다른 문을 따른다 하여 다른 성품이 있는 것은 아니다. 곧 다를
것도 없는데, 어찌 하나가 있을 수 있겠는가? 하나가 아니기 때문에 여러 문에
다 해당할 수 있다. 다르지 않기 때문에 여러 문이 다 일미(一味)이다. 불성의
의미는 대략 이와 같이 구별된다. 위에서 설명한 열반문과 불성문이 모두 두
번째로 경의 종지를 널리 설명한 것이다. 마친다.

3. 가르침의 체를 밝힘〔明敎體〕

第三明敎體[1630]者. 先叙異部, 後顯大乘.

셋째, 십이분교의 체를 밝힌다. 먼저 다른 부파의 주장을 서술하고 나중에 대승의 관점을 나타낸다.

1) 부파 논서의 주장들

迦{退}〔延〕[1631]論中, 以名句味以爲經體. 故彼論說[1632], "十二部經名何等法? 答曰, 名身〈句身〉[1633]語身次第住"故. 若依雜心[1634], 有二師說. 如界品[1635], "八萬法陰皆色陰攝, 以佛〈說〉[1636]語{之}[1637]性

1630 앞에서는 '出經體'이라고 함.

1631 필사본에 따라 '退'를 '延'으로 바꿈. 필사본, p.78a1*17 참조.

1632 『아비담팔건도론(阿毘曇八犍度論)』(30권), 대정장26, p.853b28~c03, "佛語名何等法. 答曰. 名身句身語身次第住. 契經(一)詩(二)記(三)偈(四)因緣(五)歎(六)本末(七)譬喩(八)生(九)方廣(十)未曾有(十一)法義(十二十二部經). 名何等法. 答曰. 名身句身語身次第住."; 『아비달마발지론(阿毘達磨發智論)』(20권), 대정장26, p.0981b04~8, "佛敎名何法. 答名身句身文身. 次第行列. 次第安布. 次第連合. 契經應頌記說伽他自說因緣譬喩本事本生方廣希法. 論議名何法. 答名身句身文身. 次第行列. 次第安布. 次第連合."

1633 원문에 따라 '句身'을 넣음.

1634 『잡아비담심론(雜阿毘曇心論)』: 설일체유부(說一切有部)의 다르마트라타〔法救〕가 지음.

1635 『잡아비담심론(雜阿毘曇心論)』, 대정장28, p.872a23~4, "八萬法陰皆色陰攝. 以佛說語性故. 有說. 名性者行陰攝. 餘戒等五陰. 彼戒陰色陰攝."; 『아비달마순정리론(阿毘達

故. 有說名性者行陰攝." 若准婆沙第四十卷, 以音聲爲敎體者, 是佛陀提婆義, 以名句味爲敎體者, 是和須蜜[1638]義.[1639] 俱舍論中又出是二, 如〈分別〉[1640]界品云[1641], "有諸師執, 佛正敎言音爲性, 於彼〈師〉[1642]入色陰攝. 〈復〉[1643]有諸師執, 文句爲性, 於彼師入行陰攝."

『가전연론』[1644]에서는 명(名)[1645]·구(句)[1646]·미(味)[1647]로써 경의 체를 삼았다.

磨順正理論)』대정장29, p.346c11~8, "論曰. 有說. 佛敎語爲自體. 彼說法蘊皆色蘊攝. 語用音聲爲自性故. 有說. 佛敎名爲自體. 彼說法蘊皆行蘊攝. 名不相應行爲性故." 참조.

1636 원문에 따라 '說'을 넣음.

1637 원문에 따라 '之'를 뺌.

1638 필사본에는 '蜜'이 '密'로 되어 있음. 필사본, p.78a6*9 참조.

1639 『비바사론』권40에 없다. 『인왕경소(仁王經疏)』, 대정장33, p.359b19~23, "第二辨所詮宗能詮敎體者. 自有兩門. 先辨敎體. 後顯宗旨. 然出敎體諸宗不同. 薩婆多宗. 毘曇俱舍. 及舊毘婆沙. 皆有兩說. 一說音聲. 二名句文. 雖有兩說. 而無別判. 新翻俱舍第一. 具申兩釋. 亦無別判." 참조.

1640 원문에 따라 '分別'을 넣음.

1641 『아비달마구사석론(阿毘達磨俱舍釋論)』(22), 대정장29, p.166b26~9, "此中偈曰. 如來說法陰. 其數八十千. 此但言及名. 色行陰所攝. 釋曰. 有諸師執. 佛正敎言音爲性. 於彼師入色陰攝. 復有諸師執. 文句爲性. 於彼師入行陰攝." 『아비달마구사석론』은 진제 삼장이 번역한 구 『구사론』을 일컬음.

1642 원문에 따라 '師'를 넣음.

1643 원문에 따라 '復'를 넣음.

1644 『가전연론』은 부처님의 10대 제자 중 한 사람인 마하가전연(摩訶迦旃延, 범 Mahākātyāyana)이 지은 『장론(藏論)』인 듯. 현존하지 않음.

1645 명(名): 범 nāman. 나마(那摩)로 음역. 심불상응행법(心不相應行法)의 하나. 구사(俱舍) 75법의 하나이며 유식(唯識) 100법의 하나. 보통 명칭을 가리켜 말하지만, 음성을 따라 물체를 불러서 사람이 그 이름을 듣고 마음 중에 물체의 상을 떠올려 알아차리게 하는 뜻이다. 『구사론』권5에 의하면, 명(名)이란 상(想)을 짓는 것으로, 색(色)·성(聲)·향(香)·미(味) 등을 말해서 같은 상(想)을 떠올리는 것과 같다. 이것은 그 명(名)을 가지고 주관의 인상(印象)과 더불어 연계하여 일어나기 때문에 명상(名想)이라고도 한다. 또 명(名)을 원인으로 하여 사물의 모습과 일치시켜 명상(名相)이라고도 함.

그러므로 저 논에서 "십이부경[1648]은 어떤 법을 이르는가? 답하기를, 명신(名身)[1649]·구신(句身)[1650]·어신(語身)[1651]이 차례로 구성되어 있다."고 하였다. 그런

1646 구(句): 범 pada. 음역은 발타(鉢陀)·파타(跛陀)·발담(鉢曇)이라고 함. 구사종(俱舍宗) 75법의 하나, 유식종(唯識宗) 백법의 하나. 사물의 뜻을 나타냄. 또한 사물의 뜻을 설명하여 나타내는 것으로 하나의 뜻을 완전히 해석하는 장구.『구사론』권5(대정장29, p.29a)에서, "구란 장구이며, '제행무상'과 같이 온전히 해석하는 장구"를 말함. 인도불교 이래로 법문의 의리를 구성해 표현해 내어서 시구형식의 요소로 만드는 것.『법구경』같은 것이 이러한 류의 시구를 대표함.

1647 미(味): 문(文) 혹은 자(字), 어(語)라고도 함. 글씨로 쓴 문자가 아니고 소리로 된 문으로서 굴곡·차별이 있는 문체를 말함. 가·나·다 등과 같은 것이고 의미를 나타내는 것이 아니다. 이것이 모여 명(名)이 되고 구(句)가 되어야 비로소 의미를 나타내게 된다. 단 하나뿐이면 미(味)라 하고 둘 이상이면 미신(味身)이다. 신(身)은 '모였다'는 뜻으로 복수를 말한다. 그래서 미신은 바로 자신(字身)임.(『잡아비담심론』, p.943a26, "味身者是字身" 참조.)

1648 십이부경(十二部經): 부처님께서 설한 법을 그 서술내용과 형식에 따라 12가지로 나눈 것을 가리킴. 곧 십이분교(十二分敎), 십이분성교(十二分聖敎), 십이분경(十二分經)이라고도 한다. 곧 ①계경(契經, 범 sūtra, 음역 修多羅), 또 장행(長行)이라고도 한다. 산문으로써 직접 기재한 부처님의 교설이다. 일반적으로 말하는 산문체의 경. ②응송(應頌, 범 eya, 음역 祇夜), 산문체 경문의 뒤에, 그 내용을 운문으로써 노래한 것. ③기별(記別, 범 vyākaraṇa, 음역 和伽羅那), 또 수기(授記)라고도 한다. 경중에 말한 뜻을 문답·해석하고, 또는 제자가 다음 세상에 날 곳을 예언한 것. ④풍송(諷頌, 범 gāthā, 음역 伽陀), 또 고기송(孤起頌)이라 한다. 4언 5언 또는 7언의 운문. ⑤자설(自說, 범 udāna, 음역 優陀那), 무문자설이라 함. 남이 묻지 않는데 부처님이 스스로 말씀한 경.『아미타경』등. ⑥인연(因緣, 범 nidāna, 음역 尼陀那), 연기 인연이라 함. 경중에서 부처님을 만나 법을 들은 인연 등을 말한 것. ⑦비유(譬喩, 범 avadāna, 음역 阿波陀那). 경전 중에서 비유로써 은밀한 교의를 명백하게 한 것. ⑧본사(本事, 범 itivṛttaka, 음역 伊帝曰多伽), 부처님이나 제자들의 지난 세상 인연을 말한 것. 사타가(본생)는 제외한다. ⑨본생(本生, 범 jātaka, 음역 闍陀伽), 본사라고도 함. 부처님 자신의 지난 세상에서 행하던 보살행을 말한 것. ⑩방광(方廣, 범 vaipulya, 음역 毘佛略), 방등이라고도 함. 방정(方正)·광대한 진리를 말한 것. ⑪희법(希法, 범 adbhuta-dharma, 음역 阿浮陀達磨), 미증유법(未曾有法)이라고도 함. 부처님이 여러 가지 신통력 부사의를 나타내는 것을 말함. 경전의 흥기한 인연에 부사의한 일을 말함과 같은 것. ⑫논의(論議, 범 upadeśa, 음역 優波提舍). 교법의 의리를 논의·문답한 내용을 말함.

데 만약『잡심론』에 의하면 두 논사의 설명이 있다. 계품에서 "팔만 가지 법음 1652이 모두 색음(色陰)1653에 포함되는데1654, 이는 부처님의 말씀은 말(語)이라 는 속성을 가지기 때문이다. 또 어떤 사람은 말하기를, '이름(名)의 속성은 행음 (行陰)1655에 포함된다'1656라고 한다."1657는 것과 같다. 만약『바사론』제40권에

1649 명신(名身): 범 nāmakāya. 불상응행(不相應行)의 하나. 명(名)은 능히 자성을 말하는 것. 곧 명사. 신(身)은 '모였다'는 뜻으로 복수를 말함. 곧 명신(名身)은 두 개 이상의 명사가 모인 것을 말함.

1650 구신(句身): 범 padakāya. 유식종(唯識宗) 24불상응행(不相應行)의 하나. 구사종(俱舍 宗) 14불상응행(不相應行)의 하나. 제행무상(諸行無常) 제법무아(諸法無我)라고 하는 것과 같이 구가 둘 이상 모인 것을 말함. 자성의 차별인 의리를 나타내는 것을 구(句)라 하고 신(身)은 무더기를 말함. 구가 둘 이상 모인 것을 구신(句身)이라 한다.

1651 어신(語身): 어신(語身)은 어(語)의 복수임. 어(語)는 자(字, 범 akṣara)와 같다. 미(味) 혹 은 문(文)이라고도 한다. 자(字)는 음절(音節)·운(韻)·어(語)의 뜻으로 문자를 가리킴. 『구사론광기』권5(대정장41, p.108c23-3)에 의하면 자란 문(文)과 같은 말이다. 따라서 어 신(語身)은 어(語)의 복수이며 문신(文身), 미신(味身), 자신(字身)과 같은 말이다.

1652 팔만법음(八萬法陰): 법음은 법온(法蘊)과 같음. 법온은 dharma-skandha. 부처님이 말씀 하신 교법을 널리 가리킴. 법장(法藏)과 같은 뜻. 부처가 연을 따라 말씀하신 교법으로 여러 가지 법문이 쌓여서 이루어지기 때문에 법온이라 함.『법화경』(대정장9, p.34b)에 의하면 팔만사천법온이 있다고 하고,『구사론』(대정장9, p.6b)에서는 팔만법온이 있다 고 함.

1653 색음(色陰): 범 rūpa-skandha, 빨 rūpa-kkhandha. 또 색수음(色受陰)이라고도 한다. 오온 의 하나로 색온(色蘊)과 같다. 색은 스스로 생멸변화하고 또 다른 것을 장애한다. 온은 모여서 뭉친 것으로 화합하여 한덩이가 된 것. 어느 면으로 보아도 한 무더기라고 볼 수 있는 것. 오근과 오감관의 대상이 되는 색성향미촉의 오경과 무표색의 열하나를 말함.

1654 팔만 가지 법음은 음성을 자성으로 삼기 때문에 팔만 가지 법음이 색음에 포함된다고 하 는 것임.

1655 행음(行陰): 범 saṃskāra-skandha. 행온(行蘊)이라고도 하며, 오온(五蘊)의 하나. 인연 에 의하여 만들어지고 시간적으로 변화하는 것을 종류대로 모아서 한 뭉치를 이룬 것. 유위법, 곧 오온은 모두 이 뜻이 있으며 행온 가운데는 다른 사온(색·수·상·식)보다 조 작천류하는 행의 뜻을 많이 가지고 있으므로 특히 행온이라 한다. 설일체유부에서는 46심소에서 수(受)·상(想)을 제한 44와 불상응법 14를 합한 58법을 총칭하여 행온(行 蘊)이라 함.

의하면, 음성이 교의 체가 된다는 것은 불타제바[1658] 존자의 뜻이고, 명(名)·구(句)·미(味)가 교의 체가 된다는 것은 화수밀[1659] 존자의 뜻이다.[1660] 『구사론』에도 두 가지가 있는데, 분별계품에서 "어떤 논사들이 주장하기를, '부처님의 바른 가르침은 언음(말소리)을 자성으로 삼는다' 하였으니, 저 논사들에게 있어 언음은 색음에 포함되는 것이다. 또 다른 어떤 논사들은 고집하기를, '문(文)·구(句)를 자성으로 삼는다'고 하였으니, 저 논사들에게 있어 문·구는 행음에 포함되는 것이다."라고 하는 것과 같다.

有人說言, 俱舍論中有三師說, 第三師義, 通取音聲名句爲體. 如{法}〔分別〕[1661]界品下文說言[1662], "諸師{異}〔實〕[1663]判如{是}〔此〕[1664]. 衆

1656 명·구·문은 불상응행법에 포함되므로 명의 속성은 행음에 포함된다고 한 것임.

1657 부처님의 가르침은 말을 자체로 삼으므로 그가 설하는 모든 법온은 모두 색온에 포섭된다. 말은 음성을 자성으로 삼기 때문이다. 부처님의 가르침은 명을 자체로 삼는다. 부처님이 설하는 법온은 모두 행온에 포섭되니, 명은 불상응행법에 속하기 때문임.

1658 불타제바(佛陀提婆): 범 Buddhahadeva 발타제바라고도 함. 각천(覺天)이라 번역. 비바사 4대 논사의 하나. 중인도 사람. 1~2세기 경 소승 유부의 학자. 물(物)·심(心) 이원론을 주장. 또 관대(觀待, 相待)가 같지 않다는 데 의하여 삼세(三世)의 다름이 있다고 주장함.

1659 화수밀(和須蜜): 범 Vasumitra 화수밀다라고도 함. 세우(世友)라 번역. 북인도 간다라국 사람. 1~2세기 경의 논사. 카니슈카 왕이 카슈미라 국에서 삼장을 결집할 때, 500불교학자의 상좌(上座)가 됨. 그는 학식이 풍부하고 세상의 존중을 받아 당시의 법구·묘음·각천과 함께 비바사 4대 논사라 일컬음.

1660 성교(聖敎)의 본질은 입으로 발성되어진 말이다. 그런데 이 말은 소리로써 표현되기 때문에 음성이 교의 체가 되고, 그 소리로 표현된 말 즉 명·구·문이 교의 체가 된다는 것임.

1661 『아비달마구사석론』(22)에 따라 '法'을 '分別'로 바꿈.

1662 『아비달마구사석론』(22), 대정장29, p.166c07~10, "諸師實判如此. 衆生有八萬煩惱行類. 謂欲瞋癡慢等差別故. 爲對治此行. 世尊正說八萬法陰. 如八萬法陰. 於五陰中入色行二陰攝."

1663 원문에 따라 '異'를 '實'로 바꿈.

1664 원문에 따라 '是'를 '此'로 바꿈.

生有八萬煩惱行{相}〔類〕[1665], 謂欲瞋癡慢等差別故. 爲對治此行,
{佛}[1666]世尊正說八萬法陰, 如八萬法陰{相}[1667], 〈於〉[1668]五陰中,
〈入〉[1669]色行二陰攝."

어떤 사람이 말하기를,『구사론』에는 세 논사의 주장이 있는데, 세 번째 논
사의 뜻은 음성과 명·구를 통틀어 취하여 체로 삼는다는 것이다. 이는 분별계
품의 아래 글에서 "여러 논사들이 다음과 같이 실답게 판단하였다. 중생들에
게는 팔만 가지 번뇌의 행상이 있으니, 이른바 욕·진·치·만 등의 차별을 말
한다. 이 번뇌행을 대치하기 위하여 세존께서는 팔만법음을 바로 말씀하셨으
며 팔만법음은 오음 가운데 색음과 행음의 이음(二陰)에 포함된다."고 말한 것
과 같다.

以是文證, 得知評家取此第三也. 雖有是說而實不然. 所以然者,
彼不能顯論文分齊, 監[1670]取異文作是妄說. 彼論前文已出二師說
攝陰[1671]竟, 次說八萬法陰之量[1672], 一出三師義. 此言[1673]"諸師{異}

1665 원문에 따라 '相'을 '類'로 바꿈.
1666 원문에 따라 '佛'을 뺌.
1667 원문에 따라 '相'을 뺌.
1668 원문에 따라 '於'를 넣음.
1669 원문에 따라 '入'을 넣음.
1670 가은 역주(2004)(p.225)에서는 '監'을 '濫'으로 교감함. 여기서는 '監' 그대로 둠.
1671 가은 역주(2004)(p.225)에서는 "入色行二陰攝"의 줄임말로 봄.
1672 『아비달마구사석론』, 대정장29, p.166b29~c06, "**此法陰數量**云何. 偈曰. 說如法陰量. 釋
曰. 有諸師說. 有一分阿毘達磨名法陰. 其量有六千偈. 八十千中一一法陰. 其量皆爾.
復有諸師說. 偈曰. 陰等一一教. 釋曰. 陰入界緣生諦食定無色解脫制入遍入覺助
通解願智無爭等正教隨一一皆名法陰." 참조.
1673 『아비달마구사석론』(22), 대정장29, p.166c07~10, "**諸師實判如此.**"

〔實〕¹⁶⁷⁴判如{是}〔此〕¹⁶⁷⁵"已下¹⁶⁷⁶, 正成第三評家之說, 說法陰量已
竟, 次欲更說五分法身{十}¹⁶⁷⁷一切入等諸門攝義. 是故條前成後
之言¹⁶⁷⁸, "八萬法陰, {相}〔於〕¹⁶⁷⁹五陰中〈入〉¹⁶⁸⁰色行二陰攝." 此言
總條前二師義. 是故當知彼說謬異. 當知小乘諸部之內出教體性唯
有二說, 更無第三也.

이 글로 보아, 평자는 이 세 번째〔이음에 포함됨〕를 취하고 있음을 알 수 있다.
비록 이런 설명이 있기는 하지만, 실은 그렇지 않다. 그러한 까닭은 그〔평자〕가
『구사론』글의 분제(分齊)를 제대로 드러내지 못하여, 다른 글을 보고 취하고서
이런 잘못된 설명을 하게 된 것이다. 저『구사론』의 앞글에서 이미 두 논사의
설명을 들어 색음과 행음에 포함됨을 말하고 나서, 다음으로 팔만법음의 수량
을 말하였으니, 이는 세 번째 논사의 뜻으로 한 번 나타내 본 것이다. 여기서
(『아비달마구사석론』) 말한 "여러 논사가 실로 이와 같이 판단하였다." 이하는 바
로 세 번째 논사의 설명을 이루며, 법음의 양을 말하고 나서, 다음으로 또 오
분법신¹⁶⁸¹과 일체의 입(入)¹⁶⁸² 등 여러 문이 포함하는 의미를 설명하고자 하

1674 원문에 따라 '異'을 빼고 '實'을 넣음.

1675 원문에 따라 '是'를 빼고 '此'를 넣음.

1676 『아비달마구사석론』, 대정장29, p.166c07~10, "諸師實判如此. 衆生有八萬煩惱行類. 謂
欲瞋癡慢等差別故. 爲對治此行. 世尊正說八萬法陰. 如八萬法陰. 於五陰中入色行二
陰攝."

1677 가은 역주(2004)(p.226)에서는 문맥상 '十'을 뺌. 여기서도 이를 따름.

1678 『아비달마구사석론』(22), 대정장29, p.166c07~10, "諸師實判如此. 衆生有八萬煩惱行
類. 謂欲瞋癡慢等差別故. 爲對治此行. 世尊正說八萬法陰. 如**八萬法陰. 於五陰中入
色行二陰攝.**"

1679 원문에 따라 '相'을 빼고 '於'를 넣음.

1680 원문에 따라 '入'을 넣음.

1681 오분법신(五分法身): 대승·소승의 무학위 곧 부처님과 아라한이 갖추어 가진 다섯 가지

였다. 이 때문에 앞의 글을 들어서 뒤의 말을 성립시켰으니, 즉 "팔만법음[팔만 사천법장]은 오음 가운데 색음과 행음의 이음에 포함된다."라고 한 것이다. 그런데 여기서는 앞의 두 논사의 뜻을 전체적으로 조목조목 든 것이다. 이 때문에 저 평자가 세 번째 논사를 설정한 것이 잘못된 것임을 알아야 하며, 소승의 여러 부파 가운데 십이분교체의 성격을 드러냄에 단지 두 가지 설명[1683]만 있을 뿐, 제 삼의 것[1684]은 다시 없다는 것을 알아야 할 것이다.

若依成實, 相續假聲以爲敎體. 如彼論, 不相應行品云[1685], "有人言,

공덕. 계신(戒身)·정신(定身)·혜신(慧身)·해탈신(解脫身)·해탈지견신(解脫知見身). 이를 무루오온(無漏五蘊)이라고도 한다. ①계신: 무루의 신어업(身語業). ②정신: 무학의 공(空)·무원(無願)·무상(無相)의 세 가지 삼매. ③혜신: 무학의 정견(正見)과 정지(正知). ④해탈신: 정견(正見)에 상응하는 수승한 앎. 번뇌의 속박에서 벗어나 얻는 자유자재한 몸. ⑤해탈지견신: 무학의 진지(盡智)·무생지(無生智). 부처님은 자신이 참으로 일체 번뇌의 속박에서 벗어난 자유자재한 몸인 줄을 앎. 『아비달마구사석론』, 대정장29, p.166c14~6, "此中有別五陰. 謂戒陰定慧解脫解脫知見陰. 戒陰入色陰攝. 餘四入行陰攝." 참조.

1682 일체의 입(入): 다음 글에서와 같이 계음입(戒陰入)[오분법신 중 계신(戒身)의 입(入)을 말함], 사입(四入)[정신·혜신·해탈신·해탈지견신의 입(入)] 등의 여러 '입(入)'이 있음. 『아비달마구사석론』, 대정장29, p.166c15~28, "戒陰入色陰攝. 餘四入行陰攝. 復有十遍入. 前八遍入. 無貪爲自性故. 法入所攝. 若共伴類. 五陰爲性故. 意法二入所攝. 制入亦爾. 空遍入識遍入及空等四無邊入. 四陰爲性故. 意法二入所攝. 復有五解脫入. 智慧爲性故. 法入所攝. 若共伴類. 聲意法三入所攝. 復有二入. 謂無想入非想非非想入. 第一入卽無想天. 十入所攝. 除香味入故. 第二入意法二入所攝. 如此於多界經中. 佛說有六十二界. 此等諸界. 如理應知. 入十八界中攝. 彼中所說六界. 謂地界水火風空識界. 六中二界未說其相. 此無爲空. 爲應知卽是空界耶. 一切識爲應知卽是識界耶." 참조.

1683 음성을 체로 삼는 것과 명·구를 체로 삼는 것, 즉 색음과 행음.

1684 음성과 명·구를 통틀어 취하여 체로 삼는 것.

1685 『성실론』(16), 대정장32, p.289c01~3, "有人言. 名句字衆是心不相應行. 此事不然. 是法名聲性法入所攝."

名句字{應}〔衆〕[1686]是心不相應行, 此事不然, {□□□□□}〔是法名聲性〕[1687]法入所攝."

만약『성실론』에 의하면 상속(相續)하는 가성(假聲)이 부처님 가르침의 체[1688]가 되는 것이다. 이는 저『성실론』불상응행품에서 "어떤 사람이 말하기를, '명(名)·구(句)·자(字)들은 심불상응행이다'라고 하였는데, 이것은 그렇지 않으니, 이 법(명(名)·구(句)·자(字)로 표현되는 부처님 가르침)은 소리를 본성으로 하며 법입[1689]에 포섭되는 것이다."라고 하였다.

解云, 此論師意, 假聲詮用, 更無{□□}〔別體〕[1690]. {□□}〔相續〕[1691]聲性, 色陰所攝, 詮表之用, 意識所得, 唯{□□□}〔法入〕[1692]所攝也.

해석하기를, 이 성실론사의 의도는 소리를 빌려 설명하는 것은 다시 별도의 체가 없다는 것이다. 즉 상속하는 소리의 본성은 색음에 포섭되는 것이고, 설명하는 작용은 의식에 의해 얻어지는 것이라 오직 법입에 포섭되는 것이다.

1686 원문에 따라 '應'을 '衆'으로 바꿈.
1687 원문에 따라 '□□□□□'에 '是法名聲性'을 넣음.
1688 가르침의 체(敎體): 경체(經體)라고도 함. 즉 교법의 체.
1689 법입(法入): 12입(入)의 하나. 법처(法處)와 같음.
1690 문맥상 '□□'에 '別體'를 넣음. 이 부분은 이전의 다른 역주에서 교감하지 못함.
1691 문맥상 '□□'에 '相續'을 넣음. 이 부분은 이전의 다른 역주에서 교감하지 못함.
1692 문맥상 '□□□'에 '法入'을 넣음. 가은 역주(2004)에서는 '□□□'에 '行陰'으로 교감함.

2) 대승논장의 가르침

大乘之中, 音聲名句及所詮義, {□□□□□}〔皆別無自性〕.[1693] 雖
無別體不相應行, 而有假立不相應行, {□□}〔謂名〕[1694]句行{□}
〔陰〕[1695]所攝. 由是道理, 異彼二宗, 是義具如瑜伽論說. 又彼論攝
{決擇}〔釋〕[1696]分言[1697], "云何爲體? 謂契經體, 略有二種, 一文二
義, 文是所依, 義是能依. 云何爲文? 謂有六種, 一者名身, 二者句
身, 三者{語身}〔字身〕[1698], 四者{字身}〔語〕[1699], 五者行相, {□}
〔六〕[1700]者機請." 乃至廣說. 是論意者, 欲顯教體無別自{□}〔性〕[1701],
{□□}〔乃諸〕[1702]緣含, 能生物解. 故說諸緣爲教體耳. 於中餘{□□
□□□}〔其義於教體〕[1703], 如楞伽經疏中說.

대승 가운데에서는 음성(音聲)·명(名)·구(句)와 그것으로 설명하는 뜻에 모
두 자성이 따로 없다. 비록 특별히 체를 가진 불상응행은 없지만 임시로 세운

1693 문맥상 '□□□□□'에 '皆別無自性'을 넣음. 이 부분은 다른 역주에서 교감하지 못함.

1694 문맥상 '□□'에 '謂名'을 넣음. 가은 역주(2004)에서는 '音聲名'을 넣음.

1695 문맥상 '□'에 '陰'을 넣음.

1696 '決擇'을 '釋'으로 바꿈. 필사자의 오류로 생각됨.

1697 『유가사지론』(100), 대정장30, p.750a01~7, "云何爲體. 爲契經體. 略有二種. 一文. 二
義. 文是所依. 義是能依. 如是二種總名一切所知境界. 云何爲釋. 謂略有五. 一者法. 二
者等起. 三者義. 四者釋難. 五者次第. 云何爲文. 謂有六種. 一者名身. 二者句身. 三者
字身. 四者語. 五者行相. 六者機請."

1698 원문에 따라 '語身'을 '字身'으로 바꿈.

1699 원문에 따라 '字身'을 '語'로 바꿈.

1700 원문에 따라 '六'을 넣음.

1701 문맥상 '性'을 넣음.

1702 문맥상 '乃諸'를 넣음.

1703 문맥상 '其義於敎體'를 넣음.

불상응행은 있으니, 이를테면 명·구는 행음에 포함되는 것이다. 이러한 도리로 말미암아 저 두 종(宗)[소승(비바사·구사)·성실]과는 다른데,[1704] 이 뜻은 자세히는 『유가론』에서 설한 것과 같다.

또 저 『유가론』 섭석분에서 "어찌하여 체라고 하는가? 소위 계경의 체에는 대략 두 가지가 있으니, 첫째는 글[文]이고, 둘째는 뜻[義]이다. 글이란 의거하는 대상[所依]이고 뜻이란 의거의 주체[能依]이다. 무엇을 글이라 하는가? 소위 여섯 가지가 있다. 첫째는 명신(名身)이고, 둘째는 구신(句身)이고, 셋째는 자신(字身)이고, 넷째는 어(語)[1705]이고, 다섯째는 행상(行相)[1706]이고, 여섯째는 기청(機請)[1707]이다."라고 하고 이어서 자세히 설하였다.

1704 저 두 종에서는 색음·행음·법입 등을 교체로 인정함.

1705 어(語): 미(味), 문(文) 혹은 자(字)라고도 함. 글씨로 쓴 문자가 아니고 소리로 된 문으로서 굴곡·차별이 있는 문체를 말함. 가·나·다 등과 같은 것이고 의미를 나타내는 것이 아니다. 이것이 모여 명(名)이 되고 구(句)가 되어야 비로소 의미를 나타내게 된다. 단 하나뿐이면 어(語)라 한다. 신(身)은 '모였다'는 뜻으로 복수를 말하는데, 어가 둘 이상이면 어신이 된다. 또 『유가사지론』에 따르면, 어에는 선수어(先首語)·미묘어(美妙語)·현료어(顯了語)·이해어(易解語)·낙문어(樂聞語)·무의어(無依語)·불위역어(不違逆語)·무변어(無邊語)의 여덟 가지가 있다. 이 여덟 가지 어에 의해 정법을 잘 말할 수 있다고 함. 『유가사지론』(100), 대정장30, p.750c02~11, "語者. 當知略具八分. 謂先首美妙等由彼語文句等相應. 乃至常委分資糧故能說正法. 先首語者. 趣涅槃宮爲先首故. 美妙語者. 其聲淸美如羯羅頻迦音故. 顯了語者. 謂詞句文皆善巧故. 易解語者. 巧辯說故. 樂聞語者. 引法義故. 無依語者. 不依希望他信己故. 不違逆語者. 知量說故. 無邊語者. 廣大善巧故. 如是八種語當知略具三德. 一者趣向德. 謂初一種. 二者自體德. 謂次二種. 三者加行德." 참조. 앞 주석 '미(味)' '어신(語身)' 참조.

1706 행상(行相): 오온, 십팔계, 십이처와 각각 상응하고, 연기, 처비처, 염주 등과 상응하는 어언. 성문, 여래, 보살이 설하는 것이 있는데 이와 같은 것이 모두 행상임. 『유가사지론』(100), 대정장30, p.750c19~22, "行相者. 謂諸蘊相應. 諸界相應. 諸處相應. 緣起相應. 處非處相應. 念住相應. 如是等相應語言. 或聲聞說. 或如來說. 或菩薩說. 是名行相." 참조.

1707 기청(機請): 근기에 따라 묻는 것에 대해서 대답해 주는 것. 『유가사지론』(100), 대정장

이 논(유가사지론)의 의도는 교체(敎體)에 별다른 자성이 없고, 여러 연이 합하여서 사물에 대한 이해를 낼 수 있다는 것이다. 그러므로 여러 가지 인연들이 교체가 된다고 하였을 뿐이다. 이 가운데 교체에 대한 나머지 그 뜻은 『능가경소』[1708]에서 말한 것과 같다.

30, p.750c22, "機請者. 謂因機請問而起言說" 참조.

1708 『능가경소(楞伽經疏)』: 원효 찬의 『능가경소(楞伽經疏)』를 말함. 현존하지 않음. 『능가경(楞伽經)』*의 주소(注疏)는 아주 많은데, 원효의 소는 비교적 중요한 다음의 소들 가운데 하나이다. 즉 『입능가경소(入楞伽經疏)』(5)(菩提流支)·『능가경소(楞伽經疏)』(6)(隋代曇遷)·『능가경주(楞伽經註)』(5)(唐代智嚴)·『입능가심현의(入楞伽心玄義)』(1)(法藏) 등이 있고, 서장(西藏) 대장경(大藏經) 가운데 『성입능가경주(聖入楞伽經註)』(범 Āryalaṅkāvatāravṛtti)가 있다. 이외에, 정영사(淨影寺) 혜원(慧遠)의 『대승의장(大乘義章)』이 이 경의 중요한 연구 논저(論著)임.

*『능가경(楞伽經)』: 범명 Laṅkāvatārasūtra. 4권. 전칭은 『능가아발다라보경(楞伽阿跋多羅寶經)』이다. 유송(劉宋) 구나발다라(求那跋陀羅) 역(443)으로 대정장(大正藏) 16에 실려 있다. 능가(楞伽)는 '산의 이름'이고, 아발다라(阿跋多羅)는 '들어간다'는 뜻이다. 그래서 이 경 이름의 뜻은 부처님께서 '이 산에 들어가 말씀한 보배로운 경전[寶經]'이라 한다. 이 경은 법상종의 소의경전 여섯 가지 가운데 하나이다. 이 경은 세계 만유(萬有)가 모두 마음으로 지은 것으로 나의 인식 작용의 대상은 마음 밖의 세계에 있는 것이 아니라 내면의 마음에 있는 것임을 선설한 것이다. 이 경은 여래장(如來藏) 사상(思想)과 유식(唯識) 아뢰야식(阿賴耶識) 사상이 결합한 것으로, 인도 후기 대승불교 사상을 대표하는 경전이다. 그 성립 연대는 대략 450년 전후임.

4. 가르침의 자취를 밝힘〔明敎跡〕: 교상판석

第四明¹⁷⁰⁹敎跡者.

넷째, 교적(敎跡)〔가르침의 자취〕을 밝힌다.

1) 남방의 주장

昔來{□□□□}〔敎相判釋〕¹⁷¹⁰, 南土諸師多依武都山隱士{〔劉劍〕}
〔劉虬〕¹⁷¹¹義云¹⁷¹²,

1709 앞에서는 '辨敎迹'이라 하고 여기서는 '明敎迹'이라 함. 『열반종요』, 한불전1, p.524b20,
　　"二者廣開之內, 有其四門, 初說因緣, 次明敎宗, 三出經體, 四辨敎迹."

1710 문맥에 따라 '□□□□'에 '敎相判釋'을 넣음. 울만 영역(1997)에 '敎相判釋'으로 교정
　　함.(울만 영역(1997): p.263. ; 울만 논문: p.31에 각주 40) 참조) 이영무 역(1984), 가은
　　역주(2004)는 교정 안 함.

1711 원문에 따라 '〔劉劍〕'을 '劉虬'로 바꿈. 『대승의장(大乘義章)』, 대정장44, p.465a11~2, "晉
　　武都山隱士劉虬說言."

1712 『대승의장(大乘義章)』, 대정장44, p.465a10~25, "衆經敎跡義三門分別(一敍異說 二辨
　　是非 三顯正義)言異說者. 異說非一. 晉武都山隱士劉虬說言. 如來一化所說. 無出頓
　　漸. 華嚴等經. 是其頓敎. 餘名爲漸. 漸中有其五時七階. 言五時者. 一佛初成道. 爲提
　　謂等. 說五戒十善人天敎門. 二佛成道已十二年中. 宣說三乘差別敎門. 求聲聞者. 爲
　　說四諦. 求緣覺者. 爲說因緣. 求大乘者. 爲說六度. 及制戒律未說空理. 三佛成道已
　　三十年中. 宣說大品空宗般若維摩思益. 三乘同觀. 未說一乘破三歸一. 又未宣說衆生
　　有佛性. 四佛成道已四十年後. 於八年中說法華經. 辨明一乘破三歸一. 未說衆生同有
　　佛性. 但彰如來前過恒沙未來倍數. 不明佛常. 是不了敎. 五佛臨滅度. 一日一夜. 說大
　　涅槃. 明諸衆生悉有佛性法身常住. 是其了義." 이를 원효가 요약 인용한 것임.

예로부터 교상(敎相)을 판별 해석함에 남방의 여러 논사들은 흔히 진(晉)의
무도산 은사 유규(劉虯)[1713]의 뜻을 따라 이르기를,

'如{□□□□}[來一化所][1714]說, 無出頓漸, 花嚴等經是其頓敎, 餘
名{漸□□內}[爲漸, 漸中][1715]有其五時. 一佛初成道已[1716], 爲提
{胃}[謂][1717]等, 說五戒十善人天敎門. 二佛成道已十二年中, 宣說
三乘差別敎門, 未說空理. 三佛成道已三十年中, 〈宣〉[1718]說空無相

1713 유규(劉虯, 437~495): 남제남양(南齊南陽) 여량(涅陽, 河南鎭平縣南) 사람. 자(字)는
　　영례(靈預), 덕명(德明). 대대로 강릉(江陵)에 삶. 할아버지 아버지 모두 학행(學行)으로
　　이름을 날렸다. 규의 성품은 고결하고 배우기를 좋아함. 총명함과 지혜가 보통은 넘음.
　　경사(經史)에 능하고 불전에 더욱 능했음. 유송(劉宋) 태시년중(泰始年中, 465~471),
　　진왕(晉王)의 기실(記室)에 부름을 받았는데, 얼마 후 사직하고 건무(建武, 494~497) 초
　　년(初年)에 관의 부름을 여러 번 받았지만 끝내 나아가지 않고, 집에서 불학을 공부하였
　　다. 경장에 두루 통하고 아울러 선법에 밝아서 항상 독처에서 문을 닫고 재계하며 고요
　　하기가 허공과 같았다. 매양 자리에 올라 열반·반야 등을 강의하였다. 사부대중이 열심
　　히 듣고 찬탄을 하였다. 『주법화경(注法華經)』을 지었으나 전해지지 않는다. 지의(智顗)
　　의 『법화경문구(法華經文句)』, 길장(吉藏)의 『법화현론(法華玄論)』·『법화의소(法華義
　　疏)』 등의 책에 인용한 글이 남아 있을 뿐이다. 유규가 창립한 5시7교설이 『대승의장(大
　　乘義章)』 권일(卷一)과 『삼론유의의(三論遊意義)』 가운데 실렸다. 현존하는 무량의경의
　　서에 제일 먼저 칠계판교(七階判敎)를 서술하여, 부처님의 시교(施敎)가 근기에 의하여
　　같지 않음을 명시하였으며, 다음으로는 돈오의 뜻을 분별하였는데 공도리에 들어가면
　　지혜가 둘이 아님을 말하였다. 돈점의 득실을 평하여서 정하기를, 점은 허교이고 돈이 실
　　설이라 하여 조화의 뜻을 갖추었음.
1714 '□□□□'에 '來一化所'를 넣음. 『대승의장(大乘義章)』, 대정장44, p.465a11~2, "晉武都
　　山隱士劉虯說言. 如來一化所說. 無出頓漸." 참조; 가은 역주(2004), 울만 영역(1997)
　　교정하고, 이영무 역(1984) 교정 안 함.
1715 원문에 따라 '漸□□內'를 '爲漸, 漸中'으로 바꿈.
1716 『대승의장』 원문에 '已'가 없으나 문맥상 그대로 둠.
1717 『대승의장』 원문과 내용에 따라 '胃'를 '謂'로 바꿈. 가은 역주(2004), 울만 영역(1997), 이
　　영무 역(1984) 안 바꿈.

波若維摩思益等經. 雖說三乘同觀於空, 未說一乘破三歸一, 〈又未宣說衆生有佛性〉[1719]. 四佛成道已四十年後, 於八年中, 說法花經. {廣}〔辨〕[1720]明一乘破三歸一, 未說衆生 {皆}〔同〕[1721]有佛性. 但彰如來壽過塵數, 未來所住復倍上數, 不明佛常, 是不了敎. 五佛臨涅槃, 說大涅槃. 明諸衆生皆有佛性, 法身常住, 是了義經.' 南土諸師多傳是義.

'여래 평생의 일대교화(一大敎化)의 말씀은 돈점을 벗어남이 없으니, 화엄 등의 경은 돈교이고, 그 나머지는 점교인데, 점교 가운데에는 5시(時)가 있다. 첫째는 부처님이 처음 성도하시고, 제위[1722] 등을 위하여 오계와 십선 등 인천

1718 원문에 따라 '宣'을 넣음.

1719 원문에 따라 '又未宣說衆生有佛性'을 넣음.

1720 원문에 따라 '廣'을 '辨'으로 바꿈.

1721 원문에 따라 '皆'를 '同'으로 바꿈.

1722 제위(提謂): 범 Trapuṣa, 빨 Tapussa. 제위와 파리(波利: 범 Bhallika, 파 Bhalluka)는 부처의 성도 후에 최초로 공양하고 귀의한 두 형제 상인이다. 제위의 전체 이름은, 제리부사(帝梨富娑) 또는 제리부사(帝履富娑)이다. 또 보살(布薩)·이위(離謂)라고 불리고, 의역하여 황과(黃瓜)·호과(胡瓜)·과(瓜)라고도 한다. 『방광대장엄경(方廣大莊嚴經)』 10권에 상인몽기품(商人蒙記品)에 따르면, 세존이 성도하고 49일째, 다연림수(多演林樹) 아래에서 단좌하고 있는데, 북천축의 제위·파리 형제 두 사람이, 여러 상주(商主)를 위하여, 5백 수레의 진보(珍寶)를 싣고 본국으로 돌아가다 여기에서 서로 만나, 세존께 함께 공양하고, 인천(人天)의 법을 듣고서, 세존께 귀의하여 불제자가 되었다. 이들이 곧 불문에서 최초의 우바새(優婆塞)이다. 『대당서역기(大唐西域記)』 1권 박갈국조(縛喝國條)에 실리기로는, 대성(大城)의 서북쪽으로 50여리에 제위성이 있고, 또 성의 북쪽으로 40여리에 파리성이 있고, 성 가운데에 각각 어른 키 세 길이의 높이로 탑이 있으니, 이 두 장자가 여래의 머리카락과 손톱을 받아, 그들의 본국으로 돌아가 세운 것이니, 이것이 최초의 탑이 된다. 『불본행집경(佛本行集經)』 32권 이상주봉식품(二商主奉食品) 권하에 실려 있는 바에 따르면, 제위·파리 두 사람은 북천축(北天竺)의 일종감자(日種甘蔗)족이다. 또 빨리문 『장로급장로니게주(長老及長老尼偈註, Paramatthadīpanī)』에 실린 바에 따

교(人天敎)를 말씀하신 것이다. 둘째는 부처님께서 성도하신 이후 12년 중에 삼승의 차별교문(差別敎門)을 말씀하신 것인데, 아직 공의 이치를 말씀하지 않으셨다. 셋째는 부처님이 성도하신 이후 30년 중에, 공하여 상이 없는 『반야경』[1723]과 『유마경』[1724]과 『사익경』[1725] 등을 말씀하신 것이다. 비록 삼승이 똑같

르면, 포색갈라벌저(布色羯邏伐底) 사람이다. 위에 적은 『대당서역기(大唐西域記)』의 권1은 저들을 보카라(縛喝: Bokhara) 사람이라고 한다. 이외에 빨리문 율장 대품(大品: Mahāvagga)과 본생담(本生談: Jātaka)에 실린 바에 의하면, 우깔라(烏卡拉: 범 Utkala, 빨 Ukkala 혹 Ukkalāta), 곧 지금의 오리사(奧利薩: Orissa) 지방 사람이다. 면전불전(緬甸佛傳)에 실린 바로는 우까라바(Ukkalava) 사람이고, 그곳에는 부처의 모발탑(毛髮塔)이 있고, 비간데트(畢岡迭: Bigandet)는 이곳이 곧 지금의 맹갈만(孟加拉灣) 연안의 퉈인타이촌(特運泰伊村: Twaintay)이라고 한다. 북위(北魏) 담정(曇靖)이 지은 『제위파리경(提謂波利經)』 2권이 있는데, 부처가 두 사람을 위해 말씀한 교법임.

1723 『대반야경(大般若經)』은 보통 『대반야바라밀다경(大般若波羅密多經)』을 줄여서 하는 말이다. 그런데 『대반야바라밀다경(大般若波羅密多經)』은 반야부 계통의 경전을 집대성한 일종의 『반야경』 전서(全書)이다. 당나라 현장법사(602~664)가 이미 3세기경부터 한역되어 유포되는 것들을 모으고, 번역되어 있지 않은 것들을 번역하고 집성(集成)하여 모두 16회(會)로 구성되는 600권짜리 『대반야경』을 완성하였음.

1724 『유마경(維摩經)』은 『유마힐경(維摩詰經)』이라고도 하는데, 2권 혹은 3권으로 되어 있다. 한역이 모두 7종류가 있다고 하나, 현존하는 것은 3종류이다. 구마라집(鳩摩羅什)이 번역한 것, 삼국시대 오(吳)의 지겸(支謙)이 번역한 것, 그리고 당대(唐代)의 현장(玄奘)이 번역한 것이다. 현장의 『무구칭경(無垢稱經)』 이후 모두 『정명경(淨名經)』이라고 하였다. 대정장 14권에 실려 있다. 『유마힐소설경(維摩詰所說經)』, 『유마힐경(維摩詰經)』, 『불가사의해탈경(不可思議解脫經)』으로도 불린다. 길장(吉藏)이 지은 논소가 둘이 있는데, 『정명현론(淨名玄論)』과 『유마경의소(維摩經義疏)』이다. 원효가 앞에서는 『정명경』이라 하였는데, 여기서 『유마경』이라 부른 것을 보면, 이 부분이 포함된 문장이 『대승의장』의 내용을 보고 소개한 것이라 생각된다. 대정장 14에는 구마라집(鳩摩羅什) 역과 지겸(支謙) 역 두 종류가 있다. 유마힐(維摩詰: 범 Vimalakirti)을 의역하면 정명(淨名)이기 때문에, 『정명경』이라고도 하는 것임.

1725 『사익경』은 『사익범천소문경(思益梵天所問經)』이고, 범명은 Viśeṣacintabrahma-paripṛcchā이다. 4권이고. 약칭해서 『익범천문경(益梵天問經)』·『사익의경(思益義經)』이라고도 한다. 후진(後秦) 구마라집(鳩摩羅什)이 번역하였다. 대정장 15권에 실려 있다. 이 경은 부처님이 망명(網明) 보살과 사익범천(思益梵天) 등 모든 보살들을 위해서 제법의 공적한

이 공을 관하는 것이라고 말씀하였지만, 셋을 깨뜨리고 하나로 돌아가는 일승을 아직 말씀하지 않으셨고, 또 중생이 똑같이 불성이 있다는 것을 아직 말씀하지 않으셨다. 넷째는 부처님께서 성도하시고 40년이 지나서 8년 동안 『법화경』을 말씀하신 것이다. 셋을 타파하고 하나로 돌아가는 일승을 밝히셨지만, 중생들에게 똑같이 불성이 있음은 아직 말씀하지 않으셨다. 단지 여래의 수명은 티끌의 수보다 더 많으며, 미래에 머무실 곳은 다시 앞의 수의 배가 됨을 밝혔을 뿐, 부처님이 상주함을 밝히지는 않았으니, 이는 불료의(不了義)의 가르침이다. 다섯째는 부처님께서 열반에 임하시어, 대열반을 말씀하신 것이다. 모든 중생들이 다 불성이 있으며, 법신이 상주임을 밝히셨으니, 이것은 요의경이다'라고 하였다. 남방의 여러 논사들은 많은 경우 이러한 뜻을 전하였다.

2) 북방의 주장

北方師說, '般若等經皆了義〈敎〉[1726], 但其所宗各不同耳.'

북방의 논사는, 『반야경』 등이 모두 요의(了義)[1727]의 가르침이지만, 다만 그

이치를 말씀하신 것을 개술한 것이다. 서진(西晉) 축법호(竺法護)가 번역한 『지심범천소문경(持心梵天所問經)』 · 북위(北魏) 보리류지(菩提流支) 번역의 『승사유범천소문경(勝思惟梵天所問經)』, 모두 같은 책의 다른 번역이다. 이 경과 관계가 있는 논서는, 천친(天親) 보살이 지은 『승사유범천소문경론(勝思惟梵天所問經論)』(범 Viśeṣacinta-brahma-paripṛcchā-sūtra-ṭīkā) 4권이 있는데, 대정장 제26권에 수록되어 있고, 북위(北魏) 보리류지(菩提流支)가 번역하였다. 또 이 경의 주소(註疏)로는 『심범천경략해(心梵天經略解)』(1권, 道安) · 『주사익경(注思益經)』(10권, 賢明) · 『사익범천소문경간주(思益梵天所問經簡註)』(4권, 圓澄) 등이 보존되어 있음.

1726 가은 역주(2004), '敎'를 넣고, 이영무 역(1984)은 '說'을 넣음.

종지가 각기 같지 않을 뿐'이라고 말한다.

如[1728]般若經等智惠爲宗, 維摩經等解脫爲宗, 法花經者一乘爲宗,
大涅槃經妙果爲宗. 皆是大解[1729]〈緣〉[1730]起行[1731]德究竟大乘了義
之說, 卽破前說五時教言.

『반야경』 등은 지혜로써 종지를 삼고, 『유마경』 등은 해탈로써 종지를 삼고,
『법화경』은 일승으로써 종지를 삼고, 『대열반경』은 묘과[1732]로써 종지를 삼는
다. 이 모두가 크게 연기를 깨달아 행덕[1733]이 구경한 대승 요의의 말씀이니,
이는 곧 앞에서 말한 남방의 주장인 5시교의 말을 부정하는 것이다.

1727 불료의(不了義): 불료의는 요의(범 nītārtha)와 합하여 이의(二義)라 함. 불법의 도리를
직접 그리고 완전히 드러내는 가르침을 요의교라 하며, 대승경에서 생사·열반이 다르지
않음을 설하는 것과 같은 것을 요의경이라 한다. 이에 비하여 중생의 이해 정도를 따라
서 직접적으로 부처님 법의 도리를 다 드러내지 못하고 방편의 가르침으로 점차 인도하
는 것을 불료의교라 하니, 이를테면 생사를 싫어하고 열반을 좋아하는 것과 같이 설하는
것이 불료의경임.

1728 『대승의장』, 대정장44, pp.466c26~7a05, "如彼發菩提心經等. 發心爲宗. 溫室經等. 以
施爲宗. 淸淨毘尼優婆塞戒. 如是等經. 以戒爲宗. 華嚴法華無量義等. 三昧爲宗. **般若
經等. 以慧爲宗. 維摩經等. 解脫爲宗.** 金光明等. 法身爲宗. 方等如門. 如是經等. 陀羅
尼經等. 勝鬘經等. **一乘爲宗.** 涅槃經等. 以佛圓寂**妙果爲宗.** 如是等經. 所明各異. 然
其所說. **皆是大乘緣起行德究竟了義.** 階漸之言. 不應輒論." 참조.

1729 원문에 '乘'을 원효가 '解'로 씀.

1730 원문에 따라 '緣'을 넣음.

1731 대정장과 이영무 역에 '行'뒤에 '行'을 하나 더 보입하였고, 가은 역주에는 '德' 앞에 '功'을
보입하였으나, 여기서는 『대승의장』을 참조하여 넣지 않음.

1732 묘과(妙果): 묘(妙)란 불가사의하고 절대(絶待)적이며 비교할 수 없다는 뜻으로 묘인(妙
因)·묘행(妙行)에 의해 얻은 증과(證果). 즉 불과(佛果)를 묘과라 함.

1733 행덕(行德): 불도를 수행한 공으로 인하여 몸에 갖추어지는 덕.

如[1734]"大品經往生品中, 〈諸〉[1735]比丘〈等〉[1736], 聞說般若讚歎檀度, 遂脫三衣, 以用布施. {論中}〔龍樹〕[1737]釋言, 佛制三衣不畜得罪, 何 〈故不重尸波羅密〉[1738], 犯戒爲行施耶? 以此在於十二年前佛未制 戒, 是故不犯. {是以}〔以是〕[1739]文證, 非局在於{十二年後}〔三十年 中〕[1740]."

"『대품경』 왕생품 가운데, '여러 비구들이 반야를 설함을 듣고서 보시바라 밀〔檀度: 布施波羅蜜: 범 dāna-pāramitā〕을 찬탄하면서, 마침내 삼의[1741]를 벗어 보시 하였다.'[1742] 이에 대해 용수(龍樹)가 해석하기를, '부처님께서 삼의를 제정하시 어 이를 따르지 않으면 죄가 된다고 계[1743]를 만드셨는데, 무슨 이유로 시바라

1734 『대승의장』, 대정장44, p.465c20~5, "又大品經往生品中. 諸比丘等. 聞說般若讚歎檀度. 遂脫三衣. 以用布施. 龍樹釋言. 佛制三衣. 不畜得罪. 何故不重尸波羅蜜. 犯戒行施. 以此在於十二年前佛未制戒. 是故不犯以是證文. 非局在於三十年中."

1735 원문에 따라 '諸'를 넣음.

1736 원문에 따라 '等'을 넣음.

1737 원문에 따라 '論中'을 '龍樹'로 바꿈.

1738 원문에 따라 '故不重尸波羅密'을 넣음. 가은 역주(2004), 울만 영역(1997), 이영무 역 (1984) 교정 안함.

1739 원문에 따라 '是以'를 '以是'로 바꿈. 여러 가지 설이 있음.

1740 원문에 따라 '十二年後'를 '三十年中'으로 바꿈.

1741 삼의(三衣): 범 trīṇi cīvarāṇi, 빨 tīṇi cīvarāṇi. 비구가 입는 의복 세 가지. ①승가리(僧伽 梨). 중의(重衣)·대의(大衣)·잡쇄의(雜碎衣)라 번역. 9조로부터 25조까지. 마을이나 궁 중에 들어갈 때 입음. ②울다라승(鬱多羅僧). 상의(上衣)·중가의(中價衣)·입중의(入衆 衣)라 번역. 7조. ③안타회(安陀會). 내의(內衣)·중숙의(中宿衣)라 번역. 5조. 절 안에서 작업할 때 또는 상(床)에 누울 때 입음.

1742 왕생품에 이 구절은 없음. 이 『대승의장』의 지은이인 원(遠) 법사가 다만 다음의 구절 을 읽고 다른 말로 바꾸어 인용하는 것 같다. 『마하반야바라밀경』(27권), 대정장8, p. 229b15~7, "說是般若波羅蜜品時. 三百比丘從座起. 以所著衣上佛. 發阿耨多羅三藐 三菩提心." 가은 역주(2004)도 이곳을 지목함.

밀(尸波羅密: 戒波羅蜜: 범 śīla-pāramitā)을 무겁게 여기지 않고, 계를 범하고서 보시를 행하였는가? 이로써 성도 후 12년까지는 부처님이 아직 계를 만들지 않았으므로[1744], 이 때문에 계를 범한 것이 아니다.'라고 하였다. 이 글에 의해[1745] 반야가 설해진 것이 성도 후 30년 중으로 국한되지 않음을 증명한 것이다. 그러므로 반야가 꼭 3시에만 해당된다고 볼 수 없다."

又[1746]{彼論}〔龍樹菩薩釋大品經〕[1747]云[1748], "須菩提聞說法花, 擧手低頭皆成佛道, 是故今問退不退義." 以是文證, 般若之敎, 未必局在於法花已前, 破斷五時, 卽爲謬{異}〔矣〕[1749].

또 용수 보살이『대품경』을 해석하여, "『법화경』에서 손을 들어 합장하고 고

1743 승려가 입는 법의에 대한 계. 비구는 3의, 비구니는 5의임. 이를 초과해 간직하면 안 됨.『출요경』, 대정장4, p.769c11, "…然我法中制以三衣不畜遺餘.";『천태사교의』, 대정장 46, p.780a29, "及但三衣不畜餘長." 참조.

1744 반야를 설한 것에 대해 5년 설(『대승의장』), 12년 설, 30년 설(유규) 등 다양한 설이 있음. 여기서는 12년 설을 따른 듯함.

1745 『대지도론』(100권), 대정장25, p.353c06, "〔論〕問曰. 如佛結戒. 比丘三衣不應少. 是諸比丘何以故破尸羅波羅蜜作檀波羅蜜. 答曰. 有人言. 佛過十二歲然後結戒. 是比丘施衣時未結戒." 참조. 이 글의 내용을『대승의장』에서 쓴 것으로 보임. 가은 역주(2004)에서도 이곳을 주목함.

1746 『대승의장』, 대정장44, p.466a26~8, "龍樹菩薩釋大品經云. 須菩提聞說法華. 擧手低頭. 皆成佛道. 是故今問退不退義. 以此文證. 前後不定."

1747 원문에 따라 '彼論'을 '龍樹菩薩釋大品經'으로 바꿈.

1748 『대지도론』(100권), 대정장25, p.713b25~c01, "復次須菩提. 聞法華經中說. 於佛所作少功德. 乃至戲笑一稱南無佛. 漸漸必當作佛. 又聞阿鞞跋致品中有退不退. 又復聞聲聞人皆當作佛. 若爾者不應有退. 如法華經中說畢定. 餘經說有退不退. 是故今問爲畢定爲不畢定." 참조.

1749 필사본에 따라, '異'를 '矣'로 바꿈. 필사본, p.81b3*20. 가은 역주(2004)만 고침.

개를 숙여 예배하는 것이 다 불도를 이룬다고 설함을 수보리가 듣고, (『법화경』에서는 불퇴전[1750]만 설한 반면, 다른 경에서는 퇴전과 불퇴전이 있다고 하니,)[1751] 이 때문에 지금 퇴전과 불퇴전의 뜻을 물은 것이다."라고 하였다. 이러한 경문에 근거하면 반야의 가르침이 반드시 법화 이전으로 국한되는 것이 아니어서, 오시교판을 부수어 버리니, 곧 (오시교판은) 잘못된 것이 된다.

又復[1752]"若言般若敎中[1753]不破三乘淺{化}〔法華〕[1754]者, 大品經中[1755]'舍利弗問, 若都不退, {定}〔空〕[1756]復不異, 何故得有三乘差別不唯一乘?

1750 불퇴전(不退轉): 퇴전은 퇴타·타락이라고도 함. 오랫동안 수행한 자리를 잃고 그 아래 자리로 떨어지는 것. 불퇴전은 한 번 도달한 수양의 계단으로부터 뒤로 물러나거나 수행을 퇴폐하는 일이 없는 것. 그 지위를 불퇴위라 함. 여기에 지위상의 불퇴, 수행상의 불퇴, 향상심의 불퇴, 주처상의 불퇴 등이 있음. 『반야경』에서 『법화경』의 불퇴를 말하고 있으며, 용수가 『반야경』을 설명하면서 『법화경』 이야기를 말하고 있는 것 등의 글들에 의해, 원효는 오시(五時)로 나눌 수 없는 북방의 주장을 소개함.
1751 이 부분은 원효의 인용이 소략하여, 『대지도론』 원문 참고한 번역을 넣어 문맥을 도왔음.
1752 『대승의장』, 대정장44, p.466a05~12, "若言般若不破三乘淺法華者. 大品經中舍利弗問. 若都不退. 空復不異. 何故得有三乘差別. 不唯一乘須菩提答. 無二無三. 若聞不怖. 能得菩提. 此與法華無二無三. 其言何別. 而言非是破三歸一. 又龍樹云. 當知. 般若於華手經法華經等無量經中. 最以爲大. 云何言淺."
1753 『대승의장』 원문에는 '敎中'이 없음. 원효가 넣음.
1754 같은 책 원문에 따라 '化'를 '法華'로 바꿈.
1755 『대지도론』(100권), 대정장25, p.567a24~b03, "須菩提. 語舍利弗言. 若諸法畢竟不可得. 何等法於阿耨多羅三藐三菩提退還. 舍利弗語須菩提如須菩提所說. 是法忍中無有菩薩於阿耨多羅三藐三菩提退還者. 若不退還. 佛說求道者有三種. 阿羅漢道辟支佛道佛道. 是三種爲無分別. 如須菩提說. 獨有一菩薩求佛道. 是時富樓那彌多羅尼子語舍利弗. 應當問須菩提. 爲有一菩薩乘" 참조; 『마하반야바라밀경』(27권), 대정장8, p.337c10~21, "… 佛說求道者有三種. 阿羅漢道. 辟支佛道. 佛道. 是三種爲無分別. 如須菩提說. 獨有一菩薩摩訶薩求佛道. 是時富樓那彌多羅尼子語舍利弗. 應當問須菩提. 爲有一菩薩乘不. 爾時舍利弗問須菩提. 須菩提. 爲欲說有一菩薩乘. 須菩提語舍利弗. 於諸法如中. 欲使有三種乘聲聞乘辟支佛乘佛乘耶. 舍利弗言不也. 舍利弗. 如

須菩提答, 無二無三, 若聞不怖, 能得菩提,' 此與法花[1757]〈無二〉[1758]無

三,'〈其〉[1759]言何別,"而分淺深耶? 又[1760]"若〈言〉[1761]般若不說佛性

淺〈於涅槃〉[1762]者, {涅槃}[1763]經說[1764], 佛性亦名般若波羅蜜, 亦名第

一義空,〈大品〉[1765]所〈說〉[1766]般若及空, 卽是佛性,〈云〉[1767]何{得}[1768]

說{云}[言][1769]不明佛性!" 又[1770]"大品〈中〉[1771],〈宣〉[1772]說眞如〈實

中可得分別有三乘不. 舍利弗言不也. 舍利弗. 是如有若一相若二相若三相不. 舍利弗
言不也. …" 참조. 가은 역주(2004), p.232 주) 1000에서는 『대승의장』을 요약해 말한 것
이라 한다. 이 부분은 아라한도(성문승)와 벽지불도(벽지불승)와 불도(불승) 즉 삼승간의
분별이 없음을 말한 것임.

1756 『대승의장』 원문에 따라 '定'을 '空'으로 바꿈.

1757 『묘법연화경(妙法蓮華經)』, 대정장9, p.8a17~8, "十方佛土中 唯有一乘法 無二亦無三
除佛方便說." 참조.

1758 『대승의장』 원문에 따라 '無二'를 넣음.

1759 같은 책 원문에 따라 '其'를 넣음.

1760 『대승의장』, 대정장44, p.466a12~5, "若言般若不說佛性淺於涅槃者. 經說佛性. 亦名般
若波羅蜜. 亦名第一義空. 大品所說般若及空. 卽是佛性. 云何說言不明佛性."

1761 『대승의장』 원문에 따라 '言'을 넣음.

1762 같은 책 원문에 따라 '於涅槃'을 넣음.

1763 같은 책 원문에 따라 '涅槃'을 뺌.

1764 『대반열반경』(36권본), 대정장12, p.766c18~9, "佛性者名第一義空. 第一義空名爲智
慧." 참조.

1765 『대승의장』 원문에 따라 '大品'을 넣음.

1766 같은 책 원문에 따라 '說'을 넣음.

1767 같은 책 원문에 따라 '云'을 넣음.

1768 같은 책 원문에 따라 '得'을 뺌.

1769 같은 책 원문에 따라 '云'을 빼고 '言'을 넣음.

1770 『대승의장』, 대정장44, p.466a15~8, "又大品中. 宣說眞如實際法性. 龍樹釋言. 法名涅
槃. 不戱論法. 性名本分. 猶如黃石金性白石銀性. 一切衆生. 有涅槃性. 此與佛性有何
差別. 而言不說佛性."

1771 『대승의장』 원문에 따라 '中'을 넣음.

1772 같은 책 원문에 따라 '宣'을 넣음.

際〉¹⁷⁷³法性, {論主}〔龍樹〕¹⁷⁷⁴釋{云}〔言〕¹⁷⁷⁵ ¹⁷⁷⁶, '法名涅槃〈不可壞〉¹⁷⁷⁷不〈可〉¹⁷⁷⁸戲論. 法性名〈爲〉¹⁷⁷⁹本分種. {猶}¹⁷⁸⁰如黃石〈中有〉¹⁷⁸¹金性, 白石〈中有〉¹⁷⁸²銀性, 〈如是〉¹⁷⁸³一切{衆生}〔世間法中皆〕¹⁷⁸⁴有涅槃性.' 此與佛性有何差別, 而〈言〉¹⁷⁸⁵不說〈佛性〉¹⁷⁸⁶," 故是淺耶!

또 다시 "만약 반야의 가르침에서 삼승을 깨지 않으니 『법화경』의 가르침보다 얕은 것이라고 말한다면, 『대품경』에서, '사리불이 묻기를, 만약 전혀 이승으로 퇴전하지 않아 공 도리와 다시 다르지 않다면, 어째서 삼승으로 차별된다고 하여 일승이 아니라고만 하겠는가? 수보리가 답하기를, 둘도 없고 셋도 없으니, 만약 듣고서 놀라지 않는다면, 능히 보리를 이룰 수 있다'라고 하였는데, 이는 『법화경』의 '둘도 없고 셋도 없다'¹⁷⁸⁷는 것과 무슨 차이가 있어서," 그

1773 같은 책 원문에 따라 '實際'를 넣음.

1774 같은 책 원문에 따라 '論主'를 '龍樹'로 바꿈.

1775 같은 책 원문에 따라 '云'을 빼고 '言'을 넣음.

1776 『대지도론』, 대정장22, p.298b19~21, "法性者法名涅槃. 不可壞不可戲論. 法性名爲本分種. 如黃石中有金性白石中有銀性. 如是一切世間法中皆有涅槃性." 참조.

1777 『대지도론』 원문에 따라 '不可壞'를 넣음.

1778 같은 책 원문에 따라 '可'를 넣음.

1779 같은 책 원문에 따라 '爲'를 넣음.

1780 같은 책 원문에 따라 '猶'를 뺌.

1781 같은 책 원문에 따라 '中有'를 넣음.

1782 같은 책 원문에 따라 '中有'를 넣음.

1783 같은 책 원문에 따라 '如是'를 넣음.

1784 같은 책 원문에 따라 '衆生'을 '世間法中皆'로 바꿈.

1785 『대승의장』 원문에 따라 '言'을 넣음.

1786 같은 책 원문에 따라 '佛性'을 넣음.

1787 둘도 없고 셋도 없다: 일승(一乘)의 도리를 말함.

얕고 깊음을 나누는 것인가!

또 "만약 『반야경』이 불성을 설하지 않았기에 『열반경』보다 얕은 것이라 말
한다면, 『열반경』에서 불성을 또한 반야바라밀이라고 하였고, 또한 제일의공
이라고도 하였는데, 『대품경』에서 말한 반야(바라밀)과 (제일의)공이 바로 불
성이니, 어떻게 불성을 밝히지 않았다고 말할 수 있겠는가!"

"또 『대품경』에서는 진여실제법성을 말하였는데, 용수가 '법이란 열반을 말
하며, 무너뜨릴 수 없고 희론할 수도 없는 것이다. 그러므로 법성이란 본분종
을 말한다. 이는 누런 돌에는 금의 속성이 있고, 흰 돌에는 은의 속성이 있는
것처럼, 일체의 세간법 가운데에는 모두 열반의 성품이 있는 것이다'라고 해
석하였다. 이것이 불성과 무슨 차별이 있기에, 불성을 말하지 않았다고 하고,"
그러므로 『반야경』이 얕다고 하는가!

又法花論云[1788], "所成壽命復倍上數者, 此文示現如來常命. 以巧方便
顯多數量不可數知故," 又言, "我淨土不毀而衆{生}[1789]見燒盡.[1790]者,
報佛如來眞〈實〉[1791]淨土, 第一義諦之所攝故." 旣顯常命及眞淨土,

1788 『묘법연화경우파제사』(2권), 대정장26, p.09c01~4, "所成壽命復倍上數者. 此文示現如
　　來命常善巧方便顯多數故. 過上數量不可數知. 我淨土不毀而衆見燒盡者. 報佛如來眞
　　實淨土. 第一義諦之所攝故." 참조; 『묘법연화경우파제사』(1권), 대정장26, p.19a04~7,
　　"所成壽命復倍上數者. 示現如來常命方便顯多數過上數量不可數知故. 我淨土不毀而
　　衆見燒盡者. 報佛如來眞實淨土第一義諦攝故." 참조.

1789 원문에 따라 '生'을 뺌.

1790 『금강선론』, 대정장25, p.827b16~8, "設三災起時世界焚燒. 而彼淨土湛然不變. 故法華
　　云. 衆生見劫盡大火所燒時. 我此土安穩天人常充滿. 此卽眞常淨土. 故三災不毀也."
　　(삼재가 일어났을 때에 세계가 타는데 저 정토는 담연하고 불변한다. 그러므로 법화에서
　　'중생이 겁이 다하도록 큰 불로 탈 때에 나의 이 땅은 안온하고 천인은 항상 충만하다. 이
　　것이 곧 참되고 항상하는 정토이다 그러므로 삼재가 훼손하지 못한다.'라고 한 것이다.)
　　참조.

而言是不了說者不應道理.

또 『법화론』에서, "성취될 수명이 다시 앞에서 말한 수의 배가 된다고 하면,
이 문장은 여래의 영원한 수명을 나타내 보인 것이다. 이는 선교방편으로 셀
수 없이 많은 수량을 드러낸 것이기 때문이다."라고 하였다. 또 "'나의 정토는
훼손될 수 없지만 중생들은 큰 불에 다 타 없어지네.'라는 것은, 나의 정토는
보신불 여래의 진실한 정토로서 제일의제에 포함되는 것이다."라고 하였다.
이미 여래의 영원한 수명과 진실한 정토를 드러냈으니, 『법화경』이 불요의설
이라고 하는 것은 도리에 맞지 않다.

3) 주장의 시비를 가림

問. 南北二說, 何者爲得爲失?

물음. 남북의 두 주장 가운데 어느 것이 맞고 어느 것이 틀리는가?

答. 若執一邊謂一向爾者, 二說皆失, 若就隨分無其義者, 二說俱
得. 所以然者, 佛說般若等諸教意廣大甚深, 淺通[1792]復不可定限於
一邊故. 又如{隨}〔隋〕[1793]時天台智者, 問神人言, '北立四宗會經意
不?' 神人答言, '失多得少.' 又問, '成實論師立五教稱佛意不?' 神

1791 원문에 따라 '實'을 넣음.
1792 이영무 역(1984), 가은 역주(2004), 울만 영역(1997) 모두 '通'을 '深'으로 바꿈.
1793 문맥에 따라 '隨'를 '隋'로 바꿈. 가은 역주(2004), 이영무 역(1984) 바꿈.

人答曰, '小勝四宗猶多過失.' 然天台智者, 禪{惠}〔慧〕[1794]俱通, 擧
世所重, 凡聖難測. 是[1795]知佛意深遠無限, 而欲以四宗科於經旨,
亦以五時限於佛意, 是猶以螺酌海用管闚天者耳.

대답. 만약 한쪽만을 고집하여 한결같이 그렇다고 말한다면, 두 주장 다 틀
리지만, 만약 분한(깜냥)에 따르되 그 고집하는 뜻이 없다면, 두 설명 모두 타당
하게 된다. 그러한 까닭은 부처님께서 말씀하신 반야 등의 여러 가르침의 뜻
은 광대하고도 매우 깊어, 두 주장의 얕은 통함으로는 다시 한쪽에다 한정시
킬 수 없기 때문이다. 또 예를 들어 수나라 때 천태 지자대사가 신인에게 묻기
를, '북쪽에서 세운 사종[1796]은 경의 뜻에 맞는가?' 하니, 신인이 답하기를, '잃
은 것은 많고 얻은 것은 적다'고 하였다. 또 묻기를, '성실론사(유규(劉虯))가 세
운 오시교[1797]는 부처님의 뜻에 맞는가?' 하니, 신인이 답하기를, '북방의 사종

1794 '惠'를 '慧'로 바꿈. 가은 역주(2004), 이영무 역(1984) 바꿈.

1795 가은 역주(2004), '是'를 '他'로 고침.

1796 사종: 앞 '북방의 주장' 참조. 즉, 『반야경』 등은 지혜로써 종지를 삼고, 『유마경』 등은 해
　　탈로써 종지를 삼고, 『법화경』은 일승으로써 종지를 삼고, 『대열반경』은 묘과로써 종지를
　　삼는 것.

1797 오시교: 앞 '남방의 주장' 참조. 첫째는, 부처님이 처음 성도하시고, 제위 등을 위하여 오
　　계와 십선 등 인천교(人天敎)를 말씀하신 것. 둘째는, 부처님께서 성도하신 이후 12년 중
　　에 삼승의 차별교문(差別敎門)을 말씀하신 것. 아직 공의 이치를 말씀하지 않으셨음. 셋
　　째는, 부처님이 성도하신 이후 30년 중에, 공하여 상이 없는 『반야경』과 『유마경』과 『사익
　　경』 등을 말씀하신 것. 비록 삼승이 똑같이 공을 관하는 것이라고 말씀하긴 하였지만, 셋
　　을 깨뜨리고 하나로 돌아가는 일승을 아직 말씀하지 않으셨고, 또 중생이 똑같이 불성이
　　있다는 것을 아직 말씀하지 않으셨음. 넷째는, 부처님께서 성도하시고 40년이 지나고 8
　　년 동안 『법화경』을 말씀하셨으니, 셋을 깨뜨리고 하나로 돌아가는 일승을 밝히셨지만,
　　중생들에게 똑같이 불성이 있음은 아직 말씀하지 않으셨고, 단지 여래의 수명은 티끌의
　　수보다 더 많으며, 미래에 머무실 곳은 다시 앞의 수의 배가 됨을 밝혔을 뿐, 부처님이 상
　　주함을 밝히지는 않았음. 이는 불료의(不了義)의 가르침. 다섯째는, 부처님께서 열반

보다 조금 나으나 오히려 허물이 많다'고 하였다.

천태 지자는 선정과 지혜에 모두 통달하여, 세상 모두가 존중하고 범부와 성현도 헤아리기 어려운 훌륭한 분이다. 부처님의 뜻이 심원하여 한없는 줄 알면서도, 이렇게 북방의 사종으로써 경의 요지를 나누려 하고 또한 남방 유규의 오시로써 부처님의 뜻을 한정하려 한 것은, 마치 소라로 바닷물을 잔질하고 대롱으로 하늘을 엿보는 것과 같을 뿐이다.

敎跡淺深略判如是.

가르침의 자취의 얕고 깊음을 대략 이와 같이 판단하였다.

涅槃經宗要
　　　天治元年五月十四日書之.

열반경종요

천치 원년(1124, 고려 인종 2년) 5월 24일 옮겨 쓰다.

에 임하시어, 대열반을 말씀하시니, 모든 중생들이 다 불성이 있으며, 법신이 상주임을 밝히셨음. 이것은 요의경임.

찾아보기

기타

역주자 약력

은정희

현 서울교육대학교 명예교수. 고려대학교 법학과를 졸업하고 같은 대학교 철학과 대학원에서 석사·박사 학위를 취득하였다. 민족문화추진회 상임연구원과 서울교육대학교 윤리교육과 교수를 역임하였다. 역서로는『대승기신론소기회본』,『원효의 금강삼매경론』,『원효의 대승기신론 소·별기』,『연산군일기』,『이장의』,『서애집』,『미수기언』등이 있다. 지은 책으로는『은정희 교수의 대승기신론 강의』,『원효의 사상과 그 현대적 의미』,『한국의 사상가 10人 -원효』등이 있다.

김용환(Kim Yonghwan)

미국 펜실베니아주립대학교 경영학 박사
미국 뉴욕시립대학교 경영대학 교수
가톨릭대학교 경영학부 교수
사단법인 한국명상지도자협회 창립 이사
현 (재) 한마음선원 한마음과학원 기획조정실장
대한불교조계종 포교원 연구위원, 인성교육인증위원, 신행혁신운동 기획위원

주요 저역서로『선치료』(공역)(2007),『꽃을 피우는 나무』(공저)(2010, 2011),『세포에게서 배우는 포용과 선택』(공역)(2016),『비추는 마음 비추인 마음』(2017) 등이 있다.

김원명(Kim Won-Myoung)

한국외국어대학교 철학과 철학박사.

현재 한국외국어대학교 철학과 교수. 한국외국어대학교 철학문화연구소 소장, 우리
말로학문하기모임 부회장, 불교학연구회『불교학연구』편집위원, (사)세계문자연구소
이사. 한국외국어대학교 철학과 학과장, 한국외국어대학교 인문대학 부학장, 2010서
울시희망의인문학과정 한국외대 총괄교수 역임.

쓴 논문으로「원효 관점에서 본 트롤리 문제 해결 방안과 새로운 규범 윤리학 이론
모색」(공저)(2017),「대행선사의 한마음 사상을 중심으로 본 업과 삶」(2016),「한국 근
대불교학의 과제와 전망」(2016),「홍대용의 세계관 변화와 그것의 현대적 의의」(공저)
(2014),「원효의『열반경종요』에 나타난 일심」(2013),「조주의 선문답에 대한 언어비판
적 분석-'깨달음의 역설' 분석을 중심으로-」(공저)(2013),「원효 일심의 정의와 의미」
(2012),「다산, 성리학과 탈성리학 사이에서」(공저)(2011),「고향과 말-만해와 원효를 중
심으로」(2010),「원효의 비불교적 배경 시론」(2009),「원효의 화쟁 글쓰기」(2008),「원효
철학에서 일심과 화쟁의 관계」(2008),「현대 문명 위기 극복을 위한 원효와 하이데거의
존재이해」(2007) 등 다수가 있다.

저서로는『인물로 보는 한국의 불교 사상』(공저)(2004),『원효의 열반론』(2008),『원
효』(2008),『서술원리 논술원리1(서술은 매듭풀이다)』(공저)(2011),『서술원리 논술원리
2(논술은 따져밝히기이다)』(공저)(2011) 등이 있다.

원효의 열반경종요

초판 1쇄 인쇄	2017년 11월 20일
초판 1쇄 발행	2017년 11월 30일
역주자	은정희, 김용환, 김원명
펴낸이	윤재승
펴낸곳	민족사
주간	사기순
기획편집팀	사기순, 최윤영
영업관리팀	김세정
출판등록	1980년 5월 9일 제1-149호
주소	서울 종로구 삼봉로 81 두산위브파빌리온 1131호
전화	02-732-2403, 2404
팩스	02-739-7565
홈페이지	www.minjoksa.org
페이스북	www.facebook.com/minjoksa
이메일	minjoksabook@naver.com

ISBN 978-89-98742-94-2 94220
ISBN 978-89-7009-057-3 (세트)